应用型高等教育财经类专业“十三五”规划教材

U1004702

管理学原理与实务

刘元春　刘世刚　编著

上海财经大学出版社

图书在版编目(CIP)数据

管理学原理与实务/刘元春,刘世刚编著.一上海:上海财经大学出版社,2019.12

(应用型高等教育财经类专业“十三五”规划教材)

ISBN 978-7-5642-3475-1/F·3475

Ⅰ.①管… Ⅱ.①刘…②刘… Ⅲ.①管理学-高等学校-教材 Ⅳ.①C93

中国版本图书馆 CIP 数据核字(2020)第 022601 号

□ 责任编辑　徐　超
□ 联系信箱　1050102606@qq.com
□ 封面设计　张克瑶

管理学原理与实务

刘元春　刘世刚　编著

上海财经大学出版社出版发行
(上海市中山北一路 369 号　邮编 200083)
网　址:http://www.sufep.com
电子邮箱:webmaster @ sufep.com
全国新华书店经销
上海华教印务有限公司印刷装订
2019 年 12 月第 1 版　2019 年 12 月第 1 次印刷

787mm×1092mm　1/16　18.5 印张　474 千字
印数:0 001—3 000　定价:49.00 元

前　言

管理学是一门实践性很强的应用学科，为了提高教学效果，把管理理论和管理实践结合起来，很多老师进行了多方面的尝试，但效果并不尽如人意。一个重要的原因是教材建设滞后。管理理论和管理实践的融合需要恰当的案例资料，而目前的教材基本上为理论性书籍，即便有的在每章后面附一两个案例，但仍然不能满足教学的需要。由此导致整门课程只能象征性地开展一两次案例教学，不能贯穿课程始终。教材建设的滞后使得管理教学理论内容与管理实践存在着比较严重的脱节现象，老师依然以理论讲授为主，学生缺乏实际应用能力。为了促进管理学教学从理论讲授向更具应用性的以理论与实践相融合的模式转变，本教材在编写体例上进行了大胆的创新，通过在知识点后穿插管理实务巧妙地实现了管理理论与管理实践的有机融合，既注重基础理论知识传授，又突出实践能力培养，特别适合教学需要，有助于应用型人才的培养。本教材具有以下特色：

一是在主要知识点穿插管理实务，实现了管理理论与管理实践的有机融合。这也是本教材最突出的特色。通过管理实务，有助于学生对知识要点的理解和掌握，有助于培养学生理论联系实际的能力，有助于学生管理素质的提升。

二是突破了传统编排体例，栏目丰富。本教材注重突出实践教学环节及特点，使教材在内容、体例上别具一格。模块设置如下：

【学习目标】提出本章学习的目标要求；

【开篇案例】用案例导入本章主要知识点，引发学生的思考和学习兴趣；

【管理实务】在主要知识点穿插管理实务案例，强化学生对重点、难点知识的理解，培养学生解决实际问题的能力，实现管理理论与管理实践的有机融合；

【本章小结】归纳本章的思想、方法和主要知识点；

【开篇案例分析要点】给出开篇案例分析要点，培养学生学习掌握案例分析的方法；

【知识测试】包括单选题、多选题、判断题、简答题和论述题等多种题型，便于检测学生的学习效果；

【案例分析】培养学生运用所学相关知识和理论分析解决实际管理问题的能力；

【考研真题】梳理历年典型考研真题，满足学生进阶提高需要和考研需求。

三是突出了实用性，真正体现了“老师好教，学生好学”。作者从事管理学教学工作多年，并具有多年从事管理工作的实际经验，了解老师在教学中需要什么，知道学生应该学习掌握什么，因此，本着“老师好教，学生好学”的编写原则，突出实用性。教材语言力求简明扼要，通俗易懂，重点突出，并配有多媒体 PPT 课件，不仅适合老师讲授，而且利于学生阅读。在每一章后都附有知识测试，其中包含多种题型，最后还附有综合案例分析。既便于学生进行自我检测，又为老师检验学生的学习效果提供便利。

四是体现层次性，兼顾了不同层次学生的学习需求。在本科生读者群体中，有一部分学生有着更高的学习目标，有着考取研究生的强烈愿望，但对实现考研目标应该重点学习什么，学到什么程度缺乏了解，心中无底。为了满足这部分学生的需要，增设了考研真题模块，精选了历年典型考研真题，使这部分学生加深对考研的了解，坚定考研信心，及早打好考研基础。

本教材共九部分，包括管理概论、管理思想演变、计划职能、组织职能、领导职能、激励职能、沟通职能、控制职能和综合案例分析。

本教材第一章至第四章、综合案例分析由刘元春教授编写，第五章至第八章由刘世刚教授编写。

在本教材的编写过程中，参考和借鉴了大量的书刊和资料，其中大部分已在参考文献中列示，但也有一小部分因未查明出处而未能标注，在此向所有作者表示深深的谢意！

尽管我们做了不懈的努力，但由于水平所限，教材中错误和疏漏之处在所难免，敬请各位专家和广大读者批评指正。

刘元春　刘世刚

2019 年 10 月

目　录

前言 …………………………………………………………………………… 1

第一章　管理概述 …………………………………………………………… 1
学习目标 …………………………………………………………………… 1
开篇案例 …………………………………………………………………… 1
第一节　管理的基本概念 ………………………………………………… 3
第二节　管理学的特性 …………………………………………………… 9
第三节　企业 ……………………………………………………………… 12
本章小结 ………………………………………………………………… 19
开篇案例分析要点 ……………………………………………………… 20
知识测试 ………………………………………………………………… 20
案例分析 ………………………………………………………………… 25
考研真题 ………………………………………………………………… 27

第二章　管理思想演变 ……………………………………………………… 30
学习目标 …………………………………………………………………… 30
开篇案例 …………………………………………………………………… 30
第一节　传统管理思想 …………………………………………………… 32
第二节　科学管理思想 …………………………………………………… 35
第三节　现代管理思想 …………………………………………………… 42
第四节　管理思想的新发展 ……………………………………………… 47
本章小结 ………………………………………………………………… 50
开篇案例分析要点 ……………………………………………………… 51
知识测试 ………………………………………………………………… 52
案例分析 ………………………………………………………………… 55
考研真题 ………………………………………………………………… 57

第三章 计划职能 …… 59
学习目标 …… 59
开篇案例 …… 59
第一节 计划职能概述 …… 61
第二节 计划工作的步骤 …… 69
第三节 计划的编制方法 …… 71
第四节 决策 …… 75
本章小结 …… 94
开篇案例分析要点 …… 94
知识测试 …… 95
案例分析 …… 100
考研真题 …… 102

第四章 组织职能 …… 105
学习目标 …… 105
开篇案例 …… 105
第一节 组织职能概述 …… 106
第二节 管理幅度与管理层次 …… 114
第三节 组织设计 …… 117
第四节 组织变革 …… 137
本章小结 …… 140
开篇案例分析要点 …… 140
知识测试 …… 141
案例分析 …… 145
考研真题 …… 147

第五章 领导职能 …… 151
学习目标 …… 151
开篇案例 …… 151
第一节 领导职能概述 …… 152
第二节 人性假设与领导行为 …… 156
第三节 领导理论 …… 160
第四节 领导艺术 …… 169
本章小结 …… 174
开篇案例分析要点 …… 175
知识测试 …… 175

案例分析…… 180
考研真题…… 182

第六章 激励职能…… 185
学习目标…… 185
开篇案例…… 185
第一节 激励职能概述…… 186
第二节 激励理论…… 189
第三节 激励艺术…… 198
本章小结…… 203
开篇案例分析要点…… 203
知识测试…… 204
案例分析…… 208
考研真题…… 211

第七章 沟通职能…… 214
学习目标…… 214
开篇案例…… 214
第一节 沟通职能概述…… 215
第二节 沟通的障碍与克服…… 225
第三节 沟通艺术…… 230
本章小结…… 233
开篇案例分析要点…… 233
知识测试…… 234
案例分析…… 239
考研真题…… 240

第八章 控制职能…… 242
学习目标…… 242
开篇案例…… 242
第一节 控制职能概述…… 243
第二节 控制工作过程…… 247
第三节 控制的类型与有效控制…… 256
第四节 控制艺术…… 264
本章小结…… 267
开篇案例分析要点…… 268

知识测试…………………………………………………………………………………… 268
案例分析…………………………………………………………………………………… 273
考研真题…………………………………………………………………………………… 274

综合案例分析………………………………………………………………………………… 277
案例1 凯特公司的重组 ……………………………………………………………… 277
案例2 贾厂长的无奈 ………………………………………………………………… 279
案例3 设计师辞职后的争议 ………………………………………………………… 281
案例4 王业震现象 …………………………………………………………………… 282
案例5 杨瑞的苦恼 …………………………………………………………………… 284

参考文献……………………………………………………………………………………… 286

第一章　管理概述

学习目标

1. 掌握管理的基本概念与管理职能，掌握管理者的角色划分与技能要求。
2. 理解管理学的特性。
3. 了解企业的含义、特征与分类。

开篇案例

巨人集团的兴衰

史玉柱，1984 年毕业于浙江大学数学系，1989 年毕业于深圳大学研究生院，为软科学硕士。1991 年 4 月，注册成立珠海巨人新技术公司，主营汉卡软件。1992 年 9 月，巨人公司升级为珠海巨人高科技集团公司，注册资金 1.19 亿元。1993 年，实现销售额 3.6 亿元，利税 4 600 万元，成为中国最具实力的计算机企业。“巨人”二字响彻全国。

1994 年，史玉柱提出了“巨人集团第二次创业的总体构想”，产值目标是：1995 年达到 10 亿元，1996 年达到 50 亿元，1997 年达到 100 亿元。为了实现宏伟的目标，巨人集团开始寻找新的产业增长点，史玉柱看中了当时正热得发烫的保健品和房地产业。在房地产方面，投资 12 亿元兴建巨人大厦，投资 4.8 亿元在黄山兴建绿谷旅游工程，投资 540 万元装修巨人总部大楼，在上海浦东买下了 3 万平方米土地，准备兴建上海巨人集团总部。在保健品方面，准备斥资 5 亿元，在一年内推出上百种产品。

1995 年 2 月，史玉柱突然下达“总动员令”，发动促销电脑、保健品、药品的“三大战役”，并亲自挂帅。大规模的战役确实创造出奇迹，但也带来大漏洞，巨人集团的自身弊端在“三大战役”中突出暴露。首当其冲的是集团整体协调能力乏力。由于产品供应短腿难以追上营销长腿，错过销售黄金时节，公司损失较大。渐渐地更深层次的矛盾凸显：原有的干部队伍因动力不足而惰性尽显，新的骨干队伍难以补齐，管理失控。这样一来，急剧的外延式扩张不但没有激发原有系统的活力，又因为无法形成新的机制而使管理破绽百出。

1995 年 7 月，巨人集团开始进行二次创业整顿，包括三方面：思想整顿、干部整顿和管理整顿。然而，整顿并没有从根本上扭转局面，9 月，巨人的发展形势急转直下步入低潮。10 月，史玉柱发动"秋季战役"，规模和声势大大减弱。秋季战役使巨人集团的营销有所回升，但再也没有昔日的高潮迭起。1995 年底，巨人营销出现严峻形势，集团财务状况吃紧。

巨人大厦一期工程 1994 年初破土动工。1996 年下半年，巨人大厦急需资金。此时逼迫史玉柱迅速做出抉择：是停掉巨人大厦，还是拆东墙补西墙。实际上，史玉柱此时已意识到，仅靠巨人的生物工程和电脑两个产业支柱，不足以支撑巨人大厦，但史玉柱还是做出了一个违背企业行为的决定，抽调生物工程的流动资金，去支撑巨人大厦的建设资金，活钱变死钱。

进入 7 月份以后，保健品销量急剧下滑，维持生物工程正常运作的基本费用和广告费投入不到位，许多公司一筹莫展，只好等待总部政策。进入 8 月份，史玉柱发动了一场秋季攻势，力挽颓势，但并未奏效。所有公司完成任务率都有程度不同的下降。巨人集团财务运作日益窘迫，营销状况衰势尽现，员工士气不振。在整体状态疲软下，公司管理陷于混乱。

1996 年 9 月，巨人大厦终于完成地下室工程，11 月，相当于三层楼高的首层大堂开工，此后，巨人大厦以每五天一层的速度进入建设的快速增长期，可史玉桂已经没钱了。巨人大厦抽干了巨人产业的血，史玉柱把生产和广告促销的资金全部投入到大厦，结果生物工程一度停产，资金补给线戛然中断。从 11 月份开始，史玉柱控制住从巨人产业流向巨人大厦的每一分钱。一刀斩下，巨人大厦与巨人产业瞬间泾渭分明，但为时已晚。

1998 年元月，巨人集团资产债务呈冷冻状，情况是负债 2.5 亿元，资产 2.2 亿元，其中巨人大厦 1.7 亿元，巨人办公楼 0.5 亿元。

巨人集团由盛而衰有诸多原因，但巨人大厦的夭折无疑是一条致命的导火索。巨人大厦最初设想的是一座 18 层的办公楼，但出来后的方案是 38 层，楼面设计不是很大，大厦投资预算为 2 亿元，预计两年完工，当时巨人集团的资产规模已经突破了 1 亿元。之后不久，有人到巨人集团参观，看到巨人大厦位置非常好就建议把楼层加高，由自用转为开发房地产。在这个建议的启发下，史玉柱将设计方案改为 54 层，巨人大厦成为炙手可热的房地产项目。这时传来消息，广州要盖一座全国最高的楼定在 63 层。有人建议史玉柱应该为珠海市争光盖一座标志性的大厦。于是巨人大厦又被拔高 10 层变成了 64 层。有人提醒 64 层会不会有点忌讳，于是大楼一下子长到了 70 层。投资预算也由 2 亿元猛增到了 12 亿元。

有人说，史玉柱运气不好，盖巨人大厦恰好碰上中国加强宏观调控，银根紧缩，地产降温；开发保健品，恰好碰上全国整顿保健品市场，保健品降温，两项新行业的重拳出击没有带来预期的效果，却反而将巨人集团拖入财务危机的深渊，最终全军覆没。其实，上述客观因素不是致命的，真正致命的是内部原因。从主观因素上笼统分析，史玉柱承认两点：一是决策失误，摊子铺得太大；二是管理不善，经营失控。

（资料来源：黄颖，秦树东，郝燕．管理学案例精析[M]．北京：电子工业出版社，2015．有删减）

根据案例资料，请思考以下问题：

1．管理的职能有哪些？试从管理的职能角度分析巨人集团衰落的原因。

2．西蒙认为"管理就是决策"，你是否赞同这个观点？试结合本案例进行论述。

3．如果你是巨人集团的负责人，你会如何做以避免巨人集团的衰败？

第一节　管理的基本概念

一、管理的定义

什么是管理？这是每个初学管理的人首先遇到的问题。若从字面上来解释，管理即管辖、治理的意思。自从有了人类的集体活动，就有了管理。大到国家，小到企业，几乎任何组织都离不开管理。可以说，管理伴随着人类生存、发展的各种活动。随着管理学的产生与发展，在不同的时期，不同学者对管理进行了不同的表述，这些表述从不同侧面客观地反映了管理的特性。

古典管理学家、科学管理的奠基人弗雷德里克·泰勒认为："管理就是确切地知道你要别人去干什么，并使他用最好的方法去干。"在泰勒的眼里，管理就是指挥他人能用其最好的工作方法去工作。

古典管理学家、现代经营管理之父亨利·法约尔认为："管理就是实行计划、组织、指挥、协调和控制。"在这里，法约尔是用管理的职能（他称之为管理的要素）即管理的工作内容来解释管理的。

诺贝尔经济学奖获得者赫伯特·西蒙教授认为："管理就是决策。"在西蒙教授看来，管理者所做的一切工作归根到底是在面对现实与未来、面对环境与员工时不断地作出各种决策，使组织的一切都可以不断运行下去，直到获得满意的结果，实现令人满意的目标要求。

被称为"管理理论之母"的玛丽·帕克·福莱特认为："管理是通过其他人来完成工作的艺术"。在这里福莱特强调的是管理是一门艺术。

美国著名管理学家哈罗德·孔茨与西里尔·奥唐奈认为："管理就是设计并保持一种良好的环境，使人在群体里高效率地完成既定目标的过程。"这个表述强调的是管理是个过程。

南京大学周三多教授认为："管理是社会组织中，为了实现预期的目标，以人为中心进行的协调活动。"这一表述包含了以下四层含义：一是管理的目的是为了实现预期目标；二是管理的本质是协调；三是协调必定产生在社会组织之中；四是协调的中心是人。

上述表述从不同的角度去认识管理，并揭示了管理概念的不同侧面。管理定义的多样化，既反映了人们研究立场、方法、角度的不同，也反映了管理科学的不成熟性。一般而言，管理的定义是：

管理是通过计划、组织、领导、激励和控制等工作来协调组织的资源，以期更好地达成组织目标的过程。

要深刻理解这一定义，需要把握以下几个要点：

（1）管理的载体是组织。管理不能脱离组织而存在，哪里有组织，哪里就有管理；

（2）管理的主体是组织中实施管理的管理者；

（3）管理的客体是管理作用的对象，包括被管理的人、财、物等各种资源；

（4）管理是一个过程，这个过程是由一系列相互关联、连续进行的工作活动构成的，这些工作活动构成管理的基本职能；

（5）管理包含若干职能，如计划、组织、领导、激励、沟通和控制等；

（6）管理的内容是优化配置人、财、物等组织资源；

(7)管理的目的是高效地达成组织目标;

(8)管理的本质是协调。

管理在所有的社会化活动和社会组织中存在,随着人类共同劳动和社会生活向广泛的领域发展,管理渗透到人类社会生活的各个方面。换言之,管理适合于任何类型的组织,不管是营利性组织还是非营利性组织。任何需要两个人以上共同配合达成组织目标的团队或组织都需要管理。

管理实务 1-1

蒋华是某新华书店邮购部经理。该邮购部每天要处理大量的邮购业务,在一般情况下,登记订单、按单备货、发送货物等都是由部门中的业务人员承担的。但在前一段时间里,接连发生了多起A要的书发给了B,B要的书却发给了A之类的事,引起了顾客极大的不满。今天又有一大批书要发送,蒋华不想让这种事情再次发生。

请思考:他应该亲自核对这批书,还是仍由业务员们来处理?为什么?

二、管理的职能

职能一般是指人、事物、机构具有的作用或功能。管理的职能也就是管理的作用或功能。管理的职能还有另外一种含义,即它是管理过程中的基本要素或步骤。管理职能的划分,可以使管理的各种概念、理论、原则、方法等通过归结到各项管理职能而得到系统的分析,有利于建立起管理的理论体系,有利于人们对管理的学习和把握。最早进行管理职能划分的是法国古典管理学家亨利·法约尔,后来经过哈罗德·孔茨等人的发扬光大,成为现代管理理论分析管理工作的主导方法。它将为实现组织预期目标而进行的整个管理过程分解为几个重要的相互关联的职能,然后分别加以研究,从而概括出有关的管理原理,作为指导管理实践的准则。但目前人们对管理职能的划分不大一致,有的分为计划、组织和控制三种职能,即三职能说;有的分为计划、组织、领导和控制四种职能,即四职能说;有的分为计划、组织、指挥、协调和控制五种职能,即五职能说;另外还有六职能说、七职能说等等。在这里介绍计划、组织、领导、激励、沟通和控制六项职能。

(一)计划职能

计划职能是指为确定组织目标和实现目标的途径、方法、资源配置等进行的筹划和设计工作。在组织管理的各项职能中,计划职能是首要职能。组织管理的任何工作或行动,都需要进行必要的调查研究、未来预测、目标和方案的决策、具体行动计划的制定等过程。也就是说,计划职能要解决两个基本问题:第一是干什么,第二是怎么干。管理的一切工作都要围绕着计划所确定的目标和方案展开。计划职能的主要内容包括:调查研究、预测分析、策划决策和拟定计划。

(二)组织职能

组织职能是指为了实现组织目标,明确规定组织人员应尽的职责及其相互的分工协作关系,合理配备和有效利用组织的资源,以保证组织目标能够顺利实现的一系列管理工作。组织职能的任务是把管理要素按照计划提出的目标和任务的要求结合成为一个整体,为计划的实现提供资源与组织的保证。组织职能的主要内容包括:组织设计、组织运作和组织变革。

（三）领导职能

领导职能是指管理者通过行使所拥有的职位权力和个人影响力，指挥与影响组织成员为实现组织目标而努力工作的过程。有效的领导要求管理者在合理的制度环境下，利用优秀的素质，采用恰当的方式，针对组织成员的需求和行为特点，采取有效的措施，来提高和维持组织成员的工作积极性。在管理活动中，领导是一种特殊的人与人交往的过程，不仅需要科学，更需要艺术。领导职能的主要内容包括：指导、引导、影响和鼓励。

（四）激励职能

激励职能是指创造员工所需要的各种满意的条件，激发员工的工作动机，使之产生实现组织目标的特定行为的过程。一个人可能同时有许多需要和动机，但是人的行为是由最强烈的动机引发和决定的。因此，要使员工产生组织所期望的行为，可根据员工的需要来设置某些目标，并通过导向使员工产生有利于组织目标的优势动机，按组织所需要的方式行动。由此可见，激励职能与领导职能是密切相关的，它是一个组织及其管理者调动员工工作积极性的重要手段，也可看作是领导职能的一部分。一个组织若建立起一套合理的激励与约束机制，将会大大增强该组织的活力和凝聚力。激励职能的主要内容包括：了解和满足员工需要、激发工作动机、引导员工行为。

（五）沟通职能

沟通职能是指组织内信息的交流与传递。沟通是管理的一项基本职能，管理的过程也就是沟通的过程。无论是计划、组织、领导、激励还是控制，都必须以有效的沟通为前提。通过有效沟通，协调组织的各项资源，对内形成良好的人际关系，对外处理好公共关系，树立良好的组织形象。沟通职能的主要内容包括：协调资源、化解冲突、妥善处理人际关系。

（六）控制职能

控制职能是指将组织各项工作实施的实际情况与预定的目标进行比较，发现问题，纠正偏差的管理活动。控制职能的任务是追踪和维护组织活动向着预定的目标进展，将不符合要求的活动拉回到正常的轨道上来。控制职能的主要内容包括：确定控制标准、衡量绩效和纠正偏差。

管理的上述职能是相互联系、不可分割的一个整体。通过计划职能，明确组织的目标和方向；通过组织职能，建立实现目标的手段；通过领导职能，使个人的工作与所要达到的组织目标协调一致；通过激励职能，影响员工的行为，使其保持旺盛的工作热情；通过沟通职能，协调资源，化解冲突，建立良好的人际关系和树立良好的组织形象；通过控制职能，检查计划的实施情况，纠正偏差，保证计划目标的顺利实现。其中计划职能是管理的首要职能，是其他职能的依据和目标；组织、领导、激励、沟通和控制职能是有效管理的重要环节和必要手段，是计划得以实现的保障。只有统一协调管理的各项职能，充分发挥各项职能的功能作用，使之形成前后关联、连续一致的管理活动整体过程，才能保证管理工作的顺利进行和组织目标的圆满实现。

管理实务 1－2

张总是一家大型企业新上任的总经理。经过调查研究后，张总发出四道指令：一是调整企业发展方向；二是调整部门结构；三是采取激励措施，进一步调动员工积极性；四是要加强对工作绩效的考核。

请思考：这四道指令分别对应于管理的哪项职能？

三、管理者与管理对象

(一)管理者

管理者又称作管理的主体,是指从事管理活动的人,即在组织中担负计划、组织、领导、激励、沟通、控制等工作以期实现组织目标的人。按照管理层次可以将一个组织的管理者分为高层、中层和基层三个层次,不同层次的管理者工作的重点不同。

高层管理者是指一个组织中最高领导层的管理人员。他们对外代表组织,对内拥有最高职位和最高职权,并对组织的管理负有全面责任。他们的主要职责是制定组织的总目标、总战略和重大政策,掌握组织的大政方针并评价整个组织的绩效。他们拥有人事、资金等资源的控制权,以决策为主要职能。因此,又称其为决策层。如企业中的董事长、总裁、总监、总经理、首席执行官等,以及包括副总裁等在内的高级管理人员。

中层管理者是指处于高层管理人员和基层管理人员之间的各个管理层次的管理人员。他们的主要职责是贯彻执行高层管理者所制定的重大决策,向更高层的管理者报告工作,同时管理着基层管理者,给所管辖的基层管理人员分派任务,并监督和协调基层管理人员完成他们的工作。因此,又称其为执行层。如企业中的人事、财务、销售、生产等部门经理,分公司以及事业部经理等。

基层管理者是组织中最底层的管理人员,又称之为一线管理者,他们管理着非管理人员所从事的工作,即生产产品和提供服务。其主要职责是给下属作业人员分派具体工作任务,直接指挥和监督现场作业活动,保证各项任务的有效完成。因此,又称其为作业层。如生产车间的工段长、班组长等。

管理实务1-3

某研究所的一位管理人员在单位的主要职责是给软件开发人员分派具体的工作任务,并指挥和监督各项具体工作任务的完成。

请思考:这位管理人员是哪个层次的管理者?

(二)管理对象

管理对象又称作管理的客体,是指管理者实施管理活动的对象。在一个组织中,管理对象主要是指人、财、物、信息、技术、时间等一切资源,其中最重要的是对人的管理。对人的管理,主要涉及人员调配、工作评价、人力开发、组织发展等;对财的管理,主要涉及财务管理、预算控制、成本控制、成本效益分析等;对物的管理,主要涉及物料的采购、存储与使用,设备的保养与更新等;对信息的管理,主要涉及组织外部、内部信息的快速收集、传递、反馈、处理与利用,发展趋势的准确预测等;对技术的管理,主要涉及新技术的研发、引进与使用,各种技术标准、方法的制定与执行等;对时间的管理,主要涉及如何合理地安排工作时间并提高工作效率等。

管理实务1-4

一天晚上,某公司在开会,会议已经进行了三个小时,仍然没有结束的迹象。实在耗得不耐烦了,一位已近中年的女员工站起身走出了会议室。“你干什么去,小刘?会还没有开完呢!”“我得回家,我家有孩子需要照顾。”会议又进行了半个小时,这时候一位年轻的女员工也站了起来。“你要去哪儿,小王?你家并没有孩子要照顾呀?”

“如果我总坐在这里开会,那么,我永远也不会有孩子的。”

请思考:你从这个故事中得到了什么启示?

四、管理者的角色与技能

(一)管理者的角色

管理者要执行多种管理职能,因此在管理工作中常常扮演多种角色。20世纪60年代末,加拿大管理学家亨利·明茨伯格对5位总经理的工作进行了长期、认真和仔细的观察,对他们在管理过程中的时间分布进行了记录,然后对他们的行为进行了分类,得出了著名的管理者角色理论。明茨伯格的研究认为,管理者扮演着10种不同的角色,这些角色可以分为三大类,即人际关系角色、信息角色和决策角色。

1. 人际关系角色

人际关系角色是指管理者履行礼仪性和象征性职责的角色。管理者在处理与组织成员和其他利益相关者的关系时,就是扮演人际关系的角色。又可划分为三种角色:代表人、领导者、联络者。管理者要经常代表组织出席一些礼仪性活动,如签字仪式、工程剪彩、社会捐助、宴请宾客等,这时扮演着代表人的角色,也称作挂名首脑或精神领袖。管理者在处理雇用、培训、激励、惩戒雇员等活动时,他们在扮演领导者的角色。管理者在组织的内外还扮演着联络者的角色,在内部要联络各部门和个人,营造融洽的人际关系和工作氛围,在外部与利益相关者和社会各界保持经常的联系,建立企业良好的形象和外部关系网络。

2. 信息角色

信息角色是指所有的管理者在某种程度上都从外部的组织或机构接收和收集信息,同时又是所在单位的信息传递中心和信息传递渠道。又可划分为三种不同的角色:监听者、传播者和发言人。当管理者关注组织内外部环境的变化,洞察竞争对手的动向以及市场的变化,挖掘和利用对组织有价值的信息,识别组织潜在的机会和威胁时,他们在扮演监听者的角色,又称为洞察者。当管理者作为信息通道向其他部门或组织成员传递信息时,他们扮演着传播者的角色。当管理者代表组织向外界表态,如向董事会和股东说明企业的经营和财务状况,向消费者和政府说明企业的行为和履行的社会义务时,管理者是在扮演发言人的角色。

3. 决策角色

决策角色是指管理者围绕着决策制定而担负起的角色,又分为企业家、混乱驾驭者、资源分配者和谈判者四种角色。当管理者密切关注组织内外环境的变化和事态的发展,发现机会,利用机会,发起和监督那些将改进组织绩效的新项目时,他们扮演的是企业家角色。当管理者采取纠正行动应付那些未预料到的问题时,如处理冲突,对员工之间的争端进行调解,平息客户的怒气,应付不合作的供应商等,他们扮演的是混乱驾驭者的角色。当管理者决定组织的人、财、物等资源合理分配和使用时,扮演的是资源分配者的角色。当管理者为了组织的利益与顾客、供应商、竞争对手或其他团体议价和商定成交条件时,或与组织内部的员工谈判消除分歧时,他们是在扮演谈判者的角色。

管理实务1-5

王总经理一周来非常忙碌。周一上午参加了一项新工程的开工剪彩,下午会见了来学习交流的同行业代表团,并在晚上举行了欢迎晚宴;周二上午陪同上级主管来厂考察，下午到医院看望了生病病重的车间主任；周三上午到车间走访发现了一些管理问题，下午把他作为信息监督者所获取的大量信息分配出去；周四上午向董事会汇报了企业的经营状况，下午组织论证新上一个工程项目；周五上午出席与外国公司的合作签字仪式，下午与不合作的供应商进行了谈判。

请问：王总经理作为一个管理者这一周都扮演了哪些角色？

（二）管理者的技能

技能是将知识转化为行动的一种能力。1974 年，美国组织理论专家罗伯特·卡茨在《哈佛管理评论》上发表了《管理者应具备的管理技能》一文，提出了管理者应具备三类技能，即技术技能、人际技能和概念技能。

1. 技术技能

技术技能是指从事一定的业务工作所需要的专业技术和能力。如软件部的经理要懂软件开发流程和开发手段，会计科的科长要懂会计操作。技术技能对基层管理者最重要，对中层管理者较重要，对高层管理者不太重要。技术技能是非管理人员需要掌握的首要技能，有些人被提升为管理者，就是因为有卓越的技术技能。

2. 人际技能

人际技能是一种与人共事的能力，是一种激励下属和得到同事与领导支持的能力，是一种妥善处理人际关系的能力。又称为人际沟通和人际交往能力。它包括两个方面：一是在管理者主管的单位中的领导能力；二是妥善处理集体与集体之间的关系的能力。管理工作主要是与人打交道，无论是高层管理者，还是中、基层管理者都要与组织中的下属、其他部门以及组织外部的各种机构、人员打交道，因此，人际技能对所有管理者都同等重要。

3. 概念技能

概念技能是指对事物的整体和相关关系进行分析、判断、抽象和概括的能力。概念技能与管理者的抽象思考能力有关。管理者要具有这样的能力，即能够看出一般人看不出的各种因素之间的相互关系，能够理解各种因素是如何相互联系的，能够综合观察和分析事物之间的相互关系及组织与外界环境的相互关系。这是一种战略性思考能力，能够识别他人没有发现的机会并能成功地利用这个机会的人，就是在运用概念技能。管理者要能够在混乱而复杂的环境中进行有效的管理，洞察事物的发展和变化趋势，去粗取精，去伪存真，抓住问题的关键，找出解决方法。概念技能对高层管理者最重要，对中层管理者较重要，对基层管理者不重要。

这三种技能对每个管理层次都是需要的，但在不同的管理层次，这三种技能的相对重要性会有所不同。基层管理者最需要的是技术技能，概念技能并不是很重要。随着管理层次的上升，技术技能的重要性会相对降低，概念技能的重要性会相对增加。对高层管理者来说，最重要的技能就是概念技能。人际技能对每一个层次的管理者来说，都具有同等重要的意义。不过，对基层管理者和中层管理者来说，最重要的是处理集体内部事务的人际技能；而对高层管理者来说，处理集体与集体之间关系的人际技能就变得更为重要。各种技能在不同管理层次中的相对重要性如图 1—1 所示。

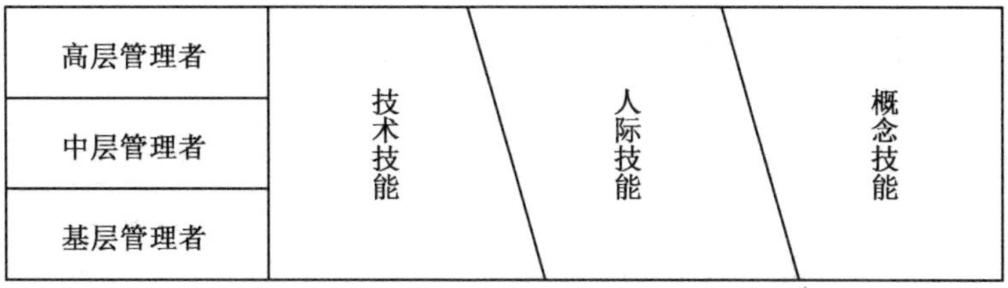

图 1—1　管理层次与管理者技能的关系

管理实务 1－6

某旅游公司刘总经理在总体市场不景气的情况下，以独特的眼光发现了惊险性旅游项目与 40～45 岁男性消费者之间的相关性，在此基础上设计出了具有针对性的旅游路线与项目，并进行了前期宣传。因为涉及与交通管理、保险、环保等部门的协调，新项目得到正式批准的时间比预期晚了整整一年，由此丧失了大量的市场机会。

请评价：刘总经理的管理技能情况。

第二节　管理学的特性

管理学是一门交叉学科、边缘学科，它与其他许多学科不同，具有许多特点，了解管理学的这些特点，将有助于加深理解管理学的内容。

一、管理学的实践性

管理理论与方法是人们通过对各种管理实践活动，特别是企业管理活动的深入分析、总结、升华而得到的，反过来它又被用来指导人们的管理实践活动。管理学是应用性很强的学科，它一刻都不能脱离管理实践。要真正掌握管理学仅靠书本是不行的，必须通过大量的管理实践活动去体会和磨炼，理论必须联系实际。

管理实务 1－7

张强，只有初中文化，根本没有受过正规管理教育，但其在事业上却取得了成功，令很多受过高等教育的大学毕业生钦羡不已。

请思考：张强的成功说明了什么问题？

二、管理学的发展性

科学技术的发展，特别是计算机和网络技术的广泛应用，对企业的组织形式、运营方式和管理手段产生了巨大的影响。如信息高速传递的实现，使企业的许多中间结构失去了存在的必要，因而出现了企业组织的扁平化；网络技术的广泛应用，出现了虚拟企业；企业为了充分发挥自身的优势并增强市场竞争力，由供求关系而形成的企业供应链结构；电子商务的出现，对企业的营销模式产生了巨大的影响。由此产生了许多新的管理问题，需要人们去研究、解决，所产生的新的管理理论和方法将会大大推动管理学理论体系的更新和发展，因此管理学是一个发展的学科。

管理实务 1－8

某大学管理学教授在讲授古典管理理论时，竭力推崇科学管理的创始人泰勒的历史功勋，鼓吹泰勒所主张的一切管理问题都可以而且应当通过科学的方法加以解决的观点，并且宣传法约尔的 14 条管理原则。后来，在介绍经验主义学派的理论时，这位教授又强调企业管理学要从实际经验出发，而不应该从一般原则出发来进行管理和研究。在介绍权变理论学派的观点时，这位教授又鼓吹在企业管理中要根据企业所处的内外条件随机应变，没有什么一成不变、普遍适用的"最好的"管理理论和方法。不少学生认为这位教授的讲课前后矛盾。

请问：这位教授的观点前后矛盾吗？

三、管理学的科学性与艺术性

管理学揭示了一系列具有普遍应用价值的管理规律，总结出许多科学的管理原则，已形成了一套反映客观规律、合乎逻辑的管理理论和知识体系，这是管理学的科学性。同时，管理的目的是高效率地达成组织目标，为此要求管理者必须灵活、熟练地应用相关的知识和技巧，创造性地对管理对象进行管理协调，因此管理学又具有明显的艺术性。需要注意的是，管理艺术必须建立在管理科学的基础上，不具有科学性的管理也不可能具有真正的艺术性。管理的艺术性是对管理科学理论的合理发挥，而管理艺术性的结果在普遍适用之后也会成为科学的理论，因此，管理的科学性和艺术性是相互作用、相互影响的，只有既懂得科学的管理理论和方法，又掌握高超的管理艺术的人，才能成为有效的管理者。

管理实务 1－9

马上就要过年了，嘉华公司往年的年终奖金最少加发两个月工资，可今年的盈余大幅滑落，算来算去只能加发一个月的工资作为奖金。按常规做法，实话告诉大家，很可能员工士气要滑落。董事长灵机一动，与其因最好的企盼造成最大的失望，不如用最坏的打算引来意外的欣喜。没过两天，公司传来小道消息："由于业绩不佳，年底要裁员"。顿时人心惶惶，每个人都在猜测会不会裁到自己头上。但总经理却宣布："再怎么艰苦，公司也决不愿牺牲同甘共苦的同事，只是年终奖金可能无力发了。"总经理的一席话使员工们放下心来，只要不裁员，没有奖金就没有吧。人人都做了过个穷年的打算。除夕将至，董事长宣布："有年终奖金，整整一个月的工资，马上发下去，让大家过个好年！"整个公司大楼一片欢呼。同样是发一个月的奖金，常规做法可能打击士气，换一种做法竟激励了士气，这就是管理的艺术。

请思考：这个案例给你带来了什么启迪？

四、管理学的综合性

由于管理活动的复杂性，必然会形成管理学的综合性。作为管理活动主体的管理者在进行管理活动时，需要具有广博的知识才能进行有效的管理。例如，企业的管理者在处理企业有关生产、销售、计划和组织等问题时，需要熟悉工艺、预测、统计学、数学、政治学、经济学等方面的知识；在处理企业中人员调配、工资、培训和激励等问题时，需懂得心理学、社会学等方面的知识。现代管理者除了懂得管理外，还需掌握管理的重要工具——计算机与网络，学会用这些现代技术工具进行管理和决策等。管理学充分吸收了对自己有用的东西并加以拓展，因此，它具有很强的综合性。

五、管理学的不精确性

在给定条件下能够得到确定结果的学科称之为精确学科。管理学是一门不精确学科，即在给定可控的条件下，用同样的管理手段可能得到完全不同的结果，这种不确定性主要是由于组织环境中许多无法预知的复杂因素而引起的。如企业在投入资源一定的情况下，由于国家的方针、政策和法令的变化或组织环境的突然变化，都会对企业的经营效果产生严重影响。因此管理学与诸如数学等精确学科具有很大的不同，它具有很强的不精确性。

六、管理学的软科学性

管理学具有软科学性，是基于以下三方面的原因：一是若将组织中的人力、财力、物力、技术等看成硬件的话，则可以把管理看成软件。我们知道，管理的主要任务是充分调动人的积极性，发挥人的内在潜力，有效地利用财力、物力和技术，用最少的消耗达到组织目标。二是管理者必须借助于被管理者及其他各种条件来创造价值，在这种价值中很难区分出有多少是由管理而得到的。三是某些管理措施是否有效，往往需要很长时间才能看出，很难在事前准确地评价。

七、管理的二重性

管理具有二重性。一方面是与生产力、社会化大生产相联系的自然属性，另一方面是与生产关系、社会制度相联系的社会属性。

管理是由人们的相互协作劳动、社会化生产而产生的，为了保证这种社会化生产能够持续稳定地进行，就要按照社会化生产的要求，合理地进行计划、组织、领导和控制，以有效地利用人力、物力和财力资源，提高组织效益。管理是生产力的要素之一，不进行有效的管理，生产就无法顺利地进行，更谈不上发展。在管理学中有一部分内容，诸如质量管理、库房管理、定额管理、成本管理、财务管理等，主要是对物的管理，不具有意识形态色彩。这些内容属于生产力的范畴，在不同国家、不同社会制度之间可以通用，甚至照搬。

在管理学中还有一部分内容，诸如组织目标、组织道德、领导作风、激励方式、管理理念、人际关系、群体价值观、组织文化等，主要是对人的管理，具有较强的意识形态色彩，属于生产关系和社会关系的范畴。这些内容，与民族文化传统、社会制度、地方风俗、组织传统、社会风尚等密切相关，因此在不同国家、不同民族、不同社会制度之间的借鉴和交流较为复杂，不可直接照搬。

管理的二重性具有辩证统一关系，正确地认识管理的二重性是非常重要的，为我们如何对待发达国家的管理经验和管理理论指明了方向，也为我们批判地继承各种管理理论和思想提供了正确的方法论。我们要正确认识管理的二重性，一方面要学习、借鉴发达国家先进的管理经验和方法，取其精华，以便迅速地提高我国的管理水平；另一方面又要考虑我们自己的国情，去其糟粕，建立自己的管理体系，健康快速地发展我国经济。

管理实务 1－10

"6S 大脚印"是海尔在加强生产现场管理方面独创的一种方法。6S 是整理、整顿、清扫、清洁、素养、安全 6 项工作的首字母。最开始，海尔是要求当天工作中出现问题的员工，在大脚印上反省当日工作中的不足，海尔也称这种方法为"负激励"。但后来海尔在美国办厂以后，这套在海尔行之有效的办法在美国却遇到了困难，因为美国的员工根本不愿意站到大脚印上去反省，他们觉得这是对他们的一种侮辱。海尔人在经过充分的调研分析后，利用欧美员工一般都争强好胜的特点，把"负激励"改为"正激励"，让当天工作优秀的员工站在"6S 大脚印"上分享经验和体会。结果发现美国的海尔人不但不拒绝大脚印，相反，他们还会争先恐后地站在大脚印上一展风采。

请思考：在国内行之有效的管理方法为什么在美国却行不通？

第三节　企　业

一、企业的含义与特征

(一)企业的含义

企业是从事生产、流通等经济活动，为满足社会需要并获取盈利，实行自主经营、独立核算，依法设立的一种营利性的经济组织。

企业按照组织形式的不同，可以分为公司制企业和非公司制企业，公司制企业的主要形式为有限责任公司和股份有限公司，非公司制企业的形式主要有合伙制企业、个人独资企业。

企业按照法律属性的不同，可以分为法人企业与非法人企业。按照《中华人民共和国民法通则》的规定，法人是具有民事权利能力和民事行为能力，依法独立享有民事权利和承担民事义务的组织。具有法人资格的企业称为企业法人。企业法人和企业法定代表人是不同的，法人是一个组织，而法定代表人是自然人。

(二)企业的特征

1. 经济性

企业是经济组织。企业作为一个经济性组织所从事的是经济活动，这些经济活动包括商品的生产或销售，也包括提供商业性的服务，企业就是通过提供这些生产经营或服务性的活动满足人们生产和生活的需要，并以此实现自己的价值。

2. 要素性

企业是由一定数量的生产要素有机结合而组成的整体，而一定的生产要素又是使企业得以生存发展的基本要件。在诸多的生产要素中生产资料和劳动力是主要要素。生产资料包括固定资产和流动资金。企业的管理者就是通过科学的运作，使这些要素得到合理的组织和利用，最大限度地发挥其效益，形成创造社会财富的现实社会生产力。

3. 营利性

企业是营利性组织。营利性是企业存在的目的和标志，也是区别企业组织和事业单位的主要依据。企业是社会物质财富的创造者，其基本职能是向社会提供各种所需要的商品和服务，营利是企业内在的和最终的追求。在社会化大生产为基础的市场经济条件下，企业所从事的经营活动是服务社会的，只有能满足社会需求，得到消费者的认同，才能被社会所接受，因此，企业必须以市场为导向，以消费为中心，在满足社会需要的过程中实现长期的利润最大化。

4. 独立性

一个名副其实的企业必须是独立的、自负盈亏的经济组织。企业的独立性主要体现在以下三个方面：

一是经营的独立性。企业必须具有独立的经营决策与管理权，根据市场环境和企业内部的条件变化，自主灵活地开展企业的经营管理活动。

二是利益的独立性。企业作为营利性的经济组织，其盈利所得在依法缴纳各种税收之后，税后留利应由企业独立支配使用，任何单位和个人不得非法截留、挤占、挪用和干预。这样才能保证企业有自我发展、自我改造的能力，才能保证企业职工生活的不断改善。

三是责任的独立性。企业是依法设立、依法经营的独立核算单位，是对自己的经营活动成果与消耗能够独立进行考核并负责任的组织。

所谓依法设立，是指企业的设立必须符合法律规定的条件和程序。例如，在国内设立有限责任公司和股份有限公司要符合《公司法》的规定；设立合伙企业要符合《合伙企业法》的规定；设立个人独资企业要符合《个人独资企业法》的规定；设立个体工商户要符合《个体工商户条例》的规定。

管理实务 1－11

小明是一名大学生，这学期学习了管理学课程。当老师讲到企业的概念时，问小明企业与工厂是不是一回事。小明有些似懂非懂，解释得不是很清楚。

请问：你能帮小明解释一下吗？

5. 社会性

企业是经济组织，同时又是社会组织。企业除了具有盈利、资产保值增值等经济上的追求之外，还有为国家和民族等做贡献的社会责任。因此，关注文化教育、社会公益、环境保护和扶贫济困等公益事业，为人类的幸福和文明尽义务，是现代企业的共同特性。

管理实务 1－12

2007 年，在长江大学西校区北面的一个废砖厂上建起了一家地条钢生产企业——荆州楚航特种钢制品有限公司。随着钢厂规模的不断扩大，企业与学校的距离也由最初的 500 米拉近到了 100 米左右。企业生产中产生的有毒有害气体和粉尘、噪音不仅影响了学校的正常教学生活，也直接威胁到 1.5 万名师生的身体健康。许多学生出现头痛、白血病、咽喉炎等疾病，连正常的学习和生活秩序都被打乱了。为了维护自己的健康权益，“赶走”污染厂，长江大学的师生们开始了漫漫的维权之路。师生代表先后八次向国家质检总局、国家工商总局、湖北省环保厅、荆州市市长等部门和官员举报，但次次举报都如泥牛入海、毫无回音，而钢厂的污染问题却日趋严重，饱受污染折磨的师生们无奈再次来到政府门前请愿，因久久无人接待最后选择了下跪。

请问：你能说说企业的社会性吗？

二、企业的分类

由于现代经济生活十分复杂，作为基本经济单位的企业也就有很多类别。为了深入地研究企业管理的特点和规律，对企业进行分类研究就显得十分必要。

(一)农业企业、工业企业、建筑安装企业、运输企业、商业企业、物资企业、邮电企业、旅游企业和金融企业

这是以企业所属的经济部门为标准划分的。

农业企业是指从事农、林、牧、副、渔和采集等生产经营活动的企业。

工业企业是指从事工业性生产和劳务等生产经营活动的企业。

建筑安装企业是指从事土木建筑和设备安装工程施工的企业。

运输企业是指利用运输工具专门从事运输生产或直接为运输生产服务的企业。

商业企业是指在社会再生产过程中专门从事商品交换活动的企业。商业企业主要通过商品的买卖活动，把商品从生产领域转移到消费领域，实现商品的价值，满足社会生产和人民生活的需要。

物资企业是指组织物资流通并从事物资经营业务的企业。物资企业主要包括各级物资部门设立的专业公司、综合公司、供应站、物资储运公司和生产资料服务公司。

邮电企业是指通过邮政和电信传递信息，办理通信业务和邮政业务的企业。

旅游企业是指以旅游资源、服务设施为条件，通过组织游览活动向游客出售劳务的服务性企业。

金融企业是指专门经营货币或信用业务的企业。它的经营范围主要包括：吸收存款，发放贷款，发行有价证券，从事保险、投资、信托业务，发行银行券、支票，办理货币支付、转账结算、国内外汇兑换和提供咨询服务等。

(二)劳动密集型企业、技术密集型企业和知识密集型企业

这是以生产力各要素所占的比重为标准划分的。

劳动密集型企业是指技术装备程度较低，用人较多，产品成本中活劳动消耗所占比重较大的企业。换句话说，劳动密集型企业是那种单位劳动力占用的固定资产少、活劳动占成本的比重大、资本有机构成低的企业。如服装、制革、工艺手工业企业等。

技术密集型企业又称资金密集型企业，是指所需投资较多，技术装备程度较高，用人较少的企业。技术密集型企业同劳动密集型企业相比一般生产率较高，物资消耗少，单位产品成本低，竞争能力强。但它同时要求具有雄厚的资金，先进的技术装备，还要有大量的技术人才，相应配套的服务设施，否则就难以发挥优势。如钢铁、汽车、化工等行业的企业。

知识密集型企业是指拥有较多的中高级技术人员，综合运用先进的科学技术成就进行高精尖产品研究开发生产的企业。如宇航工业企业、信息业企业等。

(三)大型企业、中型企业和小型企业

这是以企业规模为标准划分的。

衡量企业大小的标准通常有资本额、生产能力、固定资产原值、机器设备数量、职工人数、销售额等，但对于不同行业、不同性质的企业，具体的衡量标准并不相同。

我国对企业规模的划分标准有过几次变动。1992 年发布的《大中小型工业企业划分标准》规定，凡产品单一的行业，能以产品生产能力划分的必须按产品设计生产能力或查定生产能力作为划分标准。例如，钢铁联合企业，年生产能力在 100 万吨以上的为大型企业，10 万吨到 100 万吨的为中型企业，10 万吨以下的为小型企业；棉纺厂纱锭在 10 万以上的为大型企业，5 万到 10 万的为中型企业，5 万以下的为小型企业。凡产品品种繁多，难以按产品生产能力划分的则以生产用固定资产原值作为划分标准。例如，一般轻工业企业固定资产原值在 2 000 万元以上的为大型企业，800 万元到 2 000 万元的为中型企业，800 万元以下的为小型企业。其他行业也都有明确的规定。

在国家统计调查数据统计中，经常使用规模以上工业企业。在统计学中，一般以年主营业务收入作为企业规模的标准，达到一定规模要求的企业就称为规模以上企业。目前在我国，规模以上工业企业是指年主营业务收入在 2 000 万元以上的工业企业。规模以上工业企业的标准界定会随着社会经济的发展而变化。1998～2006 年，规模以上工业企业是指全部国有及年主营业务收入达到 500 万元及以上的非国有工业法人企业。从 2007 年开始，将年主营业务收入不足 500 万元的国有工业法人企业不再作为规模以上工业企业统计范围。从 2011 年 1 月起，纳入规模以上工业企业统计范围的工业企业起点标准从年主营业务收入 500 万元提高到 2 000 万元。

近些年小微企业的概念被广泛使用。所谓小微企业是小型企业、微型企业、家庭作坊式企业、个体工商户的统称，是由经济学家郎咸平教授提出的。其划分标准因行业的不同而不同。小微企业在税收上的概念和其他部门略有不同，主要包括三个标准：一是资产总额，工业企业不超过 3 000 万元，其他企业不超过 1 000 万元；二是从业人数，工业企业不超过 100 人，其他企业不超过 80 人；三是税收指标，年度应纳税所得额不超过 30 万元。符合这三个标准的才是税收意义上的小微企业。

(四)全民所有制企业、集体所有制企业、合资企业和私有企业

这是以生产资料所有制形式为标准划分的。

全民所有制企业又称国有企业，是指生产资料归社会主义社会中全体劳动人民占有的企业。这类企业的特点是企业作为相对独立的经济单位具有法人财产权，因此企业必须维护国家财产的保值和增值，根据市场情况进行自主经营，自负盈亏。

集体所有制企业是指生产资料归社会主义劳动群众集体占有的企业。这类企业的特点是有权独立自主地支配自己的资产和产品。一般情况下，它只接受国家的指导性计划，独立经营，自负盈亏。

合资企业是指由两个或两个以上不同单位或个人共同投入资金、设备、技术及其他资源，并通过协议共同经营的企业。这类企业的主要特点是共同投资、共同经营、共享利润、共担风险。

私有企业是指由私人单独占有生产资料和产品的企业。如我国目前存在的外国私人直接投资的企业，以及一些个体户自办的企业。这类企业的特点是完全自主经营、自负盈亏。

(五)国营企业和民营企业

这是以企业的经营方式为标准划分的。

国营企业是指国家经营或由国家授权的机构经营的企业。

民营企业是国营企业的对称，是指除国家直接经营管理的企业以外的所有企业的总称。

"民营"顾名思义是指民间经营,与生产资料是否"私有"没有必然关系。民营企业包括:国有企业经过改制、改组、改造后实行了股份制、股份合作制、租赁制、委托经营等形式的企业(国家对这些民营化了的企业不再直接经营管理,只以所有者身份获取收益,即红利);全部集体企业;混合所有制集团公司;私有企业、个体企业;中外合资、合作企业;外商独资企业。总之,除国有国营之外的所有所有制的企业都属民营企业之列。

在日常生活中,我们还会经常听到私营企业的说法。私营企业是指由私人单独占有生产资料和产品并完全自主经营的企业。实际上,私营企业是民营企业中的一部分。

(六)个人独资企业、合伙制企业和公司制企业

这是以企业的财产组织形式为标准划分的。

世界市场经济国家的通例是按企业的财产构成和所承担的法律责任来划分。世界市场经济国家在长期发展中逐步形成了三种基本的企业财产组织形式,并且加以法律规范,所以又称为三种"法律形式"。

1. 个人独资企业

个人独资企业是最早出现也是最简单的企业财产形式。即业主一个人出资,一个人所有,自己直接经营,享有全部经营收益,对债务完全负责;企业资产同业主其他财产没有明确界限,如果经营失败,业主要用全部家庭财产来抵偿债务。所以这类企业属于"自然人企业",业主对企业债务负无限清偿责任。个人独资企业一般规模较小,结构简单。它的长处是:建立和歇业的程序简单,产权能自由地转让;经营灵活,决策迅速;出资者亲自经营,处处精打细算。它的弱点是:本身财力有限,举债又信用不足,难以经营需大量投资的工商业,企业很难发展壮大;企业存在系于业主一身,如业主无意经营或死亡,企业的业务也就中断。

在我国,个人独资企业是指依照《个人独资企业法》设立,由 1 个自然人投资,财产为投资人个人所有,投资人以其个人财产对企业债务承担无限责任的经营实体。

需要注意的是,个人独资企业由于各种原因解散后,原投资人对个人独资企业存续期间的债务仍应承担偿还责任。如果债权人在 5 年内未向债务人提出偿债请示的,那么该责任自行消灭。

管理实务 1-13

李佳明大学毕业已经五年,现决定自主创业,但在选择哪种组织形式上伤起了脑筋。有人建议采用个体工商户的形式,也有人建议采用个人独资企业形式。到底采用哪种形式呢?李佳明一时拿不定主意。

请问:你能给李佳明提点建议吗?

---

2. 合伙制企业

合伙制企业是在个人独资企业基础上,为了适应生产社会化程度提高和发展规模经济要求出现的一种企业财产组织形式。即由两个以上业主共同出资、共同所有、共同经营、共同分享收益和对债务负责。这类企业仍属于"自然人企业",合伙人要以其家庭财产对企业债务负连带无限责任。合伙制的特点是:企业是依据合伙人之间的协议建立的,如有原合伙人退出或新合伙人加入,都需重新谈判建立新的合伙关系,谈判过程和法律程序比较复杂;合伙人共同参与企业经营,重大决策需一致同意,很容易造成决策的延误;合伙人对企业债务负连带无限责任,当某一合伙人无力承担其应负的那一部分债务时,其他合伙人有义务用自己的财产予以

补足，这就使不能对企业经营活动单独行使控制权的合伙人却要承担较大责任。

需要强调的是，合伙企业注销后，原合伙人对合伙企业存续期间的债务仍应承担无限连带责任。

管理实务 1-14

张蔷三年前与其他四人合伙组建了一家企业，现在由于某种原因想要退出。张蔷便与自己的一位好友达成协议，将自己的股份全额转让。但没想到，原有的合伙人同意张蔷退出，但不同意其将股份转让给他的好友，而是由其他合伙人受让。张蔷觉得很没面子，一是已经和自己的好友达成协议；二是觉得自己的股份转让给谁不都一样吗？

请问：张蔷的想法对吗？你对此有何看法？

3. 公司制企业

公司制企业是在合伙制企业也不能完全适应经济发展需要的情况下产生的一种企业财产组织形式。公司制企业与个人独资企业和合伙制企业不同，它不再是“自然人企业”，而是一种“法人企业”，是由众多出资者投资建立的在法律上具有拟制的独立人格的经济组织。它以独立法人资格拥有自己的法人财产，享有民事权利，承担民事责任。公司财产的终极所有权虽仍属于股东，股东有权分享公司利润，也可以转让持有的股份，但不能退股。这样，公司就脱离了它的投资者而具有独立的生命。

公司是企业法人，有独立的法人财产，享有法人财产权。公司以其全部财产对公司的债务承担责任。

公司法定代表人依照公司章程的规定，由董事长、执行董事或者经理担任，并依法登记。

公司可以设立分公司。分公司不具有法人资格，其民事责任由公司承担。公司可以设立子公司，子公司具有法人资格，依法独立承担民事责任。

按照我国《公司法》的规定，公司分为有限责任公司和股份有限公司。

(1)有限责任公司。有限责任公司又称有限公司，是指由法定数量的股东出资设立，每个股东以其认缴的出资额对公司承担有限责任，公司以其全部资产对其债务承担责任的经济组织。

有限责任公司的注册资本为在公司登记机关登记的全体股东认缴的出资额。股东按照实缴的出资比例分取红利(全体股东约定不按照出资比例分取红利的除外)。

有限责任公司的组织机构主要有股东会、董事会和监事会。

股东会由全体股东组成，是公司的权力机构。股东会会议由股东按照出资比例行使表决权(公司章程另有规定的除外)。

董事会是公司的执行机构，一般由 3～13 人组成。董事会设董事长 1 人，可以设副董事长。董事会决议的表决，实行 1 人 1 票制。有限责任公司可以设经理，由董事会决定聘任或者解聘。经理对董事会负责。股东人数较少或者规模较小的有限责任公司，可以设 1 名执行董事，不设董事会。执行董事可以兼任公司经理。

监事会是公司的监督机构，其成员不得少于 3 人。股东人数较少或者规模较小的有限责任公司，可以设 1～2 名监事，不设监事会。监事会设主席 1 人，由全体监事过半数选举产生。董事、高级管理人员不得兼任监事。监事可以列席董事会会议，并对董事会决议事项提出质询或者建议。

有限责任公司的股东之间可以相互转让其全部或者部分股权。股东向股东以外的人转让股权，应当经其他股东过半数同意。经股东同意转让的股权，在同等条件下，其他股东有优先购买权。

有限责任公司不能发行股票，不能在社会上募股。

管理实务 1－15

江海发现了一个市场机会，准备创业。在企业的财产组织形式上是注册个人独资企业还是一人有限责任公司，江海开始研究两者的利弊，以便做出正确的选择。

请问：你能帮助江海分析一下吗？

(2)股份有限公司。股份有限公司也称股份公司，其全部资本分为等额股份，股东以其认购的股份为限对公司承担责任，公司以其全部资产对公司的债务承担责任。

股份有限公司的设立，可以采取发起设立或者募集设立的方式。发起设立是指由发起人认购公司应发行的全部股份而设立公司。募集设立是指由发起人认购公司应发行股份的一部分，其余股份向社会公开募集或者向特定对象募集而设立公司。

股份有限公司采取发起设立方式设立的，注册资本为在公司登记机关登记的全体发起人认购的股本总额。采取募集方式设立的，注册资本为在公司登记机关登记的实收股本总额。以募集设立方式设立的，发起人认购的股份不得少于公司股份总数的 35%。

股份有限公司股东的股份可以自由转让。

股份有限公司的组织机构是股东大会、董事会和监事会。

股东大会由全体股东组成，是公司的权力机构。股东出席股东大会会议，所持每 1 股份有 1 票表决权。股东持有股份的多少，决定了其在公司中地位的大小。

董事会是公司的日常经营决策机构，一般由 5～19 人组成。董事会设董事长 1 人，可以设副董事长。董事长和副董事长由董事会以全体董事的过半数选举产生。董事会决议的表决，实行 1 人 1 票制。股份有限公司设经理，由董事会决定聘任或者解聘。董事会成员可以兼任经理。

监事会为公司的监督机构。监事会成员不得少于 3 人。监事会设主席 1 人，可以设副主席。董事、高级管理人员不得兼任监事。

上市公司是股份有限公司的一种，其所发行的股票经过有关主管部门批准可以在证券交易所公开上市交易。上市公司是一种公众性公司，它的信息披露最为公开、完整和透明，受到的监督也最为严格。

管理实务 1－16

2014 年 5 月京东在美国纳斯达克成功上市。京东依据公司章程实行 AB 股制度，即把普通股票分为 A、B 两类。刘强东持 B 类，每一股拥有 20 票投票权，其他投资者持 A 类，每一股有 1 票投票权。A 类上市交易，B 类不上市交易。A 类在任何形式都不可以转换成 B 类，B 类可以随时自由转换成 A 类。设置 AB 股制度的目的就是通过分离股权和投票权来保证创始团队的管理权。

请问：我国公司法是否允许同股不同权，设立类似的 AB 股制度？

有限责任公司与股份有限公司的区别为：

①设立方式不同。有限责任公司只能采取发起方式设立，而股份有限公司既可以发起设立，也可以募集设立。

②股东人数限额不同。有限责任公司的股东人数应在 50 人以下，1 人也可以设立有限责任公司。而股份有限公司的发起人应在 2 人以上 200 人以下，股东人数没有最高限额。

③注册资本数额不同。有限责任公司的注册资本为在公司登记机关登记的全体股东认缴的出资额。股份有限公司采取发起设立方式设立的，注册资本为在公司登记机关登记的全体发起人认购的股本总额；采取募集方式设立的，注册资本为在公司登记机关登记的实收股本总额。如果是上市公司，在深圳证券交易所创业板公开上市的注册资本最低限额为 3 000 万元；在深圳证券交易所主板和上海证券交易所上市的注册资本最低限额为 5 000 万元。

④股权转让方式不同。有限责任公司股权，在股东之间可以自由转让，而向股东以外的人转让则有严格限制，应当经其他股东过半数同意，并且在同等条件下原股东有优先认购权。而股份有限公司股权可以自由转让。

⑤组织机构不同。有限责任公司的组织机构比较简单，股东人数不多、企业规模较小的公司可以只设执行董事而不设董事会，执行董事还可兼任公司经理，监事人数也可以少于 3 人。而股份有限公司的股东大会、董事会和监事会则必须分立，按《公司法》规范设立。

⑥信息披露义务不同。有限责任公司由于股东人数有限且固定，公司的经营和财务状况不需要披露。而股份有限公司则不同，负有法定信息披露义务。特别是公开发行股票的公众性上市公司，由于持股人数众多而且很不固定，公司必须定期披露其经营和财务状况。

⑦适用条件不同。一般来说，有限责任公司适用于中小企业，而股份有限公司适用于大企业。所以，市场经济国家中的有限责任公司数目要大大多于股份有限公司的数目。

有限责任公司和股份有限公司是公司制企业的主要表现形式。公司制是现代企业制度的主体，是现代经济社会中最重要的企业组织形式，是现代企业的发展趋势。在市场经济发达的美国，公司制企业虽然仅占企业总数的 16%，但其资本额却占企业总资本的 85%。可见，公司制企业在现代经济中占有举足轻重的地位。

这里需要强调的是，个人独资企业、合伙制企业和公司制企业三种形式在历史上是继起的，不是取代，而是共存。时至今日，即使在发达的市场经济国家，个人独资企业和合伙制企业仍然占企业总数中的大多数；公司制企业主要是一些大中型企业，其数目只占企业总数的 20%～30%，而销售额则占销售总额的 80%以上。

企业的财产组织形式关系到建立现代企业制度、转换企业经营机制、优化资源配置和发挥企业优势等重要问题。

本章小结

管理是人们社会活动的重要组成部分之一，企业是国民经济的细胞，以企业为切入点来研究管理具有普遍意义。

管理是一个过程。计划、组织、领导、激励、沟通和控制是管理的六项基本职能。

管理者也称为管理的主体，不同层次的管理者工作的职责不同。管理者要执行多种管理职能，在管理工作中常常扮演多种角色。管理者应具备三种技能，即技术技能、人际技能和概念技能。这三种技能对每个管理层次都是需要的，但在不同的管理层次，这三种技能的相对重要性会有所不同。管理对象也称为管理的客体,是管理作用的对象。

管理具有实践性、发展性、科学性和艺术性、综合性、不精确性、软科学性和二重性。管理适合于任何类型的组织,不管是营利性组织还是非营利性组织。

企业是商品生产与商品交换的产物,是实行自主经营、独立核算,依法设立的一种营利性的经济组织。企业可分为公司制企业和非公司制企业。有限责任公司和股份有限公司是公司制企业的主要形式,合伙制企业和个人独资企业是非公司制企业的主要形式。

企业可分为法人与非法人。具有法人资格的企业称为企业法人。企业法人和企业法定代表人是不同的,法人是一个组织,而法定代表人是自然人。公司制企业是法人企业,非公司制企业是非法人企业。

开篇案例分析要点

1. 管理的职能包括计划、组织、领导、激励、沟通和控制。计划职能:巨人集团的失败一是宏观战略计划的失败。巨人大厦的修建计划受偶然因素影响较大,一改再改,而且修改计划并没有进行严密的考察和论证,个人主观因素较大。二是决策失误是导致巨人集团衰落的最重要的原因之一。在巨人大厦面临资金告急时,史玉柱并没有从经济利益角度出发做决策,而是抽调保健品的流动资金去支撑巨人大厦的建设资金。组织职能:巨人集团在短短几年内员工规模急速扩张,组织结构和组织管理机制不够完善,管理人才缺乏。领导职能:并未针对员工的实际采取切实有效的措施调动员工的工作积极性。激励职能:员工激励不足,公司内部老员工在巨人集团大发展时期缺乏动力,积极性不高。沟通职能:没有建立起有效沟通机制,听取员工的意见和建议。控制职能:巨人集团的控制不足主要体现在对人的控制和对资金的控制。内部管理机制不健全,1996 年,巨人集团出现各类违规、违纪、违法案件,以及对资金的控制,如资金筹措、资金投资流向的控制失误。

2."管理就是决策",这句话强调了决策在管理中的重要性。从管理的职能上讲,无论是哪一项管理职能都离不开决策。所以,从这个意义上讲,我们可以认为,管理就是决策。但是就管理的定义而言,这句话过于强调了决策的重要性,而忽视了其他职能的重要性。

本案例充分体现了决策在管理中的重要性,很好地支撑了"管理就是决策"这个观点。决策正确,则管理有效;决策失误,则管理混乱。如巨人大厦设计的决策失误,导致企业管理各方面面临巨大压力,包括人员、资金、技术、材料等;在巨人大厦资金告急时做出的抽调保健品资金以支持巨人大厦的决策,更是将企业陷入破产边缘。

3. 巨人集团的衰败原因是多方面的。除了内部管理原因、决策者主观因素外,还有外部环境的影响。如国家的宏观调控、市场经济的变化等。一个企业的成功离不开一群优秀的管理者,要避免巨人集团的衰败,有几点建议:(1)搭建一个好的领导班子和团队,建立核心企业文化;(2)伴随企业的壮大和发展建立健全企业管理机制;(3)在充分做好宏观环境调研和分析的基础上,制定合理的企业战略发展计划,不因个人主观因素随意变更;(4)增强企业对于市场的敏锐度,做好及时反馈和控制工作;(5)壮大营销管理团队,保障企业运营资金。

知识测试

一、单项选择题

1. 凡是存在(　　)的地方,就存在管理。

A. 人　B. 人群　C. 组织　D. 工作

2. 管理者是指(　　)。

A. 组织的高层领导　B. 组织的中层领导

C. 从事管理活动的人　D. 组织的员工

3. 管理对象是指(　　)。

A. 组织中的人员　B. 组织中的财、物

C. 组织中的技术　D. 组织中的人、财、物、信息等一切资源

4. 一切管理活动的共性是(　　)。

A. 实行组织控制的例外原则　B. 为了实现特定的目标

C. 管理组织必须按照科层制设立　D. 使管理职能细化

5. 下面正确的陈述为(　　)。

A. 只有企业才需要管理　B. 任何类型的组织都需要管理

C. 宗教团体不需要管理　D. 个体企业不需要管理

6. 管理的主体是(　　)。

A. 企业家　B. 全体员工　C. 高层管理者　D. 管理者

7. 管理的本质是(　　)。

A. 组织　B. 协调　C. 领导　D. 控制

8. 下列几项活动中，不属于管理活动的是(　　)。

A. 部队中的班长与战士谈心　B. 企业的总会计师对财务部门进行检查

C. 钢琴家制订自己的练习计划　D. 医院的外科主任主持会诊

9. 古人云“运筹于帷幄之中，决胜于千里之外”，这里的“运筹帷幄”反映了管理的(　　)职能。

A. 计划　B. 组织　C. 领导　D. 控制

10. 管理者需要具有多种技能。其中，管理者对组织发展的远大目标、战略方向的判断力，即洞察组织与环境相互影响因素的能力、确定和协调各方面关系的能力，以及权衡不同方案优劣的能力，这些能力属于(　　)。

A. 技术技能　B. 概念技能　C. 人际技能　D. 战略技能

11. 对基层业务管理人员而言，其管理技能侧重于(　　)。

A. 技术技能　B. 财务技能　C. 谈判技能　D. 营销技能

12. 在同不合作的供应商进行谈判的时候，管理者扮演的是(　　)。

A. 企业家角色　B. 干扰对付者角色

C. 资源分配者角色　D. 谈判者角色

13. 管理人员与一般工作人员的根本区别是(　　)。

A. 需要与他人配合完成组织目标　B. 需要从事具体的文件签发审阅工作

C. 需要对自己的工作成果负责　D. 需要协调他人的努力以实现组织目标

14. 某位管理人员把大部分时间都花费在直接监督下属人员工作上，他一定不会是(　　)。

A. 工长　B. 总经理　C. 领班　D. 车间主任

15. 下列不属于管理者角色的是(　　)。

A. 人际角色　B. 指挥角色　C. 信息角色　D. 决策角色

16. 在组织的运行过程中，遇到冲突或问题时，管理者必须善于处理冲突和解决问题，这时管理者扮演的角色是(   )。

A. 决策角色　　B. 信息角色　　C. 人际角色　　D. 联络角色

17. 在管理职能的各种划分法中，都将(   )作为管理的基本职能。

A. 领导和计划　　B. 领导和组织

C. 组织和控制　　D. 计划和控制

18. 预先决定要做什么、为什么要做、何时去做、在何地做、由什么人做以及如何做，是管理(   )职能的任务。

A. 控制　　B. 组织　　C. 领导　　D. 计划

19. 某技术专家原来从事专业工作，业务专精、绩效显著，近来被提拔到所在科室负责人的岗位。随着工作性质的转变，他今后的工作重点应该是(   )。

A. 放弃技术工作，全力以赴，抓好管理和领导工作

B. 重点仍以技术工作为主，以自身为榜样带动下级

C. 以抓管理工作为主，同时参与部分技术工作，以增强与下级的沟通与理解

D. 在抓好技术工作的同时，做好管理工作

20. 在市场经济条件下，企业的生命力在于(   )。

A. 公共利益　　B. 集体利益　　C. 经济效益　　D. 社会效益

21. 管理是一种艺术，是强调管理的(   )。

A. 精确性　　B. 延续性　　C. 随意性　　D. 实践性

22. “兵熊熊一个，将熊熊一窝”，这句话最能说明(   )。

A. 搞好企业，关键在于有没有一个合格的企业家

B. 搞好企业，就不可避免地要解聘无能的人，让“熊兵”下岗

C. 当好领导的关键，是要进行人力资源开发，把“熊兵”培养成“能将”

D. 任何领导者都不免要与些无能之辈共事

23. 管理的艺术性集中体现在(   )。

A. 管理活动中对于“度”的把握　　B. 管理活动是一种创造性的活动

C. 管理活动有其特殊规律性　　D. A、B两项都正确

24. 按照组织的目标和计划的要求，对组织和社会运行状况进行检查、监督和调节的活动，被称为管理的(   )。

A. 监督职能　　B. 领导职能　　C. 控制职能　　D. 调节职能

25. 管理人员一般需要具备多种技能，如概念技能、人际技能、技术技能等。高层的管理人员对这些技能的需要，按迫切性排序为(   )。

A. 首先是概念技能，其次是技术技能，最后是人际技能

B. 首先是技术技能，其次是概念技能，最后是人际技能

C. 首先是概念技能，其次是人际技能，最后是技术技能

D. 首先是人际技能，其次是技术技能，最后是概念技能

26. 有限责任公司(   )。

A. 可以发行股票　　B. 股东的数量没有限制

C. 公司对债务负无限清偿责任　　D. 股东以其出资额为限对公司承担责任

27. 股份有限公司(   )。

A. 可以发行股票　　B. 股东的数量有限制

C. 公司对债务负无限清偿责任　　D. 股东对公司债务负无限清偿责任

二、多项选择题

1. 以下属于高层管理者的有(　　)。

A. 项目经理　　B. 车间主任

C. 首席财务官　　D. 总经理

2. 基层管理者的主要职责有(　　)。

A. 现场指挥　　B. 现场监督

C. 制订作业计划　　D. 制定重大政策

3. 管理者的人际角色包括(　　)。

A. 代表人　　B. 监听者　　C. 领导者　　D. 联络者

4. 管理者的信息传递角色包括(　　)。

A. 代表人　　B. 监听者　　C. 传播者　　D. 发言人

5. 下列体现管理者扮演代表人角色的活动是(　　)。

A. 参加社区集会　　B. 调解员工争端

C. 作为信息传递中心和渠道　　D. 宴请重要客户

6. 提高管理者素质的途径有(　　)。

A. 通过间接经验　　B. 教育

C. 培训　　D. 通过直接经验

7. 根据管理二重性的原理,管理具有与(　　)相联系的自然属性。

A. 生产力　　B. 生产关系

C. 社会化大生产　　D. 社会制度

8. 按照企业的财产组织形式可以把企业分为(　　)。

A. 个人独资企业　　B. 合伙制企业

C. 公司制企业　　D. 股份制企业

9. 有限责任公司(　　)。

A. 股东人数在50人以下　　B. 可以不设立董事会,设执行董事

C. 董事会的人数由3～13人组成　　D. 不能发行股票

10. 股份有限公司(　　)。

A. 股东人数没有上限　　B. 可以发起设立也可以募集设立

C. 可以发行股票　　D. 股东大会、董事会和监事会必须分设

三、判断题

1. 管理人员不应该做作业工作,应把全部的精力都放在管理工作上。(　　)

2. 人既是管理的主体,又是管理的客体。(　　)

3. 大部分时间都花在自己身上的人不能称为管理人员。(　　)

4. 基层第一线管理人员大部分时间是在对工人进行直接的监督管理。(　　)

5. 中层管理者往往处理现场管理、指导操作等技术性工作较多。(　　)

6. 主管人员由于在组织中所处的层次不同，他们所履行的管理职能数量也有多有少。（　）

7. 组织中管理人员所做的工作就是管理工作。（　）

8. 管理学被称为软科学是因为它不像技术那样对生产有用。（　）

9. 鉴于管理工作的复杂性，迄今为止，管理学仍然是一门不精确的科学。（　）

10. 管理是一种无形的力量，它是通过高层管理者对下级管理者和组织成员的严格控制体现出来的。（　）

11. 拥有高超概念技能的高层管理者一定能带领企业走向成功。（　）

12. 技术技能对管理人员非常重要，因为它能使管理人员通过分析确定问题的所在，得出解决的办法。（　）

13. 企业规模越大，技术就显得越重要，而管理能力的重要性相对减少。（　）

14. 概念技能是组织高层管理者所具备的最重要的一种技能。（　）

15. 在管理者所要具备的技能中，人际技能相对来说最重要。（　）

16. 管理者在小型组织和大型组织中从事基本相同的工作。（　）

17. 管理是随着人类社会的发展而产生的，在原始社会是不存在管理的。（　）

18. 高层管理人员必须对组织活动的各个方面都有所了解。（　）

19. 管理学研究的是管理活动的普遍规律性，是各专业管理的基础理论。（　）

20. 有效的管理者应该既懂理论，又具备管理技巧与管理工具的运用能力。（　）

四、简答题

1. 简述管理的含义和应用范围。
2. 简述管理者有哪些角色和技能要求。
3. 简述管理者层次与管理者技能之间的关系。
4. 简述管理有哪些职能。
5. 如何理解管理学的实践性？
6. 为什么说管理学既是科学又是艺术？
7. 为什么说管理学具有软科学性？
8. 简述企业的含义及其特征。

五、论述题

1. 有人说“不学管理，也会管理”，也有人说“学了管理，就会管理”，这两种说法对不对？为什么？

2. 假如你想在校园创业，比如开一家打字复印社，如果你是和另外两个人合伙，你将重点考虑合伙人哪些方面的能力和素质？

3. 如何理解管理学的二重性？

4. 论述有限责任公司和股份有限公司的主要区别。

案例分析

案例 1　忙碌的王厂长

王厂长是光明食品公司江南分厂的厂长。早晨 7 点，当王厂长驱车上班时，他的心情特别好，因为最近的生产率报告表明，由于他的精心经营，他管辖的江南分厂超过了公司其他两个分厂，成为公司人均劳动生产率最高的分厂。昨天，王厂长在与其上司的通话中得知，他的半年绩效奖金比去年整整翻了两倍。

王厂长决定今天要把手头的许多工作清理一下，像往常一样，他总是尽量做到当日事当日毕。除了下午 3 点 30 分有一个会议外，今天的其他时间都是空着的，因此，他可以解决许多重要的问题。他打算仔细审阅最近的审计报告并签署他的意见，并仔细检查工厂 TQM(全面质量管理)计划的进展情况。他还打算计划下一年度的资本设备预算，离中报截止日期只有 10 天时间了，他一直抽不出时间来做这件事。王厂长还有许多重要的事项记在他的"待办"日程表上：他要与副厂长讨论几个员工的投诉；写一份 10 分钟的演讲稿，准备在后天应邀的商务会议上致辞；审查他的助手草拟的贯彻食品行业安全健康的情况报告。

王厂长到达工厂的时间是 7 点 15 分，还在走廊上，就被会计小赵给拦住了。王厂长的第一个反应是她这么早在这里干什么？小赵告诉他负责工资表制作的小张昨天没有将工资表交上来，昨天晚上她等到 9 点，也没有拿到工资表，今天实在没办法按时向总部上报这个月的工资表了。王厂长作了记录，打算与工厂的总会计师交换一下意见，并将情况报告他的上司——公司副总裁。王厂长总是随时向上司报告任何问题，他从不想让自己的上司对发生的事情感到突然。

最后，王厂长来到办公室里，打开计算机，查看了有关信息，他发现只有一项需要立即处理。他的助手已经草拟了下一年度工厂全部管理者和专业人员的假期时间表，它必须经王厂长审阅和批准，处理这件事只需 10 分钟，但实际上占用了他 20 分钟的时间。

接下来要办的事是资本设备预算。王厂长在他的电脑工作表程序上，开始计算工厂需要什么设备以及每项的成本是多少。这项工作刚进行了 1/3，王厂长便接到工厂副厂长打来的电话。电话中说在夜班期间，三台主要的输送机有一台坏了，维修工要修好它得花费 5 万元，这些钱没有列入支出预算，而要更换这个系统大约要花费 12 万元，王厂长知道，他已经用完了本年度的资本预算。于是他在 10 点安排了一个会议与工厂副厂长和总会计师研究这个问题。

王厂长又回到他的工作表程序上，这时工厂运输主任突然闯入他的办公室，他在铁路货车调度计划方面遇到了困难，经过 20 分钟的讨论，两个人找到了解决办法。王厂长把这件事记下来，要找公司的运输部长谈一次，好好向他反映一下工厂的铁路货运问题，什么时候公司的铁路合同到期及重新招标。

看来打断王厂长今天日程的事情还没有完，他又接到公司总部负责法律事务的职员打来的电话，他们需要数据来为公司的一桩诉讼辩护，因为原江南分厂的一位员工由于债务问题向法院起诉公司。王厂长把电话转接给人力资源部。这时，王厂长的秘书又送来一大叠信件要他签署。突然，王厂长发现 10 点到了，总会计师和副厂长已经在他办公室外面等候。3 个人一起审查了输送机的问题并草拟了几个选择方案，准备将它们提交到下午举行的例行会议上讨论。现在是 11 点 5 分，王厂长刚回到他的资本预算编制程序上就又接到公司人力资源部部长打来的电话，对方花了半小时向他说明公司对即将与工商所举行的谈判策略，并征求他特别是与江南分厂有关问题的意见。挂上电话后，王厂长下楼去人力资源部部长办公室，他们就这次谈判的策略交换了意见。

王厂长的秘书提醒他与地区另一家公司的领导约定共进午餐的时间已经过了，王厂长赶紧开车前往约定地点，好在不过迟到了10分钟。

下午1点45分，王厂长返回他的办公室，工厂工长已经在那里等着他。两个人仔细检查了工厂布置的调整方案以及周边环境的绿化等工作要求。会议的时间持续得较长，因为中间被三个电话打断。到3点5分时，王厂长和工厂副厂长穿过大厅来到会议厅。例行会议通常只需要1个小时，不过讨论工人工资和利益分配以及输送系统问题的时间拖得很长。这次会议持续了3个多小时，当王厂长回到他的办公室时，他已经精疲力竭了。12个小时以前，他还焦急地盼望着一个富有成效的工作日，现在一天过去了，王厂长不明白："我完成了哪件事？"当然，他知道他干完了一些事，但是本来有更多的事他想要完成的。是不是今天有点特殊？王厂长承认不是的，每天开始时他都有着良好的打算，而回家时却不免感到有些沮丧，整日就像置身于琐事的洪流中，中间被经常不断地打断。他是不是没有做好每天的计划？他说不准。他有意使每天的日程不要排得过紧，以使他能够与人们交流，使得人们需要他时，他能抽得出时间来。但是，他不明白是不是所有管理者的工作都经常被打断和忙于救火，他能有时间用于计划和防止意外事件发生吗？

根据案例资料，请回答下列问题：

1. 王厂长在该分厂属于（　　）。

A. 基层管理人员　　B. 中层管理人员

C. 高层管理人员　　D. 专业管理人员

2. 王厂长应该履行的主要职责是（　　）。

A. 贯彻执行分厂的重大决策，并监督和协调基层管理者的工作

B. 负责制定组织的大政方针，沟通组织与外界的交往联系

C. 抓部下解决不了或无力解决的重大问题，部门间的协调等

D. B、C两项皆是

3. 根据罗伯特·卡茨的三大技能，在本案例中，对于王厂长来说（　　）更重要。

A. 概念技能比技术技能　　B. 技术技能比概念技能

C. 技术技能比人际技能　　D. 人际技能比概念技能

4. 根据明茨伯格的管理者角色理论，王厂长打算计划下一年度的资本设备预算时所扮演的管理者角色是（　　）。

A. 挂名首脑　　B. 谈判者　　C. 领导者　　D. 资源分配者

5. 王厂长疲于奔命，忙碌了一天，效果却不尽人意，对其工作最恰当的评价是（　　）。

A. 重效率、轻效果　　B. 轻效率、重效果

C. 重效率、重效果　　D. 轻效率、轻效果

6. 对于案例中王厂长总是随时向上司报告任何问题的做法，你认为最合理的评价是（　　）。

A. 充分体现了下级对上级高度负责的态度

B. 公司在组织运行中较好地贯彻了统一指挥原则

C. 体现了总公司与分厂间的有效沟通

D. 没有很好地把握权责一致的原则

7. 工资表没有及时报上来,需不需要向上司汇报?(　　)

A. 需要　　B. 不需要,自己完全能够处理

C. 报告也行,不报告也行　　D. 这个问题很重要,一定要报告

8. 你认为王厂长如此忙碌的原因是(　　)。

A. 对工作要求高　　B. 工作能力不够

C. 过于集权　　D. 以上三项皆是

9. 王厂长要从忙碌中解脱出来,你认为下列(　　)最重要。

A. 降低工作标准　　B. 提高工作能力

C. 寻求上级领导的帮助　　D. 学会授权,让他人分担自己的工作

10. 王厂长与另一家公司的领导共进午餐,扮演的角色是(　　)。

A. 代表人　　B. 谈判者

C. 领导者　　D. 联络者

案例 2　培训部负责人辞职

北京某公司章总,工龄有 30 多年,在行业内也算是前辈,工作态度非常严谨仔细。章总对公司组织的培训工作非常重视,从培训课程内容设置、培训讲师选聘、培训酒店场地签订到培训证书印制、培训现场条幅悬挂、培训期间餐饮订单等,事无巨细,从头抓到尾,尽管有专门的培训部。并且经常亲自蹲点于培训教室现场,中间还不时打断讲师指正讲授内容。由于公司人员排队签字,不时召唤秘书奔走往返来培训现场办理公文处理文件。

一次,章总突然指示培训部下周举办经销商销售顾问培训班和市场经理培训班,完全脱离培训工作实施规划。培训部不得不马上开始确定培训讲师、拟制培训日程表、商谈培训教室、拟订培训通知等事项。由于某种原因,报到实际人数没有达到理想状态,章总在培训报到现场,果断指示将两个班合并为一个班举办,以节省开销。尽管前期已经安排妥当,培训讲师林教授也强调培训对象不同,培训内容侧重点不一样,最关键报到时间也不同,但章总置之不理。结果经销商参训学员得知突然变更,怨声载道,全部怪罪培训部。章总竟然也在众人面前大声斥责培训部负责人,为什么培训工作做得一塌糊涂,然后命令公司其他所有部门负责人全部到场蹲点,这下更热闹了,培训工作不光章总亲自指导,各部门负责人也不时指东道西,甚至连总经理秘书也插手指挥。可想而知,一个简单的培训活动最终搞得乱七八糟。培训结束第二天,培训部负责人打了辞职报告。

根据案例资料,请回答下列问题:

1. 培训部负责人为什么会打辞职报告?

2. 公司管理者的角色定位是什么?

考研真题

一、概念题

1. 管理(东南大学 2019 年研;东北大学 2019 年研;山西财经大学 2018 年研;华南理工大学 2017 年研;湘潭大学 2017 年研;四川大学 2017 年研;福建师范大学 2017 年研;哈尔滨工业大学 2016 年研;中央财经大学 2016 年研;湘潭大学 2015 年研;首都师范大学 2014 年研;同济大学 2013 年研;吉林大学 2012 年研;中山大学 2011 年研)

2. 管理学(山西财经大学 2018 年研;中国农业大学 2014 年研;中山大学 2010 年研)

3. 管理职能(大连理工大学 2018 年研;大连海事大学 2017 年研;武汉理工大学 2009 年研)

4. 人际关系角色(东北财经大学 2009 年研)

5. 概念技能(中国传媒大学 2017 年研;浙江理工大学 2017 年研;安徽师范大学 2017 年研;华南师范大学 2016 年研;华中师范大学 2016 年研;电子科技大学 2014 年研;中南财经大学 2010 年研)

6. 人际技能(华中科技大学 2019 年研;山东大学 2015 年研;哈尔滨工业大学 2014 年研)

7. 管理的二重性(南昌大学 2018 年研;大连理工大学 2017 年研;四川大学 2011 年研)

8. 信息角色和决策角色(西南财经大学 2018 年研)

9. 人本原理(云南大学 2017 年研;电子科技大学 2013 年研)

● 管理的人本原理(中山大学 2009 年研)

10. 例外原则(北京航空航天大学 2005 年研)

二、简答题

1. 简述管理的定义及管理的基本职能。(北京大学 2019 年研;中央民族大学 2019 年研;中南大学 2018 年研;哈尔滨工业大学 2017 年研;杭州师范大学 2016 年研;北京科技大学 2013 年研)

2. 简述管理的概念,具体含义有哪些?(华北电力大学 2018 年研)

3. 简述管理五职能之间的关系。(四川大学 2019 年研;山东大学 2016 年研)

4. 根据明茨伯格的观点,管理者扮演的角色有哪些?(宁波大学 2017 年研;浙江理工大学 2016 年研;杭州师范大学 2016 年研)

5. 企业管理过程中存有一种现象,即“管理者管了一些不该管的事情,一些该管的事情却没管好”。请根据亨利·明茨伯格的观点,简述管理者在组织中的角色。(首都师范大学 2014 年研)

6. 管理者需要具备哪些技能?(北京地质大学 2019 年研;山东大学 2016 年研;华中科技大学 2016 年研;陕西师范大学 2015 年研)

7. 小企业老板的工作与大公司总裁的工作会有哪些差异?(浙江大学 2009 年研)

8. 简述管理者的角色和技能。(中国海洋大学 2018 年研;大连理工大学 2016 年研)

● 什么是管理角色理论中的信息传递角色?信息传递角色具体包括哪些?(浙江大学 2012 年研)

● 明茨伯格的十个角色可分成哪三类?(北京工商大学 2011 年研)

9. 结合实例论述管理者应具有的技能及其与管理层次之间的关系。(首都经贸大学 2014 年研)

● 管理需要哪些技能?它与管理者所处的层次有何关系?(汕头大学 2015 年研)

三、论述题

1. 试述管理的科学性与艺术性之间的关系。(西南财经大学 2016 年研;北京工商大学 2015 年研)

● 为什么说管理既是一门科学又是一门艺术?(北京地质大学 2018 年研;杭州师范大学

2016年研；西安交通大学2012年研；中山大学2011年研）

2. 处在组织中不同层次的管理者应该具备的管理技能有什么异同？为什么？（南京大学2010年研）

3. 阐述管理者的角色与技能的含义以及具体内容。结合自己的工作实践，运用有关管理者角色与技能的理论与知识，以实例来具体说明管理者承担的角色以及应具备的技能。（上海财经大学2007年研；中山大学2006年研）

● 论述对管理者的基本技能要求（即美国管理学家罗伯特·卡茨提出的三项基本技能）。（浙江理工大学2017年研；中国传媒大学2009年研）

4. 美国管理大师彼得·德鲁克说过，如果你理解管理理论，但不具备管理技术和管理工具的运用能力，你还不是一个有效的管理者；反过来，如果你具备管理技巧和能力，而不具备管理理论，那么充其量你只是一个技术员。请谈谈你对这句话的理解，并分析具备哪些素质才能成为胜任的管理者。（南京大学2008年研）

5. 论述明茨伯格的管理者角色理论的内容以及对现代管理的启发。（中南大学2018年研）

第二章　管理思想演变

学习目标

1. 了解传统管理思想的特点及其主要代表人物。
2. 掌握科学管理思想的主要代表人物及其主要理论。
3. 了解现代管理思想的主要学派及其代表人物。
4. 了解管理思想的新发展。

开篇案例

麦当劳的标准化管理

麦当劳是当今世界最大的快餐连锁集团和食品集团之一。建立于1955年，创始人为雷克洛克，当时仅在美国伊利诺伊州有一家餐厅。今天的麦当劳公司在世界100多个国家和地区已拥有32 000多家餐厅，每天为3 000万人服务，即每分钟为30 000人服务。平均每3小时开一家新餐厅。

麦当劳何以能像滚雪球似地向前发展，征服一个又一个饮食文化？它的汉堡和薯条何以有那么大的魔力？麦当劳成功的原因究竟何在？

麦当劳有一套与特许经营相结合的中心管制系统的独特经营管理模式，并且将这种模式落实到经营管理的每一个细节中，从而成功地实现了异域市场拓展、国际化经营。

1. 严格的特许加盟条件

麦当劳的加盟条件相当严格和苛刻。一个商家要加盟麦当劳，首先要向总部提出申请，由总部派出人员选择地址、店面并进行内外装潢。分店必须严格按照总部规定的标准、规范、作业程序和服务规则进行经营，还要与麦当劳总部签订合同，先付特许权使用费2.25万美元，此后，每年上交总部年销售额3%的特许权使用费和8.5%的房产租金。麦当劳与加盟商签订的合同有效期为20年,公司将麦当劳的企业名称、商标使用权、产品制作技术、经营管理诀窍等授予加盟商在规定的时间和地区内使用;公司为加盟商提供员工培训和管理咨询,但加盟店的餐具、食品和原料并不由公司直接提供,而是由专业供应商为其统一供货。麦当劳还要求加盟店必须严格遵守公司制定的管理制度,接受公司的指导和监督,使用麦当劳统一的名称、标识,采取统一的广告宣传,保证统一的产品质量。

2. 食品质量的标准化

麦当劳对食品质量都要求做到标准化,面包不圆或切不平不能销售;奶浆接货温度要在4摄氏度以下,高1度就退货;用机器切的牛肉饼每个重47.32克,直径98.5毫米,厚度为5.65毫米,脂肪不能超过11%,肉中不能掺进一点儿心、肺等下水料,并要经过40多项质量控制检查;任何原料都有保存期,生菜从冷藏库拿到配料台上只有2个小时的保鲜期,过时就报废;食品生产过程采用严格电脑控制和标准操作,制作好的成品和时间牌一起放到成品保温槽中,炸薯条超过了7分钟、汉堡包超过10分钟还没有卖掉就要立刻扔掉。

3. 服务规范化

麦当劳的服务非常到位,所有的店员都面带微笑,员工实行快捷、准确、友善的服务,不能让顾客排队超过2分钟,顾客点完食品后,服务员要在1分钟内将食品送到顾客手中。员工穿着打扮上也有严格要求,男的不许留长发,女的要戴发网,并不准浓妆艳抹。在麦当劳的员工规范中,有一项条文是"与其靠墙休息,不如起身打扫",所有的餐具在打烊后必须彻底清洗、消毒,地板要刷洗干净,餐厅门前也要保持清洁。为了方便顾客外带食品且避免在路上倾倒或溢出,麦当劳会事先把准备卖给顾客的汉堡包和炸薯条装进塑料盒或纸袋,将塑料刀、叉、勺、餐巾纸、吸管等用纸袋包好,随同食物一起交给顾客。而且在饮料杯盖上,也先划好十字口,以方便插入吸管。

4. 完善的员工管理

麦当劳有自己统一的作业程序和对员工统一的培训,员工"小到洗手有程序,大到管理有手册"。为强调清洁卫生,麦当劳规定员工在工作前都必须洗手,洗手之前还必须先签名,因为签了名才确实能掌握员工是否洗手。而且洗手还有"标准动作":签完名后,再打开水龙头,然后把手打湿,再按洗手乳开始洗手,用水冲干净后,再取一小撮麦当劳特制的清洁消毒剂放在手心,双手揉搓20秒钟,然后再用清水冲净。洗的时候不仅只是洗手掌,还必须洗到手肘。洗干净后,再用水冲洗干净,然后再用擦手纸把手擦干,擦干之后并非马上把擦手纸丢掉,而是拿着擦手纸把水龙头关起来,再把擦手纸丢到垃圾筒。这样洗干净的手,才不会再接触到水龙头而受到污染。如果手接触了头发、衣服等,就要重新洗手消毒。

所有这些都表明:麦当劳从来没有偏离其创始人最初所确定的最熟知而且精勤的行业。在麦当劳这么一个庞大的跨国连锁集团内,它的规矩多而严,一切遵照连锁中心的指示,一切按照手册来办,品质、服务、清洁的标准和目标从来都一成不变。因为这种一致的管理,在细节中不断追求更加完美,才使麦当劳有别于其他企业。麦当劳的竞争对手可以抄袭麦当劳的很多秘密,却无法抄袭麦当劳的工作伙伴对麦当劳事业的自豪、热情和对工作细节的不断追求。

(资料来源:黄颖,秦树东,郝燕. 管理学案例精析[M]. 北京:电子工业出版社,2015)

根据案例资料,请思考以下问题:

1. 科学管理理论的内容包括哪些?本案例是如何体现科学管理的应用的?

2. 请详细阐述标准化理论在麦当劳中的应用,对你有什么启示?

3. 你认为科学管理理论在现代企业管理中是否适用?结合案例说明你的观点。

管理是随着人类历史的产生而产生、随着人类历史的发展而发展的。在漫长而重复的管理活动中，随着管理活动和管理理念逐渐升华，管理思想逐步形成。而随着社会生产力的发展，人们把各种管理思想加以归纳和总结，就形成了管理理论；同时，人们又运用管理理论去指导管理实践，以取得预期的效果，并且在管理实践中检验、补充和完善管理理论，这就是管理学的形成过程。从中我们可以看出管理活动、管理思想和管理理论这三者之间的关系：管理活动是管理思想的根基，管理思想来自管理活动中的经验总结；管理思想是各项管理活动的指南，是管理理论产生的基础；管理理论是管理思想的提炼、概括和升华，是较成熟、系统的管理思想，但并非所有管理思想都是管理理论；管理理论对管理活动有指导意义，同时又要经受得住管理活动的检验并不断地补充和完善。

纵观管理思想发展的全部历史，大致可以划分为三个阶段：

第一阶段为传统管理思想，指 19 世纪末以前。这一阶段的管理思想又被称为早期的管理思想，或古代的管理思想，其最大特点是经验管理。

第二阶段为科学管理思想，指 19 世纪末到第二次世界大战结束之间。这一阶段的管理思想又称之为近代管理思想，其最大特点是管理已经从经验上升为科学。也有学者将这一阶段划分为古典管理理论和行为管理理论两个阶段。

第三阶段为现代管理思想，指第二次世界大战以后。其最大特点是管理领域非常活跃，出现了一系列的管理学派，每一学派都有自己的代表人物。

近些年来，管理思想又有了新的发展，一些新的管理思想不断涌现，具有代表性的有战略管理、文化管理、企业再造和建立学习型组织等。

将管理思想的发展按时间划分为三个阶段，只是为了讨论的方便，而不是说各阶段的管理思想是彼此独立、互不相关的。管理思想的发展大多是互相影响、互相补充的，很少是全部弃旧立新的。不能认为仅有现代管理思想才是正确的，前期的管理思想已无用途。对历史遗留下的各种管理思想，我们都应该采取分析和扬弃的态度。

第一节　传统管理思想

管理的实践由来已久，自从有了人类活动就有了管理活动。原始人在狩猎时，往往由一群人来捕杀一头猎物。这是由于他们认识到单个人没有这种能力，只有许多人同时从事这一活动，才能既保全自己，又捕获猎物。在这种情况下，需要大家配合行动，一些人举着火把，一些人抛掷石块，还有一些人拿着木棒……组织这种相互配合的活动实际上就是管理，尽管当时还没有创造出“管理”这个词。

管理思想是随着生产力的发展而发展起来的。原始社会的生产力水平非常低下，当时的管理水平也与之相适应。随着人类的不断进步，管理思想也有了很大发展。世界上的一些文明古国对早期的管理思想都有一些突出的贡献。埃及金字塔、罗马水道、巴比伦空中花园等伟大的古代建筑工程，堪称世界奇观。这些古国在国家管理、生产管理、军事、法律等方面都有过许多光辉的实践。

管理实务 2－1

埃及金字塔是世界七大奇迹之一。规模最大的胡夫金字塔高 146.59 米，在

1888年巴黎建起埃菲尔铁塔以前，它是世界最高的建筑物。如此巨大的金字塔是怎么建造起来的呢？有人说，这是航天员造的；还有人说，是宇宙人所建。其实，金字塔是古埃及人所造。这座金字塔修了30多年。胡夫国王动用了40万奴隶，每10万人一班，每班服役3个月，轮流施工。共用石头230万块，每块石头重2.5吨。

金字塔既是古埃及人聪明才智的结晶，又是古埃及人管理和组织能力的象征。这么多人同时工作，就必须有人去指挥，对每期10万人进行安排、分工、协调、监督，这需要对人的严格管理。这么多道工序，测量、起石、运石、磨石、修路、造船、堆土，先干什么，后干什么，哪些工作可以同时去做，哪些工作必须赶在什么季节以前完成，这需要策划、运筹、决策。这么多人的吃、喝、用、住、行，少了哪一环节都不行，这需要计划、预测、统筹。据历史学家希罗多德的《历史》一书记载，光是给建筑者买葱、蒜、萝卜，就花了45吨重的银子，这么多的金钱物品需要妥善的管理。

金字塔的建造不仅是建筑史上的奇迹，也是人类管理活动的典范。

我国也是一个文明古国，她同样有着光辉的历史，在管理思想的发展史上占有重要地位。都江堰、万里长城等宏伟工程展示了中国古代劳动人民高超的组织才能和卓越的管理技巧。早在2 000多年前的春秋战国时期，杰出的军事家孙武所著的《孙子兵法》对战略方面进行了广泛而深入的研究，不仅对军事管理，而且对现代的经营战略及管理也具有重要的参考价值。《孙子兵法》十三篇，篇篇都闪耀着智慧的光芒。日本和美国的一些大公司甚至把《孙子兵法》列为培训经理的必读书籍。我国至今还流传着田忌赛马的故事。这个故事所包含的管理思想就是当代管理科学中对策论的雏形。我国早期的管理思想虽然博大精深，但管理理论却最先出现于西方，而且时至今日，仍未形成有中国特色的管理理论，这不能不发人深思。因此，这里将主要介绍西方管理理论的形成与发展。

管理实务2-2

都江堰水利工程是由战国时期秦国的太守李冰父子主持与修造的。都江堰由“鱼嘴”岷江分洪工程、“飞沙堰”分洪排沙工程、“宝瓶口”引水工程这三大主体工程和120个附属渠堰工程巧妙地组合成一个有机整体，整个工程兼有防洪、灌溉、漂木、行舟等多种功能，它分导了汹涌澎湃的岷江，使它驯服而有节制地灌溉成都平原14个县500余万亩(1亩≈667平方米)农田，还建立了控制和维修制度。都江堰水利工程作为一项伟大的水利工程，至今仍然发挥着作用，它使经常发生水旱灾害的四川地区变成了一个粮食年年丰收的天府之国。在公元2000年，它被联合国收入《世界文化遗产名录》。用现代系统论的眼光来看，无论其构思或实际设计、施工和管理的科学水平与创见，与现代系统方法的若干原则都不谋而合。

到了18世纪60年代以后，英国首先出现了工业革命，这场革命催生了资本主义工厂制度，随着工厂制度的建立，对传统的管理方法提出了挑战，也有越来越多的人来研究经济与管理问题，其中影响较大，记载较为充分的有亚当·斯密和罗伯特·欧文等。

一、亚当·斯密

亚当·斯密(1732～1790)，英国古典经济学家。他对管理问题也有诸多的见解，他最早对经济管理思想进行了系统论述，其代表作是1776年发表的《国富论》。亚当·斯密对管理理论发展的一个贡献是分工观点。他认为劳动分工是提高生产率的因素之一，并通过实例充分论证了劳动分工的优越性。亚当·斯密的另一个贡献是经济人观点。他认为人们在经济活动中追求的是个人利益，但社会上每一个人的利益又总是受到他人利益的制约，要兼顾他人的利益，由此产生了公共利益和社会利益，因此，社会利益以个人利益为基础。亚当·斯密的这些观点对资本主义管理的理论和实践产生了重要影响。

管理实务2-3

亚当·斯密在他的《国富论》中以制针业为例说明了劳动分工给制造业带来的变化。他写道：如果一名工人没有受过专门的训练，恐怕工作一天也难以制造出一枚针来，希望他每天制造20枚针那就更不可能了。如果把制针程序分为若干项目，每一项就都变成一门特殊的工作了。一个人负责抽线，另一个人专门拉直，第三个人负责剪断，第四个人进行磨尖，第五个人在另一头上打孔并磨角，等等。这样一来，平均一个人每天可以生产48 000枚针，生产效率提高的幅度是相当惊人的。亚当·斯密这段生动论述，形象地把劳动分工的优越性展现出来了。

请思考：为什么劳动分工能够提高生产效率？

二、罗伯特·欧文

罗伯特·欧文(1771～1858)，英国著名的空想社会主义者，也是一位企业家、慈善家，人本管理的先驱。他曾在其经营的一家大纺织厂中进行了多项试验，针对当时工厂制度下工人劳动条件和生活水平都相当低下的情况，尝试了一种新的工厂管理制度，试图证实发展生产力并不一定需要当时那种残酷的剥削、压榨方式。主要包括改善工作条件、缩短工作日、提高工资、改善生活条件、发放抚恤金等。试验的目的是探索对工人和工厂所有者双方都有利的方法和制度。因他较早注意到企业中的人事管理问题，被后人称为“人事管理之父”。

管理实务2-4

罗伯特·欧文在去旅行的时候遇到了大卫·戴尔的女儿——圣安妮·卡罗琳。大卫·戴尔在苏格兰新拉纳克拥有几个大纺纱厂并准备出售，欧文用6万英镑买下了包括工厂、村庄和土地在内的整个新拉纳克。1800年，欧文和圣安妮·卡罗琳结婚，同时接管了新拉纳克纺织厂，从此有了他实践自己理想的场所。他在新拉纳克纺织厂的试验享誉欧洲。他在工厂内推行了一种新的管理制度。缩短工作时间，禁止招收童工，年轻人可免费上公立学校，并采用多种办法致力于改善工人的工作环境和生活环境，还专门为工人建造了晚间文娱中心供他们娱乐(这种娱乐中心，就是现在俱乐部、夜总会的雏形)，工人得到了人道的待遇。虽然欧文在新拉纳克的实验很成功，但他的政治理想却难以实现。欧文认为，资本主义有三大弊端——私有制度、宗教制度和婚姻制度，劳工的贫困就是这三种制度引起的。欧文在英国无法实现自己的梦想，于1824年带着四个儿子去了美国，在印第安纳州买了3万英亩土地作为他公有制的试验田。在他创建的“新和谐”公社里，决策民主，财产公有，所有人在公有店铺中各取所需，并实行公费医疗。120个小孩免费食宿受教育，文化生活丰富多彩。但好景不长，成员间观点利益各不相同，关于财产的使用争吵不断，生意亏本，还有人贪污。不到三年，“新和谐”公社彻底瓦解告吹，美国各地其余 18 处欧文式试验地也均以失败告终。欧文将失败的原因归结为：私有制中训练出来的家庭不具备公有制所需的互助美德。1828 年欧文带着遗憾回到了英国。2001 年，新拉纳克被批准为世界文化遗产。

请思考：罗伯特·欧文的实验为什么最终失败？

尽管在这一时期产生了许多管理思想，但这些思想实际上是管理理论的萌芽。在这一时期工业上实行的是传统的管理办法，工厂管理完全凭工厂主的经验，还没有形成比较系统的管理理论，一直到 19 世纪末 20 世纪初，对管理的认识才由感性上升到理性，进入科学管理思想阶段。

第二节 科学管理思想

随着资本主义工厂制度的进一步发展，企业生产规模日益扩大，传统的只以简单粗暴的方式追求成本降低和利润提高的经验管理已经不能满足管理的需要，对管理提出了更高的要求。因此，各种新的管理思想纷纷涌现，管理理论开始形成，管理科学由传统管理思想阶段推进到科学管理思想阶段。

这一时期的主要代表人物和代表理论有泰勒的科学管理理论、法约尔的一般管理理论、韦伯的行政组织体系理论和梅奥的人群关系理论等。

一、泰勒的科学管理理论

弗雷德里克·泰勒(1856～1915)，生于美国费城一个富裕的律师家庭，中学毕业后考上哈佛大学法律系，但不幸因眼疾而被迫辍学。19 岁进入一家小机械厂当徒工，22 岁时进入费城米德维尔钢铁公司当技工，任过技工、工头、车间主任、总工程师等职。长期的亲身对生产现场活动的观察，使泰勒认识到：落后的管理是造成生产率低下、工人“磨洋工”和劳资冲突不断的主要原因。于是，他开始在车间里用科学方法来纠正这种状况。泰勒毕生致力于研究如何提高劳动效率，包括管理人员和工人的工作效率，1911 年发表了他的代表作《科学管理原理》，奠定了科学管理理论的基础，标志着科学管理思想的正式形成，泰勒也因此被西方管理学界称为“科学管理之父”。

泰勒科学管理理论的主要内容有：

(1)工作定额原理。所谓工作定额原理，即认为工人的工作定额可以通过调查研究的方法科学地加以确定。泰勒认为，当时提高劳动生产率的潜力非常大，工人们之所以“磨洋工”，是由于雇主和工人对工人一天究竟能做多少工作心中无数，而且工人工资太低，多劳也不多得。为了发掘工人劳动生产率的潜力，就要进行时间和动作研究，制定出有科学依据的工作量定额。

管理实务 2－5

泰勒在伯利恒钢铁公司研究管理时，看到该公司搬运铁块的工作量非常大，有 75 名搬运工人负责这项工作。每块铁块重 80 多斤，距离为 30 米，尽管每个工人都十分努力,但工作效率并不高,每人每天平均只能把12.5吨的铁块搬上火车,日工资1.15美元。怎样才能提高搬运效率呢?泰勒经过认真的观察分析最后计算出,一个好的搬运工每天应该能够搬运47吨,而且不会危害健康。他精心地挑选了一名工人开始实验。泰勒的一位助手按照泰勒事先设计好的时间表对这位工人发出指令,如搬起铁块、开步走、放下铁块、坐下休息等。到了下班时间,这名工人如期地把47吨铁块搬上了火车。而且从这以后,他每天都搬运47吨。泰勒据此把工作定额一下提高了将近3倍,并使工人的工资提高到1.85美元。

(2)能力与工作相适应原理。所谓能力与工作相适应原理,即主张一改工人挑选工作的传统,而坚持以工作挑选工人,每一个岗位都挑选第一流的工人,以确保较高的工作效率。泰勒认为,为了提高劳动生产率,必须为工作挑选第一流的工人。第一流工人包括两个方面:一是该工人的能力最适合做这种工作;二是该工人必须愿意做这种工作。因为人的天赋与才能不同,他们所适合做的工作也就不同。身强力壮的人干体力活可能是第一流的,心灵手巧的人干精细活可能是第一流的。所以要根据人的能力和天赋把他们分配到相应的工作岗位上去,而且还要对他们进行培训,教会他们科学的工作方法,激发他们的劳动热情。

(3)标准化原理。标准化原理是指工人在工作时要采用标准的操作方法,而且工人所使用的工具、机器、材料和所在工作现场环境等都应该标准化,以利于提高劳动生产率。

管理实务2-6

泰勒在伯利恒钢铁公司研究管理时,发现铲运工人每天上班时都拿着自己家的铲子,这些铲子大小各异,参差不齐。泰勒观察后发现,这是十分不合理的。每天所铲运的物料是不一样的,有铁矿石、煤粉、焦炭等,在体积相同时,每铲重量相差很大。那么,铲上的载荷究竟多大才合适?为此,他几星期改变一次铲上的载荷。最后发现,对于一流的铲运工人来说,铲上的载荷大约在21磅时效率最高。根据这项实验得到的结论,泰勒依据不同的物料设计了几种不同规格的铲子,小铲用于铲运重物料,如铁矿石等;大铲用于铲运轻物料,如焦炭等。这样就使每铲的载荷都在21磅左右。以后工人上班时都不自带铲子,而是根据物料情况从公司领取特制的标准铲子。这种做法大大地提高了生产效率。堆料场的工人从400～600名降为140名,平均每天的操作量提高到59吨。工人的工资从1.15美元提高到1.88美元。这是工具标准化的典型实例。

(4)差别计件工资制。泰勒认为,工人磨洋工的重要原因之一是工资制度不合理。计时工资不能体现按劳付酬,干多干少在时间上无法确切地体现出来。计件工资虽然表面上是按工人劳动的数量支付报酬,但工人们逐渐明白了一件事实,只要劳动效率提高,雇主必然降低每件的报酬单价。这样一来,实际上是提高了劳动强度。因此,工人们只要做到一定数量就不再多干。个别人想要多干,周围的人就会向他施加压力,排挤他,迫使他向其他人看齐。泰勒分析了原有的报酬制度之后,提出了自己全新的看法,即实行“差别计件工资制”。所谓“差别计件工资制”是指计件工资率随完成定额的程度而上下浮动。他认为,要在科学地制定劳动定额的前提下,采用差别计件工资制来鼓励工人完成或超额完成定额。如果工人完成或超额完成定额,按比正常单价高出25%计酬。不仅超额部分,而且定额内的部分也按此单价计酬。如果工人完不成定额，则按比正常单价低20%计酬。泰勒指出，这种工资制度会大大提高工人的劳动积极性。雇主的支出虽然有所增加，但由于利润提高的幅度大于工资提高的幅度，所以对雇主也是有利的。

(5)计划和执行相分离原理。泰勒认为应该用科学的工作方法取代经验工作方法。经验工作方法的特点是工人使用什么工具，采用什么样的操作方法都根据自己的经验来定。所以工效的高低取决于他们的操作方法与使用的工具是否合理，以及个人的熟练程度与努力程度。科学工作方法就是前面提到过的在实验和研究的基础上确定的标准操作方法和采用标准的工具、设备。泰勒认为，工人凭经验很难找到科学的工作方法，而且他们也没有时间研究这方面的问题。所以，应该把计划同执行分离开来。计划由管理当局负责，执行由工长和工人负责，这样有助于采用科学的工作方法。

(6)例外原则。泰勒将管理工作分为两类，即一般事务管理和例外事务管理(重要事情或特殊事情)。泰勒主张在管理工作中实行例外原则。所谓例外原则，就是企业的高级管理人员把一般的日常性事务授权给下级管理人员去处理，而自己只负责处理那些例外事项。这种原则的实质是实行分权管理，在当时集权化管理的背景下，它的提出无疑具有非常积极的现实意义。这种做法的好处是可以帮助高级管理人员摆脱日常琐碎事务，以便集中精力对企业的重大问题进行监督决策。

管理实务2-7

张总周一早上刚刚上班，就遇上了下面几件事：一是公司购买的一批电脑已经到货，如何向各个部门分配；二是周五有一位客户提出投诉，需要进行例行处理；三是销售部门李部长前来报告，一家主要竞争对手周日突然宣布大幅度降价，对公司产品的销售冲击较大，需要做出反应；四是一位公司职工违反公司纪律，应按规章制度进行处理。

请思考：这些事情是不是都需要张总亲自处理和拍板？为什么？

(7)工人和雇主两方面都必须进行一场“精神革命”。要从对立转向合作，共同为提高劳动生产率而努力。泰勒认为，工人和雇主在科学管理中所发生的精神方面的伟大革命是双方都不把盈余的分配当作最重要的事，而是共同努力增加盈余量，直到盈余大到一定程度，在这种程度上双方就不必为如何分配而争吵。这也就是通常所说的“大饼原理”，即只有大家共同把饼做大，每个人能分到的才会更多。

泰勒对管理理论的最大贡献是提倡用科学的管理方法来代替传统的管理方法。科学管理的根本在于提高劳动生产率。科学管理理论在历史上第一次使管理从经验上升为科学，标志着管理学作为一门学科开始形成。泰勒在研究过程中表现出来的讲求效率的优化思想、重视实践的实干精神、调查研究的科学方法也是难能可贵的。

但科学管理理论也存在局限性，如把人看成单纯追求金钱的经济人，仅重视技术因素，而不重视人的社会因素，这在很大程度上限制了科学管理理论的发展。此外，泰勒的科学管理缺乏一个充分的概念体系，仅解决了个别具体工作的作业效率问题，而没有解决企业作为一个整体如何经营和管理的问题，还没有把管理发展成为系统的学科。亨利·法约尔弥补了这一不足。

管理实务 2-8

在科学管理被广泛推广的 20 世纪初，美国的经济和社会发生了巨大变化。福特公司以流水装配线为基础，按照标准化方式进行大批量生产，使得汽车成本大幅度降低。1910 年，福特公司生产的 T 型车售价为 950 美元；到 1924 年，售价降至 290 美元，年销售 125 万辆，而且在美国最早实现了工人日工资 5 美元（1914 年，当时美国的汽车工业平均日工资为 2.4 美元）。从美国经济的总体来看，1890～1921 年，工人实际工资的年复合增长率为每年 1.6%，使这一阶段的工资又增长了一倍。除了工资的增长外，劳动的时间也开始减少。1890 年，每周平均工作时间为 60 小时，1910 年则降至 55 小时，1920 年降至 50 小时。从劳动生产率来看，每单位人时的投入指数，如果以 1899 年为 100，到 1919 年下降为 74，到 1929 年下降为 42。1919～1929 年十年之间，劳动效率提高了 43%。以至于在 20 年代后期，出现了在美国史上十分有名的"柯立芝繁荣"。这一时期美国经济的飞速发展，泰勒制功不可没。

二、法约尔的一般管理理论

亨利·法约尔(1841～1925)，出生于法国一个中产阶级家庭，从小受到了良好的教育，担任法国一家大矿业公司的总经理达 30 年之久。法约尔和泰勒的经历不同，研究管理的着眼点也不同。泰勒是以普通工人的身份进入工厂的，因此，他所研究的重点内容是企业内部具体工作的作业效率，而法约尔一直从事领导工作，所以他是把企业作为一个整体加以研究的。法约尔的代表作是 1916 年出版的《工业管理和一般管理》。法约尔概括出了一般管理的理论、要素和原则，提出了管理的五项职能，把管理科学提高到了一个新高度，被誉为"现代经营管理之父"和"管理过程之父"。

法约尔一般管理理论的主要内容有：

(1)明确了管理的概念。法约尔认为管理与经营是两个不同的概念。法约尔通过对企业活动的长期观察和总结，提出了企业经营包括六类活动，即技术活动、商业活动、财务活动、安全活动、会计活动及管理活动。管理只是经营的一部分。他集中分析了管理活动，并指出了管理活动的重要性。

(2)概括了管理的基本原则。为了使管理者能够更好地履行管理的职能，通过观察，法约尔总结出管理的 14 条原则。具体见表 2—1。这些原则是任何一个管理者在管理过程中都会遇到的，既具有普遍性又很重要，直到今天仍然被管理者在实践中所遵循，也是管理学家们极为关注和不断进行研究的问题。

表 2—1　　法约尔的 14 条管理原则

要　点	具体内容
1. 劳动分工	实行劳动的专业化分工可以提高工作效率
2. 权力与责任	一个企业中一个人的权力与其所承担的责任应当相符
3. 纪律	员工必须服从和尊重组织治理的规则
4. 统一指挥	一个下属都应接受而且只应接受一个上级的命令
5. 统一领导	凡是具有同一目标的全部活动，都仅应有一个领导人和一套计划

续表

要　点	具体内容
6. 个人利益服从整体利益	任何员工或员工群体的利益不能超越组织整体的利益
7. 合理报酬	报酬制度要公平、合理，并要和良好的管理结合起来
8. 适当集权与分权	根据员工素质、企业条件和环境决定集权与分权的程度
9. 等级制度与跳板原则	建立从管理的最高层级到最低层级的权力链，同时为使互不隶属的部门和人员可直接商议，临机处置，搭建"跳板"以提高效率
10. 秩序	无论是物品还是人员，都应该在恰当的时候处在恰当的位置上
11. 公平	管理者应当友善和公正地对待下属
12. 保持人员稳定	掌握好人员流动的合理尺度，保持人员特别是管理人员的稳定
13. 首创精神	应该鼓励员工发表意见和主动性地开展工作
14. 团结精神	强调团结精神将会促进组织内部的和谐与统一

表2—1是法约尔提出的管理的14条基本原则。法约尔认为，原则是灵活的，可以适应一切需要，关键在于懂得如何使用这些原则，这是一门很难掌握的管理艺术。管理者要充分运用自己的智慧、经验与判断力去运用这些原则。

(3)提出了管理的五项职能。法约尔首先把管理活动划分为计划、组织、指挥、协调与控制五项职能，并对这五项管理职能进行了详细的分析和讨论。法约尔认为：计划就是探索未来和制定行动方案；组织就是建立企业的物质和社会的双重结构；指挥就是使其人员发挥作用；协调就是连接、联合、调和所有的活动和力量；控制就是注意一切是否按已制定的规章和下达的命令进行。

法约尔对管理理论的创立做出了同样卓越的贡献。他最早认识到管理活动的普遍性，指出管理知识可以应用于各种类型的组织；他对管理职能进行了最早最经典的总结，为管理学科提供了一套科学的理论构架，为后来管理职能的研究奠定了基础。可以说，法约尔是与泰勒并驾齐驱的管理理论的奠基者和开创者。法约尔的一般管理理论被誉为是继泰勒的科学管理之后管理史上的"第二座丰碑"。

管理实务2-9

2008年9月15日，拥有158年历史的美国第四大投资银行——雷曼兄弟公司向法院申请破产保护，消息转瞬间传遍地球的各个角落。令人匪夷所思的是，在如此明朗的情况下，德国国家发展银行居然按照外汇掉期协议的交易，通过计算机自动付款系统，向雷曼兄弟公司即将冻结的银行账户转入了3亿欧元。此事招致德国媒体和政府官员的强烈批评与质疑，并被媒体称为"最愚蠢银行"。转账风波曝光后，德国舆论哗然，社会各界大为震惊。财政部长佩尔·施泰因布吕克发誓，一定要查个水落石出，并严厉惩罚相关责任人。一家法律事务所受财政部的委托，进驻银行进行全面调查。几天后，他们向国会和财政部递交了一份调查报告，调查报告并不复杂深奥，只是一一记载了被询问人员在这10分钟内忙了些什么。这里，看看他们忙了些什么。

首席执行官乌尔里奇·施罗德：我知道今天要按照协议预先地约定转账，至于是否撤销这笔巨额交易，应该让董事会开会讨论决定。

董事长保卢斯：我们还没有得到风险评估报告，无法及时作出正确的决策。

董事会秘书史里芬：我打电话给国际业务部催要风险评估报告，可那里总是占线。我想，还是隔一会儿再打吧。

负责处理与雷曼兄弟公司业务的高级经理希特霍芬：我让文员上网浏览新闻，一旦有雷曼兄弟公司的消息就立即报告，现在，我要去休息室喝杯咖啡了。

文员施特鲁克：我在网上看到雷曼兄弟公司向法院申请破产保护的新闻，马上跑到希特霍芬的办公室。当时，他不在办公室，我就写了张便条放在办公桌上，他回来后会看到的。

结算部经理德尔布吕克：今天是协议规定的交易日子，我没有接到停止交易的指令，那就按照原计划转账吧。

结算部自动付款系统操作员曼斯坦因：德尔布吕克让我执行转账操作，我什么也没问就做了。

德国经济评论家哈恩说，在这家银行，上到董事长，下到操作员，没有一个人是愚蠢的，可悲的是，几乎在同一时间，每个人都开了点小差，加在一起，就创造出了“德国最愚蠢的银行”。

请思考：怎么理解法约尔的等级制度与跳板原则？

三、韦伯的行政组织体系理论

马克斯·韦伯(1864～1920)，出身于德国一个有着广泛的社会和政治关系的富裕家庭，先后担任过教授、主编、政府顾问和作家。他的代表作有《社会和经济组织理论》。他因提出了理想的行政组织体系、对古典组织理论作出杰出贡献而被誉为“组织理论之父”。

韦伯理想行政组织体系理论的主要内容有：

(1)明确分工。对每个职位上的组织成员的权力和责任都有明确的规定，并作为正式职责使之合法化。

(2)权力体系。官员们按职务等级系列和权力等级进行安排，形成一个自上而下的等级严密的指挥体系，每一职务均有明确的职权范围。

(3)规范录用。人员的任用完全根据职务的要求，通过正式的考评和教育、训练来实现。每个职位上的人员必须称职，同时，不能随意免职。

(4)管理职业化。管理人员有固定的薪金和明文规定的晋升制度，是一种职业管理人员，而不是组织的所有者。

(5)公私有别。管理人员在组织中的职务活动应当与私人事务区别开来，公私事务之间应有明确的界限。管理人员没有组织财产的所有权，并且不能滥用职权。

(6)遵守规则和纪律。组织中包括管理人员在内所有成员必须严格遵守组织的规则和纪律，以确保统一性。

韦伯认为，理想的行政组织体系最符合理性原则，效率最高。能适用于所有的各种管理工作和各种大型组织，如教会、国家机构、军队和各种团体。

泰勒的科学管理理论、法约尔的一般管理理论和韦伯的行政组织体系理论，被人们称为古典管理理论。其特点是坚持“经济人”假设，强调理性和科学性，侧重于从劳资关系、管理职能、组织方式等方面研究效率问题，而对人的因素关心较少。乔治·梅奥弥补了这一缺憾。

管理实务 2－10

1841 年 10 月 5 日，在美国马萨诸塞至纽约的西部铁路上，两列火车相撞，造成近 20 人伤亡，美国公众对这一事件议论纷纷，并对铁路公司老板的低劣管理进行严厉的抨击。为了平息这一局面，这家铁路公司开始进行管理改革，资本家交出管理权，只拿红利，另聘具有管理才能的人担任企业领导。这就是美国历史上首次通过正式聘用领薪金的经理人员管理企业的事件。

请思考：这种分离对管理有什么重要意义？

四、梅奥的人群关系理论

1924 年，一些管理专家在芝加哥西方电气公司霍桑工厂进行有关科学管理的试验，研究工作环境、物质条件与劳动生产率的关系。按照科学管理理论，工作环境和物质条件应该与劳动生产率成正比，但是试验的结果却无法证明这一结论。

乔治·梅奥（1880～1949），原籍澳大利亚，后移居美国，曾在哈佛大学任教，从事过哲学、医学和心理学方面的研究。1927 年因偶然的机会应邀参加并指导霍桑试验，取得了一系列重要成果，于 1933 年发表了他的代表作《工业文明中人的问题》，提出了人群关系理论的一系列思想。

霍桑试验是从 1924 年到 1932 年在美国芝加哥郊外的西方电气公司的霍桑工厂中进行的。霍桑工厂具有较完善的娱乐设施、医疗制度和养老金制度，但是工人们仍然有很强的不满情绪，生产效率很低。为了探究原因，1924 年 11 月，美国国家研究委员会组织了一个包括多方面专家的研究小组进驻霍桑工厂，开始进行试验。试验分成了四个阶段：照明试验、继电器装配工人小组试验、大规模访问交谈和对接线板接线工作室的研究。

在照明试验中，专家们选择了两个工作小组，一个为试验组，一个为控制组。试验组照明度不断变化，控制组照明度始终不变。试验结果是：当照明度增加时，两个组的产量几乎等量增加，看不出改变照明度对生产效率有什么影响。后来他们又采取相反措施，逐渐降低试验组照明度，产量并没有下降，直到光线近似于月光时，试验组的产量才有所下降。对此现象，参加研究的学者没有一人能够解释。试验持续了 3 年，试验结果依然不明确。1927 年一次偶然机会，在哈佛大学从事心理学研究的梅奥教授应邀参加研究。梅奥教授推测，影响生产率变动的原因并不是物质条件的变化，而是其他方面的因素，社会心理因素可能是影响生产率变动的主要原因。试验又重新进行，结果发现，照明度的改变不是效率变化的决定性因素。于是，他们继续进行继电器装配工人小组试验。试验过程中，研究小组分期改善工人小组的工作条件，比如，增加工间休息、公司负责供应午餐和茶点、缩短工作时间、实行每周工作五天制、实行团体计件工资制等，他们还允许装配小组的女工在工作时间自由交谈，观察人员对她们的态度也非常和蔼。经过研究，研究小组发现促使工人提高生产效率的原因可能是督导和指导方式以及工人工作态度的改善。为了研究工人的工作态度及可能影响工人工作态度的其他因素，研究小组决定进行大规模访问交谈。他们共花了两年时间对两万名职工进行访问交谈。结果他们发现，影响生产率最重要的因素是工作中发展起来的人群关系，而不是待遇及工作环境。研究小组还了解到，每个工人工作效率的高低，不仅取决于他们自身的情况，而且还与他所在小组中的其他同事有关，任何一个人的工作效率都要受到他的同事们的影响。在试验的第四阶段，研究小组花了 6 个月的时间观察接线板接线工作室的工人的生产效率和行为，结果又有许多发现，包括大部分成员都故意自行限制产量，工人对待他们不同层次的上级持不同态度，成员中存在一些小派系等。

霍桑试验历时8年时间，获得了大量的第一手资料，为人群关系理论的形成以及后来行为科学的发展打下了基础。

在霍桑试验的基础上，梅奥创立了人群关系理论，提出了与古典管理理论不同的新概念、新观点。梅奥人群关系理论的主要内容有：

(1)工人是社会人，而不是经济人。梅奥认为企业中的人首先是“社会人”，而不是科学管理理论所描述的“经济人”。工人并不是仅仅追求金钱收入，他们还追求人与人之间的友情、安全感、归属感和受人尊重等。

(2)企业中存在着非正式组织。梅奥认为企业中除了存在“正式组织”，还存在着“非正式组织”。古典管理理论仅注意正式组织的问题，如组织结构、职权划分、规章制度等。梅奥认为，人是社会动物，在企业的共同工作当中，人们必然相互发生关系，由此就形成了一种非正式组织，它可以与正式组织相互依存，在某种程度上左右着其成员的行为，对生产率产生重大影响。管理人员要想实施有效的管理，不仅要重视正式组织的作用，而且也要重视非正式组织的存在和作用。

(3)生产效率的提高主要取决于工人的工作态度以及他和周围人的关系。古典管理理论认为，生产效率与作业方法、工作条件之间存在着单纯的因果关系，只要正确地确定工作内容，采取恰当的刺激制度，改善工作条件，就可以提高生产效率。可是，霍桑试验表明，这两者之间并没有必然的直接的联系；生产效率的提高，关键在于工作态度的改变，即工作士气的提高。梅奥认为，生产效率的高低取决于工人士气的高低，而士气的高低取决于安全感、归属感等社会心理方面的欲望的满足程度。满足程度越高，士气越高，而士气越高，生产效率也越高。

梅奥的贡献在于推动了对组织中人的因素问题的研究，开辟了管理学发展的新领域。但也存在不足之处：过分强调非正式组织在企业中的作用；过分强调感情和社会因素对提高生产效率的作用；过分否定理性和经济因素（物质条件、规章制度、作业标准及经济刺激等）的影响。

管理实务2－11

自2010年1月富士康员工第一“跳”起至2010年11月，富士康已发生十多起员工跳楼事件，引起各界的普遍关注。富士康的管理模式也引发了广泛的议论，甚至有媒体把富士康的管理称为“铁血管理”。

请问：你如何评价富士康的管理模式？从富士康的管理中能得到什么启示？

第三节 现代管理思想

第二次世界大战以后，世界政治形势趋于稳定，许多国家都致力于发展本国经济，都在研究自己的管理理论。随着生产力的飞速发展，生产社会化程度日益提高，对管理的研究也就日臻深入，管理思想也得到了飞速发展，出现了许多新的理论和学说，形成了众多的学派。

所谓学派是基于某种观点而建立起来的一整套理论。一门学科的不同学派是指对同一研究对象提出不同的理论而形成的各种派别。

战后对管理思想的发展较有影响的学派有：管理程序学派、行为科学学派、决策理论学派、管理科学学派、权变理论学派、系统管理学派和经验主义学派等。这些学派在历史渊源和理论内容上互相影响和联系，形成了盘根错节、交相辉映、竞相争荣的局面，被美国管理学家哈罗德·孔茨称为“管理理论的丛林”。

一、管理程序学派

管理程序学派又称管理过程学派、管理职能学派。它是在法约尔管理思想的基础上发展起来的。该学派的代表人物有美国的哈罗德·孔茨和西里尔·奥唐奈，其代表作为他们两人合著的《管理学》。

该学派强调管理职能的共同性。任何组织尽管它们的性质不同，但所应履行的基本管理职能是相同的。

管理程序学派的主要贡献是提供了一个分析研究管理的思想构架。其内涵既广泛，又易于理解，一些新的管理概念和管理技术均可容纳在这个框架之中。目前大多数的教科书是按照管理职能体系的框架撰写的。

二、行为科学学派

行为科学学派是在梅奥人群关系理论的基础上发展起来的。该学派的代表人物很多，像美国的马斯洛，其代表作为《激励与个人》；美国的赫兹伯格，其代表作为《工作的推动力》；美国的麦格雷戈，他提出了对人进行研究的 X 理论和 Y 理论。该学派认为，管理是经由他人达到组织的目标，管理中最重要的因素是对人的管理，所以要研究人，尊重人，关心人，满足人的需要以调动人的积极性，并创造一种能使下级充分发挥力量的工作环境，在此基础上指导他们的工作。行为科学学派和人群关系理论的共同点都是重视组织中人的因素。

行为科学学派的主要贡献是：提供了有关组织中人的行为方面的知识。

管理实务 2－12

在一个管理经验交流会上，有两个厂的厂长分别论述了他们各自对如何进行有效管理的看法。

A 厂长认为，企业首要的资产是员工，只有员工们都把企业当成自己的家，都把个人的命运与企业的命运紧密联系在一起，才能充分发挥他们的智慧和力量为企业服务。因此，管理者有什么问题，都应该与员工们商量解决；平时要十分注重对员工需求的分析，有针对性地给员工提供学习、娱乐的机会和条件；每月的黑板报上应公布出当月过生日的员工的姓名，并祝他们生日快乐；如果哪位员工生儿育女了，厂里应派车接送，厂长应亲自送上贺礼。在 A 厂长厂里，员工们都普遍地把企业当作自己的家，全心全意地为企业服务，工厂日益兴旺发达。

B 厂长则认为，只有实行严格的管理才能保证实现企业目标所必须开展的各项活动的顺利进行。因此，企业要制定严格的规章制度和岗位责任制，建立严格的控制体系；注重上岗培训；实行计件工资制等。在 B 厂长厂里，员工们都非常注意遵守规章制度，努力工作以完成任务，工厂发展迅速。

请思考：这两个厂长谁的观点正确，为什么？

三、决策理论学派

决策理论学派是以社会系统论的基础，吸收了行为科学、系统论的观点，运用电子计算机技术和统筹学的方法而发展起来的一种理论。该学派的代表人物是美国卡内基梅隆大学教授赫伯特·西蒙，其代表作为《管理决策新学科》。西蒙由于在决策理论方面的贡献，曾荣获1978年的诺贝尔经济学奖。

该学派认为管理的关键在于决策，因此，管理必须采用一套制定决策的科学方法。决策理论的主要观点有：管理就是决策；决策是一个复杂的过程；决策分为程序化决策与非程序化决策；决策的满意化准则；组织设计的任务是建立一种制定决策的人机系统。

管理实务 2-13

被珠海市列为一号"政绩工程"，曾经号称"全国最大最先进最新潮"的珠海机场，按国际机场的标准建设。1992 年底动工修建，1995 年竣工并投入营运。机场预算总造价为 69 亿元人民币。其中珠海市政府投资 30 亿元，拟向银行贷款 39 亿元。设计客流量为每年 1 200 万人次，设计年起降 10 万架次，设计年货邮吞吐量 40 万吨。然而在看似风光的背后，其实是经营惨淡、收不抵支的境况。至 2005 年，客流量从未超过 80 万人次，不及设计客流量的 1/15。而最低的 2000 年实际只有 57 万人次，不及设计客流量的 1/24，每月的客流量只相当于广州白云机场一天的客流量，每年的客流量只相当于香港机场一周的客流量。实际起降最高不过 2.3 万架次，不及设计量的 1/4。最高吞吐量从未超过 1 万吨，仅为设计吞吐量的 1/40，平均吞吐量不超过 8 000 吨，为设计吞吐量的 1/50。由此导致拖欠工程款、营业收入不足以偿还银行贷款，一度陷入"倒闭风波"。

请思考：导致珠海机场如此境况的根本原因是什么？

四、管理科学学派

管理科学学派又称数理学派、技术学派、运筹学派等，是第二次世界大战之后在泰勒科学管理理论的基础上发展起来的。主要代表人物是美国学者柏法，其代表作为《现代生产管理》。

管理科学学派的特点主要是运用各种数学方法对管理进行定量分析。该学派认为管理可以通过制定和运用数学模型与程序来实现。管理的计划、组织、控制和决策等几个方面都可以用数学符号和公式进行合乎逻辑的计算和分析，求出最优的解决方案。因此，在管理中正确地运用定量分析方法，将定量分析与定性分析相结合才是最有效的。该学派提出的方法和观点大大增强了决策的客观性和科学性，在某些领域避免了定性决策的含糊性和随意性，意义十分重大。简言之，管理科学有三个明显的特点，即管理数学化、管理模型化和管理计算机化。

管理实务 2-14

1. 某鞋厂生产一种旅游鞋，规格从 30 到 44 码共 15 种，为了使产品的规格尽可能适合消费者的需要，工厂的管理人员应该如何安排生产计划？

2. 某车间共有 9 台车床，每台车床使用电力都是间歇性的，平均起来，每小时中约有 12 分钟使用电力。假定车工们的工作是相互独立的，试问在同一时刻有 7 台或

7 台以上的车床使用电力的概率是多少？以便安排生产。

3. 某市总人口为 25 万，以抽样调查方法得知去年人均啤酒消费量为 11 公斤，抽样平均误差为 0.5 公斤，那么今年该市居民的啤酒消费总量区间是如何估计的？

请思考：如果你是管理者，遇到这样的实际问题应该怎么做？

五、权变管理学派

权变理论是在 20 世纪 70 年代开始形成和发展起来的，美国管理学家芦桑斯的《管理导论——权变学派》的出版是该理论学派的标志。所谓权变就是具体情况具体分析，具体处理。权变理论的核心思想是，认为不存在一成不变的、无条件适用于一切组织的最好的管理方法。强调在管理中要根据组织所处的内外环境的变化而随机应变，针对不同情况寻找不同的方案和方法。权变理论在提出以后的几十年内，其理论价值和应用价值日益为管理实践所证明，故而得到了越来越多的人的支持，成为具有重大影响的管理学派之一。

管理实务 2－15

某学校的李校长，兼任教育学会的理事长、区政协委员。他因为要经常参加社交活动而不能每天都到学校，但学校的工作却井然有序。在校时，他经常与老师和学生接触，对他们反映的许多具体要求他总是让各分管的副校长、教务长、总务主任解决。

一次教职工大会上，李校长念了一张一位老师递给他的条子：“你是校长，为什么遇到问题不表态，是权不在手，还是处理不了？”念完条子，李校长感谢这位老师的关心，然后明确表示：“我是有职有权的。学校重大决定都是我主持做出的，这就是权力。至于执行过程中的具体问题的处理，领导成员各有分工。因此我不能随意表态。”对于李校长的解释，一些教职工仍不赞同。他们认为，领导成员多，应是校长说了算，否则，校长不成“无为而治”了吗？由于有这样一些议论，李校长不在学校时，个别领导成员把一些能处理的事也搁了下来。面对这些情况，李校长除了在领导班子内统一认识外，又在教职工中通过各种方式，谈了他的看法：校长负责人不是按校长个人的意志办事，特别是有关改革的事，更不能由校长一个人决定。校长应该为他所应管，而不应该为他所不应该管。如果学校中的所有事都由校长决定，这不是有职权，而是个人专权。这不但不能调动每个人的积极主动性，还会养成一些教职工的依赖性。李校长的看法得到领导成员和多数教师的理解与赞同。但是仍然有不少教职工不能理解。

请思考：李校长的说法与做法对吗？试用领导权变理论解释李校长的领导风格。

六、系统管理学派

系统管理学派产生于 20 世纪 60 年代初，侧重于用系统的观点来考察组织结构及管理的基本职能，它来源于一般系统理论和控制论。代表人物为弗里蒙特・卡斯特等人。其代表作是卡斯特的《系统理论和管理》。

系统管理学派认为，组织是一个由相互联系的若干要素所组成的开放系统，这些要素可以被称为子系统。系统的运行效果是通过各个子系统相互作用的效果决定的。组织不仅本身是一个系统，同时它又是社会系统的一个子系统，组织在与社会环境的相互作用中取得动态的平衡。

系统管理学派突破了以往各个学派仅从局部出发研究管理的局限性，从组织的整体出发阐明管理的本质，对管理学的发展做出了贡献。

管理实务 2－16

第二次世界大战期间，英国人得到一台德国密码机。当德军的空中袭击屡次受挫之后，德军怀疑密码失密，他们准备以袭击英国工业城市考文垂来验证这一估计。英国首相丘吉尔得知这一情况后，进行了痛苦的决策，以 5 万户民房被炸，近 600 人牺牲的代价，换取了继续保持掌握德军行动密码的战机。丘吉尔的这一决策，牺牲了局部利益，却换得了更大的整体利益。由于英军在战场上了解德军行动，处处主动，仅在阿拉曼一役中就歼敌 6 万。所以，打仗要观全局。打仗是这样，管理也不例外。

请思考：从这个故事中你得到了什么启示？

七、经验主义学派

经验主义学派又称案例学派、经验教学，其代表人物主要有彼得·德鲁克、欧内斯特·戴尔等，其中以创始人德鲁克（又译杜拉克）最为著名。德鲁克的代表作有《有效的管理者》，戴尔的代表作有《伟大的组织者》和《管理：理论和实践》。

这一学派主要从管理者的实际管理经验方面来研究管理，他们认为成功的组织管理者的经验是最值得借鉴的。因此，他们重点分析许多组织管理人员的经验，然后加以概括，找出他们成功经验中具有共性的东西，然后使其系统化、理论化，并据此向管理人员提供实际的建议。

管理实务 2－17

1992 年，我国化纤长丝市场销售疲软，吉林化纤厂也是库满为患，为正常库存的十倍。有人提出是不是应该减产、停产，而董事长傅万才却令人不解地提出了再建 900 吨长丝生产线的设想。

傅万才有自己的主意。不知多少个日夜，他看报纸、查资料、听广播、看电视，汇总着各地反馈的信息，透视着市场的风云变幻。从国内来看，木材的日渐匮乏，棉花的减产，化纤必将成为纺织品不可替代的主要原料；从国际大环境考察，一些资本主义国家的同类厂因种种原因正在降低产量，有的正在转产，发展中国家成为化纤大国的局面马上就要到来。现在是表面的过剩掩盖着潜在的需求。傅万才力排众议，项目非上不可。

1992 年 4 月 18 日，吉林化纤 900 吨长丝项目开始打桩，就在项目进入全面安装的时刻，长丝价格由每吨 23 500 元猛涨到 44 500 元，化纤厂的库存被抢购一空，等货的汽车排起长队。

900 吨长丝项目已成为历史，但当你与化纤厂当年的职工谈起这件事的时候，人们还记忆犹新，激动不已。人们禁不住交口称赞：董事长傅万才，真是神了！

请思考：从这个故事中你得到了什么启示？

第四节 管理思想的新发展

进入20世纪70年代以后，伴随着企业管理的实践，新的管理思想不断涌现，具有代表性的有战略管理、文化管理、企业再造和建立学习型组织等。

一、战略管理

“战略”一词原是一个军事术语，意思是“将军指挥军队的艺术”。战略管理是20世纪60年代末、70年代初出现的一种新的管理思想，发展于90年代。1975年，安索夫的《从战略规划到战略管理》出版，标志着现代战略管理理论体系的形成。战略管理是指企业为谋求长远生存和发展，在预测和把握企业外部环境和内部条件变化的基础上，高瞻远瞩做出的总体谋划。指导企业全部活动的是企业战略，全部管理活动的重点是制定战略和实施战略。而制定战略和实施战略的关键都在于对企业外部环境的变化进行分析，对企业的内部条件和素质进行审核，并以此为前提确定企业的战略目标，使三者之间达成动态平衡。战略管理的任务，就在于通过战略制定、战略实施和日常管理，在保持这种动态平衡的条件下，实现企业的战略目标。

管理实务2－18

20世纪90年代初，澳柯玛还是一家濒临破产的冰柜厂，鲁群生主动请缨，经过努力，企业起死复生。1996年“澳柯玛”电冰柜在国内的市场占有率位列第一，一度被称为“中国电冰柜大王”，成为国内颇有影响的大型家电企业。在青岛当地，澳柯玛与同城的海尔、海信、青啤、双星并称青岛的“五朵金花”。到2000年，澳柯玛主营业务销售收入已经达到30亿元，并在上交所上市，募集资金7.84亿元。在确立了冷柜行业的霸主地位后，2002年澳柯玛开始向其他行业进军，投资领域令人眼花缭乱，涉足MP3、房地产、电动车、电池、海洋生物、自动售货机等行业。澳柯玛期望通过介入新的领域，尽快摆脱家电企业技术趋同、产品趋同和战略趋同的状态。但是事与愿违，在这些行业投入大量资金后，带来的却不是新的盈利增长点，部分项目成了澳柯玛的负担。尽管企业把发展高科技产业定位未来的主要发展方向，但所有人都不明白澳柯玛到底要干什么。

2006年4月10日，澳柯玛上市公司公告称：澳柯玛集团及其下属关联企业累计占用上市公司资金19.47亿元；公司2005年度净利润同比下降幅度将超过50%；公司的主营业务之一空调接近停产。4月13日，青岛市有关部门作出决定：免去澳柯玛集团董事局主席鲁群生的主席职务。

请思考：澳柯玛为什么会在发展中失利？

二、文化管理

文化管理是20世纪80年代初出现的一种新的管理思想。该思想起因于对日本式管理的研究。美国一直是世界上第一经济强国，没有哪个国家能与之抗衡。但进入70年代之后，美国在世界经济竞争中遇到了日本等国的强大挑战。1980年，日本的国民生产总值居世界第三位，它的投资率和国民生产总值增长率均比美国高1倍。日本经济的迅速发展，使美国受到极大震惊，他们开始反思。通过仔细研究，美国专家们发现了其中的奥妙，其中主要体现在两国的管理观念及管理方式的差别。美国企业强调“硬要素”，即注重用指标、定额、制度等明确的控制手段来实施科学、理性的管理，强调企业生产中设备、技术等“硬件”，强调管理行为中明确、直接、简洁、量化的一方面，对企业中生产的主体人的作用并没能放到重要的位置。日本企业则不但注重上述这些“硬要素”，而且尤为注重企业管理中那些“软要素”。他们特别重视人在企业生产中的作用。在各种管理行为的实施中，注重协调企业中的人际关系，树立为本企业全体员工所共同具有的价值观念，强化企业对职工的凝聚力。

文化管理是一种以文化为中心的管理理念，是在科学管理理论发展的基础上产生的，是对科学管理思想观念的发展和创新，也是对其不足的扬弃和超越。科学管理是理性管理，文化管理是非理性的管理。以文化管理为龙头的企业管理模式已经成为世界管理的大趋势。

管理实务 2－19

海尔的OEC管理是海尔管理模式的典型代表，曾获得国家级企业管理现代化成果一等奖。OEC管理模式中的“O”代表Overall（全方位），“E”代表Everyone（每人）、Everything（每件事）、Everyday（每天），“C”代表Control（控制）、Clear（清理）。其含义大致是：全方位地对每一个人每一天所做的每一件事进行严格控制和清理，做到“日事日毕，日清日高”。

“日事日毕”即当天的工作要当天完成，当天所发生的各类问题，当天弄清原因、分清责任，及时采取处理措施，避免问题堆积，确保目标及时得以实现。“日清日高”即天天清理，对工作中的薄弱环节进行不断的改善，并且天天都有所提高。

在海尔，每个有效工作日职工不仅要“日事日毕”，更要“日清日高”，除了完成好、清理好当日的例行工作外，还必须以每天提高1%的理念，在原有基础上或提高质量，或增加数量，或降低成本，或改进工艺，或革新工具等，使某方面有所改进，有所提高。将“日清日高”变成每个员工的固有职责，成为集团每一名员工日日、周周、月月、季季、年年的行动准则，每个班组、每个车间都张贴着从经营管理者到员工每日、每周、每月工作的进展情况。将职工的奉献，以“岗位明星”“改进明星”“革新明星”“创造明星”等称号和竞赛结果公布于众。将员工的发明创造以职工名字命名，如“晓玲扳手”“云燕镜子”“启明焊枪”等。

三、企业再造

企业再造是由美国著名管理学家迈克尔·哈默和咨询专家詹姆斯·钱匹于1993年提出的一个全新的管理思想，是对传统的劳动分工原则的反叛。所谓企业再造，简单地说就是以工作流程为中心，对其运营模式和工作方法进行彻底改革，重新设计企业的经营、管理及运营方式，使之合理化。企业再造的核心是业务流程的再造，因此，又称企业流程再造。企业流程再造的目的是提高企业竞争力，从业务流程上保证企业能以最小的成本、高质量的产品和优质的服务参与市场竞争。

自1776年亚当·斯密提出劳动分工理论以来，人们已经习惯于把业务流程按照时间的先后顺序进行专业化和标准化的分割，分解成一系列的单项任务，每个人只负责其中的一项，这样可以提高个人的劳动生产率;可是也造成了分工细、部门多、层级多、流程长、沟通慢、冗员多、成本高等诸多弊端。对于每一件具体的工作而言,要经过许多的部门才能完成,每个部门只负责整个工作的一个环节,这就造成部门与部门之间的协调和沟通工作十分繁重,而且每个人和每个部门往往只关心自己分内的工作,致使整体工作的效率低下。这种局面已经不能适应当今迅速多变的市场需求,要解决这种矛盾,在旧框框下小修小补是不行的,必须创新,即重新设计流程,创造出一种全新的工作方法,这就是定义中所说的"彻底"的含义,施行流程再造以后,过去被分割得很细的流程重新被组织起来,由一个"流程工作小组"来全程负责,取消了过去各部门交接和协调的工作量,可以减少失误,节省时间,大大提高了工作效率。

企业再造这一新的管理理念一经提出,就以全新的面貌和新的内涵为管理界所理解和接受,并立即被 IBM、沃尔玛、宝洁、通用汽车、福特汽车等大公司付诸实践,中国包括海尔等在内的一些企业也在进行实践。有人把它看成是继"全面质量管理"之后的一次企业管理变革,也有人预言它将会成为未来企业管理的主流。

管理实务 2-20

IBM 信用公司经营的业务是在出售计算机、软件,提供服务时,向客户提供融资。

IBM 早期申请融资的流程十分复杂,需要五个步骤,整个工作流程有时要长达 2 个星期,平均也要花 6 天的时间。因为周期太长,有的客户去寻找别的融资来源,有的让其他的计算机厂商拉走,有的将商谈好的交易取消。

IBM 为了改进上述工作流程,做出过种种努力,试验过几种补救措施,但效果都不理想。终于有一天,两名高管突然萌发了一种新想法。他们拿了一份申请融资的材料,亲自去全部五个环节走一遍,到每一个办公室后,要求有关工作人员无论在做什么工作,暂时把它放在一边,先按照正常手续处理这份申请材料,并在处理后,不要把它搁在办公桌的公文堆里。他们从这项实验得知:完成处理这份申请材料的实际工作所花的时间总共为 90 分钟,即一个半小时。管理层开始注意到解决问题的核心是必须变革流程,决定由一名称作综合办事员的工作人员取代信用审核员、核价员等 4 名专门人员。一份申请融资的材料由这名综合办事员从开始一直到结束,办理核定申请材料的全过程,无须转来转去。通过对业务流程的重新设计在业绩上取得的成就是惊人的。处理申请融资材料的时间从 7 天减少到 4 小时,把这项工作的办事效率提高了 100 倍。

四、建立学习型组织

20 世纪 80 年代以来,随着信息革命、知识经济时代进程的加快,企业面临着前所未有的竞争环境的变化,传统的组织模式和管理理念已越来越不适应环境,一些有名的大公司纷纷退出历史舞台。因此,研究企业组织如何适应新的知识经济环境,增强自身的竞争能力,延长组织寿命,成为世界理论界和企业界关注的焦点。在这样的大背景下,美国麻省理工学院教授彼得·圣吉在 1990 年出版的著作《第五项修炼》中,提出了以"五项修炼"为基础的学习型组织理论。该著作出版后,受到了管理学界和企业家们的广泛关注,于 1992 年荣获世界企业学会最高荣誉的开拓者奖。

圣吉的学习型组织理论认为，在新的经济背景下，企业要持续发展，必须要提高企业的整体能力与整体素质，也就是说，企业的发展不能只靠一两位杰出领导者来把关、决策和指挥，未来真正出色的企业将是能够设法使各阶层人员全身心投入并有能力不断学习的组织，即学习型组织。所谓学习型组织，是指通过培养弥漫于整个组织的学习气氛、充分发挥员工的创造性思维能力而建立起来的一种有机的、高度柔性的、扁平的、符合人性的、能持续发展的组织。"善于不断学习"是学习型组织的本质特征，它强调要终身学习、全员学习、全过程学习和保持性学习，同时，通过学习真正领略工作的意义，追求心灵的满足与自我实现，并与周围的世界产生一体感。

学习型组织的形成必须建立在组织成员的五项修炼的基础上。所谓修炼，对于组织而言，就是通过学习和训练，提高组织内部结构和机能对社会、市场变化的适应能力。对个人而言，是指通过学习提高自身素质。这五项修炼是：系统思考、自我超越、改善心智模式、建立共同愿景和团队学习。

管理实务 2－21

联想集团创建于 1984 年，由中科院计算机所投资 20 万元人民币、11 名科技人员创办，到今天已经发展成为一家在信息产业内多元化发展的大型企业集团。联想在 2005 年 5 月完成对 IBM 个人电脑事业部的收购，标志着新联想的诞生。联想精神领袖柳传志把公司的发展归功于"整个团队的学习能力"，并视其为"联想的核心竞争力之一"。学习型组织建设成了联想发展的动力和企业文化的精髓。

联想构建学习型组织的方式有：从合作中学习；向竞争对手、同行或不同行的优秀企业学习；向用户学习；从联想自身的过去学习。如联想向惠普学渠道策略和财务控制，向微软学习研发方向和方法，甚至向不同行的优秀企业如海尔的服务方式学习，从用户那了解市场需求，以作为联想了解市场、获取市场信息的重要手段。

联想开发左撇子鼠标的故事就是其中一个生动的实例。联想呼叫中心每天都要接到很多咨询电话，其中一个左撇子用户抱怨自己操作鼠标时总是不太方便。这个信息被及时转递到后台研发部门，他们立即着手改进，现在左撇子的用户购买联想电脑时可以直接买到适合左手使用的鼠标。这个技术上的小小改进，极大地提高了客户的满意度。客户的个性化需求深化了联想关于体验经济的理解，也在一定程度上帮助联想赢得了市场先机。

联想在管理团队学习上颇下了一番功夫，不仅为其提供发展舞台和海外深造等脱产进修机会，还专门推出了一系列量身定制的内训课程。联想把个人学习能力确定为一项非常重要的考核指标，通过建立学习制度已经形成了明确的学习文化和意识。对于联想来说，学习是一件非常自然的事，从联想诞生那天起就没停止过学习，以后也不可能停止。每个公司对学习型组织的理解都有所不同，对于联想而言，它不是一种舶来的时尚，而是一种内在需要，是联想传统学习精神的又一种体现。

本章小结

管理思想来自管理活动中的经验总结，是各项管理活动的指南，是管理理论产生的基础；

管理理论是管理思想的提炼、概括和升华;管理理论对管理活动有指导意义同时又要经受管理活动的检验并不断地补充和完善。管理思想的演变可以分为传统管理思想、科学管理思想和现代管理思想三个阶段,不同的阶段有其各自的特点和代表理论。

传统管理思想阶段尽管出现了许多管理思想,但这些思想还仅仅是管理理论的萌芽,还没有形成比较系统的管理理论。传统管理阶段的最大特点是经验管理。这一阶段主要代表人物及其管理思想有:亚当·斯密的劳动分工理论和“经济人”观点;罗伯特·欧文的重视人的地位和作用,建立新型工厂管理制度的观点等。

科学管理思想阶段的最大特点是管理已经从经验上升为科学,主要代表人物及其管理理论有:泰勒的科学管理理论、法约尔的一般管理理论、韦伯的行政组织体系理论、梅奥的人群关系理论等。这一阶段开创了科学管理理论时代,使管理学真正成为一门科学。

现代管理思想阶段的最大特点是管理领域非常活跃,出现了众多的管理学派,每一学派都有自己的代表人物。其主要学派有:管理程序学派、行为科学学派、决策理论学派、管理科学学派、权变管理学派、系统管理学派、经验主义学派等。这些学派在历史渊源和理论内容上互相影响和联系,既相互交叉又相对独立,形成了盘根错节、交相辉映、竞相争荣的局面,被美国管理学家哈罗德·孔茨称为“管理理论的丛林”。

近些年来又涌现出一些新的管理思想,具有代表性的有战略管理、文化管理、企业再造和建立学习型组织等。

开篇案例分析要点

1. 科学管理理论着重研究如何提高单个工人的生产率。泰勒科学管理理论的主要内容包括:工作定额原理、能力和工作相适应原理、标准化原理、实行差别计件工资制、计划和执行相分离原理、例外原则等。麦当劳严格的特许加盟条件,如严格按照总部规定的标准、规范、作业程序和服务规则进行经营,体现了标准化工作的原理;要求加盟店必须严格遵守公司制定的管理制度,接受公司的指导和监督,使用麦当劳统一的名称、标识,采取统一的广告宣传,保证统一的产品质量,这些要求体现了计划和执行相分离的原理;食品质量的标准化,体现了标准化原理和科学的作业方法;麦当劳对员工实行培训,体现了培训工人的科学性;麦当劳统一的作业程序,例如,洗手的“标准动作”体现了标准化原理和科学的作业方法。

2. 本案例重点体现了标准化管理在麦当劳中的应用。主要体现在:(1)标准化的作业程序和服务规则。如对于食品加工的作业程序有严格规定,对于服务规则有严格的统一要求。(2)餐具、原材料和食品的标准化。所有的餐具、原材料和食品都由专业供应商为其统一供货。(3)环境的标准化。所有店面由总部派出人员进行内外装潢,使用麦当劳统一的名称、标识,采取统一的广告宣传。(4)技术的标准化。麦当劳会对所有员工进行统一培训,以保证作业人员程序和技术的统一。

事实上,标准化原理在现代企业管理中甚至社会生活中应用都非常广泛。为了实现产品或服务的标准化,标准化理论已经渗透到包括企业、学校、医院、政府等在内的各类组织。如各生产型企业的作业流程标准、产品质量标准,各服务型组织的服务流程标准、服务质量规范等。标准化原理对于单个企业而言,可以提高企业内部作业效率,同时降低企业作业成本;对于整个社会而言,标准化原理可以促进社会各组织形成统一规范,促进各行业内部生产或服务产品的融合。

3. 麦当劳的管理案例说明，科学管理理论在现代企业中仍然适用。首先，为了实现企业生产的规模效应和无差异化服务，现代企业遵循标准化原理纷纷建立了标准作业流程，任何工作都有相应的规范操作手册。当然，为了确保作业的科学性和有效性，所有标准将接受实践检验，必要时也会对标准进行修订。其次，在员工招聘和培训方面，现代企业都具有完善的人力资源管理体系，对员工进行考核、选拔以及培训。第三，在工资制度方面，现代企业大多建立了完善的绩效考核体系和工资制度，以激励员工积极地投入工作中。第四，现代企业建立了完善的组织结构，不仅横向上各职能部门分工明确，而且纵向上各层级权责清晰，实际上是泰勒科学管理理论中计划和执行相分离原理的进一步细化。

值得一提的是，尽管科学管理理论在现代企业中有它的适用性，但是要取得管理的有效性，仍然需要根据企业的内外部环境进行灵活处理，切不可在实际管理活动中生搬硬套。

知识测试

一、单项选择题

1. 古典管理理论的主要特点是（　　）。

A. 把管理的对象视为被动的受支配者和理性经济人、机器的附属物

B. 认为管理中要关注人的本性问题，重视人的行为和社会的因素

C. 主要集中研究个体行为、团体行为与组织的行为

D. 在管理中重视被管理者不同的需要，激励被管理者工作的积极性

2. 泰勒之所以被西方管理学界称为“科学管理之父”，是因为泰勒（　　）。

A. 认为人是“经济人”　　B. 将科学的方法引入到管理领域

C. 实行“合理的日工作量”制度　　D. 推行差别计件工资制

3. 泰勒认为，科学管理的中心问题是（　　）。

A. 挑选一流的人员　　B. 实行标准化管理

C. 实行奖励性的报酬制度　　D. 提高劳动生产率

4. 以下（　　）不是泰勒科学管理理论的主要内容。

A. 谋求最高的工作效率

B. 以科学方法替代旧式的经验管理

C. 要求管理人员和工人在精神上和思想上进行一场彻底的变革，强调建立一种责任观念

D. 将管理活动划分为计划、组织、指挥、协调、控制五大职能

5. 关于管理中的例外原则，以下理解中最为合适的是（　　）。

A. 上级将一般日常事务授权给下级去处理，自己只从事重大的、非程序化问题的决策

B. 上级只接受下级关于超出标准的例外情况的报告

C. 上级将一般的日常事务全权交由下级处理，自己只保留对例外事项的决定和监督权

D. 上级在授予下级日常事务处理权的同时，保留对其执行结果的监督权，并集中精力处理例外事件

6. 为了提高劳动生产率，泰勒实行了（　　）。

A. 平均奖金制　　B. 计件工资制

C. 差别计件工资制　　D. 平均工资制

7. 将经营与管理进行明确界定的管理学家是(　　)。

A. 法约尔　　B. 泰勒　　C. 梅奥　　D. 马斯洛

8. 一般认为管理过程之父、科学管理之父、组织理论之父分别是(　　)。

A. 韦伯、法约尔、泰勒　　B. 法约尔、泰勒、韦伯

C. 泰勒、韦伯、法约尔　　D. 韦伯、法约尔、泰勒

9. 法约尔一般管理理论的主要贡献为(　　)。

A. 提出了科学管理理论

B. 研究了管理的一般性,构筑了管理理论的科学框架

C. 提出了行为科学理论

D. 提出了权变理论

10. 古典管理理论认为,人是(　　)。

A. 经济人　　B. 自我实现人　　C. 复杂人　　D. 社会人

11. 管理学形成的标志是19世纪末20世纪初出现的(　　)。

A. 法约尔管理过程理论　　B. 泰勒科学管理理论

C. 韦伯理想行政组织理论　　D. 梅奥的霍桑试验理论

12. 下列(　　)不属于法约尔所提倡的管理14项原则。

A. 例外原则　　B. 管理分工原则

C. 命令统一原则　　D. 首创精神原则

13. 企业中存在"非正式组织"的观点来源于(　　)。

A. 现代管理理论　　B. 管理过程理论

C. 科学管理理论　　D. 霍桑试验结论

14. 人群关系学说认为,生产效率主要取决于(　　)。

A. 工人的士气　　B. 工作条件　　C. 工资制度　　D. 作业方法

15. 经验学派主张通过分析经验来研究管理学问题,被称为(　　)。

A. 经验教学　　B. 案例管理　　C. 案例教学　　D. 经验主义

16. 梅奥等人通过霍桑试验得出结论:人们的生产效率不仅受到物理、生理因素的影响,还受到社会环境、社会心理因素的影响。由此创立了(　　)学说。

A. 行为科学　　B. 人文关系　　C. 社会关系　　D. 人际关系

17. 南方某厂有严格的上下班制度,一直遵照执行。一天深夜突降大雪,给交通带来极大不便,次日早晨便有许多同志上班迟到了,厂长决定对此日的迟到者免于惩罚。对此,企业内部职工议论纷纷。在下列议论中,你认为最有道理的是(　　)。

A. 厂长滥用职权

B. 厂长执行管理制度应征询大部分职工的意见

C. 治厂制度又不是厂长一人定的,厂长无权随便变动

D. 规章制度应有一定的灵活性,特殊情况可以特殊处理

18. 现实中不存在一成不变、普遍适用的理想化管理理论和方法,管理应随机应变,即采用什么样的管理理论、方法及技术应取决于组织环境。持这种观点的是(　　)。

A. 管理过程学派　　B. 社会系统学派

C. 经验主义学派　　D. 权变理论学派

19. 更注重定量管理思想应用的学派是(　　)。

A. 系统管理学派　B. 决策理论学派
C. 管理科学学派　D. 经营管理学派

20. 管理过程学派的研究对象是(　　)。

A. 管理职能　B. 管理目标　C. 人际关系　D. 管理环境

二、多项选择题

1. 泰勒科学管理理论的理论要点包括(　　)。

A. 工作定额原理　B. 贯彻“例外管理”
C. 职能工长制　D. 设置计划层,实行职能制

2. 下列各项对于泰勒科学管理理论的表述中,正确的选项有(　　)。

A. 中心问题是提高劳动生产率　B. 开展动作研究,制定科学的作业方法
C. 提出了有差别的计件工资制　D. 科学地选择与培训工人

3. 法约尔一般管理理论的主要内容有(　　)。

A. 概括了企业活动　B. 提出了工人是“社会人”的观点
C. 提出了管理职能　D. 提出了管理的 14 项原则

4. 下列属于管理过程学派的代表人物有(　　)。

A. 法约尔　B. 雷戈　C. 孔茨　D. 梅奥

5. 霍桑试验的结论是(　　)。

A. 职工是“社会人”　B. 企业中存在着非正式组织
C. 职工是“经济人”　D. 管理者应具备技术经济能力

6. 古典管理理论是指(　　)。

A. 科学管理理论　B. 行政组织理论
C. 管理过程理论　D. 一般管理理论

7. 人群关系理论要点包括(　　)。

A. 企业中存在着非正式组织
B. 管理应具有灵活性
C. 组织内的信息交流
D. 人有物质和金钱上的需求,还有精神和社会上的需求

8. 法约尔提出的管理的 14 条原则包括(　　)。

A. 集权与分权　B. 等级链与跳板
C. 统一指挥　D. 首创精神

9. 下列与孔茨有关的理论有(　　)。

A. 管理理论丛林　B. 管理过程学派
C. 人际关系学派　D. 经验主义学派

三、判断题

1. 泰勒的科学管理理论既重视技术因素,也重视社会因素。　(　　)
2. 古典管理理论把人当成“经济人”,行为科学家提出了“社会人”的观点。　(　　)
3. 古典管理理论是以泰勒、法约尔、梅奥等人为代表的管理理论。　(　　)

4. 法约尔认为企业经营需要技术、经营、财务、安全、会计、计划六种职能。（　　）

5. 根据法约尔的理论，管理活动只是企业经营活动的内容之一。（　　）

6. 法约尔提出的 14 项管理原则已不再对现在的管理活动有指导意义。（　　）

7. 梅奥等人的霍桑试验奠定了管理的行为科学的基础，其通过实验得出的结论构成了管理中的人群关系学说。（　　）

8. 霍桑试验的研究发现，工作环境和物质条件直接影响着劳动生产率的提高。（　　）

9.“管理理论丛林”现象的存在，意味着管理理论的不成熟。（　　）

10. 管理程序学派是在法约尔一般管理思想的基础上发展起来的。（　　）

11. 权变理论认为，组织和组织成员的行为是复杂的、不断变化的，这是一种固有的性质。（　　）

12. 管理科学学派的主要目标是应用科学的方法来解决生产和管理的问题。（　　）

13. 经验主义学派主张要以大量的管理实践中总结出来的经验为依据。（　　）

14. 系统管理学派认为，组织是一个由相互联系的若干要素组成、为环境所影响并反过来影响环境的开放的社会技术系统。（　　）

15. 人们通常所说的西方现代管理理论不是指一种管理理论，而是对各种不同管理学派理论的统称。（　　）

16. 霍桑试验主要研究外界因素与工人劳动生产率之间的关系。（　　）

四、简答题

1. 简述泰勒科学管理理论的主要内容。

2. 简述法约尔一般管理理论的主要内容。

3. 霍桑试验分为哪几个阶段？得出了怎样的结论？

五、论述题

1. 管理思想的演变经历了哪几个阶段？有哪些代表人物和主要理论？

2. 论述管理活动、管理思想和管理理论三者之间的关系。

案例分析

案例 1　保利公司的总经理

保利公司是一家中美合资的专业汽车生产制造企业，总投资 600 万美元，其中固定资产 350 万美元，中方占有 53%的股份，美方占有 47%的股份，主要生产针对工薪家庭的轻便、实用的汽车，在中国有广阔的潜在市场。

谁出任公司的总经理呢？外方认为，保利公司的先进技术、设备均来自美国，要使公司发展壮大，必须由美国人来管理。中方也认为，由美国人来管理，可以学习借鉴国外企业管理方法和经验，有利于消化吸收引进技术和提高工作效率。因此，董事会形成决议：聘请美国山姆先生任总经理。山姆先生有 20 年管理汽车生产企业的经验，对振兴公司胸有成竹。谁知事与愿违，公司开业一年不但没有赚到一分钱，反而亏损 80 多万元。山姆先生被公司辞退了。

这位曾经在日本、德国、美国等地成功地管理过汽车生产企业的经理何以在中国失败呢？

多数人认为，山姆先生是个好人，在技术管理方面是个内行，为公司吸收和消化先进技术做了很多工作。他对搞好保利公司怀有良好的愿望，“要让保利公司变成一个纯美国式的企业”。他工作认真负责，反对别人干预他的管理工作，并完全按照美国的模式设置了公司的组织结构并建立了一整套规章制度。在管理体制上，山姆先生实行分层管理制度：总经理只管两个副总经理，下面再一层管一层。但这套制度的执行结果造成了管理混乱，人心涣散，员工普遍缺乏主动性，工作效率大大降低。山姆先生强调“我是总经理，你们要听我的”。他甚至要求，工作进入正轨后，除副总经理外的其他员工不得进入总经理的办公室。他不知道，中国企业负责人在职工面前总是强调和大家一样，以求得职工的认同。最终，山姆先生在公司陷入非常被动、孤立的局面。山姆先生走后，保利公司选派了一位懂经营管理，富有开拓精神的中方年轻副厂长担任总经理，并随之组建了平均年龄只有33岁的领导班子。新班子根据实际情况和组织文化，迅速制定了新的规章制度，调整了机构，调动了全体员工的积极性。在销售方面，采取了多种促销手段。半年后，保利公司宣告扭亏为盈。

根据案例资料，试运用管理的有关原理分析保利公司总经理成败的原因。

案例2 杰克的烦恼

纽曼公司的利润在过去的一年来一直在下降，尽管在同一时期，同行们的利润在不断上升。公司总裁杰克先生非常关注这一问题。为了找出产生利润下降的原因，他花了几周的时间考察公司的各个方面。接着，他决定召开各部门经理人员会议，把他的调查结果和他得出的结论连同一些可能的解决方案告诉他们。

杰克说：“我们的利润一直在下降，我们正在进行的工作大多数看来也是正确的。比方说，推销策略帮助公司保持住了在同行中应有的份额。我们的产品和竞争对手的一样好，我们的价格也不高，公司的推销工作看来是有成效的，我认为还没必要改进什么”。他继续评论道：“公司有健全的组织结构、良好的产品研究和发展规划，公司的生产工艺在同行中也占领先地位。可以说，我们的处境良好。然而，我们的公司却面临这样的严重的问题。”

室内的每一个人都有所期待地倾听着。杰克开始讲到了劳工关系：“像你们所知道的那样，几年前，在全国劳工关系局选举中工会没有取得谈判的权利。一个重要的原因是，我们支付的工资一直至少和工会提出的工资率一样高。从那以后，我们继续给员工提高工资。问题在于，没有维持相应的生产率。车间工人一直没有能生产足够的产量，可以把利润维持在原有的水平上。”杰克喝了点水，继续说道：“我的意见是要回到第一个原则。近几年来，我们对工人的需求注意得太多，而对生产率的需求却注意不够。我们的公司是为股东创造财富的，不是工人的俱乐部。公司要生存下去，就必须要创造利润。我在上大学时，管理学教授们十分注意科学管理先驱们为获得更高的生产率广泛地采用了刺激性工资制度。在我看来，我们可以回到管理学的第一原则去，如果我们的工人的工资取决于他们的生产率，那么工人就会生产更多。管理学先辈们的理论在今天一样能指导我们。”

根据案例资料，请思考下列问题：

1. 纽曼公司的技术和管理条件改善了，但为什么利润却下降？
2. 生产率低的原因还可能有哪些？
3. 你认为杰克的解决方案怎么样？此案例有何启示？

考研真题

一、概念题

1. 例外原则(东北大学 2019 年研;同济大学 2015 年研)

2. 法约尔跳板(大连理工大学 2016 年研;首都师范大学 2014 年研)

3. 霍桑实验(华东理工大学 2019 年研;上海大学 2018 年研;山东大学 2017 年研;同济大学 2015 年研;山西财经大学 2013 年研;暨南大学 2011 年研;东北财经大学 2011 年研)

4. 管理科学学派(同济大学 2015 年研;北京第二外国语大学 2009 年研)

5. 系统管理(南开大学 2010 年研)

6. 管理的权变观点(中国传媒大学 2014 年研;东北财经大学 2009 年研)

7. 管理理论丛林(华中农业大学 2013 年研)

8. 权变学派(北京邮电大学 2008 年研)

● 管理的权变观点(东北财经大学 2009 年研;中国传媒大学 2009 年研)

二、简答题

1. 简述泰勒科学管理理论的主要内容。(东南大学 2019 年研;北京地质大学 2019 年研;大连理工大学 2018 年研;湘潭大学 2017 年研;河南师范大学 2017 年研;广东财经大学 2017 年研;杭州师范大学 2017 年研;华南师范大学 2016 年研;华侨大学 2015 年研;西北工业大学 2015 年研)

● 评价泰勒科学管理的贡献。(北京地质大学 2019 年研)

● 泰勒所创立的科学管理理论的主要观点有哪些?(中国科技大学 2012 年研)

● 泰勒的科学管理理论包括哪些内容? 其贡献是什么?(厦门大学 2010 年研)

2. 请评价法国管理学家亨利·法约尔对管理学发展的贡献。(南开大学 2010 年研)

● 法约尔对管理学的主要贡献有哪几方面?(中山大学 2009 年研)

● 简述法约尔的管理 14 项原则。(中南大学 2018 年研)

3. 简述法约尔的等级制度与跳板原则。(北京理工大学 2008 年研)

4. 简述霍桑实验的基本过程和结论。(中南大学 2018 年研)

● 霍桑实验的主要结论有哪些,其对后来管理理论的发展有何影响?(哈尔滨工业大学 2017 年研)

● 请简述霍桑实验的内容,以及霍桑实验得出哪些主要结论。(安徽师范大学 2017 年研;厦门大学 2011 年研;华南理工大学 2010 年研)

● 简述霍桑实验的主要结论及其研究对哪些领域作出了贡献。(北京邮电大学 2016 年研)

5. 简述人际关系论的主要观点。(中央财经大学 2019 年研)

● 简述梅奥人际关系学说的主要内容。(四川大学 2013 年研)

6. 简述哈罗德·孔茨"管理理论丛林"观点。(北京航空航天大学 2005 年研)

7. 科学管理理论对于中国企业有何指导意义?(浙江大学 2010 年研)

8. 以西蒙为代表的决策理论学派主要观点有哪些?(东北财经大学 2011 年研)

9. 简述管理活动(管理实践)、管理思想和管理理论三者之间的关系。(华南理工大学 2013 年研)

10. 中国古代有哪些重要管理思想?(华南理工大学 2017 年研)

11. 简述儒家思想的核心内容。(中国农业大学 2014 年研)

三、论述题

1. 论述科学管理理论、一般行政管理理论及行为科学的主要贡献及相互区别。(中南财经大学 2007 年研)

● 试述人际关系学说与科学管理理论的不同之处。(陕西师范大学 2015 年研)

2. 论述西方现代管理思想的主要学派及其核心观点。(北京第二外国语大学 2009 年研)

● 论述从人际关系学说到行为科学学派的主要思想、理论演变脉络及其在管理学发展上的意义。(华南理工大学 2017 年研)

● 试述现代管理理论中行为科学学派代表人物、代表著作和主要观点。(中南大学 2011 年研)

● 试述西方管理理论发展的主要过程。结合我国企业管理的实际情况,谈谈我国现代管理思想和理论的形成过程。(中山大学 2009 年研)

3. 儒家管理思想及其现代意义。(中山大学 2010 年研)

4. 第二次世界大战以后出现了许多管理学派,选择管理丛林的四个管理学派进行论述。(中国人民大学 2018 年研)

5. 试述古典管理理论的特点和主要人物的贡献。(中国海洋大学 2018 年研)

6. 以不同时期企业面临的不同问题为线索,论述自泰勒“科学管理”理论以来管理理论的发展及贡献。(深圳大学 2011 年研)

7. 为什么泰勒会提出差别计件工资制度?(东北财经大学 2010 年研)

8. 阐述泰勒的科学管理理论的主要内容,并具体分析科学管理理论在当代社会的适用性,及其对管理实践产生的深远影响。(北京科技大学 2010 年研)

9. 2009 年是管理学的“大师中的大师”彼得・德鲁克 100 周年诞辰,德鲁克一辈子著书 40 余本。请列出德鲁克的四本著作的书名,并分别指出这些著作的主要思想。(中山大学 2010 年研)

第三章　计划职能

学习目标

1. 了解计划的含义与特征；了解计划的类型与表现形式。
2. 掌握计划工作的步骤与常用的计划编制方法。
3. 掌握决策的概念、特征、类型及决策方法。

开篇案例

华为的全球化战略

1. 华为的早年历史(1988～1997)

任正非1988年在深圳创建了华为公司，华为最初主要代销香港产HAX交换机。当任正非发现华为依靠贸易模式不能真正与跨国公司竞争时，他顶住了“市场换技术”的诱惑，开始将精力集中于研发核心技术。

华为在1992年研制出小型交换机，1994年大型万门程控交换机诞生，并在首届中国国际电信设备展览会上取得较大成功。那一年，华为的销售收入超过了亿元。

20世纪90年代是中国电信业的10年黄金发展期，在与跨国公司竞争过程中，华为采取了“农村包围城市”的策略。1998年，华为的销售收入较1995年又增长了6倍达到89亿元。华为的核心产品已进入中国所有发达省份和主要城市，基本实现了“农村包围城市、最终夺取城市”的战略目标。1998年8月，华为开始向移动通信领域扩展。

为建立起自己的研发体系，华为每年都从中国的重点大学招揽优秀人才。一名新毕业的大学生第一年的综合收入可高达10万元。当时，华为员工的平均年龄为27岁，超过95%具有大学本科以上学历，70%拥有硕士及以上学历，公司拥有数千名博士，并在1996年建立起博士后流动站。

任正非从一开始就是华为真正的领导者与管理者，他将个人的烙印与秉性深深地注入了华为。创业不久，任正非就提出华为的发展目标是成为世界级通信设备制造商，并将此看作是一种使命和信念。

2. 改造华为(1998～2000)

华为在1998年成为中国最大通信设备制造商，任正非意识到，公司规模的快速膨胀与发展是空前的危机和压力。任正非是一位善于观察和学习的管理者，一直希望了解世界大公司是如何管理的。在1997年圣诞节前后访问了美国休斯、IBM、贝尔实验室和惠普4家公司后，经过深思熟虑与权衡，任正非提出了对华为的一系列改造计划。

改造管理。任正非重点考虑的一个问题是对华为内部管理的改造，其内容几乎涵盖了方方面面。在1998年正式实施《华为基本法》，这是中国第一部总结企业战略价值观和经营管理原则的“企业宪法”和制度体系，并确定业务模式由电信设备制造商向电信整体解决方案提供商和服务商转型，使华为产品线齐全的整体优势得以充分发挥。

改造流程。在2000年引入IBM集成供应链管理，对公司的组织结构进行了调整，成立了统一的供应链管理部，它包括生产制造、采购、客户服务和全球物流。在2000年之后华为积极拓展全球业务，它极大地提升了华为在产业价值链的上游和下游的管理能力。

改造企业文化。华为公司等级森严，缺乏沟通文化，试图通过各种组织调整和会议来解决问题。任正非意识到华为过去赖以成功的企业文化中的某些因素已经成为管理变革的阻碍。任正非提出了著名的“灰色理论”，这既是他哲学思维的体现，也是华为文化变革方向的概述：灰色就是黑与白、是与非之间的地带；灰色的含义就是不走极端，在继承的基础上变革，在稳定的基础上创新，在坚持原则和适度灵活中处理企业中各种矛盾和悖论。

3. 实现全球运营(2000年以后)

1996～2000年是华为实现全球运营的探索阶段。2000年，任正非提出华为要成为世界级企业，海外市场收入要在5年之内超过总收入的50%。到2005年，华为海外市场收入达到48亿美元，占公司全年总收入82亿美元的58.5%。

制度导向。2001年之后，华为将是否愿意主动投身海外市场作为选拔和晋升干部的一个重要标准。在薪酬和福利待遇方面，华为也向海外市场人员倾斜。如果家属愿意，还可以在海外陪同。对于那些在海外市场待满3年的员工，可一次性获得15万元的安家费。

拓展欧洲市场。2001年开始，以10G SDH光网络产品进入德国为起点，通过与当地著名代理商合作，华为产品成功进入德国、法国、西班牙、英国等发达地区和国家。华为已经迅速崛起，加入到世界级电信设备供应商行列。华为还在2005年11月与全球最大移动通信运营商沃达丰集团签订了全球采购框架协议。

“全球合资”战略。美国是任正非认定的真正意义上的全球主流市场。从1999年开始，华为在美国开设研究所，成立全资子公司和全球性合资公司。2004年8月，华为与德国西门子公司组建另一家全球性合资公司；2006年2月，华为与电讯巨头北电网络宣布成立合资公司，希望能帮助其在北美市场获得更大增长的机会。至此逐步建立起了全球合资体系。

华为的全球架构。截至2007年，华为72%的销售额都来自海外市场。华为的产品和解决方案已经应用于全球100多个国家，以及35个全球前50强的运营商；在海外市场设立了20个地区部，100多个分支机构；在瑞典斯德哥尔摩、美国达拉斯及硅谷、印度班加罗尔、俄罗斯莫斯科，以及中国的深圳、上海、北京、南京、西安、成都和武汉等地设立了研发机构，通过跨文化团队合作，实施全球异步研发战略。华为还加入了83个国际标准组织。2015年3月19日，世界知识产权组织(WPO)公布了2014年国际专利申请件数排名,中国通信业巨头华为科技位居榜首。

(资料来源:黄颖,秦树东,郝燕. 管理学案例精析[M]. 北京:电子工业出版社,2015. 有删减)

根据案例资料,请思考以下问题:

1. 华为的全球化战略历程是怎样的?

2. 华为的职能战略是如何支撑其全球化战略的?

第一节　计划职能概述

计划是管理的基本职能之一,就管理的过程而言,它位于各项管理职能之首。其主要任务是在收集大量基础资料的前提下,对组织的未来环境和发展趋势作出预测,并根据预测的结果和组织拥有的资源确立组织目标,然后制订出各种实施目标的方案、措施和具体步骤,为组织目标的实现作出完整的谋划。任何组织、任何管理活动都需要计划,它是组织进行管理的前提,其发挥得好坏将直接关系到组织的生存和发展。

一、计划的含义与特征

(一)计划的含义

计划有动词和名词两种词性,相应地计划就有两种含义。用作动词时应理解为"作计划"或"计划工作",用作名词时则表示"计划工作"的结果。由此可见,计划与计划工作是两个不同的概念。为了清楚起见,有必要把计划与计划工作加以严格的区别。

计划工作是一个过程,是确定组织的目标和选择实现目标的最佳途径的过程。严格地说,计划工作是一种预测未来、设立目标、决定政策、选择方案的连续程序,以期能够经济地使用现有的资源,有效地把握未来的发展,获得最大组织成效。由此可见,计划工作主要与未来有关,其目的就是力图使组织在将来获得最大的成效。

计划是计划工作的结果文件,其中记录了组织未来所采取行动的规划和安排,即是组织预先制订的行动方案。计划是计划工作所包含的一系列活动完成之后产生的,是对未来行动方案的一种说明。

无论在名词意义上还是在动词意义上,也不论一个组织其性质如何,规模大小,其计划工作的内容通常都可以用"5W1H"来概括。具体包括以下内容:

what——做什么?即明确目标与内容。

why——为什么做?即明确制定计划的原因和目的。

who——谁去做?即规定由哪些部门和人员负责实施计划。

where——何地做?即规定计划的实施地点或场所。

when——何时做?即规定计划中各项工作的开始和完成的时间进度。

how——怎么做?即制定实现计划的方式和手段。

(二)计划的特征

计划工作是管理工作的一个必不可少的职能,这是由于它有以下特征:

1. 首位性

在管理的各项职能中,计划是其他职能执行的基础,具有首位性。也称先行性、主导性。

这主要是由于管理过程中的其他职能都是为了支持和保证组织目标的实现。管理过程中的其他职能都只有在计划工作确定了目标后才能进行，没有计划工作，其他工作无从谈起。

2. 目的性

任何组织或个人制订计划都是为了有效地实现某种目标。确切地说，计划可以使组织有限的资源得到合理的配置，可以减少浪费，提高效率，规范组织人员行为，提高组织成员工作的目的性，以维持组织的生存和发展。

3. 普遍性

计划工作涉及组织管理区域内的每一个层级，每一个管理人员都需从事计划工作。尽管各层管理者的职责和权限不同，计划工作的内容、范围和特点会有所不同，但计划工作是普遍存在的。高层管理人员负责制订战略性计划，中层和基层管理人员负责制订战术计划。

4. 前瞻性

计划工作是对未来的行动安排，它不是过去的总结，也不是现状的描述，所以，计划工作必须充分考虑未来市场的机会和可能碰到的各种问题，为实现组织的目标创造条件。

5. 经济性

计划工作不仅要正确确定组织的目标，又要确定制定计划与执行计划所有产出与所有投入之比，即要保证各种资源的配置、使用是正确的和最有效的，是为实现目标而付出的合理代价。一个理论上完美无缺但实际收益不大，甚至带来负效益的计划，都不是有效的计划。

管理实务3－1

1997年底，VCD市场占有率第一的新科为37%，比第二的爱多高出一倍多。1998年，爱多在北京、上海向新科全面宣战。竞争白热化的时候，买一台1 000元左右的爱多VCD可以送到电饭煲、剃须刀、焖烧锅、电风扇四件礼品，价值在700元以上。到6月，爱多的攻击收到明显成效，两家在全国百家大商场的市场占有率均为23%。但爱多喝下的是难咽的庆功苦酒。爱多在半年内为打败新科付出了1.5亿元的沉重代价，几乎耗到弹尽粮绝。

请思考：爱多进攻新科的计划是不是一份好计划？

6. 动态性

动态性是由计划的时间和空间所决定的。一个计划的时间短则数月，长则数年，在这期间，环境常处于变化之中，使计划的实施会偏离原来的基准，因此计划要随着环境和条件的变化而不断调整和修改，以保证完成目标，这就要求计划要有动态性。

管理实务3－2

2014年洛杉矶申办2024年夏季奥运会，资金预算53亿美元。在2016年，根据通货膨胀率，预算将增至62亿美元。然而2017年国际奥委会最终同意让巴黎举行2024年奥运会，洛杉矶则将举行2028年奥运会，因此组委会不得不重新拟定预算。2019年，组委会宣布，2028年奥运会的预算从之前的62亿美元上涨至69亿美元。

奥运会历史上，预算超支带来经济灾难的例子历历在目，这也是批评人士坚决反对承办奥运会的原因。伦敦奥运会花费190亿美元，是之前65亿美元预算的3倍。希腊雅典奥运会耗资110亿美元，严重超支。东京奥运会成本超过250亿美元，是原本预算的4倍。蒙特利尔、索契奥运会也都有类似的状况。

请思考:为什么奥运会预算一再调整?

二、计划的作用

(一)指引方向,指导工作

计划能使组织置身于复杂多变和充满不确定性因素的环境中而始终把其主要的注意力集中在一定的目标上,使组织所有的行动保持同一方向;管理者可以根据计划来组织人员、分派任务,使组织的各项工作得到落实,从而保证组织目标的实现。

(二)降低风险,掌握主动

计划的前瞻性,使组织能够较早地预见未来的变化,早做准备,掌握主动,从而降低乃至消除不确定性,把风险降低到最低限度。

(三)减少浪费,提高效益

计划能从多条实现目标的途径中,通过可行性论证分析,选择最适当、最有效的方案,从而减少浪费,高效率地实现既定的目标。计划能使组织未来的各项活动均衡发展,使组织中各成员的努力合成一种组织效应,从而大大提高工作效率并带来经济效益。

(四)提供控制标准,有利于进行控制

计划工作建立的目标是制定控制标准的主要依据。有了控制标准才能衡量实际实施的效果,发现偏差并及时纠正,使组织活动不脱离管理者所期望的发展方向。

管理实务3-3

美国某钢铁公司总裁舒瓦普向一位效率专家利请教如何更好地执行计划的方法,利声称可以给舒瓦普一样东西,在10分钟内能把他公司业绩提高50%。接着,利递给舒瓦普一张白纸,说:"请在这张纸上写下你明天要做的6件最重要的事。"舒瓦普用了约5分钟时间写完。利接着说:"现在用数字标明每件事情对于你和公司的重要性次序。"舒瓦普又花了约5分钟做完。利说:"好了,现在这张纸就是我要给你的。明天早上第一件事是把纸条拿出来,做第一项最重要的。不看其他的,只做第一项,直到完成为止。然后用同样办法对待第二项、第三项……直到下班为止。即使只做完一件事,那也不要紧,因为你总在做最重要的事。你可以试着每天这样做,直到你相信这个方法有价值时,请将你认为的价值给我寄支票。"

一个月后,舒瓦普给利寄去一张2.5万美元的支票,并在他的员工中普及这种方法。5年后,当年这个不为人知的小钢铁公司成为世界最大的钢铁公司之一。

请思考:

1. 为什么总裁舒瓦普有计划却难以执行?效率专家利的方法的关键在哪里?
2. 为什么计划能有这么大的作用?

三、计划的类型

计划的种类很多,依据不同的划分标准,可将计划分为不同的类型。各种类型的计划不是彼此割裂的,而是由分别适用于不同条件下的计划组成的一个计划体系。

(一)战略计划和战术计划

这是按计划的范围及其影响程度划分的。

战略计划是指重大的、带有全局性的涉及组织长远发展目标的计划。它是制定其他计划的依据。制定战略计划的目的在于认识客观事物发展的趋势和方向,规定一定历史时期内全局性的目标和任务。它具有全局性、长远性、综合性和稳定性等特征。战略计划的内容包括战略目标、战略重点、战略措施等。制定战略计划勾画出组织的建设蓝图,就能把握全局、展望未来,掌握组织的发展趋势和方向,避免和减少工作中的失误,以实现组织的长远目标。

战术计划是根据战略计划制定的执行性计划,用来指导管理者逐步而又系统地实施战略计划规定的任务。它是依据不同时期的具体条件来制定的,因而具有局部性、短期性、针对性和灵活性等特征。战术计划的内容包括确定近期的任务,以及实现该任务所采取的手段和方法。依据战术计划才能随机应变地进行组织、指挥。

战略计划和战术计划反映了长远利益和当前利益之间的辩证关系。战术计划是战略计划的一部分,必须服从于战略计划;战略计划的实现取决于战术计划的实施。一般来说,战略计划由高层管理者主持制定,战术计划由中、基层管理者负责制定。

管理实务 3-4

曾经的娃哈哈,采用了相关多元化战略,每1~2年都有重磅新品横空出世,儿童营养液、果奶、AD钙奶、八宝粥、纯净水、非常可乐、茶饮料、果汁饮料、激活、爽歪歪、营养快线等,取得了巨大成功。而最近几年,啤儿茶爽、启力、格瓦斯、富氧水、小陈陈等新品,或市场过于细分、或定位模糊不清、或玩概念忽悠、或渠道开拓不力,还没掀起几朵浪花,就已淹没于饮品大海中。主力老品营养快线、爽歪歪、纯净水已经步入产品的衰退期,回天乏力。

娃哈哈在主业增长乏力的情况下,采取了非相关多元化策略,跨界经营,结果是屡败屡战。童装已上市12年,年销售额还不到2亿元,且多年徘徊不前;迈入婴童奶粉业,立志要在两年时间内达到10万吨的销量、100亿元的销售额,如今市场份额还不到1%;2012年高调进军城市商业综合体,豪言壮语尚未褪尽,杭州的首个试点娃欧商城已经悄然关门;2013年,斥巨资进入白酒业,仅半年时间,就传出了强行摊派的丑闻。非相关多元化经营,放眼全世界,鲜有成功案例。从目前来看,娃哈哈的非相关多元化战略并未能为主业分忧,反而可能成为拖累。

请思考:娃哈哈的战略计划是否合理?战略性计划与战术性计划有什么不同?

(二)长期计划、中期计划和短期计划

这是按计划的期限划分的。

一般地,期限在1年以内的计划称为短期计划,而期限在5年以上的即为长期计划,介于两者之间的称为中期计划。当然这个划分标准并非绝对,在某些情况下,它还受计划的其他方面因素的影响。例如,一项航天发展项目的短期计划可能需要5年,而一家小服装厂由于市场变化较快其短期计划可能只适用几个月。

长期计划的主要任务是指出组织在较长时期内的发展方向和方针,规定组织各部门在较长时期内从事某种活动应达到的目标和要求,绘制组织长期发展的蓝图,内容相对比较笼统。

中、短期计划的内容比较具体,对在中短期内组织某项活动的目标、行动方案、实施措施和手段、考核指标都有具体、明确的规定。短期计划一般还会将工作细分到具体的作业单位，并给出工作日程表、预算等。

在一个组织中，长期计划与中短期计划是密不可分的。科学的长期计划，对中短期计划具有指导作用，中短期计划必须根据长期计划的要求来制定；中短期计划的实施又有助于长期计划的实现。只有正确处理长期计划与中短期计划的关系，才能有利于组织目标的实现。

管理实务 3-5

中共十五大报告首次提出“两个一百年”奋斗目标：到建党100年（2021年）时，使国民经济更加发展，各项制度更加完善；到本世纪中叶新中国成立100年（2049年）时，基本实现现代化，建成富强民主文明的社会主义国家。中共十八大报告再次重申：在建党100年时全面建成小康社会，在新中国成立100年时建成富强民主文明和谐的社会主义现代化国家。

中共十九大报告在对决胜全面建成小康社会作出部署的同时，明确了从2020年到本世纪中叶分两步走全面建设社会主义现代化国家的新目标。具体是：第一个阶段，从2020年到2035年，在全面建成小康社会的基础上，再奋斗15年，基本实现社会主义现代化。第二个阶段，从2035年到本世纪中叶，在基本实现现代化的基础上，再奋斗15年，把我国建成富强民主文明和谐美丽的社会主义现代化强国。

从全面建成小康社会到基本实现现代化，再到全面建成社会主义现代化强国，是新时代中国特色社会主义发展的战略安排。

请思考：这些计划属于什么类型的计划？

（三）综合性计划和专业性计划

这是按计划的对象范围划分的。

综合性计划是对业务经营过程中各方面活动所作的全面规划和安排。在较长一段时期内执行的战略计划往往是覆盖面较广泛的综合性计划，短期计划有的也是综合性的，比如企业往往需要编制年度综合经营计划。

专业性计划则是对某一专业领域的职能工作所制订的计划，它通常是综合性计划某一方面内容的细化。比如，与企业经营活动直接相关的销售计划、生产计划、产品研发计划，以及为业务活动服务的人事计划、财务计划、物资供应计划、技术改造计划、设备维修计划等，都是特定职能领域的专业性计划。这些计划只涉及企业活动的某一方面，它们与综合性计划的关系是局部与整体的关系。

管理实务 3-6

北京市人民政府、第29届奥运会组委会2002年7月13日正式发布了《北京奥运行动规划》，这是未来七年北京市筹办奥运会的指导性文件，带有战略性、方向性和目标性，包括总体战略构想、奥运比赛场馆及相关设施建设、生态环境和城市基础设施建设、社会环境建设、战略保障措施等五个部分。在之后的一段时间里，北京市政府和北京奥组委又陆续发布生态环境保护规划、能源建设和结构调整规划、科技奥运建设规划、数字奥运建设规划、文化环境建设规划、交通建设和管理规划、奥运场馆建设规划等七个专项规划。

（四）指导性计划和具体性计划

这是按计划的明确性程度划分的。

指导性计划也称导向性计划，一般只规定基本原则与方向，指出行动重点但并不限定具体目标，也不规定明确的行动方案。一般由高层决策部门制订，适用于战略计划、中长期计划等。

具体性计划具有非常明确的目标和措施，具有很强的可操作性。一般由中、基层制订，适用于总计划下的专业计划或具体的项目计划，如技术改造计划等。

指导性计划和具体性计划相比相对灵活，但缺少明确性。相对于指导性计划而言，具体性计划虽然更易于计划的执行、考核及其控制，但是它缺少灵活性，以及它要求的明确性和可预见性条件往往很难得到满足。

总之，依据不同的分类标准，可以给计划赋予不同的名称。不同类别的计划可能具有相同的特性，如短期计划和作业计划就具有很多相同的特性，而长期计划和战略计划也具有很多相同的特性。图 3－1 给出了不同层次的计划及其特性与管理者层次的关系。

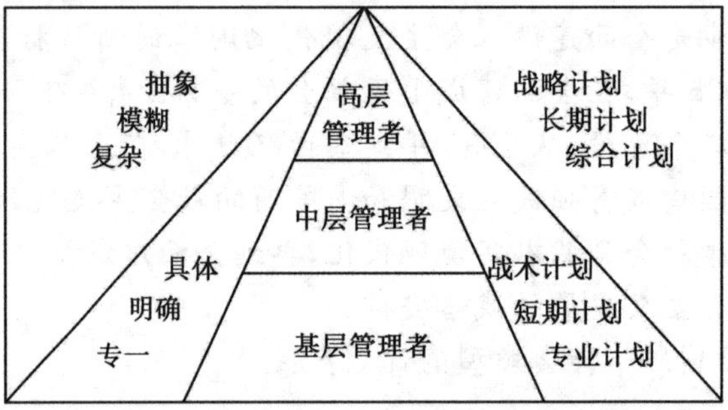

图 3－1　不同层次的计划及其特性与管理者层次的关系

四、计划的层次体系

计划的表现形式是多种多样的，它既面向未来又面向行动，不同层次的管理者所面临的计划形式是不同的。从抽象到具体可以把计划分为八个层次：宗旨与使命；目标；战略；政策；程序；规则；规划；预算。如图 3－2 所示。

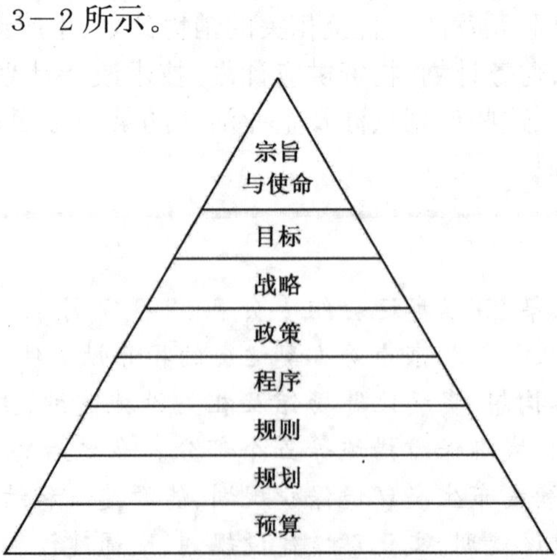

图 3－2　计划的层次体系

(一)宗旨与使命

宗旨是一个组织的基本任务,是组织存在的目的或基本理由,它说明组织存在的根本价值和意义,也是不同组织相互区别的根本标志。一个组织的宗旨无非有两类:要么是寻求贡献于组织之外的自然和社会;要么是寻求贡献于组织内部成员的生存和发展。这两类宗旨是彼此相连、相辅相成的。组织是为宗旨而存在的。

管理实务 3-7

宝钢的宗旨是:创造物质财富奉献于社会,通过生产实践促进科技进步,推动社会主义精神文明发展,为社会主义创造美誉。

万向的宗旨是:为顾客创造价值,为股东创造利益,为员工创造前途,为社会创造繁荣。

娃哈哈的宗旨是:健康你我他,欢乐千万家。

使命是实现宗旨的方法和手段。组织的宗旨确立以后,为了实现它,组织就要为自己选择一项使命。这项使命的内容就是组织选择的服务领域或事业。例如,一家旅行社和一家化工厂,同样为了创造利润,一个选择了提供旅游服务,一个却选择了提供化工产品;一所学校和一家医院,同样服务于社会,前者的使命是教书育人,后者的使命是救死扶伤。这里应该强调的是,使命只是组织实现宗旨的方法和手段,而不是组织存在的理由。组织为了自己的宗旨,可以选择这种事业,也可以选择那种事业。

组织的宗旨与使命支配着组织的目标,确定组织一定时期内应达到的有意义的合理的目标,首先必须明确组织的宗旨与使命。

管理实务 3-8

华为的使命是:把数字世界带入每个人、每个家庭、每个组织,构建万物互联的智能世界。

厦门金龙的使命是:提升中国客车的全球竞争力,为世界交通运输贡献价值。

阿里巴巴的使命是:让天下没有难做的生意。

沃尔玛的使命是:为普通百姓提供机会,使他们能与富人一样买到同样的东西。

请思考:确定组织的宗旨和使命应遵循什么原则?

(二)目标

组织的宗旨与使命通常是很抽象的,要用它来指导组织的活动,还需要把它转换成具体可行的目标。组织目标是一个组织在一定时期内期望达到的预期成果,是宗旨的具体化。目标是计划工作的起点,同时也是组织工作、人员配备、领导工作和控制工作所要达到的结果。组织的目标不应该是唯一的,通常情况下,人们可以把组织目标进一步细化,从而得出多方面的目标,形成一个互相联系的目标体系。

管理实务 3-9

1987 年,娃哈哈创始人宗庆后带领两名退休老师,靠着 14 万元借款,靠代销人家的汽水、棒冰及文具纸张赚一分一厘钱起家,开始了创业历程。2010 年娃哈哈集团实现营业收入550亿元，利税112亿元，上缴税金46亿元。集团饮料产量、销售收入、利税等各项指标已连续13年位居中国饮料行业首位。2012年确定未来的发展目标：3至5年内实现营业收入1 000亿元、力争早日进入世界500强，使中国的娃哈哈成为世界的娃哈哈！

（三）战略

战略是为实现组织目标所确定的发展方向、行动方针、行为原则、资源分配的总体谋划。战略是指导全局和长远发展的方针，对企业的思想和行动起引导作用，但它不试图具体说明组织如何实现目标，具体说明由一系列主要和次要的支持性、协调性计划来完成。

管理实务3－10

娃哈哈的成功取决于其早年选择的相关多元化策略。它的产品从最初的儿童营养扩展到儿童果奶、AD钙奶、八宝粥、纯净水、非常可乐、茶饮料、果汁饮料、激活、爽歪歪、营养快线等。娃哈哈的这种做法同当年索尼公司进行多元化扩张时所选的策略基本一样，都是从自己熟悉的市场出发寻找相关市场然后再进入，而且使用的都是同一品牌，采用的都是品牌延伸策略。

（四）政策

政策是对组织成员作出决策或处理问题所应遵循的行动方针的一般规定。政策规定了解决某类问题的方法，可以避免重复分析，减少例行事件处理的成本。组织的不同层级可以相应地制定不同层次的政策，用于指导和规范各个职能部门的工作。政策虽然给出了其作用的范围和界限，但鼓励下级在规定的范围内自由处置问题，主动承担责任。例如，某企业物业管理部门被上级允许将闲置的房屋土地出租，用于创收，这是一个基本政策，而具体的出租价格、出租方式等可以由物业管理部门自行决定。

（五）程序

程序是完成未来某项活动的方法和步骤，是将一系列行为按照某种顺序的排列安排。管理者一般把反复出现的业务编制出程序，一旦该项业务再次出现，执行人员只要按照以前编好的程序去做就能提高工作的效率。因此，程序是一种经过优化的计划，它是对大量日常工作过程及工作方法的提炼和规范化。制定程序的目的是减轻主管人员的决策负担，明确各个工作岗位的职责，提高管理活动的效率和质量。制定和贯彻各项管理工作的程序是组织的一项基础工作，管理的程序化程度是衡量一个组织管理水平高低的重要标志。

（六）规则

规则是执行程序中所规定的每一步骤工作时应当遵循的原则和规章。规则是一种最简单的计划。它是对具体场合和具体情况下，允许或不允许采取某种特定行动的规定。规则常常与政策和程序相混淆，所以，要特别注意区分。规则与政策的区别在于规则在应用中不具有自由处置权，而政策在决策时则有一定的自由处置权（虽然这种自由处置权在多数情况下，往往是狭窄的）。规则不同于程序，是对单一行为的规定，没有时间顺序，而程序是一系列规则的顺序组合。

管理实务 3－11

某顾客到一百货商店考察，查阅了其规章制度手册，有三条特别引起他的注意：(1)我们只售高贵、时髦的衣服和各种高级用具；(2)货物售出超过 30 天，不再退还购货款；(3)在退还顾客购货款前，营业员需注意检查退回的货物，然后取得楼层经理的批准。

请问：这三条规定各自属于计划的哪一种形式？

（七）规划

规划是一个综合性的计划，包括目标、政策、程序、规则、任务分配、要采取的步骤、要使用的资源以及为完成既定行动方针所需的其他因素。规划有大有小，不同级别的组织都可以有自己的规划。如为实现我国社会经济发展的大目标，国家制定了一个个五年规划，而一个大学校园里的小零售店为实现向小型超市发展的目标，也可以制定一个改变货架的规划。规划通常要有必要的资金和经营预算来支持。

（八）预算

预算是用数字表示预期结果的一种报告书，是一种数字化的计划。它包括业务预算、财务预算和专门预算。预算既可以用财务上的术语来表示，也可以用任何数字表示的其他计量单位来表示。预算既可以反映预期收入，也可以反映预期支出。它可以单独作为计划来使用，也可以作为计划中的一部分内容，含有预算的计划具有很强的操作性。预算还是一种主要的控制手段，可以作为控制的衡量标准。有了精确、可靠的预算，目标的实现就有了保证。

管理实务 3－12

伦敦申奥成功后，将 2012 年举办奥运会和残奥会的成本预算定为 23.7 亿英镑。2007 年，由于场地建设和一些安全措施与治安管理方面的需求，预算被提高至 93 亿英镑。不过，根据英国下议院公共账户委员会的数据显示：建立监管奥林匹克的政府机构支出 4.43 亿英镑，购买奥运场馆土地 7.66 亿英镑，奥运场馆建设费 29.32 亿英镑，23 700 名安保人员费用 5.53 亿英镑，建设奥运村和媒体中心 12.21 亿英镑，其他奥林匹克公园项目 9.04 亿英镑，改善伦敦交通状况 8.86 亿英镑，奥运会开幕期间需 12 000 名警察开支 6 亿英镑，反恐组织开支 11.3 亿英镑，奥运期间涉及的法律项目花费 8.26 亿英镑，意外事故基金 1 亿英镑，其他可预见支出 8.34 亿英镑，各类仪式费用 8 000 万英镑，以上合计 112.75 亿英镑。

第二节　计划工作的步骤

计划工作包括三个步骤，即确定目标、建立计划工作的前提、拟订和选择实现目标的计划。

一、确定目标

计划工作的第一步是确定组织的目标。为了使目标切合实际，在计划工作开始之前需要对机会进行估量,即认清未来可能出现的机会,了解自己的优势和劣势,明确为什么要解决这些不肯定的问题,以及期望得到什么结果。对未来的机会有所认识之后,才能着手拟订预期的目标。目标是说明预期成果的,因此,它要能够回答下列问题:我们要向哪里发展?要完成什么任务?什么时候完成?

管理实务 3-13

青岛啤酒的前身,是1903年创建的"日耳曼啤酒有限公司青岛公司"。它是我国最早生产啤酒的企业,迄今已有百年的历史了。"青岛啤酒"先后获得"国家著名商标""中国10大驰名商标"等一系列荣誉称号。在"1997中国最有价值品牌评价"活动中,"青岛啤酒"品牌价值被评估为34.08亿元,位居国内同行业之首。然而,青岛啤酒在改革开放初期的发展步伐却十分缓慢。在整个20世纪80年代,青岛啤酒的年产量为10万吨;甚至到改革开放10多年后的90年代初,青岛啤酒年产量也不过区区20万吨。这种徘徊不前的状况直到1996年才开始出现突破,当年产量达到30万吨。青岛啤酒进入市场经济之晚,仅从产量的缓慢上升就可以得到印证。

青岛啤酒在1997年为自己确定了未来3年的目标:重新夺回国内啤酒头把交椅,进入世界啤酒10强。也正是从这一年起,青岛啤酒开始走上一条低成本扩张之路。青岛啤酒3年内狂吞30家同行的动作,很快产生了规模效应。1999年,青岛啤酒产量首次突破100万吨,超过连续5年保持第一的燕京集团,重新夺回了久违的全国啤酒行业头把交椅。

青岛啤酒又为自己设计了未来10年的目标:年产达到800万吨,成为世界第二品牌。

全球第一品牌是"喜力"。喜力是一家荷兰啤酒企业。荷兰人口不过6 000万,却占领了世界市场,培育了世界啤酒第一品牌。

二、建立计划工作的前提

所谓计划前提,就是计划的假定条件,也就是执行计划的预期环境。计划工作的第二步是预测未来环境可能发生的变化,建立计划工作的基本前提。计划是要在未来环境中执行的,为了使制定的计划切实可行,就需要对组织未来的内外环境和所具备的条件进行分析和预测,否则制定的计划就会不切实际。这一步所要回答的问题是:组织的计划将在什么样的环境中执行?哪些环境对计划执行是有利的?哪些是不利的?有利条件是一种机会,看不到有利条件或对有利条件估计不足,就有可能编制出保守落后的计划,从而坐失良机。不利条件是一种威胁,不承认或不充分考虑它,就有可能编制出冒进的计划,从而给组织造成损失。建立计划工作的前提是编制计划的一项基础工作。

企业计划前提的内容包括经济形势预测、技术发展预测、社会环境预测、市场需求预测和资源预测等。

管理实务 3-14

青岛啤酒制定未来10年目标的依据是:

(1)青岛啤酒在国际市场上的知名度要高于产量第一的百威,而产量上又超过全球第一品牌喜力；

(2)有人的地方就有华人，有华人饭馆的地方就有青岛啤酒，这是世界上任何民族的啤酒厂也无法比拟的绝对优势。

但是，他们也分析到，青岛啤酒的全球化之路并不像想象中那么简单。青岛啤酒老总彭作义称，他需要3到5年的时间，把国内市场做得足够好，届时才谈得上到海外市场开疆拓土。

三、拟订和选择实现目标的计划

计划工作的第三步是拟订和选择实现目标的计划。如果我们能够精确地预计未来的环境，则实现目标的计划可以减少到只有一个方案。但这种情况极为少见，因为一切预测都会发生误差。这样，计划方案就会不止一个。在多方案的情况下就需要作出抉择。这一步所要解决的问题是：提出可行方案、评价备选方案、选定满意方案。

管理实务 3－15

青岛啤酒考虑到自身设备较先进，成本高，打价格战没有太大的空间。他们采取了低成本扩张战略。通过兼并扩张，运用“系列产品”方式，快速占领中低端市场。从1997年起，动作迟缓的青岛啤酒开始走上一条低成本扩张之路，3年内兼并30家同行企业，很快产生了规模效应。同时以老名牌为龙头，通过产品系列化，形成“青岛啤酒系列产品”，开发出适合不同消费层次需求的产品，有效扩大市场占有率。正是由于青岛啤酒制定并实施了可行的方案，才顺利地实现了计划所确定的目标。

第三节　计划的编制方法

计划工作的方法很多，这里仅简要介绍几种常用的计划编制方法，即滚动计划法、甘特图法和网络计划法。

一、滚动计划法

滚动计划法是一种定期修正未来计划的方法，又称连续性计划法或滑动计划法。它的基本思想是：根据计划执行的情况和环境变化的情况定期调整未来的计划，并不断逐期向前推移，使短期计划和中期计划有机地结合起来。

滚动计划法的具体做法是：在计划制定时，同时制定未来若干期的计划，但计划内容采用近细远粗的办法，即近期计划尽可能地详尽，远期计划的内容则较粗略；在计划期的第一阶段结束时，根据该阶段计划执行情况和内外部环境变化情况，对原计划进行修订，并将整个计划向前滚动一个阶段；以后根据同样的原则逐期滚动。

如图3—3所示，假设计划的周期为5年，按照远粗近细的原则分别制订出年度计划。计划执行一年后，认真分析实际完成情况与计划之间的差异，找出其影响原因。根据新的情况和因素，按照远粗近细的原则修正各年度计划，并向后延续一年，依此类推。该方法虽然使编制计划的工作量加大，但随着计算机技术的发展，计划的制订或修改变得简便容易，大大提高了滚动计划法的推广应用。

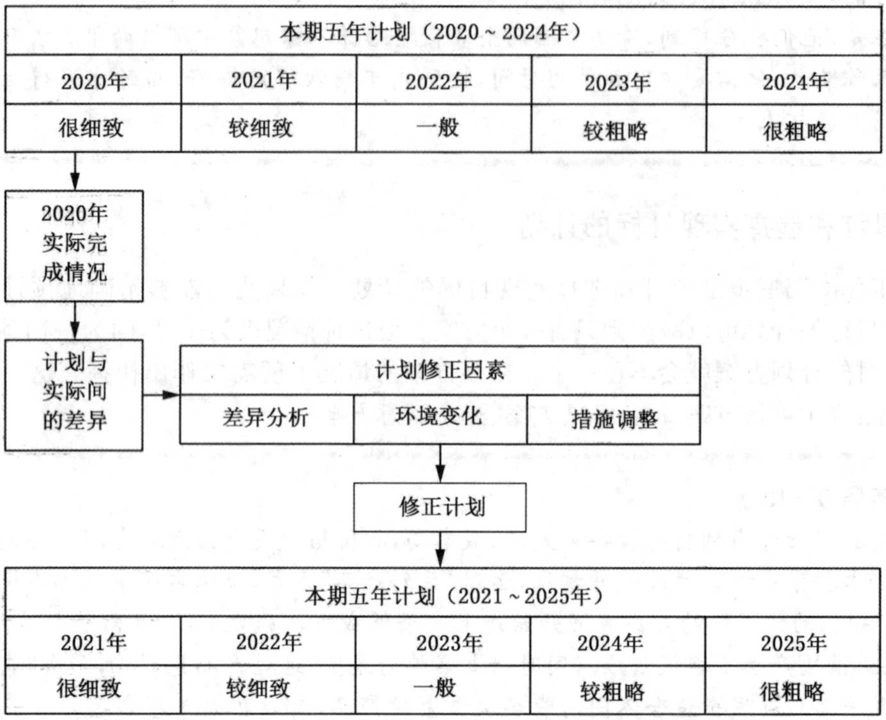

图 3—3　滚动计划制作流程

滚动计划法适用于任何类型的计划。其优点是：

(1)使计划更加切合实际。由于滚动计划相对缩短了计划时期，加大了对未来估计的准确性，从而提高了计划的质量。

(2)使长期计划、中期计划和短期计划相互衔接，保证能根据环境的变化及时地进行调节，并使各期计划基本保持一致。

(3)大大增强了计划的弹性，从而提高了组织的应变能力。

滚动计划法的缺点是编制工作量较大。

二、甘特图法

甘特图法又称横道图或条形图，是由泰勒的追随者美国学者亨利·劳伦斯·甘特发明的一种使用条形图编制项目工期计划的方法，是一种比较简便的日程工作计划、工期计划和进度安排方法。甘特图的实质，是为了表明如何通过各种活动来恰当地安排工作的程序和时间，以完成该项工作。管理人员能够从甘特图所提供的信息中看出哪一项工程或产品落后于预定的计划，然后采取行动加以纠正，以便使工程赶上计划的安排，或者将货物延运的时间及预计能够完成的日期通知领导者。

甘特图的编制方法如下：把计划和进度安排两种职能结合在一起，纵向列出项目活动，横向列出时间跨度。项目活动在左侧列出，时间在图表顶部列出，图中的横道线显示了每项活动的开始时间和结束时间，横道线的长度等于活动的工期，甘特图顶部的时间段决定着项目计划的详略程度。图 3—4 为用甘特图表示制造某一专用设备的各项活动的进度安排，图中用线条标出了各项活动的延续时间和起止时间。从图 3—4 还可看出，活动 A(产品设计活动)、B(工艺编制活动)、D(工艺装备制造活动)、E(零件加工活动)、F(产品装配活动)是顺序关系，即前一项活动完成后，后一项活动才能开始；而 B 和 C(原材料、外购品采购活动)是并行关系，它们可以同时进行。

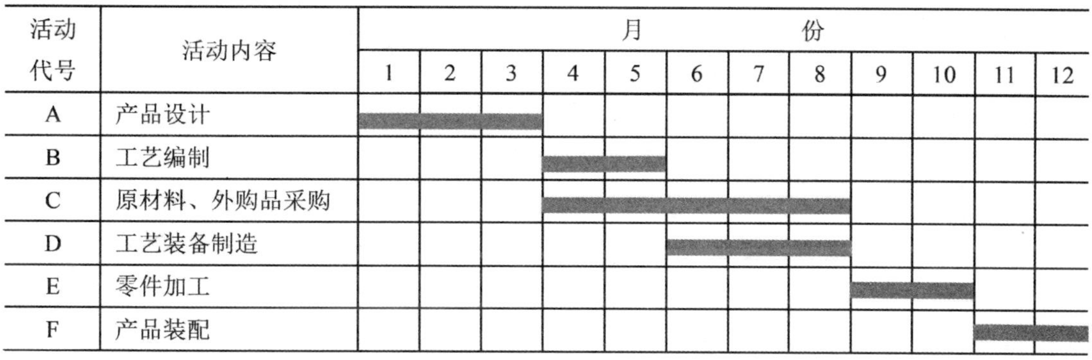

图 3—4 用甘特图表示各项活动的进度安排

由于甘特图把项目计划和项目进度安排两种职能组合在一起，因此在绘制甘特图时，必须清楚各项活动之间的关系，即哪些活动必须在其他活动开始之前完成，哪些活动可以同时进行。

甘特图不仅是一种简单有效的计划方法，而且也是一种有效的控制工具。管理者通过甘特图，可以很清楚地知道整个项目的进度和各项任务的完成情况等。如哪些任务已完成，哪些正在进行，哪些任务没有按正常进度完成等。甘特图的优点在于简单方便，能够把项目任务及时间集中在一个图表中表现出来。但甘特图不能系统地表达一个项目所包含的各项工作之间的复杂关系，难以进行定量的计算和分析，以及计划的优化等。

三、网络计划技术

网络计划技术是 20 世纪 50 年代后期发展起来的一种计划方法。它包括各种以网络为基础制订计划的方法，如关键路径法(CPM)、计划评审技术(PERT)、组合网络法(CNT)等。网络计划技术克服了甘特图的局限性，能够在计划的编制过程中反映各项工作之间的逻辑关系，并能抓住主要矛盾对人力、物力、财力进行合理使用和对工作进行科学安排，因此它在计划管理中有非常广泛的用途。

网络计划技术的基本原理是将一项工作或项目分为若干作业，然后按照作业的顺序进行排列，应用网络图对整个工作或项目进行总体规划和控制，以便用最少的人力、物力和财力资源以最快的速度完成整个项目。

下面以建造小型加工车间为具体实例进行说明。

步骤 1：划分作业工序

首先把建造小型加工车间项目划分成具体的作业工序，用大写英文字母表示出来，并列示每个具体作业工序所需时间，以及先行作业的要求。先行作业是指该作业开始之前必须完成的相邻作业。如表 3—1 所示。

表 3—1　　建造小型加工车间作业事项划分

作业具体事项名称或内容	预期所需时间(天)	先行作业名称
A. 审核设计图样、购买建材	5	—
B. 平整、清理施工场地	2	A
C. 建立框架并砌墙	6	B
D. 搭建楼板	2	C
E. 安装门窗	2	C
F. 布设电线	2	E
G. 安装各种电器设备	2	F
H. 平整室内地面	3	D
I. 室内清理	2	G、H
J. 工程交接验收	1	I

步骤 2:绘制网格图

网络图是网络计划技术的基础。任何一项任务被分解成许多具体作业工序后,就可根据这些具体作业工序在时间上的衔接关系,用箭线表示它们的先后顺序,画出一个由作业工序相互联系并注明所需时间的箭线图,这个箭线图就称作网络图。如图 3—5 所示。

网络图的构成:

“→”,表示作业工序。在作业工序上方标示此项工序的作业名称代码,一般用英文字母表示;在作业工序下方标示完成此项工序预期所需时间。

“○”,表示节点。节点是两个工序间的连接点。节点既不消耗资源也不占用时间,只表示前道工序结束、后道工序开始的瞬间。一个网络图只有一个始点节点、一个终点节点。

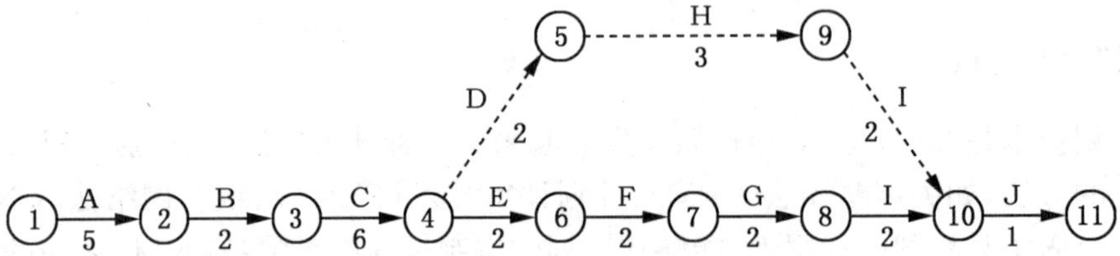

图 3—5　建造小型加工车间网络图

“线路”,线路是网络图上从始点开始,顺箭头所指方向,连续不断地到达终点为止的一条通道。一个网络图上往往存在多条线路,比较各线路的路长,可以找出一条或几条最长的线路。这条线路被称为关键线路。关键线路上的工序被称为关键工序。一般情况下,关键线路用实线表示,其他线路用虚线表示。

步骤 3:确定关键线路

从图中可以看出,完成该项目共有 2 条线路:

第一条:①→②→③→④→⑤→⑨→⑩→⑪

第二条:①→②→③→④→⑥→⑦→⑧→⑩→⑪

根据各工序所需作业时间,计算网络图中各线路的路长。

第一条线路路长为5+2+6+2+3+2+1=21天，第二条线路路长为5+2+6+2+2+2+2+1=22天。第二条线路为关键线路。

关键线路的路长决定了整个计划任务所需的时间，关键线路上各工序完成时间提前或推迟都直接影响着整个任务能否按时完工。因此，要明确确定关键线路，据此合理地安排各种资源，对各工序活动进行进度控制，这也是利用网络计划技术的主要目的。

绘制网络图要遵循以下几个原则：不允许有循环回路；不允许有编号相同的箭线；箭线的首尾必须在节点上；一张网络图只有一个开始点和一个结束点；图面布置要合理、清晰。

网络计划技术具有以下几个优点：能清晰地表明整个工程的各个项目的时间顺序和相互关系，并指出完成任务的关键环节和线路，可以迅速确定计划的重点；可对工程的时间进度与资源利用实施优化；便于组织与控制；易于操作，特别适合涉及面广泛，许多具体工作相互交叉的项目等。

第四节　决　策

一、决策的概念与特点

（一）决策的概念

决策是对组织未来实践活动的方向、目标、原则、方法所作的决定。

决策是计划工作的核心，无论是确定目标，还是制定计划，管理者都需要作出决策。不仅计划工作需要作出决策，其他各项管理工作也需要作出决策。事实上，决策贯穿于整个管理过程。

评价决策是否有效需要考虑下面几个方面：

一是决策的合理性，即所作出的决策在何种程度上有益于实现组织的目标。

二是决策的可接受性，即所作出的决策在何种程度上是下属乐于接受的。

三是决策的时效性，即作出决策和执行决策所需要的时间长短。

四是决策的经济性，即作出决策和执行决策所需要的投入是否经济合理。

管理实务3－16

澳大利亚山火从2019年9月份开始燃烧，到2019年12月已经持续了四个月，范围不断扩大，过火面积已经超5.25万平方公里，接近600万公顷，相当于一个克罗地亚。大火已造成24人死亡，5亿动物葬身火海。为什么整整四个月时间，澳大利亚的山火不但没有扑灭，反而逐渐蔓延？除了地理气候等客观原因外，主要是澳大利亚政府没有对火灾足够重视，行动迟缓。就在大火持续燃烧的第四个月，澳大利亚总理莫里森却去休假。此前，澳大利亚采取的应对山火措施是控制山火，莫里森政府所采取的措施和此前应对也差不多。没想到火势太猛，造成人员和财产的巨大损失。澳大利亚历史上首次出动军队应对火灾，但民众认为行动过于迟缓，早前就应该采取措施重点应对。至今澳大利亚山火仍在蔓延……

请思考：澳大利亚山火仍在蔓延的根本原因是什么？

(二)决策的特点

1. 目的性

目标是组织在未来特定时限内完成任务程度的标志,是拟订未来行动方案、评价和比较这些方案的标准,是检验活动效果的依据。组织决策的目的是为了实现组织目标。

2. 可行性

决策方案的拟订和选择,不仅要考察采取行动的必要性,还要考察决策实施的限制条件。组织决策应该适应外部环境,符合组织内部的发展规律,具有可操作性和可行性。

管理实务 3-17

俏江南是一家国际餐饮服务管理集团,成立于2000年,主打中高端品牌。2008年被正式认定为"中国驰名商标"。俏江南董事长张兰曾多次对外界表示,公司希望通过资本运作与海外收购,在3至5年内开店300至500家俏江南餐厅,"下一个十年,当你去巴黎、米兰、纽约,你在任何商务的角落,都会看到俏江南。下一个十年末,我们希望能够进入世界500强。再下一个十年,也就是二十年的目标,零售业的巨头是沃尔玛,而餐饮业并驾齐驱的就是俏江南,成为世界500强的前三强。"然而,不仅国内开店计划全面受挫,而且其海外扩张计划也基本流产,年开店的"百店计划"与实际的年开店数相距甚远。究其原因,俏江南的资金不能支撑起其开店计划是其失败的关键。业内人士测算,俏江南开100家门店的成本应该在10亿元左右,而其年利润不超过1.5亿元。

请思考:俏江南的目标是否可行?

3. 选择性

决策的实质是选择,没有选择就没有决策,选择性是决策的灵魂。因此,就必须事先提出多种备选方案,提供方案选择标准和选择方法。

4. 满意性

选择组织活动方案,通常是依据满意性准则,而不是最优化准则。最优方案在大多数情况下并不存在,即使存在也往往很难获得,选择符合要求的满意方案比寻求最优方案不仅节省成本,而且也更容易实现。在方案数量有限、执行结果不确定和结果判定不明确的条件下,人们就势必难以作出真正最优的决策,而只能根据已知的全部条件,加上自己的主观判断,作出相对满意的选择。

5. 过程性

决策是一个过程,决策并不是一瞬间的活动,完整的决策过程应包括提出问题、搜集资料、调查研究、预测未来、确定目标、拟订方案、方案的分析评价、确定最终方案等一系列活动环节。其中任何一个环节出了问题,都会影响决策的最终效果。只有理解决策的全过程,了解决策各阶段应做的工作及其相互联系,才能保证决策的有效性。

6. 动态性

决策是一个不断循环的过程,没有真正的起点,也没有真正的终点。决策者需要随时监视和追踪环境的变化,使组织活动与环境协调,实现动态平衡。

管理实务 3－18

2002 年 11 月 7 日，美国举行第 54 届总统选举，候选人布什与戈尔得票数十分接近，由于佛罗里达州计票程序引起双方争议，结果新总统迟迟不能产生。对此原拟发行新千年美国总统纪念币的香港威廉造币公司，面对美国总统难产的政治危机灵机一动，化危机为商机，利用早已备好的布什和戈尔的雕版像，抢先推出“美国总统难产纪念银币”，全球限量发行 90 000 枚，银币为纯银铸造，直径 3 英寸半，不分正反面，一面是小布什肖像，一面是戈尔肖像，每枚订购价 79 美元。结果，短短几天工夫，纪念银币很快被订购一空，该公司利用美国总统难产危机，狠赚了一笔。

请思考：威廉公司为何能寻觅到瞬间商机？

7. 风险性

决策是指导未来的行动，未来总是包含着不确定因素，所以决策是有风险的。一般来说，那些看上去越是可能获得高收益的方案，包含的风险因素越大。因此对决策者而言，必须清醒意识到各项决策的风险程度，估计到最坏可能性并拟订出相应的对策。

管理实务 3－19

规模在世界数得着的埃及阿斯旺水坝在 20 世纪 70 年代初竣工了。表面上看，这座水坝给埃及人带来了廉价的电力，控制了水旱灾害，灌溉了农田。然而，实际上却破坏了尼罗河流域的生态平衡，造成了一系列灾难：由于尼罗河的泥沙和有机质沉积到水库底部，使尼罗河两岸的绿洲失去肥源——几亿吨淤泥，土壤日益盐渍化；由于尼罗河河口供沙不足，河口三角洲平原向内陆收缩，使工厂、港口、国防工事有跌入地中海的危险；由于缺乏来自陆地的盐分和有机物，致使沙丁鱼的年捕获量减少 1.8 万吨；由于大坝阻隔，使尼罗河下游的活水变成相对静止的“湖泊”，为血吸虫和疟蚊的繁殖提供了条件，致使水库区一带血吸虫病流行。埃及造此大坝所带来的灾难性后果，令人深思。

请思考：决策为什么如此重要？

二、决策的类型

组织所要解决的问题是多方面的，不同类型的决策，需要采用不同的决策方法。为了进行正确决策，必须对决策进行科学分类。一般来说，可以划分为以下类型。

（一）战略决策和战术决策

这是按决策在组织中所处地位为标准划分的。

战略决策是指对直接关系组织生存发展的全局性、长远性问题的决策。它多是复杂的、不确定性的决策，涉及组织与外部环境的关系，常常依赖于决策者的直觉、经验和判断能力。属于战略决策的例子如企业使命目标的确定，企业发展战略与竞争战略、收购与兼并、产品转向、技术引进和技术改造，厂长、经理人选确定，组织结构改革等。战略决策要求抓住问题的关键，而不是注重细枝末节的面面俱到。

战术决策通常包括管理决策和业务决策，均属于执行战略决策过程的具体决策。其中，管理决策是对企业人、财、物等有限资源进行调动或改变其结构的决策，涉及信息流、组织结构、设施等。例如营销计划与营销策略组合、产品开发方案、职工招收与工资水平、机器设备的更新等。业务决策则主要是解决企业日常生产作业或业务活动问题的一种决策，与改善内部状况及效率有关。如生产进度安排、库存控制、广告设计等。

战略决策和战术决策是相互依存和相互补充的，战术决策是实现战略决策所必需的步骤和环节，没有战术决策，再好的战略决策也只是空想。反之，战略决策是战术决策的前提，没有战略决策，战术决策也就失去了意义，因而对组织的存在与发展也是无益的。

战略决策属于计划型决策，是主导性决策；战术决策属于执行型决策。

管理实务 3－20

劳斯莱斯是一个名贵的品牌，是一种财富的象征。1904 年酷爱汽车的小电气业主亨利·劳斯被有着同样爱好的富家子弟查尔斯·莱斯的热心和锲而不舍所感动，答应了合伙造汽车。在伦敦的一家小酒吧里，当两双手握在一起的时候，一个崭新的汽车公司——劳斯莱斯成立了。

1904 年底，劳斯莱斯共打造出 10 辆汽车，参加了在法国巴黎举办的世界汽车展销会。开始人们并没有在意，第三天开始比试车的行驶性能，当劳斯莱斯在环形跑道上加速冲刺时，非常平稳，看起来雍容华贵，噪音很小，也没有那种司空见惯的抖动，全场爆发了雷鸣般的掌声。车展结束，10 辆车全都卖了不菲的价格，而买车的清一色是英国绅士。

可惜的是，莱斯于 1910 年因飞机失事不幸去世。

1912 年，劳斯莱斯公司收到了雪片般的订单，此时公司到底向何处去，是否应扩大生产规模？劳斯召开了公司高峰会议。会上有两派意见：一派认为，我们应该向福特公司那样，流水线作业，扩大生产规模。只有扩大生产规模，才能降低成本，获取更高的利润。而另一派坚决反对。最后，劳斯拍板："劳斯莱斯轿车应向最高档豪华轿车发展，当一个人问起最高档的汽车是什么品牌时，听者会异口同声地说：劳斯莱斯。同时还要向世人宣布，如果谁要买劳斯莱斯轿车必须花费买普通高档轿车两倍的价钱。比如，奔驰豪华轿车卖 1 万英镑，劳斯莱斯就得卖 2 万英镑。"

这次会议，劳斯审时度势，高屋建瓴地为公司制订了几乎是百年不变的经营战略。劳斯莱斯没有采用福特的流水线生产方式，不追求数量，而是限量生产，大部分零部件依然靠手工打造。

请思考：劳斯莱斯成功的秘诀是什么？

（二）程序化决策与非程序化决策

这是按决策问题出现的重复程度为标准划分的。

程序化决策又称常规决策，是指对经常重复出现的问题，运用一定的程序、模式及标准来处理的决策。如企业中财务和统计报表的定期编制与分析。这类决策可以规定出一定程序，建立决策模式，按规定的程序、方法和标准进行处理。程序化决策一般授权中、基层管理者来做，它能够提高组织的效率，因此管理工作应尽量程序化。如职工请假、日常任务安排、常用物资的采购等。值得注意的是，为了提高程序化决策的效率和效果，必须对赖以处理问题的政策、程序或规则进行详细的规定。否则，即使是面对程序化的问题或机会，决策者也难以快速地作出决策。

非程序化决策又称一次性决策，是指那些非例行的、很少重复出现的决策。这类决策主要处理的是那些非常规性的问题。例如，重大的投资问题、组织变革问题、开发新产品或打入新市场的问题等。这类决策由于缺乏准确可靠的统计数据和资料，无先例可循，无固定模式，在很大程度上依赖于决策者的知识、经验、洞察力和创造性思维，其中知觉和经验是主要的决定因素。一般来说，高层管理者所做的决策如兼并、收购、接管及组织设计决策多属于此类决策，由于要求决策者具有很大的主观性，决策风险也较大，因此非程序化决策对管理者，特别是高层管理者提出了更高的素质要求。

从数量上来看，绝大多数决策(有人估计有 80%～90%)是属于程序化的或部分程序化的，而非程序化决策所占的比重很小。但从重要性来看，非程序化决策则是组织中最重要的决策。因此，高层管理者应当主要关心非程序化决策，中、基层管理者应当主要关心程序化决策。不幸的是，许多高层管理者无节制地把许多时间花在程序化决策上面，用于思考更重要的非程序化决策的时间却很少。

管理实务 3－21

YN 公司成立于 2005 年 8 月，以贵州特色杂粮加工和销售为主营业务，公司资产近 1 亿元。公司于 2012 年 6 月在经济相对发达的 S 省省会城市成立了分公司，运作了近一年，一直未招到合适的分公司经理，前后来了两个分公司经理都未能留下来，均嫌待遇过低，目前这一职位暂时由公司销售管理部经理周伟兼任，但毕竟周伟本来的工作就已经非常饱和了，经常的加班加点已经使他不堪重负。而随着公司的快速发展，S 省市场成为一个亟待开拓的区域，市场不等人。公司人力资源部经理张杰最近通过各种渠道的招聘、筛选，分公司经理初步确定为万全，他在国内一个知名企业做大区经理多年，经验丰富，有开拓精神，比较符合岗位要求，但在待遇方面要求基本年薪 15 万元，这比目前销售管理部经理周伟的还高，由于公司处于经济不发达的省份，人员整体薪酬水平不高，现在到了经济相对发达的 S 省，原来的薪酬水平和体系已不适应，需要进行调整，但跟董事长兼总经理的老板龙斌提过多次，都因调整意味着人工成本的大幅度提高而没同意，用什么样的薪酬水平和构成留住万全，成了人力资源部经理张杰面临的亟待解决的难题。

请思考：张杰的决策属于程序化决策还是非程序化决策？他应该如何进行决策？

(三)个体决策和群体决策

这是按决策的主体为标准划分的。

个体决策是指个人依据自己的经验、判断力，经过信息的收集、分析和处理所作出的决策。如在经理负责制的企业中，由经理个人作出的决策是个体决策。

群体决策是指由若干个决策者通过一定的程序与方法进行的决策。在公司制的企业中，由董事会作出的决策是群体决策。

群体决策和个体决策相比能更大范围地汇总信息、能拟订更多的备选方案、能更好地沟通、能更好地作出决策等，但同时也存在耗费时间、责任不明确、决策成本较高等缺点。

管理实务 3－22

王厂长是佳迪饮料厂的厂长，回顾8年的创业历程真可谓是艰苦创业、勇于探索的过程。全厂上下齐心合力，同心同德，共献计策为饮料厂的发展立下了不可磨灭的汗马功劳。但最令全厂上下佩服的还数4年前王厂长决定购买二手设备（国外淘汰生产设备）的举措，饮料厂也因此挤入国内同行业强手之林，令同类企业刮目相看。今天王厂长又通知各部门主管及负责人晚上8点在厂部会议室开会。部门领导们都清楚地记得4年前在同一时间、同一地点召开会议王厂长作出了购买进口二手设备这一关键性的决定，在他们看来，又有一项新举措即将出台。

晚上8点会议准时召开，王厂长庄重地讲道："我有一个新的想法，想听听大家的意见或看法。我们厂比起4年前已经发展了很多，可是，比起国外同类行业的生产技术、生产设备来，还差得很远。我想，我们不能满足于现状，我们应该力争世界一流水平。当然，我们的技术、我们的人员等诸多条件还差得很远，但是我想为了达到这一目标，我们必须从硬件条件入手，立即引进世界一流的先进设备，这样一来，就会带动我们的人员、带动我们的技术等等一起前进。我想这也并非不可能，4年前我们不就是这样做的吗？现在厂的规模扩大了，厂内外事务也相应地增多了，大家都是各部门的领导及主要负责人，我想听听大家的意见，然后再做决定。"

会场一片肃静，大家都清楚记得，4年前王厂长宣布引进二手设备的决定时，有近70%成员反对，即使后来王厂长谈了他近三个月对市场、政策、全厂技术人员、工厂资金等等厂内外环境的一系列调查研究结果后，仍有半数以上人持反对意见，10%的人持保留态度。因为当时很多厂家引进设备后，由于不配套和技术难以达到等因素，均使高价引进的设备成了一堆闲置的废铁。但是王厂长在这种情况下仍采取了引进二手设备的做法。事实表明这一举措使佳迪饮料厂摆脱了企业由于当时设备落后、资金短缺所陷入的困境。二手设备那时价格已经很低，但在我国尚未被淘汰。因此，佳迪厂也由此走上了发展的道路。

王厂长见大家心有余悸的样子，便说道："大家不必顾虑，今天这一项决定完全由大家决定，我想这也是民主决策的体现，如果大部分人同意，我们就宣布实施这一决定；如果大部分人反对的话，我们就取消这一决定。现在大家举手表决吧。"于是会场上有近70%的人投了赞成票。

请思考：

1. 王厂长的两次决策过程合理吗？为什么？
2. 如果你是王厂长，在两次决策过程中应做哪些工作？

（四）初始决策和追踪决策

这是按决策的起点为标准划分的。

初始决策是指组织对从事某项活动或从事该项活动的方案所进行的初次选择。它是在有关活动尚未进行，从而环境未受到影响的情况下进行的决策，又称零起点决策。

追踪决策是指在初始决策的基础上，对组织活动的方向、内容或方式的重新调整。又称非零起点决策。其基本特征包括回溯分析、非零起点、双重优化和心理效应。

管理实务 3－23

日本尼西奇公司在战后初期，仅有 30 余名职工，生产雨衣、游泳帽、卫生带、尿布等橡胶制品，订货不足，经营不稳，企业有朝不保夕之感。公司董事长多川博从人口普查中得知，日本每年大约出生 250 万婴儿，如果每个婴儿用两条尿布，一年就需要 500 万条，这是一个相当可观的尿布市场。多川博决心放弃尿布以外的产品，把尼西奇公司变成尿布专业公司，集中力量，创立名牌，成了"尿布大王"。仅凭 1 亿日元资本，创造了年销售额高达 70 亿日元的奇迹。

请思考：多川博的决策是哪种类型的决策？

（五）确定型决策、风险型决策和非确定型决策

这是按决策问题所处条件为标准划分的。

确定型决策是指各种方案的条件都是已知的，每个方案只有一种确定的结果，最终选择哪个方案取决于对各个方案结果的比较。只要比较各个不同方案的结果，就可以选择出最佳方案。如企业准备投产新开发的产品，有多个投产方案，在已知未来的市场条件肯定是很好的前提下，此时只要在各种可行的投产方案中选择出最佳的方案即可。确定型决策由于未来的结果是肯定的，因此决策相对较为容易。

风险型决策是指可供选择的方案存在着两种以上的自然状态，哪种状态会发生并不明确，决策者对未来的情况无法做出肯定的判断，但每一种状态发生的概率是已知的，决策者可以根据概率进行计算并做出决策。如企业准备投产新开发的产品，有多个投产方案，产品未来投入市场的前景并不肯定，可能销路好，也可能销路不好，但销路好坏各自出现的可能性能够事先作出估计，此时由于对投产方案进行的选择，其未来的结果只能按某种概率实现，有一定的风险，因此属于风险型决策。

非确定型决策是指各种备选方案都存在两种以上的自然状态，决策者不知道哪种状态会发生，也不能测定各种自然状态发生的概率。此类决策由于存在着许多不可控制的因素，不能肯定每种方案的执行结果，因此只能凭借决策者的经验、感觉和估计作出决策。又称作不确定型决策。如企业准备投产新开发的产品，有多个投产方案，产品未来投入市场的前景并不肯定，可能销路好，也可能销路不好，销路好坏各自出现的可能性事先也无法做出估计，此时由于对投产方案进行的选择，其未来的结果是不定的，因此属于非确定型决策。在组织中，大多数的重要决策和战略决策都属于此类决策。这种情况下的决策，关键在于尽量掌握相关的信息资料，根据决策者的直觉、经验和判断果断行事。

管理实务 3－24

你正面临是否购买某种奖券的决策。你知道每张奖券的售价以及该期共发行奖券的总数、奖项和相应的奖金额。

请思考：在这样的情况下，该决策是什么类型的决策？

三、决策的程序

决策程序是决策过程按时间顺序所要经过的步骤。这些步骤都有各自不同的内容与要

求，彼此之间有着内在的必然联系，既不能分割，又不能相互颠倒，形成一个科学的决策系统。决策的基本程序，大致包括互相联系的五个步骤，如图 3—6 所示。

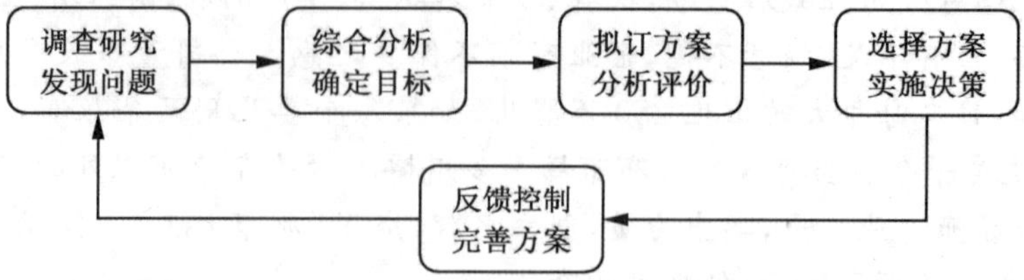

图 3—6 决策的程序

(一)调查研究，发现问题

这一步是决策的基础。内容主要是明确决策什么问题，什么性质的问题。所谓问题，就是应有现象和实际现象之间所存在的差距。通过调查、收集和整理情报，发现差距，确认问题，找出问题的关键所在，从而构成决策的起点。决策是为了解决现实所提出的需要解决的问题。没有问题，则不需要决策；问题不明，也难以作出正确的决策。

(二)综合分析，确定目标

这一步是决策的前提。决策是为了解决问题，在所要解决的问题明确以后，一要对问题进行核实，是否确实是问题，辨清真伪；二要进行综合分析，分清问题的性质、范围及程度等，然后确定目标，这是很重要的一步。因为有了目标，才能拟订各种实现目标的办法和方案，并根据目标所确定的标准，综合衡量，从中选择出最满意的方案，作出决策。

确立的目标必须具体、明确，时间、地点和数量都要确定。决策目标一般分为两类：一类是必须达到的目标；另一类是希望达到的目标。必须达到的目标，在资源限制方面，要定一个最高限度，尽可能放开。对希望达到的目标，只要表示出相对的需要就行了。区别两类目标有助于从一开始就认清和淘汰那些不可能采纳的方案，并对所有达不到目标的方案，不予考虑。

(三)拟订方案，分析评价

决策目标确定以后，要考虑各种不同因素，拟订出能够达到目标的各种不同的方案。拟订比较方案时应遵循限制性因素原则。所谓限制性因素，就是指妨碍组织实现所期望目标的因素。限制性因素原则说明，知道了限制性因素，工作过程中，在其他因素不变的情况下，只要改变限制性因素，就能实现所追求的目标。因此，在拟订比较方案时，对达到所要求的目标起限制性作用的因素越清楚就越能准确地拟订出各种可行方案。当然，找出限制性因素绝非易事。在许多情况下，限制性因素往往是模糊不清的，认识限制性因素的工作是无止境的。因为矛盾是可以转化的，今天是矛盾的主要方面，明天又可能转化为次要方面。

对所拟订的各个方案，都应从定性和定量两个方面加以分析评价。定性分析主要是直接利用人们的知识、经验和能力，根据已知情况和现有资料，对决策方案作出相应的评价。对于一些受社会因素影响较大、所含因素错综复杂而多变、综合性较强的战略决策，定性分析尤为重要。但这类方法往往主观成分较强，论证不很严密，需要用定量分析方法作补充，两种方法结合起来应用。定量分析主要是将各种方案转化为数学模型，并求得各模型的解，从而对各方案作出评价。这种方法使各方案的利弊能得以比较科学的表达，而且使方案的相互比较成为可能，从而有利于方案的抉择和优化。

（四）选择方案，实施决策

选择方案是决策过程中最关键的环节。选择方案就是组织决策者对各种可供选择的方案进行总体权衡后，挑选一个满意的方案。最后选定的方案，并不一定各个指标都最优，往往是主要指标较好，又能兼顾其他指标，这就是"满意决策"原则。

决策者在选择方案时，必须研究某一方案对其他方面的影响，以及其他方面对这一方案的影响。决策可能发生的各种后果，应依其严重性和影响力进行衡量，并估计其可能发生的程度。后果的严重性乘发生的概率就是衡量危险性的尺度。

在方案选择过程中，决策者的素质和决策依据、决策方法起着决定性的作用。

在决策过程中，对各种供选择的方案经过总体权衡做出决定后，并非决策过程的终结，而是决策实施这一新阶段的开始。

（五）反馈控制，完善方案

决策的最后一个阶段是控制决策的执行。一旦开始执行决策方案，所有先期考虑的后果都会变成可能发生的问题，需要进一步分析研究其原因所在，然后采取预防性措施，消除这些因素。如果无法消除，则应制定应急措施来对付可能发生的问题。在执行过程中也可能发生一些以前没有考虑到的后果。因此，应在实施过程中进行跟踪检查，建立信息反馈渠道，以保证决策目标的全部实现。

反馈阶段的任务在于准确而迅速地将在决策实施过程中出现的问题，即决策本身与客观环境之间的矛盾信息输送给决策系统，从而使决策系统能够及时根据客观情况的变化，对决策方案进行相应的调整、修正和进一步完善。

反馈行为的主要执行机构是信息系统。信息系统必须随时保持其信息网络的反馈功能，做到广泛收集，快速归纳，及时上报，把出现的问题解决于萌芽之中。反馈控制，完善方案是整个决策过程中极为重要的一环，它是决策与环境统一在一个大系统中，通过执行—反馈—修正这样的循环运动，使决策方案始终保持其正确性。

管理实务 3－25

从 1983 年开始，广州牙膏厂销量不断下降，到 1984 年，在销售情况最好的广东省年销售量约为 3 300 万支，每支牙膏仅能盈利几厘钱，企业到了亏损的边缘，经营状况异常严峻，全厂 400 多名职工对企业的未来忧心忡忡。

1984 年 8 月，焦荣典从广州日用品公司来到广州牙膏厂担任厂长职务。上任不久，焦荣典在上级领导部门的支持下，唯贤是举，建立了一个强有力的领导班子。之后，于 1985 年 2 月开始将注意力转向企业外部，转向市场。

他感到眼前企业最大的问题是产品销量不断下降，是什么原因导致销量下降呢？他与厂里其他干部经过仔细讨论，决定对全国牙膏市场尤其是广东牙膏市场进行调查研究，以寻找市场机会。

市场调查人员首先将牙膏分为药物牙膏和普通牙膏两大类，再根据消费者对香型的要求不同，将普通牙膏市场进一步细分为兰香型和水果香型市场，然后对各细分市场进行调研。调研中发现普通牙膏市场上的销量十年来没有多大变化，香味平淡单一，消费者对此颇为不满，纷纷选用药物牙膏。

调查人员还归纳出当时消费心理和需求变化趋势：

1. 改革开放以来，消费者生活水平大大提高，吃香口食品越来越多，以往香味平淡的牙膏已不能适应需要，消费者需要香味更浓的牙膏。

2. 人们的社交活动越来越多，对口腔卫生更为重视，他们愿意以较高的价格购买质量好的洁齿能力强的牙膏。

在调研之后，广州牙膏厂确定了开发一种新型牙膏的目标。

当时，他们提出了两种方案，一是开发药物型牙膏；二是开发普通型新型牙膏。到底选择哪一种方案呢？他们又进一步进行了分析比较。

如果开发药物型牙膏，必然要与当时各种品牌的药物牙膏产生市场竞争。当时，"洁银""两面针""田七"等品牌竞争已十分激烈。虽然药物牙膏最高时占据了80%的份额，但想从中分得一杯羹，也不是一件容易事。

普通牙膏虽然当时占的市场份额小，其原因主要是产品陈旧，口味香型不能满足顾客需要，如果开发浓香型产品未必就没有前途。

焦荣典认为后一种方案非常有创意，他联想到药物牙膏市场的竞争激烈，果断地选择了后一种方案。他说："开发一种非药物型的具有竞争力的产品是广州牙膏厂最佳的选择。"

1986 年 4 月，经过一年的艰苦努力，他们终于开发出了新型产品，取名为"黑妹"，并抓住某些医学专家认为健康人士不宜长期使用药物牙膏的有利时机，迅速投入市场取得了成功。

1986 年 8 月，广州牙膏厂通过《南风窗》杂志对新产品"黑妹"进行了市场调查，结果表明，黑妹牙膏虽然投入市场不过 3 个月，但消费者对它是相当满意的，在接受调查的人员中差不多 70%的人对问卷列出的全部指标给予了相当高的评价。

四、决策的方法

决策有很多方法，概括起来可以分为两大类：一类是主观决策法，另一类是计量决策法。

(一)主观决策法

主观决策法是指运用社会学、心理学、组织行为学、政治学和经济学等有关专业知识、经验和能力，在决策的各个阶段，根据已知情况和资料，提出决策意见，并作出相应的评价和选择，以使决策更加完善。主观决策常用的方法有头脑风暴法和德尔菲法。

1. 头脑风暴法

头脑风暴法又称智力激励法，或畅谈会法，是由美国创造学家奥斯本在 1939 年首次提出的，1953 年正式发表。头脑风暴法是产生创造性方案的一种相对简单的方法。这种方法是指邀集专家，针对一定范围的问题，敞开思想，畅所欲言。头脑风暴会议常常在一种自由、宽松的氛围中进行，发言要遵守以下规则：第一，不批评。对别人的意见不要反驳、不要批评，也不要作结论。第二，多多益善。意见和建议越多越好，不受限制，也不怕冲突。第三，允许补充。发言者可以在别人想法的基础上补充和修改自己的观点。

管理实务 3-26

20 世纪 70 年代，施乐公司经营陷入低谷。从 1980 年开始，新总裁大卫开始塑造企业团队精神。施乐团队建设其中一条重要原则就是开会时允许参加者海阔天空地自由发挥，随意交流，并允许发牢骚、谈顾虑，即便是重要的会议也开得像茶馆那样热闹，经常是“说者无心、听者有意”，启发出旁听者的火花般灵感，以至于思路大开。至1989年，施乐公司扭亏为盈，后逐渐在世界140个国家设立了分公司。

请思考：施乐公司采用的是哪种会议方式？这种方式有什么利弊？

2. 德尔菲法

德尔菲法又称专家意见法，是20世纪40年代末美国兰德公司的专家们为避免集体讨论存在的屈从于权威或盲目服从多数的缺陷提出的一种定性决策方法。为消除成员间的相互影响，参加的专家可以互不了解。它运用“背对背”匿名方式将要决策的问题分寄给各位专家，专家将意见寄回给主持人。主持人在收到专家的意见后综合归纳、整理，再分寄给各专家继续征求意见，如此反复数次，直至意见比较集中为止。专家人数一般以10～15人为宜，对重大问题的决策，专家人数可相应增加。

这种方法的优点主要是简便易行，具有一定的科学性和实用性，可以避免会议讨论时害怕权威而随声附和，或固执己见，或因碍于情面不愿与他人意见冲突等弊病；同时也使大家发表的意见较快收敛，参加者也易接受结论，具有一定程度综合意见的客观性。缺点是由于专家一般时间紧，回答往往比较草率，同时由于预测主要依靠专家，因此归根结底仍属专家们的集体主观判断。此外，在选择合适的专家方面也较困难，征询意见的时间较长，对于需要快速判断的决策难以使用，而且这种方法不能像相互作用的群体或名义群体那样提出丰富的设想和方案。尽管如此，此方法因简单可靠，仍不失为一种人们常用的主观决策方法。

管理实务 3-27

A市为了能够为今后城市的发展提供决策参考，进行了一次小规模的决策咨询，调查对象为有关专家和政府机关领导，调查的人数为45人，调查的内容是：预测未来几年内急需解决的十大问题，要求征询者按照轻重缓急的顺序进行填写。第一轮结果出来了，但问题提得很分散，归纳整理后有107个。于是调查小组从中选择了20个意见比较集中的问题进行了第二轮咨询，要求从这20个问题中选出10个。经过第二轮咨询为今后该市的发展提供了重要的参考价值。

请思考：A市的咨询方法属于哪一种决策方法？该方法的优缺点是什么？

（二）计量决策法

计量决策法是建立在数学公式计算基础上的一种决策方法，是运用统计学、运筹学、电子计算机等科学技术，把决策的变量（影响因素）与目标用数学关系表示出来，求出方案的损益值，然后选择出满意的方案。

1. 确定型决策方法

如果决策者对未来的自然状态完全有把握，可以肯定哪种自然状态将要发生，那就是确定的情况。在这种确定的情况下，决策者知道所有可能的解决方案以及每一方案的预期结果，决策者只要选择能够导致最优结果的方案即可。当然，这种确定的情况是很少有的，特别是对高层主管而言，很少决策是在确定情况下出现的。

确定型决策的方法很多，有盈亏平衡分析法、内部投资回收率法、价值分析法，等等。下面主要介绍盈亏平衡分析法。

盈亏平衡分析，又叫量本利分析或保本分析。它是通过分析产品数量、生产成本和销售利润这三者的关系，掌握盈亏变化的规律，指导企业选择能够以最小的成本生产出最多产品并可使企业获得最大利润的经营方案。

企业获得利润的前提是生产过程中的各种消耗均能够得到补偿。为此，必须确定企业的保本产量和保本收入，即企业至少应生产多少产品或企业至少应取得多少销售收入才能使总收入与总成本平衡，才足以补偿生产过程中的费用。

企业利润是销售收入扣除生产成本以后的剩余。其中销售收入是产品销售数量及其销售价格的函数，生产成本（包括工厂成本和销售费用）可分成固定成本和变动成本。

所谓固定成本是指其总额在一定条件下（在生产能力范围内）相对固定，不随产量的变化而变化的成本。例如固定资产折旧费、企业管理人员的工资等。即使产量很小，它也要照常支付。

所谓变动成本是指在一定条件下其总额随着产量的变动而变动的成本，如原材料、计件工资等。

如图 3－7 所示，AB 为固定成本线，AC 为总成本线，OD 为销售收入线。销售收入线与销售总成本线的交点，称为盈亏平衡点。按该点的产量生产，销售收入将等于总成本，此时，企业既不盈利也不亏损。

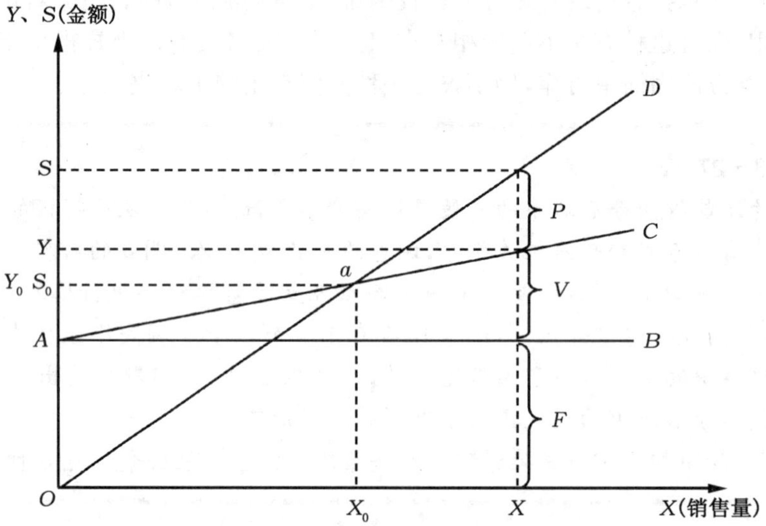

图 3－7　盈亏平衡点图

即盈亏平衡点满足以下条件：

销售收入（S）＝总成本（Y）

已知 $S=W\cdot X_0$，$Y=F+C_v\cdot X_0$

$W\cdot X_0=F+C_v\cdot X_0$

整理得：

$X_0=F/(W-C_v)$

式中，S 为销售收入（扣除税金后的销售收入）；Y 为销售产品的总成本；W 为产品单价；X_0 为盈亏平衡点产量；F 为固定成本；C_v 为单位产品中的变动成本；式中分母 $W-C_v$ 表示企业每出售单位产品所能得到的收益，即边际贡献。

盈亏平衡点图从动态上集中而形象地反映了有关因素之间的相互关系，并反映出一些规律性的东西：

一是盈亏平衡点 a 不变，销售量越大，所实现的盈利就越多或亏损越少；销售量越小，能实现的盈利就越少或亏损越多。

二是销售量不变，盈亏平衡点越低，能实现的盈利就越多或亏损越少；盈亏平衡点越高，能实现的盈利就越少或亏损越多。

三是在销售收入既定的条件下，盈亏平衡点的高低取决于固定成本和单位产品变动成本的多少，固定成本越多和单位产品变动成本越高，盈亏平衡点就越高；反之，盈亏平衡点就越低。

例 3—1　某企业生产某种产品，年固定费用为 50 万元，生产单位产品的单位变动成本为 60 元/台，销售价格为 100 元/台。该产品盈亏平衡点的产量是多少？

解：$X_0=F/(W-C_v)=500\ 000/(100-60)=12\ 500$（台）

盈亏平衡分析在企业经营决策中可以应用于判断企业经营状况的好坏和确定目标利润的销售量等。

（1）判断企业经营状况的好坏。判定企业经营状况的好坏，可以从以下不同角度进行。

①判定销售量在盈亏平衡点图上所在区域。判定企业的销售量在盈亏平衡点的哪一边，是在盈利区还是在亏损区？这是做决策的主要依据。

判定的方法是：先计算确定盈亏平衡点及其所对应的盈亏平衡点的产量 X_0，然后按下列办法判定：

当销售量 $X>X_0$，则销售量在盈利区；若 $X<X_0$，则销售量在亏损区；若 $X=X_0$，则销售量在盈亏平衡点上，经营该产品不亏不盈。

②计算经营安全率。所谓经营安全率是指可获利润的销售额与现有销售额之比。计算公式为：

$$Q=(1-X_0/X)\times 100\%$$

式中，Q 为经营安全率；X_0 为盈亏平衡点产量；X 为销售量。

经营安全率是反映企业经营状况的综合指标，说明企业经营的安全程度。经营安全率越大，说明亏损的危险越小，经营状况越好；反之，说明亏损的危险越大，经营状况越差。至于安全率的标准，可以根据本企业的经验，并参考同类企业的资料来确定。一般情况可参照表 3—2 的数据进行分析。

表 3—2　　**经营安全率经验数据**

经营安全率	30%以上	25%～30%	15%～25%	10%～15%	10%以下
经营安全状况	安全	较安全	不太好	需警惕	危险

（2）确定目标利润的销售量。当企业生产单一产品时，目标利润销售量的确定可按下式计算：

$$X=(F+P)/(W-C_v)$$

式中，X 为目标利润销售量；P 为目标利润。

例 3—2　某企业生产甲产品，该产品销售单价为 500 元，2018 年销售量为 48 000 台，每年固定成本为 800 万元，变动总成本为 1 200 万元。试求：

（1）盈亏平衡点的产量。

(2)年产量为 60 000 台时的盈利额和经营安全率。

(3)目标利润为 1 000 万元时的销售量。

解：$C_v=12\ 000\ 000/48\ 000=250$(元/台)

(1)$X_0=F/(W-C_v)=8\ 000\ 000/(500-250)=32\ 000$(台)

(2)$P=X(W-C_v)-F=60\ 000\times(500-250)-8\ 000\ 000=7\ 000\ 000$(元)

$Q=(1-X_0/X)\times100\%=(1-32\ 000/60\ 000)\times100\%=46.67\%$

企业经营状况安全。

(3)$X=(F+P)/(W-C_v)=(8\ 000\ 000+10\ 000\ 000)/(500-250)=72\ 000$(台)

2. 风险型决策方法

所谓风险型决策是指未来事件是否发生是随机的(可能发生，也可能不发生)，但能估计出每种自然状态可能发生概率的情况下的决策。其决策方法主要有期望值法和决策树法。

(1)期望值法。所谓期望值法，就是通过计算备选方案的期望值，比较期望值的大小进行决策的方法。

期望值法决策的基本步骤：

①编制损益表。将可供选择的方案，以及各个方案所对应的各种自然状态和其损益值编制成表格。(如果题目已经给出了损益表，则此步骤省略。)

②计算期望值。计算各备选方案的期望值。期望值的计算公式为：

$$E(X_i)=\sum(X_{ij}\cdot P_j)$$

式中，$E(X_i)$为第 i 个方案的期望值；X_{ij} 为第 i 个方案第 j 种自然状态时的损益值；P_j 为第 i 个方案第 j 种自然状态时的概率值。

如果各个方案的投资额不同，应再减去该方案的投资额，计算出综合期望值。

③选择方案。如果决策目标是效益最大，则采取期望值最大的方案；如果决策目标是损失最小，则采取期望值最小的方案。

例 3—3 某厂开发了一种新产品，根据市场分析，市场销路有较好、一般、较差三种状态，其概率分别为 0.3、0.5 和 0.2。现拟订了三个生产方案，如果采取大批量生产方案，对应三种状态的损益值分别为 30 万元、25 万元和 12 万元；如果采取中批量生产方案，对应三种状态的损益值分别为 25 万元、20 万元和 14 万元；如果采取小批量生产方案，对应三种状态的损益值分别为 18 万元、16 万元和 15 万元。三种方案的投资额分别为 10 万元、8 万元和 6 万元。该厂应选择哪个生产方案？

解：①编制损益表。根据题中所给条件，损益表如表 3—3 所示。

表 3—3 **损益表**

生产方案	投资额	产品销路			期望值
		较好	一般	较差	
		0.3	0.5	0.2	
大批量	10	30	25	12	13.9
中批量	8	25	20	14	12.3
小批量	6	18	16	15	10.4

②计算期望值。

E(大)＝30×0.3＋25×0.5＋12×0.2－10＝13.9(万元)

E(中)＝25×0.3＋20×0.5＋14×0.2－8＝12.3(万元)

E(小)＝18×0.3＋16×0.5＋15×0.2－6＝10.4(万元)

③选择方案。本例是求效益最大,故采用最大期望值13.9万元所对应的大批量生产方案。

(2)决策树法。期望值法虽然是一种很常用的决策方法,但它有一个局限,就是只能在决策方案同自然状态之间毫无关联的情况下使用。如果决策方案同自然状态有关联,也就是说,不同的决策方案执行后可能出现的自然状态是不同的;或者虽然可能出现的自然状态是相同的,但概率分布不同,这时采用期望值法就比较麻烦甚至无法使用。决策树法可以弥补这个不足。

决策树是图论中的树图应用于决策的一种工具。它是以树的生长过程的不断分枝来表示方案不同自然状态发生的可能性,以分枝和剪修枝来寻求最优方案的决策方法。

决策树的结构是由决策结点、方案枝、状态结点、概率枝四要素组成,如图3—8所示。

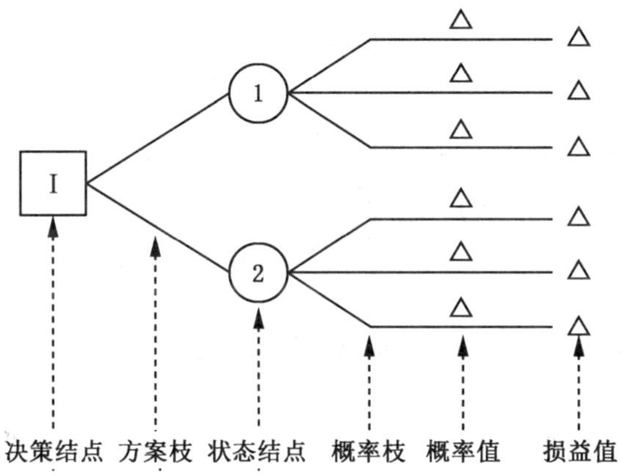

图3—8　决策树图

决策结点:就是树的出发点,用方块“□”表示,用来表明在此处需要进行方案的比较和判断。又称方案结点。

方案枝:就是从决策结点引出的若干条直线,每一条直线代表一个方案,并由它与自然状态的状态结点相连接。

状态结点:就是方案枝与概率枝的交点,用“○”表示,用来表明各种自然状态所能获得效益的机会。

概率枝:就是从状态结点引出的若干条直线,每一条直线代表一种自然状态。又称状态枝。概率枝上标明各个状态的概率值,概率枝后面标明在该状态下的损益值。

决策树法决策的基本步骤:

①绘制决策树。运用决策树进行风险型决策的关键是正确绘制决策树图。绘制决策树图应从左向右进行,即先在左边画出决策结点,从决策结点出发引出若干方案枝,方案枝末端画出状态结点,从状态结点引出概率枝,在概率枝上面标出概率值,概率枝末端标出损益值。

②计算各备择方案的期望值。期望值的计算要由右向左依次进行。首先计算各个自然状态的期望值,当遇到状态结点时,计算各个概率枝期望值的和,标注在状态结点上。如果每个方案的投资额不同,则减去该方案枝的投资额,计算出综合期望值,再标注在状态结点上。如

果决策目标是效益最大，则哪个方案枝的综合期望值大，就把它标记在决策结点上；如果决策目标是损失最小，则哪个方案枝的综合期望值小，就把它标记在决策结点上。

③剪枝决策。剪枝决策就是方案比较选优的过程。如果决策目标是效益最大，则选择综合期望值最大的方案；如果决策目标是损失最小，则选择综合期望值最小的方案。未被选择的方案枝一律剪掉，剪枝符号用“‖”表示。

例3—4 某公司计划开发一种新产品，设计了豪华型和普及型两个型号。豪华型如果成功可盈利800万元，如果失败则要亏损300万元。普及型如果成功可盈利600万元，如果失败则要亏损30万元。根据市场分析，豪华型成功的概率为0.60，失败的概率为0.40；普及型成功的概率为0.70，失败的概率为0.30。豪华型和普及型两个方案的投资额分别为100万元和80万元。试问该公司应开发哪种型号的新产品？

解：①绘制决策树。根据题意，本问题的决策树如图3—9所示。

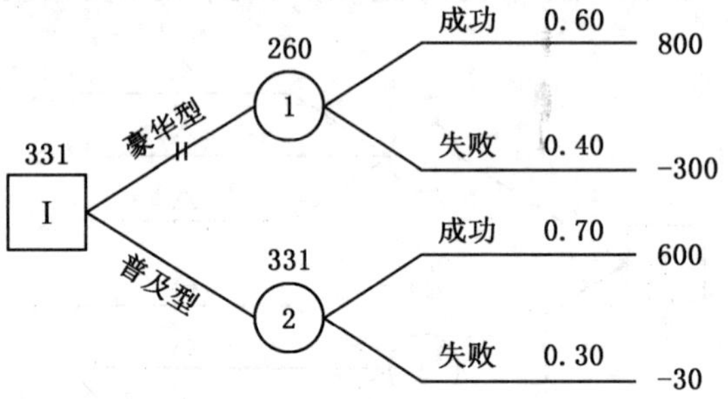

图3—9 新产品决策树图

②计算期望值。

E(豪华)＝800×0.6＋(－300)×0.4－100＝260(万元)

E(普及)＝600×0.7＋(－30)×0.3－80＝331(万元)

③剪枝决策。本例是求效益最大，因此应选择最大期望值331万元所对应的普及型开发方案，剪掉豪华型方案枝。

决策树分为单级决策树和多级决策树。例3－4是单级决策树，例3－5是多级决策树。多级决策树实际上是单级决策树的复合。即把第一级的末梢作为下一级决策树的根部，从而形成二级及二级以上的决策树。多级决策树的决策原理与单级决策树相同，只不过复杂一些。

例3—5 某企业为了扩大甲产品的生产，拟建设新厂。据市场预测，产品销路好的概率为0.7，销路差的概率为0.3。有三种方案可供企业选择。

方案1：新建大厂，需投资300万元。据初步估计，销路好时，每年可获利100万元；销路差时，每年亏损20万元。服务期为10年。

方案2：新建小厂，需投资140万元。据初步估计，销路好时，每年可获利40万元；销路差时，每年仍可获利30万元。服务期为10年。

方案3：先建小厂，3年后销路好时再扩建，需追加投资200万元，服务期为7年，估计每年获利95万元。

请问哪种方案最好？画出该问题的决策树，做出决策。

解：(1)绘制决策树图。根据题意，本问题的决策树如图3—10所示。

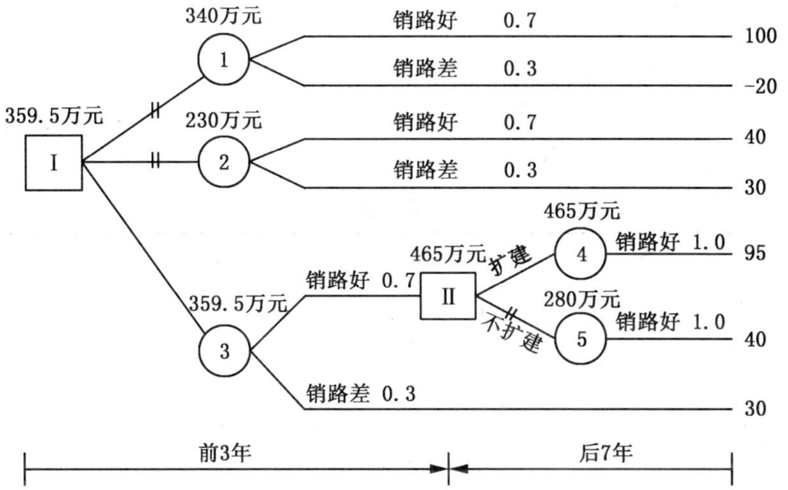

图3—10 甲产品决策树图

(2)计算第一级期望值。

点④的期望值：$E(4)=95\times1.0\times7-200=465$（万元）

点⑤的期望值：$E(5)=40\times1.0\times7=280$（万元）

(3)第一级决策。经比较 $E(4)>E(5)$，即3年后扩建的期望值大于3年后不扩建的期望值，因此，选择扩建方案，剪去3年后不扩建方案。这是第一级决策。决策点Ⅱ的期望值应为465万元。

(4)计算第二级期望值。

点①的期望值：$E(1)=[100\times0.7+(-20)\times0.3]\times10-300=340$（万元）

点②的期望值：$E(2)=(40\times0.7+30\times0.3)\times10-140=230$（万元）

点③的期望值：点③的期望值包括两部分：第一，前三年是建小厂，销路好时的期望值：$40\times0.7\times3=84$（万元），后七年扩建后，期望值为465万元。第二，前三年销路差时，办小厂则持续十年，其期望值为：$30\times0.3\times10=90$（万元），则点③的期望值：

$E(3)=40\times0.7\times3+465\times0.7+30\times0.3\times10-140=359.5$（万元）

(5)第二级决策。经过比较，先建小厂，后建大厂的期望值最大，应为优化方案，剪去其他两个方案。这是第二级决策，其决策点Ⅰ的期望值为359.5万元。

决策树法有许多优点：程序清晰，结果明了，形式形象化。特别是对于连续分级决策和多目标的风险决策，用期望值法不方便时，采用决策树法分析较为方便。所以决策树法在多级决策中应用得较多。

3. 非确定型决策方法

所谓非确定型决策，就是存在着两种以上的自然状态，将来会出现哪一种状态尚不能肯定，同时各种自然状态发生的概率也都不知道。在企业经营管理中常常遇到这样的问题，例如某厂新试制的产品是否应当投产，某种新设备是否应当购买等。像这类问题，我们不可能收集到必要的统计资料，也无法确定这些事件未来各种自然状态发生的概率。决策时，由于信息不全，就必然带有很大的主观随意性，经验判断就占很大的成分。但是，根据经验的积累总结，也有一些公认的决策方法。下面通过实例介绍非确定型决策的几种方法。

例 3—6 某企业为了开发一种新产品有四种方案可供选择。Ⅰ.在原有基础上改建一条生产线;Ⅱ.重新引进一条生产线;Ⅲ.与协作厂家完全联合生产;Ⅳ.与协作厂家部分联合生产,即请外厂加工零件。未来对这种新产品可能出现四种市场需求状态,即较高、一般、较低、很低。每种状态出现概率的大小不知,但可推算出各种方案在未来各种市场需求状态下的损益情况如表 3—4 所示。

表 3—4 **损益表**

损益值 / 方案 / 状态	方案Ⅰ	方案Ⅱ	方案Ⅲ	方案Ⅳ
较高	600	850	300	400
一般	400	420	200	250
较低	—100	—150	50	90
很低	—350	—400	—100	—50

(1)乐观决策法。决策者对决策问题持乐观态度,敢冒风险,决策总是基于最好的结果,一心追求收益最大化。这种决策方法又称为大中取大法。由于决策者对方案的选择持冒险主义态度,一般只有实力很雄厚的企业,在损失对其影响不大时才采用。

这种方法决策的程序是:

①从每个方案中选择一个最大的收益值。本例中,方案Ⅰ、方案Ⅱ、方案Ⅲ、方案Ⅳ四个方案的最大收益值分别为 600 万元、850 万元、300 万元和 400 万元。

②从各方案最大收益值中选择最大收益值所对应的方案为决策方案。本例中,选择最大收益值 850 万元所对应的方案Ⅱ为决策方案。

(2)悲观决策法。决策者比较稳健,处理非确定型的决策问题十分谨慎小心,对方案的选择持保守主义的态度,生怕由于决策失误而造成重大损失,决策时总是基于最坏的结果,在此基础上选择最好的方案。这种决策方法又称为小中取大法。

这种方法决策的程序是:

①从每个方案中选择一个最小的收益值。本例中,方案Ⅰ、方案Ⅱ、方案Ⅲ、方案Ⅳ四个方案的最小收益值分别为—350 万元、—400 万元、—100 万元和—50 万元。

②从各方案最小收益值中选择最大收益值所对应的方案为决策方案。本例中,选择最大收益值—50 万元所对应的方案Ⅳ为决策方案。

(3)最小最大后悔值法。由于非确定型决策问题中各个方案的自然状态概率是未知的,就有可能出现这种情况:当某种自然状态出现时,由于错选了方案而蒙受了机会损失,出现机会损失时就会感到后悔。可得而未得的收益值就是后悔值。现在的问题是要使这种后悔值减少到最低程度。又称大中取小法。

这种方法决策的程序是:

①找出每种自然状态下的最大收益值。本例中,方案Ⅰ、方案Ⅱ、方案Ⅲ、方案Ⅳ四种状态对应的最大收益值分别为 850 万元、420 万元、90 万元和—50 万元。

②将每种自然状态下的最大收益值减其他方案的收益值,即为各方案的后悔值。本例中的后悔值如表 3—5 所示。

表 3—5 **后悔值**

	方案Ⅰ	方案Ⅱ	方案Ⅲ	方案Ⅳ
较高	850—600=250	850—850=0	850—300=550	850—400=450
一般	420—400=20	420—420=0	420—200=220	420—250=170
较低	90—(—100)=190	90—(—150)=240	90—50=40	90—90=0
很低	—50—(—350)=300	—50—(—400)=350	—50—(—100)=50	—50—(—50)=0
最大后悔值	300	350	550	450

③找出每个方案的最大后悔值。本例中，方案Ⅰ、方案Ⅱ、方案Ⅲ、方案Ⅳ四个方案对应的最大后悔值分别为 300 万元、350 万元、550 万元和 450 万元。

④从各方案的最大后悔值中找出一个最小的最大后悔值，最小的最大后悔值所对应的方案即为选用方案。本例中，四个方案最小的最大后悔值为 300 万元，选择其所对应的方案Ⅰ为决策方案。

(4)机会均等法。决策者不能确切知道每一种自然状态出现的概率，可以认为各种自然状态发生的机会是均等的。即采用相同概率的办法来评价方案的优劣。又称等概率法。

这种方法决策的程序是：

①将每个方案在各种自然状态下的收益值相加后，除以自然状态的个数，求得每个方案的平均收益值。

本例中，有 4 种自然状态，故采取机会概率 1/4，分别计算方案Ⅰ、方案Ⅱ、方案Ⅲ、方案Ⅳ各方案的平均收益值 Q_1、Q_2、Q_3、Q_4。

$Q_1=[600+400+(-100)+(-350)]\div4=137.5$(万元)

$Q_2=[850+420+(-150)+(-400)]\div4=180$(万元)

$Q_3=[300+200+50+(-100)]\div4=112.5$(万元)

$Q_4=[400+250+90+(-50)]\div4=172.5$(万元)

②选择平均收益值最大的方案。

本例中，应选取平均收益最大值 180 万元所对应的方案Ⅱ为决策方案。

(5)折中分析法。这是介于乐观和悲观之间的一个决策方法。决策者根据资料分析和经验，在乐观和悲观之间确定折中系数 $\alpha(0\leqslant\alpha\leqslant1)$，$\alpha$ 值的大小表示对决策问题的乐观程度。当 $\alpha=1$ 时，为冒险主义标准；当 $\alpha=0$ 时，为保守主义标准。α 又称为加权系数，该方法又称为加权平均法。

值得注意的是，α 的大小是依不同的决策对象而定的，是一个经验数字。计算公式为：

$$Q=\alpha\cdot Q_{\max}+(1-\alpha)Q_{\min}$$

式中，Q 为某方案的折中收益值；$Q_{\max}$ 为该方案的最大收益值；$Q_{\min}$ 为该方案的最小收益值。

这种方法决策的程序是：

①确定折中系数 α。本例中，设 $\alpha=0.4$。

②计算各个方案的折中收益值。本例中：

$Q_1=0.4\times600+(1-0.4)\times(-350)=30$(万元)

$Q_2=0.4\times850+(1-0.4)\times(-400)=100$(万元)

$Q_3=0.4\times300+(1-0.4)\times(-100)=60$(万元)

$Q_4=0.4\times400+(1-0.4)\times(-50)=130$(万元)

③比较方案的折中收益值,如果是求效益最大,则选择最大折中收益值所对应的方案为决策方案;如果是求损失最小,则选择最小折中收益值所对应的方案为决策方案。

本例是求效益最大,因此,选择最大折中收益值130万元所对应的方案Ⅳ为决策方案。

从此例可以看出,上述五种非确定型决策方法,都带有相当程度的随意性,由于决策方法不同,决策选用的方案也不同。在实际工作中,解决非确定型决策问题时,可以同时运用这五种方法进行分析对比。即将这五种方法计算的结果进行综合评价,将中选次数最多的方案作为决策方案。本例中,方案Ⅱ被选中2次,方案Ⅳ被选中2次,出现了选中机会相同的情况,在这种情况下,最终选择哪个方案则取决于投资者对风险的态度,如果投资者比较乐观则选择方案Ⅱ,如果投资者比较悲观则选择方案Ⅳ。

本章小结

计划职能是一项重要的不可或缺的管理职能。事前是否进行计划,事后将会得到完全不同的结果。计划具有首位性、目的性、普遍性、超前性、效率性、动态性等特征。计划的种类很多,依据不同的划分标准可分为不同的类型,但彼此不是割裂的,而是组成一个计划体系。计划的表现形式多种多样,包括宗旨与使命、目标、战略、政策、程序、规则、规划和预算。计划工作一般包括确定目标、建立计划工作的前提、拟订和选择实现目标的计划三个步骤。计划的编制方法很多,常用的有滚动计划法、甘特图法和网络计划法。

决策在管理中具有重要的地位和作用,它是管理活动的核心,直接关系到组织和成员的发展。按照不同的划分标准,可以将决策分为不同的类型。在决策过程中,必须采取科学的决策方法。决策方法可以分为两大类:一类是主观决策法,另一类是计量决策法。主观决策法主要有头脑风暴法、德尔菲法等。计量决策法主要有:以盈亏平衡法为典型的确定型决策法;以期望值法和决策树法为典型的风险型决策法;以乐观决策法、悲观决策法、最小最大后悔值法、机会均等法和折中分析法为典型的非确定型决策法。

开篇案例分析要点

1. 华为的全球化战略与任正非创业初期提出的华为发展目标——成为世界级通信设备制造商有深刻关系,任正非是一个有使命感和信念的人,在这种信念下,公司的全球化战略是自然而然的。当然,此战略从提出到实施也非一蹴而就。华为先是完成了由一个商贸公司到通信设备制造商的转变,注重技术创新,并在国内市场上与世界级的通信设备供应商进行了成功的竞争,可以说这是在国内打的一场国际化之战,并为其走出国门,开拓国外市场,最终实施全球化战略打下了基础。另外一个基础就是实施管理的提升和变革,使它在全球化战略实施中过了管理的坎,在2000年后,是其全球化战略正式实施的阶段,从组织架构、技术研发、市场营销、经营管理各个方面都完成了全球化的转型,初步成为一个全球化企业。

2. 作为对华为全球化战略实施的支撑,华为在技术研发、市场营销、人力资源、企业文化、公关宣传、资本运营等职能战略方面都进行了有利于全球化战略的设计和实施。比如对管理系统的改造和变革，奠定了华为全球运营的根基。比如人力资源管理方面，2000 年之后，华为将是否愿意主动投身海外市场作为选拔和晋升干部的一个重要标准；在薪酬和福利待遇方面，华为也向海外市场人员倾斜；如果家属愿意，还可以在海外陪同；对于那些在海外市场待满 3 年的员工，可一次性获得 15 万元的安家费。比如华为的产品解决方案已经应用于全球 10 多个国家，以及 35 个全球前 50 强的运营商；在海外市场设立了 20 个地区部，100 多个分支机构。比如在瑞典斯德哥尔摩、美国达拉斯及硅谷、印度班加罗尔、俄罗斯莫斯科，以及中国的深圳、上海、北京、南京、西安、成都和武汉等地设立了研发机构，通过跨文化团队合作，实施全球异步研发战略。比如华为加入了 83 个国际标准组织，在国际组织中发出自己的声音和影响力。这些职能战略及其实施都极大地支撑了其全球化战略。

知识测试

一、单项选择题

1. 在管理中，居于主导地位的工作是(　　)。

A. 计划　　B. 组织　　C. 人员配备　　D. 指挥

2. 管理的计划职能的主要任务是要确定(　　)。

A. 组织结构的蓝图　　B. 组织的领导方式

C. 组织目标以及实现目标的途径　　D. 组织中的工作设计

3.“计划赶不上变化”说明(　　)。

A. 计划的无效性　　B. 计划不需要精确

C. 不需要制订计划　　D. 计划需要灵活性

4.“凡事预则立，不预则废”是在强调(　　)的重要性。

A. 组织　　B. 预测　　C. 预防　　D. 计划

5. (　　)不属于非程序性计划。

A. 产品品种调整　　B. 建立新生产线

C. 向供应商订货　　D. 改变工资制度

6. 使计划数字化的工作被称为(　　)。

A. 规划　　B. 决策　　C. 预测　　D. 预算

7. 企业经营环境变化速度的加快，使企业中长期计划制订的难度不断加大，并且需要不断调整，因此，有人提出以下几种建议，以应付不确定且经常出现重大突发事件的经营环境。你最赞同(　　)。

A. 计划一旦制订就应该保持其严肃性，可采取以不变应万变的做法

B. 一旦环境发生了变化，就应该主动放弃原计划而制订新计划

C. 通过动态调整计划来适应新环境，以保持中长期计划的灵活性

D. 在保持原计划不变的同时，根据突发情况另外制订应急计划

8. 在下列计划的诸形式中，(　　)是主要针对反复出现的业务而制订的。

A. 目标　　B. 规则　　C. 程序　　D. 预算

9. 计划工作的核心是(　　)。

A. 决策　　B. 预测　　C. 构思　　D. 控制

10. 为了保证我国经济的健康发展，我国政府每五年就制定一个五年计划，这种计划属于

(　　)。

A. 战术决策　　B. 战略决策　　C. 个人决策　　D. 激进型决策

11. 决定组织的性质,决定此组织区别于彼组织的标志是(　　)。

A. 使命　　B. 目标　　C. 政策　　D. 方案

12. 集体决策和个人决策相比较,(　　)。

A. 集体决策优势比较明显

B. 个人决策优势比较明显

C. 究竟哪种决策有利,要视具体情况而定

D. 集体决策的有利因素一定是个人决策不利因素的表现,而集体决策的不利因素也一定是个人决策的优势所在

13. 某公司的采购部在每个月的月初都要根据生产计划和原材料的库存,决定采购的品种和数量,这是一种(　　)。

A. 风险型决策　　B. 非确定型决策

C. 非程序化决策　　D. 程序化决策

14. 某地2元福利彩券销售时经常会出现人潮汹涌的现象,如果用期望值理论对此事进行解释,最合理的可能是(　　)。

A. 能有一个机会对社会有所回报,是许多人所渴望的

B. 期望概率虽然低,但许多人还是想碰碰运气

C. 效价太高了,以致许多人忘记了概率的问题

D. 由于综合的激发力量受到了媒体宣传的影响,所以已经偏离正常的规律

15. 下列情况中属于非程序化决策的是(　　)。

A. 企业采购部门每月都要向供应商询价后再决定采购量

B. 一位顾客向企业提出索赔,企业需要决定是否同意赔偿

C. 随着规模的扩大,企业决定仿照同行其他企业,将现行的直线职能制组织结构改为事业部制

D. 企业流动资金发生短缺,选择筹资渠道

16. 以下行为中不是决策的是(　　)。.

A. 决定开发一种新产品　　B. 接受上级指令

C. 扩大生产规模　　D. 对例行问题做决定

17. 假如各种可行方案的条件大部分是已知的,但每个方案执行后可能出现几种结果,方案的选择由概率决定。那么,这种决策属于(　　)。

A. 风险型　　B. 不确定型　　C. 确定型　　D. 非程序化

18. 决策是工作和日常生活中经常要进行的活动,但人们对其含义的理解不尽相同,你认为以下理解中较完整的是(　　)。

A. 出主意　　B. 拿主意

C. 评价各种主意　　D. 既出主意又拿主意

19. 餐厅的一位女服务员不慎将饮料溅到了一位顾客的衣服上,顾客要求赔偿,餐厅经理就从餐厅的开支中拿出一笔开销给顾客洗净衣服,这是一个(　　)。

A. 非程序化决策　　B. 确定型决策

C. 程序化决策　　D. 风险型决策

20. 采取匿名方式进行经济预测的专家预测法,又称为(　　)。

A. 经验判断法　　B. 定性预测方法
C. 德尔菲法　　D. 管理人员评判法

21. 作为某公司总经理的老张,最应该亲自处理和拍板的管理任务是(　　)。

A. 对一位公司内部违纪职工按规章进行处理
B. 对一家主要竞争对手突然大幅削价做出反应
C. 关于公司各部门办公电脑的分配方案
D. 对一位客户的投诉进行例行处理

22. 决策树适合(　　)。

A. 确定型决策　　B. 非确定型决策
C. 风险型决策　　D. 以上三项皆是

二、多项选择题

1. 管理者之所以要编制计划,是因为(　　)。

A. 计划能使组织结构更加完善　　B. 通过计划可以促使管理者展望未来
C. 计划是一种协调过程　　D. 计划为控制提供了标准和依据

2. 计划的作用主要体现在(　　)。

A. 计划是管理协调工作的依据　　B. 计划是降低风险、掌握主动的手段
C. 计划是控制的标准　　D. 计划是减少浪费、提高效益的方法

3. 计划内容包括的“5W1H”具体包括(　　)。

A. 目标与内容　　B. 方式
C. 原因　　D. 人员

4. 下列属于孔茨计划层次体系内容的有(　　)。

A. 目的　　B. 目标　　C. 政策　　D. 规划

5. 战略计划与战术计划相比较,下列说法准确的是(　　)。

A. 战略计划的内容具有纲领性　　B. 战略计划的对象是组织全局
C. 战略计划的任务是设立目标　　D. 战略计划的风险性较高

6. 关于程序和规则,理解正确的有(　　)。

A. 规则指导行动但不说明时间顺序
B. 程序可以看作是一系列的规则
C. 一条规则可能是也可能不是程序的组成部分
D. 就性质而言,规则和程序都旨在约束思想

7. 计划按照其所涉及时间跨度的不同可以分为(　　)。

A. 长期计划　　B. 中期计划　　C. 短期计划　　D. 近期计划

8. 滚动计划的好处有(　　)。

A. 灵活性　　B. 连续性　　C. 统一性　　D. 精确性

9. 用数字形式表示的计划是预算,如(　　)。

A. 销售费用预算　　B. 初步预算　　C. 广告预算　　D. 成本预算

10. 定性决策方法主要有(　　)。

A. 头脑风暴法　　B. 德尔菲法　　C. 期望值法　　D. 决策树法

三、判断题

1. 计划是计划工作的结果文件，记录了组织未来行动的规划和安排。（ ）

2. 计划工作的前提条件就是计划在实施过程中的预期环境。（ ）

3. 确定计划前提是计划的首要的、核心的工作。（ ）

4. 计划必须具有灵活性，即当出现意外情况时，有能力改变方向且不必花很大的代价。（ ）

5. 环境变化越大，计划越应是指导性的、短期的。（ ）

6. 滚动计划法是根据计划执行的情况和环境变化的情况定期调整未来计划的一种计划方法，其计划工作量较小且连接性好。（ ）

7. 战术性计划是战略性计划的依据，战略性计划是在战术性计划指导下制订的，是战术性计划的落实。（ ）

8. 决策的实质是选择，没有选择就没有决策。（ ）

9. 决策就是要选择一个最好的方案去实现组织的目标。（ ）

10. 通常讲的领导"拍板"就是决策。（ ）

11. 越是组织的最高主管人员，其所做出的决策就越倾向于战略决策。（ ）

12. 管理者在决策时离不开信息，信息的质量和数量直接影响决策水平，所以管理者要不计成本地收集尽可能多的信息。（ ）

13. 不确定型决策的正确性往往同决策者个人的素质因素有很大关系。（ ）

14. 下级参与决策程度越深，决策的质量就越高。（ ）

15. 头脑风暴法发言应遵守不批评、多多益善、允许补充的规则。（ ）

16. 风险型决策面临的是多种可能的自然状态，可选方案在不同自然状态下的结果不同，事前难以肯定未来会出现哪一种自然状态，难以预测其出现的概率。（ ）

四、简答题

1. 简述计划职能。

2. 计划有哪些表现形式？

3. 简述计划的编制步骤。

4. 为什么在决策中采用满意原则而不是最优原则？

5. 为什么说管理就是决策？你是怎样理解的？

6. 简述滚动计划法及其优缺点。

五、计算题

1. 某厂生产某种产品的月销售量为 1 000 件，单位售价 400 元，固定成本为 120 000 元，总变动成本为 240 000 元，试问：

(1)保本点的月产量应该是多少？

(2)假定该厂目标利润为 2 000 000 元，产品单位售价和固定成本不变，单位变动成本下降为 160 元，销售量和销售额应该是多少？

2. 已知某企业的生产成本等资料如下：固定成本 100 000 元/年，最大生产能力 20 000 台/年，单件可变成本 4 元/台，销售单价 14 元/台。试求：

(1)该产品的盈亏平衡点产量。

(2)若利润指标定为60 000元,应至少生产多少件产品?

(3)由于市场环境变化,企业开工率仅为60%,此时企业的盈利状况如何?

(4)当开工率为60%时的经营安全率为多少?

3. 假定某家具制造厂生产一种书桌,售价为每台50元,年固定费用为66 000元,每台书桌的材料费为18元,工资为6元,其他变动费用为4元,请问:

(1)要使工厂不亏本,每年至少生产多少台书桌?

(2)如果该厂年内只能生产2 000台书桌,该厂能盈利吗?

(3)要获得22 000元的盈利,该厂应生产多少台书桌?

(4)假定该厂最大生产能力为年产4 500台,那么该厂最高年盈利为多少?

4. 某企业拟建设新厂扩大某产品的生产,根据市场预测,产品销路好的概率为0.7,销路差的概率为0.3,有三种方案可供企业选择。方案1:投资30万元建大型厂。据初步估计,销路好时,每年可获利100万元;销路差时,每年亏损20万元。方案2:投资20万元建中型厂。据初步估计,销路好时,每年可获利70万元;销路差时,每年仍可获利10万元。方案3:投资10万元建小型厂。据初步估计,销路好时,每年可获利40万元;销路差时,每年仍可获利20万元。试用期望值法进行决策。

5. 某企业在下一年度有甲、乙两种产品方案可供选择,每种产品方案都面临畅销和滞销两种市场状态,并且两种产品市场状态的概率是不同的。甲产品畅销和滞销的概率分别为0.7和0.3,乙产品畅销和滞销的概率分别为0.6和0.4。如果产品畅销,甲产品可以获利120万元,乙产品可以获利90万元;如果产品滞销,甲产品可以获利50万元,乙产品可以获利40万元。开发甲产品需要投资30万元,开发乙产品需要投资20万元。请用决策树法帮助企业进行决策。

6. 某企业准备生产某种产品,预计该产品的销售有两种可能:销路好,其概率为0.7;销路差,其概率为0.3。可采用的方案有两个:一个是新建一条流水线,需投资220万元;另一个是对原有的设备进行技术改造,需投资70万元。两个方案的使用期均为10年。新建流水线如果销路好可盈利90万元,如果销路差则亏损30万元;技术改造如果销路好可盈利40万元,如果销路差仍可盈利10万元。请用期望值法和决策树法分别进行决策。

7. 某地为适应市场对某产品的需求,提出了三个方案:第一方案是建大厂,需投资800万元,销路好时年可获利300万元,销路差时年亏损100万元;第二方案是建小厂,需投资300万元,销路好时年可获利100万元,销路差时仍可获利30万元。大小厂经营期均为10年,估计未来销路好、差的概率分别是0.7、0.3。第三方案是先建小厂,三年后销路肯定好时再扩建,需追加投资500万元,经营期7年,估计每年获利350万元。试问应如何决策?

8. 李某以1万元的价格竞得一个繁华地段报亭的经营权,根据以往数据的统计,每天卖出300张报纸的可能性为10%,卖到400张的可能性为20%,卖到500张的可能性为50%,卖到600张的可能性为15%,卖到700张的可能性为5%。报社发行部门批发报纸时,通常以100张为一个单位,批发价为每张0.50元,零售价为每张1.00元,如果报纸批发后不能退回,李某每天从报社购买多少张报纸为宜?

案例分析

案例1 X公司的战略选择

X公司是一家以生产牙膏为主的企业。最近，公司召开了一次高层管理会议，总经理高先生强烈主张公司应积极拓展新的业务领域。他认为，随着时间的推移，X公司的销售额和市场占有率将很难再有所提高，但几个主要股东不会满意这种低增长，他们已习惯了X公司在前几年的高增长。

高总说："有两点我们必须注意。第一，在过去的一年中，我们的主要市场上新增了三家竞争对手，其中有两家公司正在筹备引进国外设备，通过扩张生产规模而降低单位成本，估计两三年后国内牙膏市场将出现一轮新的价格战。

第二，现在国外开始流行一种漱口液，这种漱口液不仅具有牙膏的功能，而且具有清洁喉部的功效，并且不需使用牙刷，用起来很方便，我估计用不了很长时间，国内各个城市的白领阶层将接受这种产品，这将对我公司的主业形成直接冲击。因此，我们应该从现在起开始考虑我们的主业调整。"

大多数人觉得比较稳妥的做法是分两个方面同步进行：一方面，稳住牙膏这一主产品的经营；另一方面，积极着手寻找新的经营领域。高总经理也接受了这样的建议。

高总认为，必须设法进一步扩大市场。一方面，对现有市场进行渗透，设法鼓励公司顾客多消费X公司的产品；另一方面，选择农村等亚市场进行开发。在对主市场的渗透方面，高总和公司其他高级主管反复研究，提出下列三项策略。

第一，强化促销行动，准备与当地政府以及有关医疗机构联合，在全国各大城市开展宣传活动。

第二，改变产品包装，分别针对单身用户、两口之家以及三口以上的大家庭推出不同的牙膏组件，以刺激人们更多地消费牙膏。

第三，执行差别价格策略。在各种用户群中，三口之家对降价是最敏感的。

在新市场开发方面，以城市人口中55～65岁的消费群为目标市场，推出一种有固齿功效的药物牙膏。在我国中老年人中，约60%的人有固齿的需要，而目前国内市场上还没有相应的产品。高总决定尽快将新产品投放市场。

根据案例资料，请回答下列问题：

1. 高总发现，在过去的一年中，主要市场上新增了三家竞争对手。这是在扮演（　　）这种管理者角色。

A. 领导者　　B. 洞察者　　C. 企业家　　D. 信息

2. 高总属于（　　）管理者。

A. 中层　　B. 基层　　C. 高层　　D. 管理层

3. 高总估计两三年后国内牙膏市场将出现一轮新的价格战。这是基于管理者的（　　）技能做出的判断。

A. 概念　　B. 技术　　C. 人际　　D. 预测

4. 高总和公司其他高级主管反复研究，提出了三项策略。这是在行使管理的（　　）职能。

A. 计划　　B. 组织　　C. 领导　　D. 控制

5. 下列属于建立计划工作前提的是(　　)。

A. 两三年后国内牙膏市场将出现一轮新的价格战

B. 国外开始流行一种漱口液,不仅具有牙膏的功能,而且不需使用牙刷

C. 白领阶层将接受漱口液这种产品

D. A、B、C 三项皆是

6. 如果不考虑股东的偏好,那么下列措施中最适合 X 公司的经营条件是(　　)。

A. 按照高总的意见,立即调整公司的主业,收缩乃至放弃目前牙膏的生产经营

B. 保持牙膏产品的经营,但要加强对产品特色的宣传,同时寻找新的经营领域

C. 按前几年的策略继续发展下去

D. 保持牙膏产品的经营,同时做好打价格战的准备

7. 在市场渗透和市场开发的策略分析中,公司面临的决策问题(　　)。

A. 分别属于追踪决策和初始决策　　B. 分别属于初始决策和追踪决策

C. 都是追踪决策　　D. 都是初始决策

8. 从案例资料看,若站在 X 公司的立场上,高总经理对城市白领阶层牙膏消费潜力的判断是(　　)。

A. 中性的　　B. 乐观的　　C. 悲观的　　D. 不定的

9. 如果 X 公司的新产品开发取得成功,那么该企业的替代品威胁(　　)。

A. 将会变大

B. 将会变小

C. 无法判断

D. 不会改变,因为替代品威胁的状况与新产品开发的成败无关

10. 关于 X 公司为进行市场渗透设计的三项策略,下列说法中不准确的是(　　)。

A. 三项策略均有一定的风险　　B. 第二项策略风险最大

C. 第三项策略风险最小　　D. 第三项策略收益最大

案例 2　读研、就业还是出国

时间过得真快,不知不觉已到了大三下学期,马上就面临大四的毕业实习,实际上自己的大学时光也就这一个学期了,看着身边的同学有的在忙着准备研究生考试,有的在联系实习单位去面试,有的在准备公务员或选调生考试,有的在联系国外的大学准备出国,看到这些刘颖难免有些焦急和困惑:我到底该走哪条路呢?

刘颖读的是会计专业,家人当时觉得女孩子学这个专业好就业,可是自己大学这几年始终没有提起对专业学习的兴趣。尽管迫于家里人的压力,专业学得还不错,但这个专业现在就业不是很好,一些同学考研主要是为了提高就业的竞争力,同时也缓解即将面对的就业压力。高校毕业生报考研究生的越来越多,每年的考研百分比都在增长。

如果直接就业,她听一位师姐说过一些大企业只要 211 和 985 高校的毕业生,作为一名二本的毕业生,与那些 211、985 的学校毕业生比较起来,就业机会少多了,加上自己的实战能力又不强,很难争取到一份吸引人的好工作。

考公务员或选调生也是一个不错的选择,刘颖是学生党员,她的舅舅就在政府部门工作,一直主张她考公务员,爸爸妈妈也在为她联系政府部门的单位去实习。

随着全球化和中国的改革开放,许多企业、单位对海归还是比较欢迎的,而且听说国外的

教育和中国不一样，她的一个同学高中毕业就出国读书，现在和他沟通就感觉自己在很多方面和他的差距在拉大，因此，去国外留学也是刘颖有时会出现的一个想法。

刘颖到底该如何做出决定呢？

根据案例资料，请回答下列问题：

1. 刘颖到底该如何做出决定呢？
2. 影响刘颖决策的因素有哪些？

考研真题

一、概念题

1. 计划（暨南大学 2017 年研；四川大学 2017 年研；哈尔滨工业大学 2016 年研；广东工业大学 2015 年研；南昌大学 2015 年研；武汉大学 2011 年研；中山大学 2011 年研）

2. 战略性计划（华南理工大学 2014 年研；北京第二外国语大学 2009 年研）

● 战略计划（吉林大学 2016 年研；华中师范大学 2015 年研；东北大学 2015 年研）

3. 企业使命（中央财经大学 2011 年研）

4. 预算（吉林大学 2016 年研；中国传媒大学 2012 年研；东北财经大学 2000 年研）

5. 网络计划技术（北京邮电大学 2013 年研；中山大学 2012 年研）

● 网络计划图（中南财经大学 2014 年研）

6. 滚动计划法（中央民族大学 2019 年研；西安交通大学 2017 年研）

● 滚动计划（吉林大学 2015 年研）

7. 战略（哈尔滨工业大学 2016 年研；苏州大学 2015 年研；北京师范大学 2012 年研；中山大学 2010 年研）

● 企业战略（华中农业大学 2011 年研）

8. 战略管理（华中师范大学 2016 年研；哈尔滨工业大学 2015 年研；四川大学 2013 年研；东北财经大学 2009 年研；中央财经大学 2008 年研）

9. 决策（华中科技大学 2019 年研；暨南大学 2017 年研；北京邮电大学 2016 年研；安徽大学 2016 年研；湘潭大学 2015 年研；东北大学 2015 年研；大连理工大学 2014 年研；北京师范大学 2012 年研；武汉大学 2011 年研；北京科技大学 2011 年研；首都师范大学 2011 年研；中山大学 2010 年研）

● 计划与决策（中山大学 2009 年研）

10. 追踪决策（东北财经大学 2010 年研；华中科技大学 2006 年研）

11. 程序化决策（浙江大学 2015 年研；西北工业大学 2015 年研；广东工业大学 2014 年研）

12. 非程序化决策（河北大学 2016 年研；华南理工大学 2013 年研；东北财经大学 2009 年研；中央财经大学 2007 年研）

13. 风险型决策（中央民族大学 2019 年研；南昌大学 2018 年研；同济大学 2015 年研；东北财经大学 2011 年研；北京第二外国语大学 2009 年研；中南财经大学 2008 年研）

14. 不确定型决策（中央民族大学 2019 年研；汕头大学 2015 年研）

15. 德尔菲法（中央民族大学 2019 年研；山东大学 2017 年研；大连海事大学 2017 年研；四川大学 2016 年研；同济大学 2015 年研；南开大学 2010 年研）

16. 头脑风暴法(大连理工大学 2018 年研;北京第二外国语大学 2011 年研;东北财经大学 2010 年研;中山大学 2009 年研)

17. 盈亏平衡分析法(陕西师范大学 2015 年研;首都师范大学 2009 年研)

二、简答题

1. 计划的目的(或作用)有哪几个方面?(武汉理工大学 2019 年研;暨南大学 2011 年研)

● 为什么领导者事前要进行计划?(浙江大学 2011 年研)

2. 简述计划的性质。(宁波大学 2017 年研;吉林大学 2012 年研)

● 计划的性质和基本内容。(燕山大学 2016 年研)

3. 简述影响计划有效性的权变因素。(首都经贸大学 2015 年研)

4. 简述预测的主要作用和类型。(北京师范大学 2007 年研)

5. 简述计划的编制程序。(大连海事大学 2017 年研)

● 简述计划工作的主要步骤。(华侨大学 2011 年研)

6. 简述决策的一般过程。(哈尔滨工业大学 2016 年研)

● 简述科学决策的过程。(中国人民大学 2019 年研)

7. 决策的过程包括哪些步骤?(首都师范大学 2012 年研)

● 描述企业决策制定过程的步骤。(西安交通大学 2011 年研)

8. 个人决策与集体决策的差别。(哈尔滨工业大学 2018 年研)

9. 简述决策满意性的原则。(华东师范大学 2019 年研;东华大学 2019 年研)

10. 决策时为什么遵循满意原则而不是最优原则?(东南大学 2018 年研)

三、论述题

1. 计划的目的是什么?优缺点是什么?(东华大学 2019 年研)

2. 论述计划的编制过程。(安徽大学 2016 年研;电子科技大学 2011 年研)

● 请述组织的计划管理过程包含哪些阶段,各阶段的主要工作是什么?(南京航空航天大学 2017 年研)

● 如何理解计划?计划编制包括哪几个阶段的工作?请简要说明其内容。(南京大学 2015 年研)

3. 有人说“车到山前必有路”,计划赶不上变化,所以计划是无用的,你如何看待这一观点?(西安交通大学 2010 年研)

4. 计划工作的主要内容。(西南财经大学 2018 年研)

5. 决策的影响因素有哪些?(安徽大学 2018 年研;哈尔滨工业大学 2015 年研;北京邮电大学 2012 年研)

6. 论述决策理论的主要观点。(华中科技大学 2019 年研;北京第二外国语大学 2010 年研)

● 如何理解决策?(上海交通大学 2019 年研)

四、计算题

1. 某企业为生产一种新产品,提出了两种方案:甲方案是投资 290 万元建大厂,乙方案是投资 120 万元建小厂。两方案的使用期均为 10 年,所面临的自然状态、概率和条件如表 3～6

所示。

表 3—6　　甲、乙两方案的条件收益表

概率	自然状态	建大厂(万元/年)	建小厂(万元/年)
0.6	销路好	100	40
0.4	销路差	−20	30

(1)根据上述资料,采用决策树法计算各方案的期望值并做出抉择。

(2)现提出第三方案,即先建小厂,若销路好 3 年后再进行扩建,投资 160 万元;扩建后有效期 7 年,所得收益与建大厂相同。此时,应从三个方案中选择哪一方案?(中南财经政法大学 2010 年研)

2. 已知某房地产项目的各项活动内容、顺序和时间如表 3—7 所示,请运用 PERT 网络方法,画出该项目的 PERT 网络图,并计算关键线路的时间。(北京师范大学 2011 年研)

表 3—7　　某房地产项目活动顺序以及时间

事件	描述	期望时间(周)	之前事件
A	从设计到开工许可	12	
B	土方作业	8	A
C	搭脚手架和整体浇筑	16	B
D	砌墙作业	8	C
E	安装窗户	4	C
F	吊装屋顶	4	C
G	内部布管线	5	D、E、F
H	安装电梯	5	G
I	上门及内装修	4	H
J	办理移交手续	1	I

第四章　组织职能

学习目标

1. 了解组织的内涵、类型和作用；掌握组织工作的基本原则和组织设计的一般程序。
2. 理解管理幅度与管理层次的含义、关系、两种典型的组织结构及影响管理幅度的因素。
3. 了解职务设计的形式、部门化的方法以及人员配备的原则。
4. 了解组织结构的类型以及组织中的职权关系。
5. 了解组织变革的含义、动因、内容和阻力。

开篇案例

该如何当总监

孙工所在的监理项目部由六位监理人员组成。监理是受业主委托在工地现场对施工单位的施工质量进行监督，对工程中所进行的每一道工序进行检查，验收合格后，施工单位方可进行下道工序的施工。六位监理人员各有分工。其中：赵工——总监代表，是该项目部的领导；其他五个监理分别是：沈工——负责钢筋工程验收；刘工——负责模板工程验收；宋工——负责混凝土工程验收；孙工——负责电气安装工程验收；黄工——负责暖通工程验收。赵工从事监理项目总的领导工作，责任心强，对下属们的监理工作总是事事过问，尽心尽责，整日从早忙到晚，似乎把五位监理的工作都由他一人来做才放心。他曾讲："以前，某工程只有我一个土建监理，一切事都办得很好，现在包括我有四位土建监理，可监理起工程来，并未感觉到轻松，倒更有麻烦事多起来的感觉。"而其他监理评价赵工的工作是："做不到点上，越忙越乱。"沈工负责钢筋工程验收，工作努力，不怕吃苦，现场经验多，职称是六位监理中最低的助理工程师。刘工负责模板工程验收，理论水平高，写作能力强，工作认真负责。宋工负责混凝土工程验收，工作踏实肯干，任劳任怨，不善言谈。孙工和黄工负责电气安装工程验收和暖通工程验收，工作认真，水平可以。

工程开始时，工作进展还比较顺利，但不久，监理人员内部就出现了矛盾。几位监理对总监代表赵工的工作方法产生了意见，特别是沈工，他认为赵工对自己的工作成绩从未给予肯定，还时常遭受批评。例如，有一次沈工在检查钢筋时发现有问题，他立即通知了施工单位整改。赵工在现场巡视时也发现了问题，赵工回来后就批评沈工，为什么没发现问题，当沈工说明不但发现了问题并已做了处理后，赵工仍批评沈工为什么没向他汇报。有时还出现这样的问题，项目监理已将问题指给施工单位并指出整改方法，而项目总监赵工发现同一问题也向施工单位指出整改方法，造成施工单位不知听谁的混乱现象。再有每个月末，监理项目部要将本月工作质量、发生的问题、验评次数、优良率曲线等情况写成“监理月报”送交业主及质量监督站。开始这些工作都是由赵工亲自完成，但赵工逐渐感觉自己太忙，就提出让大家轮流写，写完后再由赵工核对修改。刘工认为，月报不是任何人都能很好地完成它。事实证明，刘工写的月报内容详实，赵工基本不必修改，而其他监理写的月报，赵工要花几个小时的时间进行修改，有时，因赵工有其他事，月报未来得及修改，造成月报不能按时完成发出。

由于赵工的领导方式，几位监理无法与赵工沟通，使得整体的办事效率降低，士气低落，施工单位及业主对监理也不满意，工程施工速度和质量受到影响。

（资料来源：黄颖，秦树东，郝燕．管理学案例精析[M]．北京：电子工业出版社，2015）

请思考：赵工的问题出在哪里？违反了哪些管理原理？

第一节　组织职能概述

一、组织的概念

“组织”一词有两种词性，使其在管理学中有两种含义。一是用作名词，指的是社会实体的组织，即实体意义上的组织；二是用作动词，指的是管理过程的组织，即职能意义上的组织。在学习时要注意区别。

（一）实体意义上的组织

在社会生活中存在着各种各样的组织，我们每个人都离不开组织。如你所在的大学是个组织，你所在的班级也是个组织；你的寝室是个组织，你的家庭也是个组织。那什么是组织呢？

1. 组织的含义

组织是为了达到某些特定目标经由分工与合作及不同层次的权力和责任制度而构成的人的集合。这个概念具有三层含义：

(1)组织必须具有目标。任何组织都是为实现某些特定目标而存在的，共同的目标是组织存在的前提和基础。

(2)没有分工与合作也不能称其为组织。分工与合作关系是由组织目标决定的。企业为了达到经营目标要有采购、生产、销售、财务和人事等许多部门，这是一种分工，每个部门都专门从事一种特定的工作，各个部门又要相互配合。采购要根据生产的需要进行，生产要“以销定产”，这就是一种合作。只有把分工与合作结合起来，才能提高效率。

管理实务4-1

每年到了春天植树的时候，京石公路石段长总是忙得不可开交。这时上级机关组织大量人员来义务植树，由于没有经验，种下去的树有的不能成活。石段长跑前跑后进行检查、指导，7天7夜都回不了家。就是这样，种树的质量也并不高。去年又到了植树的时节，石段长把专业植树队集中在一起，告诉他们："今年你们不要亲自去种，而是每个人负责200米路段，指导来义务植树的同志，树坑要由你们检验合格才能放下树苗，成活率由你们负责。"这样做的结果，石段长把自己解脱出来。晚上带领后勤人员送饭到工地，收集好人好事开展宣传鼓动工作。这一年的植树任务比哪年完成得都好，事后证明，树的成活率也特别高。

请思考：为什么去年的植树任务完成的效果好？

(3)组织要有不同层次的权力与责任制度。这是由于分工之后，就要赋予各部门及每个人相应的职权，以便于实现目标。但同时必须明确各部门或各人的责任，只有职权而不负责任，可能导致滥用职权，同样影响组织目标的实现。所以，职权和责任是达成组织目标的必要保证。

管理实务4-2

伦迪汽车分销公司是一家新成立的企业，下设若干销售门市部。公司刚成立时，为具体体现民主管理，制订了若干的责任制度，运转尚属顺利。随着时间的推移，员工中相互推委的事情时有发生，但在处理这种事情时，又说不清谁应承担责任，以致有的事情就不了了之。为了推进民主管理，公司力争让下属参与某些重要决策。他们引进了高级小组制度，从每一个销售门市部挑选一名非管理者，共挑出五人，公司主管人员每月与他们开一次会，讨论各种问题的解决方法和执行策略。尽管如此，可人们的积极性并没有充分地调动起来。经过两年的经营，公司的营业收入虽然有了一定的增长，但企业的税前利润增长不快，第二年比第一年只增长1.8%。这给主管人员带来很大的烦恼。

请思考：公司制定了责任制度，却又出现责任不清，是什么原因？

2. 组织的类型

(1)按照组织目标的不同，可将组织分为营利性组织和非营利性组织。

营利性组织是以追求利润和资本保值增值为主要目标的组织。一般而言，营利性组织即指企业。

非营利性组织是以公共服务为使命，不以营利为目的，以满足社会利益和履行社会责任为主要目标的组织。广义的非营利性组织是指除企业以外的全部其他组织，狭义的非营利性组织是指除企业和政府部门以外的非营利性组织。在我国，非营利组织主要有两大类：一类是群众团体组织，如专业学术团体、业余爱好者协会、消费者协会、校友会、同乡会等。这类团体数量多、分布广、社会影响大。另一类是事业性组织，包括学校、医院、图书馆、新闻媒体、文艺团体、科研院所、体育机构等。

非营利组织虽然种类繁多，但具有正规性、独立性、民间性、志愿性、非营利性和公益性等共同特征。

管理实务 4－3

据传，美国有一家报社曾慷慨地给某球队俱乐部提供 2 500 万美元的资助。与此同时，该报社下属的一个部门想操纵该球队有关比赛的商业广告业务，并欲从此广告中每年获取 600 万美元的收入。

请思考：该报社是什么类型的组织？给球队巨额“捐款”的真正目的是什么？

(2)按照组织形成方式的不同，可将组织分为正式组织和非正式组织。

正式组织是为了有效地实现组织目标而规定组织成员之间职责范围和相互关系的一种结构。正式组织是经过组织程序设立的，并具有明确的目标，组织行动以实现目标为出发点，组织的管理者通过方针、政策、规则、制度来约束和协调组织成员的行为。

非正式组织是人们在共同的工作或活动中，由于抱有共同的社会感情和爱好，以共同的利益和需要为基础而自发形成的群体。非正式组织以成员的思想感情为纽带，组织中不存在成文的规则或制度，组织成员也具有很大的不稳定性。非正式组织对组织目标的实现既有积极的作用，也可能产生消极的影响。

管理实务 4－4

SD 公司由张萍和李楠合伙注册经营，其主要业务是为客户设计网页。到目前为止，公司一直没有招聘员工，两个人既当经理又当员工。几位 MBA 学员以这家公司为例，讨论起正式组织和非正式组织问题。

请思考：这家公司是不是正式组织？有没有非正式组织？

(二)职能意义上的组织

管理活动是一个过程，组织是管理过程中的一项基本职能。从职能意义上来讲，组织是指在特定环境中，为了有效地实现共同的目标和任务，合理确定组织成员、任务及各项活动之间的关系，并对组织资源进行合理配置的过程。

组织职能的主要内容如图 4－1 所示。主要包括：

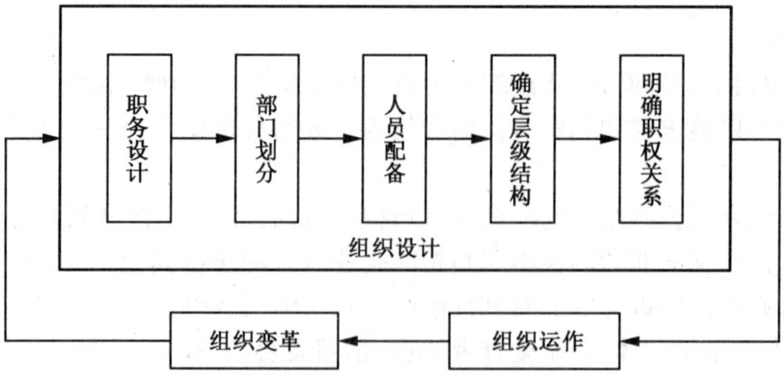

图 4－1　组织职能的主要内容

(1)组织设计。组织设计是组织工作中最重要、最核心的一个环节,着眼于建立一种有效的组织结构框架,对组织成员在实现组织目标中的分工协作关系作出正式、规范的安排。组织设计的目的,就是要形成实现组织目标所需要的正式组织。

组织设计包括职务设计、部门划分、人员配备、确立层级结构和明确职权关系五部分内容。职务设计是围绕组织目标,设计和确定组织内从事具体业务工作所需的职务类别和数量;部门划分是对为实现组织目标的各种职务类别进行归类,把性质相近或联系紧密的工作进行归并,成立相应的职能部门;人员配备是为不同岗位和职务选配合适的人员;确立层级结构是根据适当的管理幅度来确定组织的纵向管理层次;明确职权关系就是明确规定各层次、各部门在权力和责任方面的分工及相互关系,形成一个协调的、有效的组织结构体系。

(2)组织运作。组织运作是指管理者怎样使已设计好的组织系统能围绕目标而有效地运转起来。它包括制定和落实各种规章制度和建立组织内部的信息沟通模式。

(3)组织变革。组织变革是指组织要不断适应实现目标的需要,对组织工作进行必要的调整、改革与再设计。当组织的外部环境或内部条件发生变化时就要适时调整组织的目标、结构与功能,它是组织保持活力的一种重要手段。

一个企业组织职能工作的好坏,关系到企业的生命。

管理实务 4-5

2013 年国务院对原铁道部进行改革,实行铁路政企分开,组建国家铁路局和中国铁路总公司,具体职能一分为三:企业经营归铁路总公司,安全监管归铁路局,规划和政策归交通运输部。最后一个政企不分的部委“铁道部”终于成为历史。

(三)组织的作用

无论是自然界还是人类社会,组织的作用与功能都是显而易见的。金刚石和石墨,其化学成分都是碳,构成要素一样,但分子结构不同,硬度就相差极大;一队士兵,数量上没有变化,仅仅由于组织和列阵方式的不同,在战斗力上也会表现出质的差异。所以一个组织如果内部结构不合理,指挥失灵,人浮于事,内耗丛生,那么这样的组织势必难以完成目标。合理设计组织结构,其基本作用可以表现为六个方面:

(1)通过组织职务设计,使每一位员工从事一组有限的专门性工作,有助于员工培养和运用专业技能,从而提高工作效率。

(2)通过组织职能,明确每一员工要完成的任务和所应承担的职责。

(3)由于每一个员工都归属于一个特定的工作部门,有助于培养员工的归属意识和对组织的忠诚。

(4)由于组织结构规定了各个部门之间的权责关系,每一个成员都知道由谁负责和应该向谁汇报,从而有助于相互之间的协调配合。

(5)在一个组织结构中,规定了组织内部正规的信息联系网络,因此组织结构的建立为组织成员提供了一张信息联络图。

(6)组织结构的建立有助于员工与其他成员建立稳定的工作关系,从而有助于组织的稳定。

管理实务 4-6

有一天,某公司总经理发现会议室的窗户很脏,好像很久没有打扫过,便打电话将这件事告诉了行政后勤部负责人，该负责人立刻打电话告诉事务科长，事务科长又打电话给公务班长，公务班长便派了两名员工，很快就将会议室的窗户擦干净。过了一段时间，同样的情况再次出现。

请思考：该公司在管理方面存在着什么问题？

二、组织工作的基本原则

组织根据其特定的目标和所处的环境，形成各自不同的结构形式和内部关系。但不论管理者如何行使组织职能，都必须遵循组织工作的基本原则。这些原则主要有：

（一）有效性原则

组织工作的有效性有两层含义：一是组织结构必须有利于高效率地完成组织的目标，这是有效性原则的主要含义。组织结构的设计、建立和调整必须遵循这一原则，围绕有利于组织目标的实现来考虑和安排管理层次与工作机构，做到"因事设人"而不是"因人设事"。二是组织结构设计要讲究提高工作效率，这就要求机构设置及人员配备应该尽量做到精简。机构精简能够缩短信息传递的距离，防止因中间环节增多而造成命令失真的现象；人员精简是实现任务和责任到人的前提，能够有效避免相互推委和扯皮现象的产生，管理成本也自然会降低。

西方发达国家流行一种"百人律"，即指任何一个组织的总部，管理人员总数不得多于 100 人，否则就是低效率的组织。

管理实务 4－7

洪秀全在南京建立政权以后，滥封王位，至天京失陷前，封王竟达 2 700 余人。结果是人浮于事，内耗丛生。与洪秀全相反，唐太宗李世民却颇懂简政之道。唐太宗任人一贯坚持"官不得人，不在员多"的方针，唐太宗还亲自督促削减中央政府机构，把中央文武官员从 2 000 多人削减为 643 人，出现了贞观之治。

请思考：从组织工作的视角对洪秀全和李世民进行比较。

（二）统一指挥原则

统一指挥原则是指组织中每一个下级只能接受一个上级的指挥，并向这个上级负责。如果两个或两个以上领导人同时对一个下级或一件工作行使权力，就会出现混乱的局面。统一指挥原则最早是由法约尔提出来的。在法约尔之后，人们又把该原则发展为一个人只能接受同一的命令。如果需要两个或两个以上领导人同时指挥的话，那么必须在下达命令前，领导人互相沟通，达成一致意见后再行下达。这样下级才不会无所适从。在一个领导人下达命令时，可能由于情况紧急，来不及同其他领导人沟通，但事后必须及时把情况向其他领导人讲清楚，形成统一意见，避免出现多头指挥的现象。统一指挥原则十分重要，现代组织中出现的许多问题都是由于领导人违反这一原则引起的。

管理实务 4－8

某总经理把产品销售的责任委派给一位市场经营的副总经理，由其负责所有地区的经销办事处，但同时总经理又要求各地区经销办事处的经理们直接向总会计师汇报每天的销售数字,而总会计师也可以直接向各经销办事处经理们下达指令。

请思考:总经理的这种做法违反了什么原则?

(三)责权一致原则

在接受任务时,人们必然对接受的任务负有执行的责任,这种与职务及所进行的工作活动相联系的责任被称为职责。在委以责任的同时,必须委以自主完成任务所必需的权力,这种与从事的工作所应有的合法权力被称为职权。职权和职责是组织职能的两个基本要素。职责是完成任务的义务,职权是完成任务的手段。

权责一致原则是指在赋予每一个职务责任的同时,必须赋予这个职务自主完成任务所需的权力,权力的大小需要与责任相适应。有责无权,无法保证完成所赋予的责任和任务;有权无责,将会导致权力滥用。组织赋予每一个职务的权力不能太小,也不能太大,一定要与所赋予的责任相适应。这是组织设计时必须注意的问题。

管理实务 4-9

刘备三顾茅庐请来了诸葛亮,如鱼得水。关羽、张飞并不服气。不久,曹军来犯,刘备忙请诸葛亮调兵遣将迎敌。诸葛亮道:"恐关、张二人不肯听吾号令,主公若欲亮行兵,乞假剑印。"不出所料,当诸葛亮升帐调兵遣将时,关羽、张飞果然不服,甚至责问诸葛亮:"我们都去厮杀,你却在家里坐地,好自在!"此时,诸葛亮拿出剑印喝道:"剑印在此,违令者斩!"压下了关、张的威风。诸葛亮初次用兵,火烧了博望坡,以弱击强,大获全胜,树立了自己的威信。

请思考:剑印是什么?刘备为何要把剑印借予诸葛亮?

(四)集权与分权相结合原则

集权与分权相结合原则就是根据组织的实际需要来决定集权与分权的程度。所谓集权是指组织的大部分决策权都集中在上层,所谓分权是指将组织的决策权根据职务上的需要分至各个管理层次。集权与分权相结合原则要求根据组织的实际需要来决定集权与分权的程度。集权和分权是相对的,没有绝对的集权,也没有绝对的分权,只有程度的不同。同一个组织在不同的时期权力的集散程度也是变化着的。

为保证组织的有效运行,必须处理好集权与分权的关系。集权管理是社会化大生产保持统一性和协调性的内在需要。一般来说,技术越发展,社会化程度越高,分工合作越细密,就越需要集中统一指挥与管理,以利于组织内各部门各方面的协调配合。但是,集权过多,会造成组织的适应性差和削弱下属的工作积极性。尤其是社会化大生产具有复杂性和多变性的特点,过多集权甚至可能造成组织的窒息。因此,又要实行局部管理职权的分散。

管理实务 4-10

法国统盛·普连德公司是一个生产电子产品、家用电器、放射线和医用电子仪器的大型电器工业企业。该公司下属分公司遍布全球,年销售额达数十亿法郎。如何管理这个庞大的企业,公司总裁实行的是分权管理制度。该公司的每家分公司都自成一个利润中心,都有自己的损益报表,各事业部的经理对其管辖的领域享有充分的决策权。同时他们敢尽量把权力授给下级,充分发挥分权制度的最佳效果。与此同时，这些分公司每年年底都要编制投资预算报告呈交总公司审核通过。预算调整权限是10%，如果超过必须报高一级主管审批。统盛·普连德公司并不是把所有的权力分散，在分散小权力的同时，也集中一些大权力，如投资和财务方面的权力，这两个方面总公司严格控制。另外，总公司还设立100多名管理控制员，分派到每个分公司，主要任务是观察各部门的管理、生产、作业是否正常。

请结合案例谈一谈：你对集权体制、分权体制的看法。

(五)控制幅度原则

控制幅度原则是指一个上级直接领导与指挥的下属人数应该有一定的限度，并且应该是有效的。组织中主管人员管辖其直接下属的人数越适当，就越能保证组织的有效运行。管理幅度要根据工作的性质、工作的条件、组织环境、授权程度以及管理人员自身的情况等来确定。

管理实务 4-11

某公司总经理自创业以来一直都亲自主管营销工作。随着公司规模的扩大，他所直管的营销队伍从5人增加到了80多人。最近，总经理发现公司的营销人员有些散漫，对公司的一些做法也有异议。这种情况是以前所没有过的。对此，总经理感到比较困惑，但又找不到确切的原因。

请从管理的角度分析：产生这种状况的根本原因是什么？

(六)弹性结构原则

弹性结构原则是指组织的部门结构、人员的职位和职责可以随着实际需要而变动，以便使组织能快速适应环境的变化。

传统的组织理论强调组织结构明确、稳定，而近代的组织理论则强调为了适应环境的变化，提高竞争能力和提高效率，一个组织应具有弹性。也就是说，一个组织的部门结构、人员的职责和职位都是可以变动的，以便保证职责和职权的结合，保证集权和分权的均衡。

为了使组织具有活力并快速适应环境的变化，在组织设计和结构维护过程中，应定期对已有部门机构进行功能审核，看它们在组织运行过程中是否起到了应有的作用，是否是实现组织目标所必需的机构，是否需要对这些部门机构进行改组、撤销或成立新的部门机构，而且必须建立一套对组织结构进行动态调整的保证机制，使得组织结构随时可以根据需要进行调整，保持弹性。

为了使职位保持弹性，应按任务和目标需要设立岗位，而不是以人设岗。人员的岗位职责要根据不同时期的组织目标和任务的特性进行调整。各级管理人员要定期更换，努力做到一专多能、一人多岗。此外，还可以通过实行多种用工制度使人员富有弹性。

管理实务 4-12

1. 海关检查人员在高峰期增设窗口，把会计人员安排到检查岗位，待高峰期过后，再将会计人员调回会计岗位。

2. 有些高校实行大类招生，在大二结束再确定专业方向。

请思考：这体现了什么原则？

(七)分工协作原则

分工是指按照不同专业和性质将组织的任务和目标分成不同层次的部门或个人的单项任务或目标,并规定出完成各自任务或目标的手段和方式。协作是指规定各个部门之间或部门内部的协调关系和配合方法。所谓分工与协作原则就是指在组织设计时,按照不同专业和性质进行合理的分工,并规定各个部门之间或部门内部的协调关系和配合方法。这是提高组织运行效率的有效手段。

管理实务 4-13

一个人一分钟可以挖一个洞,六十个人一秒钟却挖不了一个洞。这种团队协作中出现内耗的现象被称为邦尼人力定律。

请思考:你从邦尼人力定律中得到了什么启发?

上述几项原则是相互补充、相互联系的,在设计组织结构时应从组织自身的特点和要求出发全面加以考虑和运用。

三、组织设计的一般程序

组织设计是一项复杂的系统工程,因而必须服从科学的程序。这个程序一般包括以下几个步骤。

(一)职务分析与设计

根据组织目标的要求,确定为实现组织目标所必须进行的业务管理工作项目,以及从事具体管理工作所需的职务类别和数量。

(二)部门结构设计

又称组织的横向结构设计,即根据各个职务所从事的工作内容的性质以及职务间的相互关系,依照一定的原则,将各个职务组合成被称为"部门"的管理单位。如企业设置生产部、技术部、营销部、财务部和人力资源部等职能部门。

(三)配备职务人员

根据各机构和部门所分管的业务工作的性质和对职务人员素质的要求,挑选和配备称职的职务人员及其行政负责人,并明确其职务和职称。

(四)层次结构设计

又称组织的纵向结构设计,即根据管理幅度的限制,确立组织相应的管理层次,形成一个自上而下的多层次结构。例如,公司机构的纵向层次大致可分为:董事会—总经理—各职能部门。而各部门下边又设基层部门,基层部门下边又设立班组。这样就形成了一个自上而下的纵向的组织结构层次。

(五)权责结构设计

按照职能、职位的不同,确定各层次、各部门在权力和责任方面的分工及相互关系。即明确规定各层次和部门及其负责人对管理业务工作应负的责任以及评价工作成绩的标准。同时,授予各机构和部门及其负责人以相应的职权。如企业董事会负责决策,经理负责执行与指挥;各职能层次、部门之间的协作、监督与被监督关系等。

第二节 管理幅度与管理层次

一、管理幅度与管理层次的含义

组织工作的目的是要建立一种良好的组织结构，这种组织结构包括横向结构和纵向结构。横向结构是指部门结构，也就是部门的划分；纵向结构是指组织的层次结构。引起组织划分层次的主要原因是管理幅度的限制和组织规模的扩大。当生产力水平十分低下，社会分工极为简单，所谓的管理者就是劳动者自己，不需要什么管理层次。以后有了小作坊，一个师傅管几个徒弟，只有一个管理层次。但随着生产的发展、科技的进步和经济的增长，组织的规模越来越大，管理者与被管理者之间的关系随之复杂化。为处理这些错综复杂的问题，管理者需要花费大量的时间和精力，由于任何一个管理者的时间、精力和能力都是有限的，因此，他既不能直接指导、检查每个员工的工作，也不能单独完成上述的全部工作任务，于是需要委托其他的管理人员协助自己做各种不同性质的管理工作。委托的结果是减少了他必须直接从事的业务工作量，但与此同时，也增加了他协调受托人之间关系的工作量。因此，任何主管能够直接有效地指挥和监督的下属数量总是有限的。这个有限的直接领导的下属数量被称作管理幅度。超过了这个限度，管理的有效性就会下降。

当一名主管人员的下属数量超过了他能够有效管辖的限度时，为了保证组织的正常运转与协调有序，他就会委托一些人来分担其工作，从而增加一个新的管理层次，层次是一个组织纵向结构扩展的表现。依此类推，直到基层主管能够有效地安排、指导和协调一线作业人员的具体业务活动(作业人员只需要完成工作任务，没有管理他人的责任)，整个组织便形成了由最高主管到一线员工间的等级层次结构。

综上，我们可以给管理幅度和管理层次下这样的定义：管理幅度是指一个管理者能够直接有效管辖的人员的数量；管理层次是指组织最高层到基层工作人员之间隶属关系的数量。

管理实务 4－14

诸葛亮六出祁山，没有实现一统中原的大业，病死于五丈原，享年 54 岁。

请从管理学的角度思考：诸葛亮是怎么死的？

二、管理层次与管理幅度的关系

一个组织管理层次的多少受组织规模与管理幅度的影响。当管理幅度已定时，管理层次与组织规模成正比。组织规模越大，组织成员越多，管理层次也相应越多；反之，组织规模越小，管理层次越少。在组织规模已定的情况下，管理层次与管理幅度成反比。一个主管直接领导的下属人员越多，组织的管理层次越少；反之，管理幅度越小，管理层次就越多。用公式表示为：

$$管理层次=\frac{组织规模}{管理幅度}$$

三、两种典型的组织结构

管理层次与管理幅度的反比关系决定了两种典型的组织结构形态：扁平结构和锥形结构。

（一）扁平结构

扁平结构是指在组织规模已定的情况下，管理幅度较大、管理层次较少的一种组织结构形态。这种形态的优点是：由于层次少，信息的传递速度快，从而可以使高层尽快地发现信息所反映的问题，并及时采取相应的纠偏措施；同时，由于信息传递经过的层次少，传递过程中失真的可能性也较小；此外，较大的管理幅度，使主管人员对下属不可能控制得过多过死，从而有利于下属主动性和首创精神的发挥。但由于过大的管理幅度，也会带来一些局限性，比如主管不能对每位下属进行充分、有效的指导和监督；每个主管从较多的下属那儿取得信息，众多的信息量可能淹没了其中最重要、最有价值者，从而可能影响信息的及时利用，等等。

（二）锥形结构

锥形结构是管理幅度较小从而管理层次较多的高、尖、细的金字塔形态，又称高耸结构。其优点与局限性正好与扁平结构相反：较小的管理幅度可以使每位主管仔细地研究从每个下属那儿得到的有限信息，并对每个下属进行详尽的指导。但过多的管理层次，不仅影响了信息从基层传递到高层的速度，而且由于经过的层次太多，每次传递都被各层主管加进了许多自己的理解和认识，从而可能使信息在传递过程中失真；同时，过多的管理层次，可能使各层主管感到自己在组织中的地位相对渺小，从而影响积极性的发挥；最后，过多的管理层次也往往容易使计划的控制工作复杂化。

如图 4—2 所示，甲、乙两个组织，一线作业人员数量相同，其管理幅度分别为 4 人和 16 人。乙组织比甲组织可减少 3 个管理层次，减少管理人员 1 092 人。假定每位管理人员的工资、福利加上办公费开支平均每年 10 万元，仅此一项乙组织比甲组织可减少开支 10 920 万元。可见，扩大管理幅度对于节约组织的经营管理成本具有明显的效果。同时，较宽的管理幅度为中、基层管理人员提供了较多发挥主动性的空间。

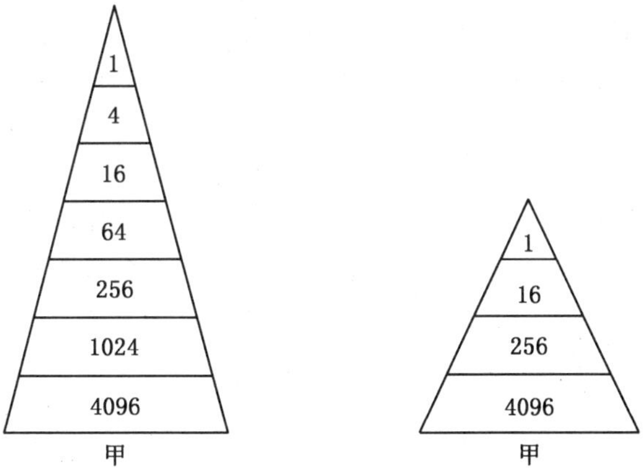

管理幅度：	4	16
管理层次：	6	3
管理人员：	1 365	273
结构类型：	锥形结构	扁平结构

图 4—2　两种典型的组织结构

需要注意的是，管理幅度的扩大并非可以随心所欲，过宽的幅度会使主管人员鞭长莫及而存在失控的可能。假如下属们各行其是、难以协调，便有可能造成整个组织的混乱无序甚至出现危机，那时带来的损害将不是可以直接用增加费用能弥补的。组织设计要尽可能地综合两种典型组织结构形态的优势，克服它们的局限性。管理幅度把握的一个基本原则，就是管理的有效性。

20 世纪 80 年代以来，有不少的企业开始对组织结构的传统模式进行大胆的改革，减少管理层次，扩大管理幅度，组织结构呈现出扁平化的发展趋势。90 年代初期，西方出现了一场声势浩大的“企业再造”运动，核心思想是把原来的锥型组织结构扁平化，以适应组织环境日益复杂多变所带来的挑战。

管理实务 4－15

2005 年原铁道部对铁路管理体制进行了重大改革，通过改革全国从铁道部—铁路局—铁路分局—站段四级管理体制，转变成铁道部—铁路局—站段三级管理体制，使组织结构趋于扁平化。

我国铁路企业用人较多、工作效率较低。资料显示，2003 年，我国铁路平均每营业公里用工 23.88 人，是德国的 3.5 倍，日本的 5.5 倍，法国的 6.5 倍，美国的 30 倍。管理人员过多，是我国铁路企业用人多的一个重要原因。

在此之前我国铁路一直沿用四级管理的体制，铁路局和分局是两级法人单位，都对组织运营和资源管理有着决定权，导致两个部门管理重叠、职能构成交叉、相互掣肘等诸多弊病。

改革后全国 41 个铁路分局全部撤销，设立 18 个铁路局，涉及职工 2 万多人。

请思考：组织结构扁平化有哪些好处？

四、有效管理幅度的确定

既然一个管理者所能管理的下属人数是有限度的，那么，管理幅度多大才合适呢？对于这个问题，早期的研究者主张规定明确的管理幅度。例如，法约尔认为，工厂中最大的管理幅度不会超过 8 或 9 人；美国人戴维斯认为，上层管理职务的管理幅度应为 3 至 9，最下层管理职务的管理幅度可多达 30 个下属……早期研究者这种把具体的有效管辖的下属人数普遍化的倾向，受到后期研究者的批评。后期的研究者认为，管理所依据的可变因素太多，从而不能得出结论说，一名管理者能够有效管理的下属有固定的具体人数。他们认为，一名管理者能够有效管理的人数是有限的，但确切的人数则取决于一些基本因素的影响。因此，我们的任务是要找出在各个具体情况下对管理幅度起限制作用的因素，而不是去假设一种普遍适用的数量界限。按照这一观点，确定有效管理幅度应从组织具体情况出发，一般可考虑以下几个因素。

（一）组织层级

位于组织系统中不同层级的管理者，其工作任务与性质有所不同。高层管理人员需要解决许多非常规的复杂问题，需要花大量精力处理外部事务，筹划事关组织长远发展的大政方针，其管理幅度一般较中基层管理人员小。基层管理人员主要处理简单明确便于程序化的例行问题，其管理幅度一般要大些。

（二）工作能力

管理人员自身的综合素质、思考筹划、领导和激励下属的能力是扩大管理幅度的必要条件。而拥有接受过系统教育与培训，并且经验丰富能够独当一面的下属，可以使管理人员既扩大管理幅度又保证工作质量。

（三）工作条件

假如管理人员配有精干的助手，组织内有先进的管理信息系统和高效率的自动化办公设施，显然会有利于扩大管理幅度。此外，下属的工作任务相似性高、复杂性低、适合运用标准化方法等都会促进管理幅度扩大。

（四）授权程度

如工作中对下属人员授权较多，由下属人员自我控制、独立完成，则管理幅度可宽些。反之，授权少、控制严，则管理幅度应窄些。

（五）组织环境

组织所处的外部环境越稳定，内部运作越规范，则越有助于扩大管理幅度。反之，在一个变化很快的环境中，管理人员经常要面对层出不穷的新问题，需要用更多的时间和精力去关注环境的变化，思考如何应变，或者总是要处理大量的内部矛盾，这些都会限制他的管理幅度。

管理实务 4－16

某公司有高层管理人员 5 人，高层、中层、基层的管理幅度分别为 5 人、6 人和 10 人。现公司通过培训，使他们的素质能力都有一定的提高；改进管理方式，把管理权限更多地授予中层和基层的管理人员，这样既调动了中层和基层管理人员的积极性，又保证高层管理人员集中精力和时间处理企业的重大事项；通过管理手段的现代化，实现对工作全过程的有效控制，使各级管理者处理日常工作的时间和精力又有所减少。由此，使高层、中层和基层管理人员的管理幅度分别扩大为 7 人、10 人和 15 人，该公司组织结构向扁平式变化。

请问：现在该公司高层管理人员能有效地管理多少名中层管理人员？

第三节　组织设计

一、职务设计

（一）职务设计的含义

职务设计是组织设计的最基础工作。职务设计是在目标活动逐步分解的基础上，设计和确定组织内从事具体业务工作所需的职务类别和数量，分析每个职务应当做些什么工作以及这些工作适合什么样条件的人员来做。职务工作内容的确定，应该既要考虑工作效率的要求，同时兼顾工作人员能从中体验的内在工作满足（这是调动人的积极性的一个重要因素），以便在工作任务和工作人员双方面要求的相互平衡中，确定出一项职务工作的合理的广度与深度。

职务设计的结果通常体现在职务说明书上。职务说明书应该能简单明了地指出：各项管理职务的工作内容，职责与权力，与组织中其他部门和其他职务的关系，担任该项职务者所必须具备的条件，包括基本素质、学历、技术知识、工作经验、处理问题的能力等。职务说明有狭义和广义两种。

狭义的职务说明就是对每个职务应当做些什么工作做出规定。

广义的职务说明还要进一步指明某个职务适合配备什么资格或条件的人员来担任，这部分内容亦称雇佣规范，又称任职资格。

管理实务 4－17

新联信息公司是一家高新技术企业。目前，公司有 16 个部门，250 多名员工。各个部门的经理主要是通过外部招聘，或是内部重组时的人员调配而来，管理经验丰富。员工的年龄也比较年轻，知识层次比较高。

由于企业目前正处于高速发展期，在各方面也暴露出不少问题。一是人员紧张，各部门存在一人兼多职现象；二是部门间职责划分不清，工作互有重叠，不时出现互相推委的现象；三是工资制度不规范。

针对上述问题，公司领导决定通过咨询有关专家，明确各个部门的职责。专家小组通过走访大量的员工，对公司的各种文献资料进行详细分析，认为，上述弊端的根源在于缺乏完备的工作分析。通过与公司高层的沟通，决定采用工作日志、职位分析问卷和现场观测的形式，制定职位说明书，即首先明确每一个岗位的职责、任职资格、工作性质和范围、岗位目标。

为此，专家和各个部门经理一起探讨部门的岗位设置，力求科学合理。在确定岗位后，开始发动全体员工对确定的岗位进行描述，在专家指导下制定职位说明书。通过职位说明书，明确了部门中每位员工的职责权限及所需资格条件。

以下是营销部经理职务说明书。它主要包括职位基本信息、职位设置的目的、在组织中的位置、工作职责及衡量标准、任职资格要求、工作特征等。

新联信息公司营销部经理职务说明书：

1. 职位基本信息

职位编号：200139　　职位名称：营销部经理

直接主管上级：公司副总裁　　直接领导下属人数：5

2. 职位设置目的

合理、有效地利用公司各方面的资源，制定营销战略、新产品开发战略、目标市场战略，促进公司总目标的实现。

3. 该职位在公司中的位置（见图 4—3）

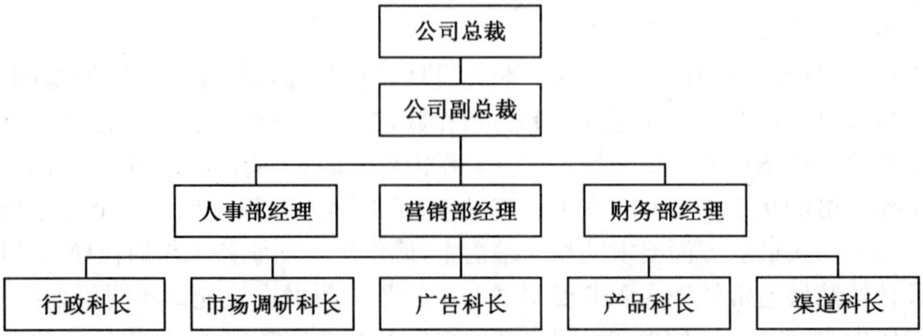

图 4—3　新联信息公司组织结构图

4. 岗位职责及评价标准(见表4—1)

表4—1　岗位职责及评价标准

岗位职责	评价标准
开展市场调研，及时向公司决策层提供简明扼要、有价值的市场信息和应对市场变化的策略建议	新产品开发数量 建议采纳的数量
根据调研信息和公司整体发展战略，协同公司制定细致周密的市场营销战略、新产品开发战略、目标市场战略	产品销量 产品的市场占有率 顾客满意度
通过技术交流、推广活动、广告策划宣传等活动，迅速提高公司产品的知名度和美誉度，促进公司产品销售和市场拓展	
安排、协调、指导和监督部门成员的工作，激励员工工作积极性，协调公司各部门的关系	员工满意度
协调公司外部有关单位的关系，如行业主管部门、媒体、广告公司、行业协会、代理商等	

5. 任职资格要求(见表4—2)

表4—2　任职资格要求

所学专业	企业管理、MBA、市场营销等相关专业
学历	至少大学本科毕业
经验	相关工作经验两年，在外国企业或国有大中型企业工作过的优先
计算机水平	熟练操作常用办公软件，熟悉专业软件SPSS
外语水平	口语流利，能读懂专业文献
写作能力	具有较强的文字表达能力
职位培训	每年3月份定期培训一次，时间为15天，培训内容主要有市场调研方法、品牌管理方法、产品知识、广告知识、促销知识等
其他要求	具有较强的学习能力、创新能力、协调和沟通能力，极强的分析判断能力，较强的进取心、责任心、团队工作意识，身体健康

6. 工作特征(见表4—3)

表4—3　工作特征

工作均衡性	经常有忙闲不均现象，并且没有明显的规律性
工作地点	需要经常外出，外出时间约占工作总时间的40%
紧张程度	工作节奏比较快，强度比较高

任职者签名：　　日期：　　年　　月　　日

直接主管签名：　日期：　　年　　月　　日

公司总裁签名：　日期：　　年　　月　　日

令专家和公司管理层惊讶的是，在职位说明书拟就后，工资、考核制度尚未制定和实施，管理层和员工的积极性与工作的顺畅程度就有了很大提高。

请思考：为什么职务说明书能发挥如此大的作用？

(二)职务设计的形式

1. 职务专业化

受古典劳动分工理论的影响,早期的管理者都努力把工作任务设计得尽可能简化和高度专业化,分工越来越细,以提高每一个岗位在单位劳动时间里的产出效率。正如前面曾提到的,最为典型的情况便是生产装配线上的工作任务甚至可以被分解到只有几个标准动作的程度。如汽车总装线上的某个工位的任务只是在汽车通过他面前的 3 分钟时间内拧紧 3 个固定位置的螺丝;而在手机装配线下游的某个工位,只是拿起 2 块芯片放入外壳中,试一下是否已通话就完成了;甚至在银行业务的流水作业中,有些人的任务只是审核某一类票据上的某几个栏目。在现代大规模生产的条件下,分工细化和高度专业化除提高效率之外的另一个优点是便于检查考核和迅速发现问题,分清责任并及时进行纠正。因而,专业化在目前仍然作为工作任务设计的一个基本原则而被广泛运用。

然而,高度简化重复而又不了解其意义的工作容易使人产生逆反心理,对工作的厌烦必然导致质量和效率都下降,弥补这种缺陷的一种方式是进行岗位轮换。岗位轮换是指有计划地安排员工定期或不定期地轮流在不同的岗位上工作,以使员工的工作活动多样化,保持新鲜感与好奇心来避免厌倦情绪。以仓储工人的工作为例,一个工人可以在周一做卸货的工作,周二负责货物搬进仓库,周三负责核对清单,周四将外运货物搬出仓库,周五负责装车。经过这样的转换后,同一个工人在一周内的每一天都从事一种新的工作,如此可以培养员工的多种技能,并减少工作的单调和枯燥的感觉。日本的许多企业经常在中、低层的员工中进行定期或不定期的职务轮换,以更好地培养和激励员工。

管理实务 4-18

威尼斯为了保护它日益增长的海上贸易,于 1436 年建立了政府的造船厂。造船厂在安装舰船时采用了类似于现代装配线生产的制度,各种部件和备品仓库都安排在运河的两岸,并按舰船的安装顺序排列。当舰船在运河中被拖引着经过各个仓库时,各种部件和武器等从各个仓库窗口传送出来进行装配。造船厂中的职员也是按部件和装备的种类排在各个部门的。第一个工长负责木器,第二个工长负责桅杆,第三个工长负责检船缝,第四个工长则负责船装,等等。西班牙的一位旅行者曾参观过造船厂,并对其装配线生产作了如下描述:"人们一走进门就会看到一条运河,运河的两边都是从造船厂的房子里开出的窗口。当舰只由一只船拖着经过这些窗口时,从一个窗口传出索具,一个窗口传出武器,又一个窗口传出空炮和臼炮,这样,从各个窗口中传出所需的各种东西,当舰只到达运河的另一端时,所有的水手连同木桨都已在舰上了,整个舰只便装备完毕。这样,在数小时内,就安装好了 10 条全副武装的舰船。"当法国的亨利三世于 1574 年参观造船厂时,在一个小时内就安装并下水了一条全副武装的舰船。

请思考:威尼斯造船厂生产效率为什么如此高效?

2. 职务扩大化

这是与职务专业化相对立的一种设计思路。它不是将工作划分为细小的部分,让每个员工单独承担其中某一部分的活动,而是相反地把若干活动合并为一件工作,扩大工作的广度。以装配收音机为例,原先由每个人只负责一两项简单的操作,如将某个电容器插在焊孔上,现在改由每个员工装配一个部件，甚至由单个员工装配整台收音机。在一个工作日里完成的工作有所变化，自然有助于减少简单重复循环的频率，减轻枯燥乏味造成的压力。

不过假如增加的工作任务同样只是简单的机械重复，既不具有挑战性又没有什么意义，往往只会增加更多的厌烦，比如在流水线上由拧紧 3 个螺丝增加到拧紧 6 个螺丝就没有什么改善，甚至反而会降低效率和质量。此外要注意增加的任务量应保持在员工愉快胜任的限度之内。

管理实务 4－19

邮政局按照特快专递、挂号信、印刷品、汇款、包裹等邮件性质的差别分门别类设立窗口，每个窗口都提供多种服务。这种分工方式具有更多的灵活性，各岗位间的工作量分担比较均衡，而且顾客也更加方便。

请问：你能举出几个职务扩大化的例子吗？

3. 职务丰富化

职务扩大化是指在同一级别上的工作横向扩展，职务丰富化则是指从纵向上充实和丰富工作内容。也就是说，职务丰富化所增加的不是工作的广度而是深度。即从增加员工对工作的自主性和责任心的角度，使其体验工作的内在意义、挑战性和成就感。在强调劳动分工的时代，许多人主张在管理人员和作业人员之间进行明确的职责划分，使管理者专门从事计划和控制这类思考工作，而生产工人只是按管理者的吩咐去执行工作。对职务进行丰富化设计，就是要将部分管理权限下放给下属人员，使其在完成任务过程中也有参与管理决策的权利。

职务丰富化有助于调动员工的积极性、减少工作失误和消极怠工，但对生产率的升降并不一定有立竿见影的作用。

管理实务 4－20

1. 美国电话电报公司以前将八个打字员放在一个没有自主权的小组里，负责打印顾客的订货单。这种小组工作效率很低，人员思想也不稳定。后来改建为工作团队形式，小组长直接由打字员担任，并授予该小组计划和控制其工作质量与进度的职权，这样大家的责任心大大加强了，工作效率和工作满足感也随之提高。

2. 美国花旗银行把它原来分割得极细而又机械单一的工作按客户的类型重新组合成能够直接接触顾客，按其要求提供服务的岗位，员工从头到尾负责一笔完整的业务，并有责任采取措施解决顾客所提出的问题。变革的结果使员工和客户的满意度都有提高。

请思考：如果你是一个公司的销售业务员，是愿意负责从寻找客户到签订合约、发送商品和收回货款的全部工作，还是只愿意负责其中的一项工作呢？

二、部门划分

当组织的任务分解成了具体的可执行的工作以后，接着就要将这些工作按某种要求归并成一系列组织单元，如任务组、部门、科室等，这就是下面要讨论的部门划分。将整个组织划分为若干个部门的目的，是为了以此来明确责任和职权，并有利于不同的部门根据其工作性质的不同而采取不同的政策和加强本部门的内部协调。组织设计中部门划分的方法主要有以下几种。

(一)时间部门化

时间部门化是在正常的工作日不能满足工作需要时所采用的一种划分部门的方法。如企业按早、中、晚三班编制进行生产。这种划分适用于基层的生产车间和零售商业企业。

(二)工艺部门化

工艺部门化是以工作程序为基础组合各项活动,从而划分部门的一种方法。例如纺织厂的纺纱、织布和印染车间,机械厂中的铸锻、金加工和装配车间,以及钢铁企业中的炼铁、炼钢和轧钢分厂,都是按生产过程的工艺阶段来设置的。这种划分方法适用于生产工艺复杂、技术要求严格的生产企业,它有利于加强专业工艺管理,提高技术水平,取得工作的规模经济和高效率。但它容易导致各部门产生狭隘的职能眼光和本位主义思想,不利于全面考虑组织的总体利益。

(三)职能部门化

职能部门化是按工作内容的相同或相似性进行归类来划分部门。如企业里把从事相同工作的人进行归并,形成生产部、销售部、财务部、人事部等。由于职能部门化与职务专业化有密切的联系,因此许多组织都采用职能部门化的方式。职能部门化的优点是有利于对专业人员进行归口管理,便于监督和指导,提高工作效率。缺点是容易出现部门主义,部门间协调困难,整体性较差。

(四)产品部门化

由于不同的产品在生产、技术、市场、销售等方面可能很不相同,于是出现根据不同的产品种类来划分部门的需要。在这种情况下,各产品部门的负责人对某一产品或产品系列,在各方面都拥有一定的职权。例如,通用汽车公司按产品品牌和类别设立了别克事业部、雪佛兰事业部、通用轿车及货车事业部等。产品部门化的优点是便于本部门内进行更好的合作,提高决策的效率,易于保证产品质量。缺点是容易出现部门化倾向,整个组织的行政管理人员过多,管理费用增加。

(五)区域部门化

区域部门化是按地理区域划分部门。这种形式不像职能和产品部门化那样普遍,但许多全国性或国际性的大组织经常采用此种方法。例如,美国电话电报公司和麦当劳公司将自身业务划分为几大地理区域。区域部门化的优点是能对本地区环境的变化作出迅速的反应。缺点是和总部之间的管理职责划分较困难。

(六)顾客部门化

顾客部门化是根据顾客的需要和顾客群设立相应的部门。例如,商业银行中的商业贷款部、工业贷款部和个人贷款部,家具制造公司中的住户家具部和团体购买家具部,以及教育机构中的院本部、夜校部和函授部等,这些都是按顾客来划分部门的实例。不同类型的顾客,在产品品种、质量、服务要求、价格等方面会有不同的要求,实行顾客部门化可更加有针对性地按需生产、按需促销。缺点是只有当顾客群达到一定的规模时,才比较经济。

(七)综合部门化

综合部门化是在同一个组织中,同时使用两种或两种以上的划分部门的方法。如既有按职能划分的部门,也有按工艺划分的部门。其目的是适应各种不同的需要,提高组织的运作效率。

管理实务 4-21

中华商务中心是一家合资企业，以物业经营为主要业务。目前有写字楼租户272家，公寓租户426家，商场租户106家。公司在总经理下设有物业部、市场部、财务部、人事部、公关部、业务发展部等部门。物业部下设置了写字楼管理部、公寓管理部、商场管理部以及其他配套部门。

请思考：整个公司和物业部内部的组织结构设计分别采取了何种部门化方式？

三、人员配备

（一）人员配备的含义

人员配备是指对组织中全体工作人员的配备。具体地说，人员配备是指在确定组织结构及职位之后，依其需要，选择、配备适当人员的工作过程。包括管理人员的配备和非管理人员的配备。因为组织的工作都是由人来完成的，人员配备得恰当与否直接影响着组织各项工作的质量与效率，与组织的兴衰存亡密切相关。组织只有通过扎扎实实的人员配备工作，把合适的人安置在合适的职位上，才能实现位得其人，人得其位，人尽其才。若不能做到按职位的任务要求和人员所长来开展人员配备工作，组织活动只会是低效的、失败的。

人员配备是在职务设计的基础上进行的。职务设计指出了组织中需要具备哪些素质的人。为了保证担任职务的人员具备职务要求的知识和技能，必须对组织内外的候选人进行筛选，作出最恰当的选择。人员配备的主要内容包括人员选聘、人员组合、人员考评、人员培训。

（二）人员配备的原则

要根据组织结构所规定的职务数量和要求，对所需人员进行恰当而有效的配备，必须坚持以下几个重要的人员配备原则。

1. 因事择人原则

所谓因事择人，是指应以所设职位和工作的实际要求为标准，来选拔符合标准的各类人员。选取人的目的在于使其担当一定的职务，并能按照要求从事与该职务相对应的工作。要使工作圆满完成并卓有成效，首先要求在保证工作效率的前提条件下安排和设置职位，其次要求占据该职位的人员应具备相应的知识和工作能力。因此，因事择人是实现人事匹配的基本要求，也是组织中人员配备的首要原则。

管理实务 4-22

1928年10月，也就是徐悲鸿回国的第二年，徐悲鸿出任北平大学艺术学院院长。这时的北平画坛，平庸保守，毫无生气，徐悲鸿一上任就提出了改革中国画的主张。但是，他的改革却遭到了保守势力的强烈抵制，徐悲鸿急需树立一个创新的榜样。徐悲鸿三顾茅庐，邀请齐白石老先生到北平大学艺术学院出任教授，并亲自坐着马车来接齐白石。这样，农民出身、只读过半年私塾的齐白石做上了大学教授。

请思考：作为一个管理者该怎样用人？

2. 因材器用原则

所谓因材器用，是指根据人的能力和素质的不同，去安排不同要求的工作。从组织中人的角度来考虑，只有根据人的特点来安排工作，才能使人的潜能得到最充分的发挥，使人的工作热情得到最大限度的激发。如果学非所用、大材小用或小材大用，不仅会严重影响组织效率，也会造成人力资源计划的失效。

管理实务 4－23

1982 年，刘氏四兄弟(刘永言、刘永行、刘永美、刘永好)变卖手表、自行车等家产筹集 1 000 元人民币开始创业。1992 年，中国第一个经国家工商局批准的私营企业集团——希望集团成立。刘永行擅长内部管理，刘永好擅长对外公关和谈判。能力优势互补，企业决策效率非常高，刘永好和刘永行在希望集团的合作堪称是最完美的组合。

请问：你从中得到了什么启发？

3. 用人所长原则

所谓用人所长，是指在用人时不能够求全责备，管理者应注重发挥人的长处。在现实中，由于人的知识、能力、个性发展是不平衡的，组织中的工作任务要求又具有多样性，因此，完全意义上的“通才”是不存在的，即使存在，组织也不一定非要选择用这种“通才”，而应该选择最适合空缺职位要求的候选人。有效的管理就是要能够发挥人的长处，并使其弱点减少到最小。

管理实务 4－24

清乾隆帝明知和珅贪腐，不但没杀他却仍然重用，原因在于：一是和珅虽是贪官，但更是能臣。和珅懂得怎么贪污，更懂得怎么创造财富。他创造的价值远超他的贪污总额，这也是最重要、最深层的原因。二是和珅才貌双全，学识渊博。不仅熟读四书五经，而且精通满、汉、蒙、藏四种语言。三是和珅资质聪慧，善于揣摩圣意，乾隆用起来得心应手。

请思考：这么用人合适吗？

4. 动态平衡原则

处在动态环境中的组织是不断变革和发展的。组织对其成员的要求也是在不断变动的，当然，工作中人的能力和知识也是在不断提高和丰富的。因此，人与事的配合需要进行不断的协调平衡。所谓动态平衡，就是要使那些能力发展充分的人去从事组织中更为重要的工作，同时也要使能力平平、不符合职位需要的人得到识别及合理的调整，最终实现人与工作的动态平衡。

管理实务 4－25

1984 年中科院计算机所的研究人员柳传志带领 10 位科研人员，怀揣 20 万元启动资金，在租来的简陋的传达室里创业，年轻的公司命名为“联想”。联想勇于创新，不断发展壮大。计算机行业是一个知识更新非常快的行业，如何让企业快速长远发展，1993 年柳传志提出对公司进行股份制改造。给创业的老员工相应的股份，使他们每年都能拿到相当可观的收入，然后请这些创业元老退居二线，把位置腾出来给年轻人，顺利实现了新老交替，使企业得到了快速发展。

请思考：柳传志在人员配备中应用了什么原则？

四、组织结构的类型

组织设计是执行组织职能的基础工作，其任务之一是确定组织结构，提供组织结构系统图。组织结构是组织各部分之间的关系模式，它是由组织的目标和任务以及环境的情况所决定的。各种组织的结构虽然形态各异，没有统一的标准模式，但也并非毫无规律可循。组织结构系统图又称组织图、组织树，它用图形的方式表示组织内的职权关系和重要职能。图中的方框表示各种管理职务或相应的部门，其垂直排列位置表示在组织等级中的地位；直线表示权力的流向；直线与方框的连接，则标明了各种管理职务或部门在组织结构中的地位以及它们之间的相互关系。

下面介绍几种基本的组织结构类型，并绘出组织结构系统图。

（一）直线制结构

这是最早形成也是最简单的组织结构，它是一种集权式的组织结构，又称军队式结构。其基本特点是组织中各种职位按垂直系统直线排列，不设专业化职能部门，各种管理职能集中由主管人员承担，每个组织成员只接受其直接主管的命令并向他负责。如图4—4所示。

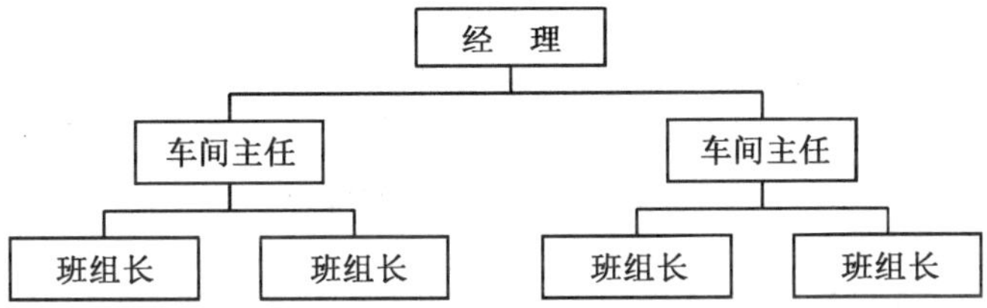

图4—4　直线制结构

直线制结构的优点是结构简单，权力集中，责任分明，统一指挥，管理人员少，在主管人员素质高、能力强的条件下有很高的运作效率且节省管理费用。

直线制结构的缺点是风险太大，因为主管人员独揽大权、任务繁重，一旦决策失误，便会给整个组织造成重大损失。

直线制结构适用于企业规模不大、生产过程简单的小型企业或现场的作业管理。

管理实务4－26

某地一家生产传统工艺品的企业，伴随着我国对外开放逐渐发展壮大起来。销售额和出口额近十年来平均增长15%以上，员工也由原来的不足200人增加到了2 000多人。但企业的组织结构一直没有变化，企业一把手王厂长既管销售，又管生产，是一个多面全能型的管理者。最近企业发生了一些事情，让王厂长应接不暇。其一，生产基本是按订单生产，基本由厂长传达生产指令。碰到交货紧，往往是厂长带头，和员工一起挑灯夜战。虽然按时交货，但质量不过关，产品被退回，并被要求索赔。其二，以前企业招聘人员人数少，所以王厂长一人就可以决定了。现在每年要招收大中专学生近50人，还牵涉人员的培训等，以前的做法就不行了。其三，过去总是王厂长临时抓人去做后勤等工作，现在这方面工作太多，临时抓人去做，已经做不了做不好了。凡此种种，以前有效的管理方法已经失去作用了。

请思考：该企业采用的是哪种组织结构？有什么优缺点？应如何进行改进？

（二）职能制结构

职能制结构最早由泰勒提出，又称“U 型结构”。职能制结构是在组织中按专业分工设置相应的职能部门，这些职能部门受上一级直线指挥人员的领导，并在各自的业务范围内有权向下级直线指挥人员下达命令和指示。因此，下一级直线指挥人员或行政领导人员，除了要服从上级直线指挥人员的指挥外，还要服从上级职能部门的指挥。如图 4—5 所示。

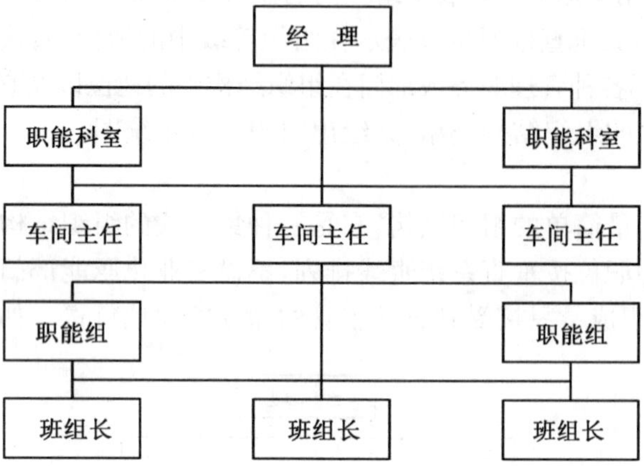

图 4—5 职能制结构

一般对企业来说，职能部门可以是主管财务、销售、人事的部门，也可以是主管生产、工艺、质量的部门等。

职能制结构的优点是能够充分发挥职能部门的专业管理作用，并使直线经理人员摆脱琐碎的日常事务。

职能制结构的缺点是多头领导，极大地违背了统一指挥原则；职能部门之间协调性差。

职能制结构适用于处于发展初期、产品品种单一或只有少数几类产品、外部环境比较稳定的组织。由于职能制结构存在的不足，此种组织结构未被广泛采用。

管理实务 4－27

在某小企业一次中高层管理人员会议上发生了争执。生产经理说：“听着，如果我们不进行生产，什么也不会发生。”“你错了。”研究开发部门的经理打断说：“如果我们不进行设计，什么事也不会发生。”“你们说些什么呀？”营销经理反问道，“如果不是我们把产品卖出去，那才是什么事都不会发生呢！”最后，一位会计师气愤地说：“你们生产、设计或推销什么都无关紧要，如果不是我们对结果作了记录，谁会知道发生了什么！”

请思考：这段对话最可能在何种类型的组织中出现？

（三）直线职能制结构

直线职能制结构是把直线制和职能制相结合起来而形成的，最初由法约尔在担任法国一家煤矿总经理时所建立。它与直线制的区别在于设置了职能部门，与职能制的区别在于职能部门只是作为直线管理者的参谋和助手，它们不具有对下面直接进行指挥的权力。如图 4—6 所示。在组织系统中管理人员分为两类：一类是直线指挥人员，可对下级发号施令；另一类是职能人员，只能对下级机构进行业务指导，而不能直接对下级发号施令，除非上级直线人员授予他们某种权力。

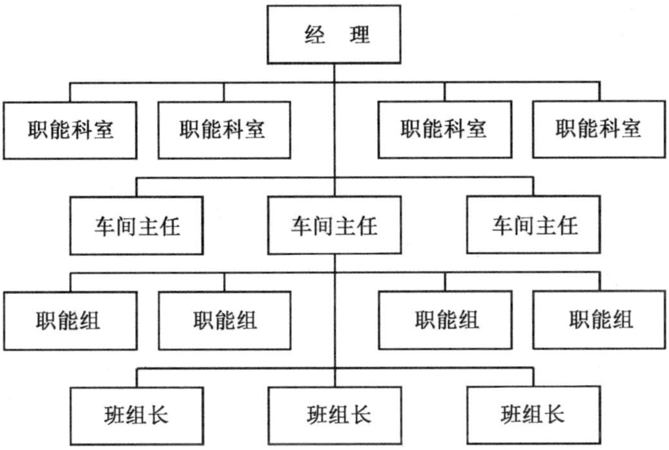

图 4—6　直线职能制结构

直线职能制结构的优点是既保持了直线制集中统一指挥的优势，又具有职能分工专业化的长处。

直线职能制结构的缺点是权力集中于最高管理层，下级缺乏必要的自主权；各职能部门之间横向联系较差，容易产生脱节和矛盾；各部门只重视本部门局部利益，缺乏全局观念；信息传递路线较长，适应环境变化的能力较差；过细的职能分工不利于培养综合型的人才。

尽管直线职能制结构有一些缺点，但同其他类型的组织结构相比，还是一种比较好的组织形式。目前我国大部分组织采用此类结构形态，无论是机关、学校、医院还是企业，这种组织结构随处可见。但它不适宜多品种生产和规模很大的企业，也不适宜创新性的工作。

管理实务 4－28

某小型塑料彩印厂为取得市场优势，计划高价引进高科技型生产线。厂领导为使引进设备早日投产，决定从生产、销售等部门临时抽调人员，采取“大会战”的形式保证生产线安装工程的顺利完成。

请思考：该企业长期以来最有可能采用哪种基本组织形式？这种组织形式有哪些优缺点？

(四)事业部制结构

事业部制组织结构又称为 M 型组织结构，是一种分权式的组织形式，最初由美国通用汽车的斯隆于 20 世纪 20 年代创立，因此又称为“斯隆模式”。所谓事业部制结构，就是一个企业内对于具有独立的产品和市场、独立的责任和利益的部门实行分权管理的一种组织形态。事业部必须具备三个要素：

(1)具有独立的产品和市场，是产品责任或市场责任单位；

(2)具有独立的利益，实行独立核算，是一个利润中心；

(3)具有足够的能自主经营的权力，是一个分权单位。

事业部制结构的主要特点是“集中决策，分散经营”，即把政策制定与行政管理分开，政策管制集权化，业务营运分权化。企业的最高管理层是企业的最高决策管理机构，它的主要职责是研究和制定公司的总目标、总方针、总计划以及各项政策。事业部的经营活动只要在不违背总目标、总方针、总计划的前提下，可自行处理其经营活动。如图 4—7 所示。

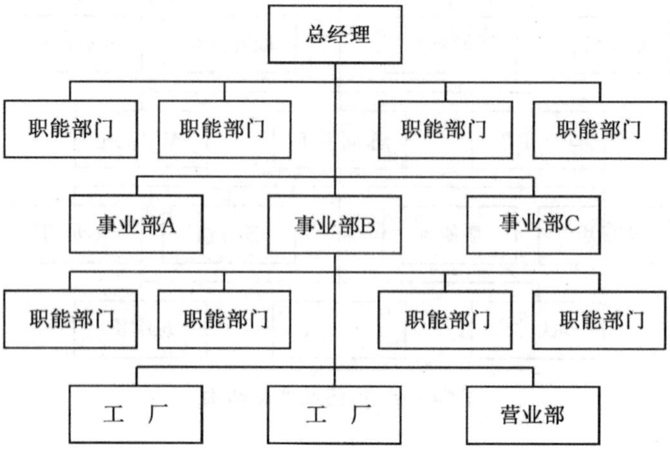

图 4—7 事业部制结构

事业部制结构的优点是能使最高管理部门摆脱日常行政事务，成为坚强有力的决策机构；使各个事业部发挥经营管理的主动性；既有较高的稳定性，又有较高的适应性；有利于培养管理人才；扩大了有效控制的跨度，使上级领导直接控制下层单位的数目增加。

事业部制结构的缺点是对事业部一级的管理人员水平要求较高；各事业部职能部门重复设置，管理人员增多，管理成本较高；各事业部存在本位主义倾向。

事业部制结构适用于多品种生产和广泛地区分布的大型企业与企业集团。现在欧美、日本各大企业普遍采用这种典型的组织形态。需要强调的是当企业的规模比较小时，是无法采用此种组织形式的，仅当企业规模比较大时，而且其下属单位具备事业部三要素时才宜采用。

管理实务 4-29

1921 年艾尔弗雷德·斯隆在通用汽车危难之际就任公司总裁。20 世纪 20 年代的经济衰退使人们对汽车的需求量大为下降。为此通用汽车将其 T 型车降价 25%，但是由于成本较高，为了维持价格水平，其销售量从夏季到秋季下降了 75%。面对这种情况，斯隆制定了如下计划：通用应当针对不同的细分市场设计不同的汽车。实施这一计划不仅要产品多样化，而且需要设计方面的紧密协作。同时，该组织的许多部门需要以不同的方式加以协作。这意味着通用汽车公司可能需要采取与以往不同的组织结构形式。

斯隆研究了通用的组织结构后，认为需要做出一次巨大的变革。在新的组织结构中，任何人不得干涉各部门做出各种业务决策的基本自主权；每一部门均为其指定的细分市场制造并销售汽车；每一部门都有自己的管理队伍，有权做出自己的业务决策。通用公司总部的主要职能是评估各部门的业绩，计划并协调整体战略。

斯隆的组织重组获得了巨大的成功。自 1927 年到 1937 年，通用公司盈利 20 多亿美元。以后，通用汽车公司又在其产品组合中增加了从卡车到厨房用品等多种产品。在过去的组织结构形式中，这种扩展是不可能的。通用公司率先采取的这种组织形式已经成为公司的标准组织特征，使得许多公司能够生产出广泛系列的产品。

请思考：根据案例中对斯隆所提出的新的组织结构的描述，你认为通用采取了哪种组织结构形式？这种新的组织结构的主要特征是什么？有哪些优点？

（五）矩阵制结构

矩阵制结构是从专门从事某项工作的工作小组形式发展而来的一种组织结构。所谓工作小组一般是由一群不同背景、不同技能、不同知识、分别选自不同部门的人员所组成的，通常人数不多。组成工作小组后，大家为某个特定的任务而共同工作。最典型的例子是电影制片厂的摄制组或工厂的技术革新小组。

工作小组的优点是，人员不固定，需要谁，谁就来，任务完成后就可以离开，机动灵活；容易接受新观念和新方法，适应性强；每个成员都了解整个小组的任务和问题，责任感强。其缺点是缺乏稳定性，在规模上有很大的局限性。工作小组适用于需要不同专长的人在一起才能完成的工作以及具有许多事先不能确定的复杂因素的工作。

如果一个企业中同时组织几个工作小组，而且这种工作小组的形式长期存在，结果就会出现一种新的组织结构，即矩阵结构，又叫规划－目标结构。如图 4－8 所示。

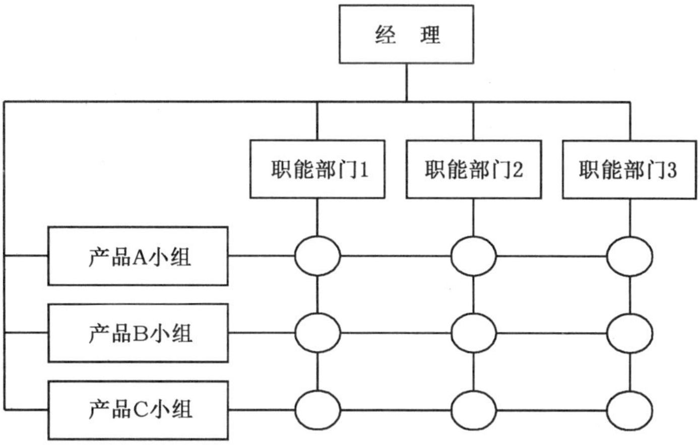

图 4—8　矩阵制结构

矩阵制结构是一种由纵横两套系统交叉形成的复合组织结构。纵向的是职能系统，横向的是为完成某项专门任务（如新产品开发）而组成的项目系统。项目系统没有固定的工作人员，而是随着任务的进度，根据工作的需要，从各职能部门抽人参加，这些人员完成了与自己有关的工作后，仍回到原来的职能部门。

矩阵制结构的优点是加强了不同部门之间的配合和信息交流，克服了直线职能结构中各部门互相脱节的现象；机动灵活，适应性强；由于小组内集中了各种人才，便于知识和意见的交流，能促进新观念和新设想的产生。

矩阵制结构的缺点是项目负责人的责任大于权力。因为参加项目的每个人都来自不同的部门，一般隶属关系仍在原部门，而仅仅是临时参加该项目。所以项目负责人对他们工作的好坏，没有足够的激励与惩治手段，这些权力依然在原部门领导人手中。另外，矩阵结构造成双重指挥也是一大缺陷,项目负责人和原部门负责人都对参加该项目的人有指挥权。所以,项目负责人必须与各个部门负责人配合,才能顺利地进行工作。

矩阵制结构适用于产品品种多且变化大的组织,特别适用于以项目为单元的服务业和创新性较强的科研机构。另外,还适用于一般组织中需要众多技术和知识才能完成的临时性工作。

管理实务 4-30

在第八届中国机械行业企业管理现代化创新成果奖大会上,"春兰创新型矩阵管理"获得新中国成立以来我国企业管理领域评选的唯一特等奖。

春兰的创新型矩阵管理有一个 16 字方针,主要内容是"横向立法、纵向运行、资源共享、合成作战"。该方针的前 8 个字重点解决集团和产业公司集权与分权的矛盾,力求放而不乱,提高运行效率。所谓"纵向运行",指保留"扁平化"按产业公司运行的特点,以产业为纵向;"横向立法",是指针对原来管理有所失控的问题,将集团的法律、人力、投资、财务、信息等部门划为横向部门,负责制定运行的规则,并依据规则对纵向运行部门实施监管。这样一来,横向部门"立法"并监管,纵向部门依然大权在握,能充分发挥主观能动性和积极性,只不过是在"法"定的圈子里,要依"法"运行。16 字方针中的后 8 个字,重点解决原来资源不能共享的问题。把横向职能部门划分为 A 系列和 B 系列,制定运行规则,"立法"的是横向中的 A 系列;B 系列则负责实现对春兰内部资源的共享,为产业公司提供专家支持和优质服务。比如春兰的有关法律事务的管理体系是这样的:在集团总部设一名法律副总裁,分管法律事务工作,对首席执行官负责;集团下设法务处,在法律副总裁的领导下,具体实施对集团所属各子公司法务工作的指导和管理;集团所属子公司根据工作需要设立法务部门,在子公司负责人领导下开展本单位的法务工作,业务上接受集团公司法务处的指导和管理。按照原先的运行制度,48 个部门都需要律师。而根据矩阵管理模式,现在只设立一个法律顾问组,为集团所有部门使用,大大节约了管理成本,并且易于规范化。

请思考:春兰的创新型矩阵管理为什么能取得较好的效果?

五、组织中的职权关系

没有职权就不可能有有组织的管理活动。这是因为只有授予组织成员相应的职权,才能使他们执行组织分派的任务。因此,职权是绝对不可缺少的将组织活动结合在一起的"粘合剂"。组织的层次、部门越多,职权关系越复杂。

(一)职权的类型

一个组织内部各个职位之间的职权关系依据其指向、作用和范围可以划分为直线职权、参谋职权和职能职权三种基本类型。

1. 直线职权

直线职权是指管理者直接指挥其下属工作的权力,也就是通常所说的指挥权。显然,直线职权与组织等级链相联系,在组织等级链上的管理者都拥有直线职权,他们一方面接受上级指挥,另一方面又有指挥下级的权力。管理者所属的管理层次不同,其职权的大小和范围不同。

2. 参谋职权

参谋职权是指管理者拥有的辅助性职权,包括提供咨询、建议等。参谋职权主要是一种同级之间平行指向的职权关系。拥有参谋职权的管理人员一般不单独作出决策和向下一级管理层次发布命令，他们的主要任务是向同层次直线主管提供各种专门知识的服务，进行某些专项研究，提出对策建议，支持与协助直线人员有效工作。对于一个规模很小，工作任务简单明了的组织，参谋职权往往不被重视。但当组织规模扩大，组织的任务大大增加，组织运作的过程越来越复杂时，参谋职权所提供的信息服务与建议，就成为直线主管有效地解决问题、作出决策不可缺少的参考与支持。

从以上分析可以看出，直线职权与参谋职权是两类不同性质的职权。直线职权反映的是一种指挥和命令的关系，授予直线人员的是决策和行动的权力；而参谋职权反映的则是一种服务和协助的关系，授予参谋人员的是思考、筹划和建议的权力。因此，直线职权是一种完整的职权，参谋职权是一种有限度的不完整的职权。

3. 职能职权

职能职权是指主管人员为了改善和提高管理效率，更好地发挥组织内各种职能专家的作用，而将本属于直线主管的一部分直线职权授予参谋部门或业务职能部门负责行使的权力。职能专家和参谋人员拥有了职能职权，就能够直接向有关的部门和主管人员提供专业性很强的信息与建议或直接向下一级管理层发布指示等，从而分担了直线主管的一部分工作任务与职责。职能职权是由直线职权派生出来的，并通过直线主管授权实现的一种特殊权力。职能职权是一种有限的职权，只有在被授权的职能范围之内有效。如一个总经理拥有全面管理公司的职权，他可能授权财务部门直接向生产经营部门通报公司资金信息并检查这些部门的财务状况，或者授予人事和采购部门直接向分公司下达培训计划和采购目录的权力。但这都不是这些职位所固有的权力。

需要指出的是，尽管在理论上，直线职权、参谋职权与职能职权各有自己的行使领域与作用，共同支持着组织的运转，但在实践中也常发生直线职权与参谋职权发生矛盾影响到组织效率的情况，我们在组织管理中应特别审慎地处理各类职权相互配合的问题，尤其要防止在授予职能职权时不作明确的规定与限制可能带来的混乱。

管理实务 4－31

王华明近来感到十分沮丧。一年半前，他获得某名牌大学工商管理硕士学位后，在人才交流会上，凭着满腹经纶和出众的口才，力挫群芳，成为某大公司的高级管理职员。由于其卓越的管理才华，一年后又被公司委以重任，出任该公司下属一家面临困境的企业的厂长。当时，公司总经理及董事会希望王华明能重新整顿企业，使其扭亏为盈，并保证王华明拥有完成这些工作所需的权力。考虑到王华明年轻，且肩负重任，公司还为他配备了一名高级顾问严高工（原厂主管生产的副厂长），为其出谋划策。

然而，在担任厂长半年后，王华明开始怀疑自己能否控制住局势。他向办公室高主任抱怨道："在我执行厂管理改革方案时，我要各部门制定明确的工作职责、目标和工作程序，而严高工却认为，管理固然重要，但眼下第一位的还是抓生产、开拓市场。更糟糕的是他原来手下的主管人员居然也持有类似的想法，结果这些经集体讨论的管理措施执行受阻。倒是那些生产方面的事情推行起来十分顺利。有时我感到在厂里发布的一些命令，就像石头扔进了水里，我只看见了波纹，随后，过不了多久，所有的事情又回到了发布命令以前的状态，什么都没改变。"

请思考：

1. 王华明和严高工的权力各来源于何处？

2. 严高工在实际工作中行使的是什么权力？你认为，严高工作为顾问应该行使什么样的职权？

3. 这家下属企业在管理中存在什么问题？如果你是公司总经理助理，请就案例中该企业存在的问题向总经理提出你的建议以改善现状。

(二)授权

1. 授权的含义

所谓授权就是指上级给予下级一定的权力和责任，使下属在一定的监督之下，在行动中拥有相当的自主权。授权者对被授权者有指挥、监督权，被授权者对授权者负有汇报情况及完成任务的责任。

管理者是通过指挥他人的工作去实现组织的目标，但正如没有管理者能把为实现组织目标所必须进行的全部任务都承担起来一样，由一个人来行使所有的决策权也是不可能的。既然高层管理人员不可能亲自监控一个组织中所有的活动，那么他就要把一部分职权授予下层管理人员。授权对于更好地开展组织工作是十分重要的。授权的作用有：管理人员可以从日常事务中解脱出来，专心处理重大问题；可以提高下属的工作积极性，增强其责任心，并增进工作效率；可以增长下属的才干，有利于管理人员的培养；可以充分发挥下属的专长，以补救授权者自身才能的不足。

当然，授权并不是绝对需要的。也就是说，并不是在任何情况下都需要授权。如果管理者的工作能力大于所承担的职责，或者能力与职责相等，都可以不授权。但是，这两种情况并不多见。最常见的情况是能力小于职责。遇到这种情况，有效的做法就是授权。

2. 授权的基本过程

授权的基本过程包括：分派任务，授予权力，明确责任，确立监控权等。

(1)分派任务。首先要明确被授权者所应承担的任务，规定所要完成任务的标准。

(2)授予权力。在明确了任务之后，就要授予其相应的权力，做到权责对等，并给予下级充分的信任和支持。这是使被授权者得以完成所分派任务的基本保证。

(3)明确责任。当被授权者接受了任务并拥有了所必需的权力后，就有义务去完成所分派的工作并正确运用所委任的权力。被授权者的责任主要表现为向授权者承诺保证完成所分派的任务，保证不滥用权力，并根据任务完成情况和权力使用情况接受授权者的奖励或惩处。要注意的是，被授权者所负的只是工作责任，而不是最终责任。授权者可以分派工作责任，并且被授权者还可以把工作责任进一步地分派下去，但对组织的责任是不能分派的。被授权者只是协助授权者来完成任务，对于组织来说，授权者对于被授权者的行为负有最终的责任，即授权者对组织的责任是绝对的，在失误面前，授权者应首先承担责任。

(4)确立监控权。正因为授权者对组织负有最终的责任，因此，授权不同于弃权，授权者不会由于将职权授予别人而丧失这部分职权，授权者授予被授权者的只是代理权，而不是所有权。因此，在授权过程中，要明确授权者与被授权者之间的权力关系。一般来说，授权者对被授权者拥有监控权，即有权对被授权者的工作情况和权力使用情况进行监督检查，并根据检查结果，调整所授权力或收回权力。

管理实务 4－32

刘民和王东分别是一个公司中两个不同部门的经理。在某一天同车上班的路上，他们彼此讨论着自己的管理工作。在交谈中发现，刘民特别为两个助手伤脑筋。他抱怨说："这两个人在刚进公司时，我一直耐心地告诉他们，在刚开始工作时，凡是涉及报销和订货的事都要事先与我商量一下，并叮嘱他们，在未了解情况之前，不要对下属人员指手画脚。但是，到现在都快一年了，他们还是什么事情都来问我。例如，王大同上星期又拿一笔不到 1 000 元的报账单来问我，这完全是他可以自行处理的嘛！两周前，我交给孙文国一项较大的任务，叫他召集一些下属人员一起搞，而他却一个人闷头搞，根本不叫下属人员来帮忙。他们老是这样大小事情都来找我，真没办法！"

几乎与此同时，刘民的两位助手也在谈论着自己的工作。王大同说："上周，我找刘民，要他签发一张报账单。他说不用找他，我自己有权决定。但在一个月前，我因找不到他曾自己签发过一张报账单，结果被财务部退了回来，原因是我的签字没有被授权认可。为此我上个月曾专门写了一个关于授权我签字的报告，但他一直没有批下来，我敢说我给他的报告他恐怕还锁在抽屉里没看过呢！"

孙文国接着说："你说他的工作毫无章法，我也有同感。两周前，他交给我一项任务，并要我立即做好。为此我想得到一些人的帮助，去找了一些人，但他们却不肯帮忙。他们说除非得到刘民的同意，否则他们不会来帮我。今天是完成任务的最后日期，我却还没有完成。他又要抓我的辫子了，又要把责任推给我了。我认为，刘民是存心这样的，他怕我们搞得太好抢他的位子……"

请思考：出现这些情况的原因是什么？你认为刘民与他的两个助手应如何改进他们之间的关系？

3. 授权的原则

许多研究表明，管理者由于授权不当所引起的失败经常影响组织目标的完成，因此，每一个管理者都要注意研究授权的方法和技巧。正确地授权要注意把握以下几个原则：

(1)目标结合原则。授权是为了保证组织目标的有效实现，所以，必须根据目标和工作任务的需要，将相应的权力授予下级，以保证其有效地开展工作。

(2)因事择人、视能授权原则。要根据所要分派的任务，来选择具备完成任务所需条件的被授权者，以避免出现不能胜任或不愿受权等情况；应根据所选被授权者的实际能力，授予相应的权力和对等的责任。对既能干又肯干的，要充分授权；对适合干但能力有所欠缺或能力强但有可能滥用职权的，要适当保留决策权。为了正确选择被授权者，在授权前，除对被授权者进行严格考察外，还可以"助理""代理"等名义先行试用，合格的再正式授权。

(3)逐级授权原则。授权应在直接上司与在他领导下的直接下属之间进行，不能越级授权。例如，局长直接领导处长，就应向处长授权，而不能越过处长直接向科长或科员授权。越级授权，势必造成权力紊乱，破坏上下级之间的正常工作关系，将不利于工作正常运行。

(4)责任绝对性原则。责任绝对性原则是指领导者将职权授予下级，但最终责任是不能下授的，领导者应对活动的最终结果负责。也就是说，管理者可以把职责分派给下级，也可以把职权委任给下级，但他不能把责任转嫁给别人。责任既不能指派，也不能委任。这是因为责任是一种应该承担的义务。对授权者来说，他不能因为授权给下级就可以完全解除他对下级应负的责任，因为下级的职权是他授予的，下级的职责也是他指派的，他对下级行使职权是否得当负有督导的责任。对被授权者来说，他对上级负有执行任务的全面责任，一旦他接受了上级委派的任务以及执行任务所需的职权，就有贯彻执行和向上级汇报的义务。

管理实务 4-33

某公司总经理安排其助手去洽谈一个重要的工程项目合同，结果由于助手工作中的考虑欠周全，致使合同最终被另一家公司接走。由于此合同对公司经营关系重大，董事会决定讨论其中失误的责任。

请思考：此次的失误责任应该由谁来负？为什么？

(5)权责对等原则。由于职权是完成任务的手段，职责是完成任务的义务，因此，职权应该与职责相符。职责不能大于也不能小于职权，反之亦然。在实际工作中，下级人员总是希望增加他们的职权，而同时减少他们的职责；上级人员则要求下级人员多承担职责，但又不愿意给以必要的职权。这两种做法都欠妥当。正确的做法应该是职权要与职责相符，职责也要与职权平衡。

(6)有效监控原则。既然授权者要对被授权者的行为负责，那么，授权者加强对被授权者的监督控制就十分必要。不愿授权和不信任下级的情况多半是因为担心失去控制。为此，授权者要建立反馈渠道，及时检查被授权者的工作进展情况以及权力的使用情况。对于确属不适合此项工作的，要及时收回权力，更换被授权者；对滥用权力的，要及时予以制止；对需要帮助的，要及时予以指点，从而保证既定目标的实现。另外，要注意控制不去干预被授权者的日常行动，否则就会使授权失去意义；监督也不是为了保证不出任何差错，因为人人都会犯错误，只有允许人们犯错误，才能使人们愿意接受授权，并在实践中培养出合格的管理人员。

(三)集权与分权

集权是指决策权在组织系统中较高管理层次的一定程度上的集中，分权是指决策权在组织系统中较低管理层次的一定程度上的分散。

集权的优点是可以加强统一指挥、统一协调和直接控制；缺点是会使高层管理人员负担过重，经常陷于日常事务之中，无暇考虑大政方针，并且限制了各级人员的积极性，不利于管理人员的培养，难以适应迅速变化的环境。分权的优点是可以减轻高层管理人员的负担，增强各级管理人员的责任心、积极性和自主性，增强组织的应变能力；缺点是可能会造成各自为政、各行其是的现象，增加各部门之间协调的复杂性。

评价分权程度的标志主要有四个：

(1)决策的数量。一个组织中下级单位作出决策的数量越多，则这个组织的分权程度越高。

(2)决策的范围。一个组织中下级单位决策的范围越广，涉及的职能越多，则这个组织的分权程度越高。

(3)决策的重要性。一个组织中下级单位作出的决策越重要，则这个组织的分权程度越高。重要性可以从决策的影响程度和决策涉及的费用两个方面来衡量。决策的影响程度越大，涉及的费用金额越高，则分权程度越高。

(4)对决策的控制程度。如果上级对下级单位决策没有任何控制，则分权程度极高；如果下级单位在决策后要向上一级管理部门报告备案，则分权程度就小一些；如果下级单位必须请示之后才能作出决策，则分权程度更低。下级在作决策时需要请示或照会的人越少，则分权程度越高。

管理实务 4-34

刘教授到一个国有大型企业去咨询，该企业张总在办公室热情接待了刘教授，并向刘教授介绍企业的总体情况。张总讲了不到 15 分钟，办公室的门就开了一条缝，有人在外面叫张总出去一下。张总说："对不起，我先出去一下。"10 分钟后张总回来继续介绍情况，不到 15 分钟，办公室的门又开了，又有人叫张总出去一下，这次张总又出去了 10 分钟。整个下午 3 小时张总共出去了 10 次之多，使得企业情况介绍时断时续，刘教授显得很无奈。

请思考：出现这一状况的原因是什么？

1. 集权与分权的相对性

集权和分权是一个相对的概念。绝对的集权意味着组织中的全部权力集中在一个最高主管手中，组织活动的所有决策均由最高主管做出，最高主管直接面对所有的实施执行者，没有任何中间管理人员和中层管理机构。由于人的能力和精力是有限的，这在现代企业中显然是不可能的。而绝对的分权则意味着全部权力分散在各个管理部门，甚至分散在各个执行、操作者手中，没有任何集中的权力，因此最高主管的职位显然是多余的，企业也不复存在。所以，一个企业没有绝对的集权，也没有绝对的分权。可能是集权的成分多一点，也可能是分权的成分多一点。至于是集权多些，还是分权多些，要视组织规模的大小、生产环节协作联系的紧密程度、市场状况的稳定或复杂、管理人员素质的高低、管理控制手段的优劣等因素因时因况而定。如何在集权和分权之间恰当地权衡得失，取得良好的平衡，做到"既放得开又管得住"、组织"活而不乱"，是处理好集权与分权关系的核心。

管理实务 4-35

A 公司总经理电话通知销售部经理：把这批产品尽快发到广州 M 公司，我刚刚与他们联系好。

B 公司面对激烈的竞争市场，总经理在高层管理会议上讲道：到昨天为止，我全面审查了各部门上个月的工作情况，发现生产和销售都没能完成当月指标；而其他部门也出现各种各样的问题。现在，我命令各个部门必须严格按照公司规定的各项指标工作。凡是上个月没完成目标的部门，周末之前必须拿出整改方案。

请思考：A、B 两家公司哪家集权程度更高？

2. 影响集权与分权的主要因素

影响集权与分权的因素是多方面的，但主要有以下几个方面：

(1)决策的代价。决策付出代价的大小，是决定分权程度的主要因素。一般来说，决策失误的代价越大，越不适宜交给下级人员处理。高层主管常常亲自负责重要的决策，而不轻易授权下级人员处理。这不仅是因为高层主管的经验丰富，犯错误的机会少，而且因为这类决策责任重大，也不适宜授权。

(2)组织历史。分权的程度常与该组织的创建过程有关。如果组织是在自身较小规模的基础上逐渐发展起来的，发展过程中也没有其他组织加入的话，那么集权倾向可能更为明显。

因为组织规模较小时,大部分决策都是由最高主管直接制定和组织实施的,决策权的使用可能成为习惯,一旦失去这些权力,主管便可能产生对自己的组织失去控制的感觉。因此,即使事业不断发展,规模不断扩大,最高主管或最高管理层仍然愿意保留着不应集中的大部分权力。

(3)下级管理人员的素质。分权需要一大批素质良好的中下层管理人员来受权,如果组织中缺少合格的管理人员,高层管理者就很可能倾向于集权,依靠少数人来管理组织。

(4)控制的需要。分权不可失去有效的控制。分权的目的是为了有助于组织目标的实现,如果分权危及目标的实现甚至组织的生存,那么分权将被禁止。

(5)政策的一致性。由一个人做出决策和由几个人做出决策,会影响到决策的一致性。由一个人做决策只导致一种政策,由几个人做决策则有可能导致几种不同的政策。如果最高主管希望保持政策的一致性,即在整个组织采用一个统一的政策,则势必趋向于集权化,因为这是达到政策一致性的最方便的途径。采用一致性的政策便于比较各部门的绩效,以及防止出现违法乱纪现象。

(6)管理哲学。有些组织采用高度集权制,有些组织推行高度分权制,原因往往是高层主管的个性和管理哲学不同。亨利·福特汽车公司集权程度高,因为福特的个性偏向独裁,要求公司的一切均由他一个人说了算。相反,通用汽车公司多年来一直是高度分权,因为艾尔弗雷德·斯隆在任该公司总经理期间,使董事会认可了他的改组计划,该计划在最高管理层保持控制权集中的同时,要求业务部门的经营实行分权制。

(7)环境的影响。以上所讨论的影响分权程度的因素大部分是组织内部的因素。然而,影响集权与分权程度的还有一些外部的因素。其中最重要的是政府对各类组织的控制程度。政府的众多规定使得许多事情必须要由高层管理人员直接处理,从而会使分权受到一定的限制。

管理实务 4-36

凯斯公司由于其新颖的产品、富有想象力的销售办法和对公司客户的优质服务,已发展到位于其经营领域的前列。然而公司总裁不久发现,一向运行良好的组织结构,现已不能适应公司的发展需要。

多年来,公司是按照职能系列组织起来的,由几位副总裁分管财务、销售、生产、人事、采购、工程以及研究和发展。随着公司的发展以及公司产品系列的扩大,人们对以下情况感到关注:该公司的组织结构使总裁办公室以下的人员机构无法对公司的利润负责,无法适应目前在国外许多国家开展的业务的广泛性,并且似乎加固了阻碍销售、生产和工程各职能部门之间有效协调的壁垒。此外,有许多决定似乎除了总裁办公室以外,其他任何低于这一级的都不能做出。因此,总裁将公司分成 15 个各自独立经营的分公司,每个公司对利润负有全部的责任。然而在实行公司重组后,总裁开始感到对分公司不能实行充分的控制了。分公司在采购和人事职能方面出现了大量的重复,各分公司经理无视总公司的方针和策略,各自经营自己的业务,在总裁面前逐步显示出公司正在瓦解成一些独立部门。总裁也见过几家大公司当一家分公司的经理犯了错误并使该公司遭受重大损失而陷于困境的事例,终于认识到他在分权方面已走得太远了。于是,他撤回了分公司经理的某些职权,并要求他们就下述重要事项决策应征得公司最高部门的批准:(1)超过 1 万美元的资本支出;(2)新产品的推行;(3)制定销售和价格的策略及政策;(4)扩大工厂;(5)人事政策的改变。当分公司的经理们看到他们的某些自主权被收回时,他们的不愉快是可以理解的。他们公开抱怨公司的方针摇摆不定，一会儿分权，一会儿集权。总裁对自己处于这种情况感到忧虑。

请思考：

1. 总裁关于组织职权的转换是否具有合理性？请说明理由。
2. 总裁的做法有哪些不合理之处？如何解决面临的问题？

第四节　组织变革

组织环境总是不断变化的，因此设计得再完美的组织，在运行了一段时间以后也都必须进行变革，这样才能更好地适应组织内外条件变化的要求。组织变革实际上是而且也应该成为组织发展过程中的一项经常性的活动。组织变革是任何组织都不可回避的问题，而能否抓住时机，顺利推进组织变革则成为衡量管理工作有效性的重要标志。

一、组织变革的含义

组织变革是指组织依据外部环境变化和内部状况的变化，及时调整并完善自身的结构和功能，以提高生存和发展能力的过程。

任何组织都不是孤立封闭的，都是处于一定的环境之中的，一个组织要能够生存、发展和壮大，就必须依据外部环境及内部条件的变化而适时调整其目标、结构与功能，即不断地进行组织变革，这是组织保持活力的一种重要手段。

管理实务 4-37

中国一拖集团公司生产的一种小四轮拖拉机，在北方市场销售时客户反映了这样一个问题，就是冬天北方比较寒冷，穿上大衣以后就把变速杆挡住了，很难操作。用户提意见已经十年了，迟迟得不到解决。后来，在进行营销整合后，这样的问题三天就可以解决。为什么现在只需要三天就能解决的问题，过去十年也没有解决呢？究其原因，在于组织的链条太长，反馈的渠道太长。如图 4—9 所示，按照图示的这样一个链条，这个过程的完成最快也要一年的时间，如果这个过程中再出现一些问题，拖上十年也就不足为奇了。

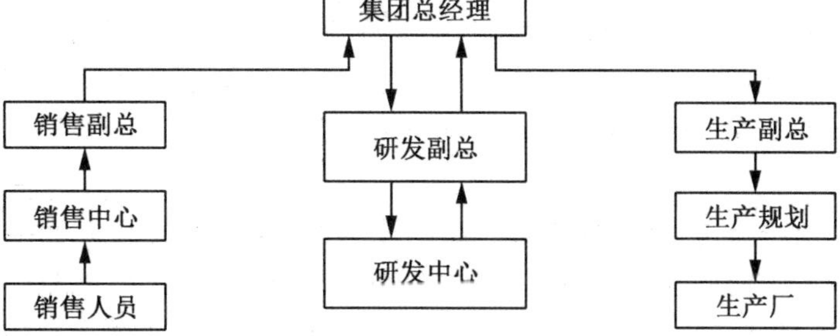

图 4—9　中国一拖的组织链条

请思考：什么是组织变革？为什么要进行组织变革？

二、组织变革的动因

组织进行变革的因素可以分为外部环境因素和内部环境因素两个部分。

(一)外部环境因素

对组织管理和变革发生影响的外部环境包括一般环境因素和特殊工作环境。一般环境因素包括文化、科学技术、教育、政治、经济、社会结构、法制、自然资源、人口特征等许多方面。特殊工作环境主要是指那些与组织具有特定关系,对组织中的成员、结构和运行直接发生影响的外界环境。无论是一般的社会环境,还是特定的具体环境,都在不同程度地发生变化,这些不同方面的外部环境的变化都可能对组织产生强烈的冲击,从而促使组织正常发展进程和工作秩序发生改变,致使产生变革的压力,引发组织变革。

(二)内部环境因素

引起组织变革的内部环境是指组织成员的工作态度、士气、期望、个人价值观念、人员素质、组织结构、组织目标、组织冲突等方面的变化。在现实组织管理当中,现行的组织结构、设计和管理形态往往与职工期望存在很大差异。差异的扩大,将压抑组织成员的积极性。为了改变这种状况,组织必须变革。美国学者西斯克认为,如果一个组织内部出现了下列情况中的一种,那就是组织变革的征兆:决策的形成过于缓慢,以致无法把握良好的机会,或者时常造成错误的决策;沟通不良;组织的机能不能得到正常发挥,效率低下;缺乏创新精神,开发不出新产品,无法开拓新市场,组织发展处于停滞状态。

管理实务 4-38

娃哈哈近些年来业绩连续下滑,究其原因,既有内部的困扰,也有外部的冲击。

从内部的困扰来看,在主业增长乏力的情况下,采取了非相关多元化策略,跨界经营,结果是屡败屡战,反而成为主业的拖累。在管理模式上,娃哈哈的创始人董事长宗庆后,外界称他是娃哈哈的"独裁者",对业务、对管理都是独断专行。娃哈哈这个世界上产量第五大、中国最大的饮料企业,始终带有宗庆后的基因。这么多年娃哈哈还是没有副总经理,宗庆后还是靠直觉和经验决策,还是简单粗暴的管理和营销,内外部还是没有智囊团。网络大潮浩浩荡荡,宗庆后却依然我行我素,甚至连其女儿宗馥莉也没什么发言权。尽管他已经开始意识到要逐渐放权,但他的集权式管理方式仍然难退其色,尽管如今的娃哈哈已经是全球知名的大企业,与现代管理制度治下的企业相比,却仍然是原始落后的家族企业架构。在这种高度集权的管理模式下,人才尽走。2014 年秋,在娃哈哈 19 年,与宗庆后情同父子,娃哈哈事实上的营销二把手,原销售公司总经理刘智民受业绩下滑拖累,犹豫徘徊了半年之久而无奈辞职,如今娃哈哈的核心营销系统、销售公司和市场部都是年轻人当政,已是"蜀中无大将,廖化作先锋"的状态。

从外部的冲击来看,外部的市场、媒体、渠道、竞争环境发生天翻地覆的变化,对娃哈哈现在和未来的影响更加深远。饮料的核心消费人群规模增长停滞,农村与县城(娃哈哈的优势市场)的年轻人,正源源不断地流往北上广深等大城市(娃哈哈的劣势市场),市场蛋糕不再扩大。消费正在分层,年轻人对饮料价格的敏感性降低,娃哈哈征战沙场的价格利器越来越无用武之地。曾经,电视权威媒体高速发展,以电视广告为核心营销手段的娃哈哈也一路高歌猛进,如今电视衰落、互联网及移动互联网兴起、微博微信蓬勃发展，娃哈哈当年那套电视广告狂轰滥炸的推广策略已经落伍，而整合营销传播、话题性事件性公关推广却不是娃哈哈的擅长。娃哈哈引以为豪的联销体经销体系，是建立在传统食品批发市场的强大辐射能力基础之上，但现在各地批发市场日渐萎缩，连锁超市、便利店、大卖场遍布城乡，娃哈哈不直营却仍然依赖可同甘却不共苦的经销商队伍，可悲可叹。竞争对手，哪个都不是孬种。大浪淘沙，弱肉强食，几十年饮料市场的残酷竞争，剩下的个个都是强手。可口可乐、康师傅、统一、加多宝，哪个不是响当当的大公司？大家比的是综合实力，是持久的耐力。靠年逾古稀的老人宗庆后一人苦苦支撑的娃哈哈，能继续成为长跑冠军？

请思考：娃哈哈该怎么办？

三、组织变革的内容

一般来说，组织变革过程的主要变量因素包括人员、结构、技术和任务。

（一）对人员的变革

人员的变革是指员工在态度、技能、期望、认知和行为上的改变。组织发展虽然包括各种变革，但是人是最主要的因素。对人员变革的主要任务是组织成员之间在权力和利益等资源方面的重新分配。要想顺利实现这种分配，组织必须注重员工的参与，注重改善人际关系并提高实际沟通的质量。

（二）对结构的变革

结构的变革包括权力关系、协调机制、集权程度、职务与工作再设计等其他结构参数的变化。管理者应该根据实际情况灵活改变其中的某些要素组成。

（三）对技术和任务的变革

技术和任务的变革包括对作业流程与方法的重新设计、修正和组合，包括更换机器设备，采用新工艺、新技术和新方法等。由于产业竞争的加剧和科技的不断创新，管理者应能与当今的信息革命相联系，注重在流程再造中利用最先进的计算机技术进行一系列的技术改造，同时，组织还需要对组织中各个部门或各个层级的工作任务进行重新组合，如工作任务的丰富化、工作范围的扩大化等。

四、组织变革的阻力

组织变革作为战略发展的重要途径，总是伴随着不确定性和风险性，并且会遇到各种阻力。组织变革中的阻力是指人们反对变革、阻挠变革甚至对抗变革的制约力。要有效地开展组织变革，必须认清组织变革的阻力并及时消除。常见的组织变革阻力可以分为三类。

（一）个体因素

个体对待组织变革的阻力，主要是因为其固有的工作和行为习惯难以改变、就业安全需要、经济收入变化、对未知状态的恐惧以及对变革的认识存有偏差等而引起。

（二）群体因素

群体对变革的阻力，可能来自群体规范的束缚，群体中原有的人际关系可能因变革而受到改变和破坏等。

（三）组织因素

组织层次的阻力包括现行组织结构的束缚、组织运行的惯性、变革对现有责权关系和资源分配格局所造成的破坏和威胁，以及追求稳定、安逸和确定性甚于革新和变化的保守型组织文化等，这些都是可能影响和制约组织变革的因素。

组织变革是一项长期而艰巨的工作，需要自上而下的重视、周密的变革计划和坚持不懈的实施。唯有如此，才能达到提高组织的机能和效益的目标。

管理实务 4-39

王明任职于一合资企业，由于其工作努力、责任心强，很快就被总经理赏识，并委以重任来改革公司的现状。王明雄心勃勃地和同事一起设计改革方案并逐步实施，公司现状很快得到改善。但是，这次改革波及了一位副总经理的亲信以及亲戚的利益，为此，该副总经理趁总经理等人出差之际，令其亲信做员工满意度调查，结果王明的员工满意度极低。以此为据，该副总经理要求总经理撤换掉王明。王明不愿给领导造成困扰，也不愿意给和自己一起努力的同事带来麻烦，所以想辞职，离开这个是非之地，希望能够找到一个可以让员工全心为企业工作的单位。

请思考：此次变革的阻力主要是什么？王明该如何应对这些阻力？

本章小结

组织职能是管理活动的根本职能，是其他一切管理活动的保证和依托。组织设计是组织职能中最重要、最核心的一个环节，它着眼于建立一种有效的组织结构框架，对组织成员在实现组织目标中的工作分工与协作关系作出正式、规范的安排。建立有效的组织结构是实现组织目标的管理手段，而不是目的。组织设计包括职务设计、部门划分、人员配备、确定层级结构和明确职权关系。

由于管理幅度的限制，组织必然会在纵向上表现出一定的管理层次，这种层次划分就形成了锥型与扁平型两种具有不同特点的基本组织形态。尽管组织扁平化是现代企业组织设计的一种趋势，但管理层次的缩减本质上依赖于管理幅度的拓宽。而有效的管理幅度是由主管人员的能力、下属人员的素质、工作的性质和条件以及外部环境等多方面因素共同决定的。

设计组织结构的目的是能够充分调动所有成员的积极性和主动性，为实现组织目标而和谐一致地进行工作。组织结构的形式主要有直线制、职能制、直线职能制、事业部制和矩阵制等。而要保证组织高效运行的关键，就是要处理好组织内不同成员的各种权力关系。

一个组织要能够生存、发展和壮大，就必须依据外部环境及内部条件的变化而适时调整其目标、结构与功能，即不断地进行组织变革。

开篇案例分析要点

赵工的问题在于过于集权管理，没有发挥出组织成员的集体作用，以致工作团队办事效率低下，士气低落，导致施工单位及业主对监理不满意，工程速度和质量也受到影响。

根据本案例，赵工的管理方式违反了以下管理原则：

(1)责权一致原则。责权一致是指一定的职权与一定的职责相适应，有责就有权，有权就有责，这样才能充分发挥员工的积极性和主动性。但赵工在工作中对下属们的监理工作总是事事过问，似乎五位监理的工作都由他一人来做才放心，这种做法打击了员工工作的积极性，也使分工形同虚设，同时导致了员工们的抱怨。

(2)集权和分权相结合原则。赵工在工作中对下属们的监理工作总是事事过问，不敢向员工分权，结果导致自己整天忙里忙外，感到麻烦事特多。同时，员工抱怨赵工做不到点上，越忙越乱。这些都是集权和分权不相结合导致的后果。

(3)例外原则。赵工作为总监代表，没必要事事关心，只需抓好主要工作，其余的事情由其他监理来做就可以了。但是，恰恰相反，赵工什么事情都管，不善于抓关键点，结果造成什么事情也没有做好，违反了管理中的例外原则。

(4)用人所长原则。用人所长原则是指管理者应注重发挥人的长处，只有发挥员工的长处，才能提高工作效率，促进组织水平的提高。案例中，刘工理论水平高，写作能力强，写的月报内容翔实，但赵工没有充分利用刘工的优势，而是采用轮流写月报的做法，结果导致花几个小时的时间修改。有时，因赵工有其他事，月报未来得及修改，造成不能按时完成发出。

(5)分工协作原则。分工原理表明，一个人不必掌握所有的技能，只需掌握一项或少数几项技能并能达到相当熟练的程度，这样在一定分工的基础上加强合作，就可以提高企业经营绩效。案例中，沈工负责钢筋工程验收，刘工负责模板工程验收，宋工负责混凝土工程验收，孙工负责电气安装工程验收，黄工负责暖通工程验收，但是，在工作中，赵工对他们事事关心，似乎工作只有他来做才能放心，不仅没有达到分工提高效率的目的，反而陷入日常琐事之中，抓不到工作要点。

(6)统一指挥原则。组织的各级机构以及个人必须服从一个上级的命令和指挥，只有这样，才能保证命令和指挥的统一，避免多头领导和多头指挥，使组织的决策得以贯彻实施。案例中，赵工检查钢筋时发现问题，向施工单位下达整改通知单，而沈工已经把整改通知下达到施工单位，造成施工单位不知听谁的混乱现象。

知识测试

一、单项选择题

1. 把生产要素按照计划的各项目标和任务的要求结合成为一个整体，把计划工作中制订的行动方案落实到每一个环节和岗位，以确保组织目标的实现，这是管理的(　　)。

A. 计划职能　　B. 组织职能　　C. 领导职能　　D. 控制职能

2. 人类社会需要正式的组织机构主要是因为(　　)。

A. 便于发挥社会精英分子的才智　　B. 社会在不断进步，不断变革

C. 人们需要寻求最佳的组织结构　　D. 人们需要有效协作以达成群体目标

3. 非正式组织是基于(　　)。

A. 管理者实现组织目标的要求而设立的

B. 是为特定利益目标而设立的

C. 明确的组织结构而形成的

D. 组织成员特定的心理需要而形成的

4. 下列关于正式组织目标和非正式组织目标表述正确的是(　　)。

A. 正式组织目标与非正式组织目标一般是一致的

B. 非正式组织一般是以正式组织的目标作为自身追求和反对的目标

C. 正式组织的目标是明确的，非正式组织的目标不一定明确

D. 正式组织的目标和非正式组织的目标是互不相干的

5. 组织中主管人员监督管辖其直接下属的人数越适当，就越能够保证组织的有效运行，这是组织工作中的(　　)。

A. 目标统一原理　　B. 责权一致原理

C. 管理幅度原理　　D. 集权与分权相结合原理

6. 某企业的员工在工作中经常接到来自上级的两个有时甚至是相互冲突的命令，以下说法指出了导致这种现象的本质原因是(　　)。

A. 该公司在组织设计上采取了职能结构

B. 该公司在组织运作中出现了越权指挥的问题

C. 该公司的组织层次设计过多

D. 该公司组织运行中有意或无意地违背了统一指挥的原则

7. 管理幅度小而管理层次多的组织结构是(　　)。

A. 扁平结构　　B. 锥形结构

C. 直线型组织结构　　D. 直线参谋型组织结构

8. 某企业总经理近来发现信息从基层传递到自己这里所花的时间很长，而且传递到自己这里的信息出现了很大程度的失真，对于整个企业计划的控制工作变得复杂了，下属许多管理人员抱怨自己在企业中的地位渺小。由此可推断，该企业出现这种情况的组织方面的主要原因最可能在于(　　)。

A. 管理幅度较小，管理层次较多

B. 总经理的管理幅度太宽，以至于无法对企业进行有效管理

C. 总经理对企业的管理花费的精力太少

D. 企业员工不服从领导，工作不努力

9. 在事业部结构组织中，最高管理层在加强对事业部的控制时，一般不应该采取的方式为(　　)。

A. 保持事业部的发展决策权　　B. 掌握资金分配权

C. 最高机关成员兼任事业部经理　　D. 掌握重要的人事安排权

10. 部门划分主要解决组织的(　　)。

A. 纵向结构问题　　B. 横向结构问题

C. 纵向协调问题　　D. 横向协调问题

11. 划分部门最普遍采用的一种划分方法是(　　)。

A. 职能部门化　　B. 区域部门化

C. 产品部门化　　D. 过程部门化

12. 银行设立商业信贷部属于(　　)。

A. 职能部门化　　B. 用户部门化

C. 地区部门化　　D. 过程部门化

13. 某服装公司对于儿童服装、男装和女装分别由不同的部门负责生产和销售，该公司是按(　　)划分组织部门的。

A. 不同产品　　B. 企业职能

C. 顾客特点　　D. 不同地区

14. 没有实行管理分工的组织结构是(　　)。

A. 直线型　　B. 矩阵型
C. 职能型　　D. 事业部型

15. 直线型组织结构一般只适用于(　　)。
A. 大型组织　　B. 小型组织
C. 需要职能专业化管理的组织　　D. 没必要按职能专业化管理的小型组织

16. 实施事业部制组织形式可能带来的主要问题是(　　)。
A. 有临时观念,且双重领导　　B. 最高领导者一旦退休,后继无人
C. 可能发生内耗,难以协调　　D. 多头领导,削弱统一指挥

17. 如果你是公司的总经理,你将授予(　　)以决策和行动的权力。
A. 参谋人员　　B. 直线人员
C. 咨询人员　　D. 一线员工

18. 考察一个组织分权程度的关键在于(　　)。
A. 按地域设立部门　　B. 按职能设立部门
C. 按顾客设立部门　　D. 决策权或命令权是保留还是下放

19. 根据决策的重要性,若较低层次做出的决策比较重要,影响面较大,则表明该组织的权力划分特征是(　　)。
A. 分权程度较高　　B. 集权程度较高
C. 集权与分权程度相当　　D. 不确定

20. 某公司采用直线职能制组织结构,公司中有管理人员 37 人,其中总经理 1 人,总经理助理 2 人,部门经理 4 人,每个部门各下设 2 名项目负责人,其他均为科员。同时每个部门均不设副职。试问,总经理的管理幅度是(　　)。
A. 2　　B. 4　　C. 6　　D. 14

21. 用图形的方式表示的组织内各机构、岗位、上下左右相互关系的是(　　)。
A. 组织结构　　B. 组织手册
C. 职位说明书　　D. 组织图

22. 企业经营环境的变化,直接影响到企业存在的方式以及企业的管理模式。当一个企业的组织模式由“金字塔”型开始向扁平化转变时,(　　)不能有力促进组织结构的扁平化。
A. 严格规章制度　　B. 管理者授予下属更大的权力
C. 大量使用计算机　　D. 提高管理者的管理能力

二、多项选择题

1. 影响有效管理幅度的因素主要有(　　)。
A. 管理者和被管理者的工作内容　　B. 管理者和被管理者的工作能力
C. 管理者和被管理者的工作环境　　D. 管理者和被管理者的工作报酬

2. 组织工作的基本原则主要有(　　)。
A. 有效性原则　　B. 责权一致原则
C. 统一指挥原则　　D. 集权与分权相结合原则

3. 组织设计的一般程序包括(　　)。
A. 职务分析与设计　　B. 部门结构设计
C. 层次结构设计　　D. 配备职务人员

4. 组织设计的影响因素有(　　)。
A. 环境　B. 组织规模
C. 组织战略　D. 组织文化
5. 扁平结构的组织具有的优点有(　　)。
A. 信息传递速度快　B. 管理人员少
C. 信息失真的可能性小　D. 有利于下属发挥主动性和首创精神
6. 下列关于组织层次与管理幅度关系论述中正确的是(　　)。
A. 锥形组织结构的管理幅度窄,组织层次多
B. 锥形组织结构的管理幅度窄,组织层次少
C. 扁平组织结构的管理幅度宽,组织层次少
D. 扁平组织结构的管理幅度宽,组织层次多
7. 直线型组织结构的优点有(　　)。
A. 结构比较简单　B. 责任和职权明确
C. 做决定较容易和迅速　D. 减轻了上层主管人员负担
8. 直线职能制组织结构的特点可以概括为(　　)。
A. 专业分工,统一指挥　B. 集中决策,分散经营
C. 直线部门和参谋部门分设　D. 充分利用闲散人员
9. 矩阵制组织结构的弱点有(　　)。
A. 部门之间难以协调　B. 多头领导
C. 适应性不强　D. 灵活性不够
10. 职权可分为(　　)。
A. 法定职权　B. 直线职权
C. 职能职权　D. 参谋职权
11. 授权的好处主要表现为(　　)。
A. 减轻上级工作负担　B. 发挥下属的专长
C. 培养人才　D. 提高工作效率
12. 衡量集权与分权程度的标志有(　　)。
A. 决策的数目　B. 决策的重要性
C. 决策的影响面　D. 对决策的控制程度

三、判断题

1. 在一个组织中有两种不同性质的权力:直线权力和参谋权力。(　　)
2. 非正式组织有很大的消极作用,正式组织应对其进行限制和取缔。(　　)
3. 管理幅度就是一个领导者所领导的下级人员的数目。(　　)
4. 规模越小的企业其管理幅度也就越小。(　　)
5. 管理者能有效地直接管理的下属人数总是有限的,因此必然产生管理层次。(　　)
6. 组织扁平化的最根本目的是通过削减冗员来降低管理费用。(　　)
7. 组织层次过多,不利于组织内部的沟通。(　　)
8. 组织结构的具体模式有许多种,但其中最主要的是直线制和事业部制。(　　)
9. 事业部制的优点之一是高层权力比较分散。(　　)

10. 在事业部结构中，总公司是利润中心，事业部是成本中心。 （ ）

11. 集权与分权指的是组织决策权的集中化与分散化。 （ ）

12. 权力可以下放，但领导者自身的责任不可下授。 （ ）

13. 参谋人员的职责不仅仅是建议，在很多场合还具有指挥与协调的作用。 （ ）

14. 组织规模的大小是影响集权与分权的因素之一。规模越大，管理层次和管理部门越多，为了提高管理效率，集权程度就应高些；相反亦然。 （ ）

15. 企业人员素质普遍较高，对领导意图能很好领会，则适合采取集权管理。 （ ）

16. 小批量生产的产品具有差异化的特点，常常根据顾客的要求进行设计和生产，对企业人员技术水平要求较高，技术权力要求分散，适于采用分权式组织形式。 （ ）

17. 影响组织集权与分权程度的因素很多。从组织成长的不同方式来看，如果组织是靠其内部积累由小到大逐级发展起来的，则分权程度较高。 （ ）

18. 环境不确定程度较高，则实行较大程度的分权。 （ ）

19. 强调权力下放，主要是为了减轻领导者的负担，并提高下属的积极性。 （ ）

20. 组织之所以不断变革，完全是为了适应残酷的环境变化。 （ ）

四、简答题

1. 简述组织职能的主要内容。
2. 简述管理幅度与管理层次的关系。
3. 简述统一指挥原则。
4. 简述责权一致原则。
5. 简述责任绝对性原则。
6. 简述组织设计的一般程序。
7. 简述授权的作用。
8. 简述影响分权的主要因素。

五、论述题

1. 论述直线制结构的特点、适用范围及其优缺点。
2. 论述职能制结构的特点、适用范围及其优缺点。
3. 论述直线职能制结构的特点、适用范围及其优缺点。
4. 论述事业部制结构的特点、适用范围及其优缺点。
5. 论述矩阵制结构的特点、适用范围及其优缺点。

案例分析

案例 1 A 公司的变革

A 公司是一家成立于 1990 年的生产经营日用清洁用品的公司，由于其新颖的产品、别具一格的销售方式和优质的服务，其产品备受消费者的青睐。在公司总裁张强的带领下发展迅速。然而，随着公司的发展，公司总裁逐步发现，一向运行良好的组织结构，现在已经不能适应公司内外环境变化的需要。

公司原先是根据职能来设计组织结构的,财务、营销、生产、人事、采购、研究与开发等构成了公司的各个职能部门。随着公司的壮大发展,产品已从洗发水扩展到护发素、沐浴露、乳液、防晒霜、护手霜、洗手液等诸多日化用品上。产品的多样性对公司的组织结构提出了新的要求。旧的组织结构严重阻碍了公司的发展,职能部门之间矛盾重重,在这种情况下,总裁张强总是亲自做出主要决策。因此,在2000年总裁张强做出决定,即根据产品种类将公司分成8个独立经营的分公司,每一个分公司对各自经营的产品负有全部责任,在盈利的前提下,分公司的具体运作自行决定,总公司不再干涉。但是重组后的公司,没过多久,公司内又涌现出许多新的问题。各分公司经理常常不顾总公司的方针、政策,各自为政;而且分公司在采购、人事等职能方面也出现了大量重复。在总裁面前逐步显示出,公司正在瓦解成一些独立部门。在此情况下,总裁意识到自己在分权的道路上走得太远了。于是,总裁张强又下令收回分公司经理的一些职权,强调以后总裁拥有下列决策权:超过10万元的资本支出;新产品的研发;发展战略的制定;关键人员的任命等。然而,职权被收回后,分公司经理纷纷抱怨公司的方针摇摆不定,甚至有人提出辞职。总裁意识到了这一举措大大地挫伤了分公司经理的积极性和工作热情,但他感到十分无奈,因为他实在想不出更好的办法。

根据案例资料,请回答下列问题:

1. A公司调整前的组织结构是(　　)。

A. 直线制　　B. 职能制

C. 矩阵制　　D. 事业部制

2. A公司由于产品多样性需求对组织结构进行重组,重组后的组织结构是(　　)。

A. 直线制　　B. 事业部制

C. 职能制　　D. 矩阵制

3. 事业部制的特点为(　　)。

A. 是产品或市场的责任单位　　B. 是具有足够权力的分权单位

C. 是独立核算的利润中心　　D. 以上三者皆是

4. 对于公司总裁从分权到集权的做法,你认为最合理的评价是(　　)。

A. 他在一开始分权是对的,公司发展到一定程度后,通常都会要求组织结构进行调整

B. 他在一开始就不应该分权,分权通常都会导致失控

C. 他的分权和组织结构调整的思路是正确的,但是在具体操作上有些急躁

D. 他后来撤回分公司经理的某些职权的做法是对的,避免了一场重大危机

5. 根据公司的发展,你认为该公司最可能采用的部门化方式是(　　)。

A. 产品部门化　　B. 地区部门化

C. 顾客部门化　　D. 工艺部门化

6. 总裁在设立8个独立的分公司时,你认为其最大的失误是(　　)。

A. 没有考虑矩阵结构等组织结构

B. 没有周密地考虑总公司和分公司的职权职责划分问题

C. 根本就不应该设立独立的分公司

D. 既没有找顾问咨询,也没有和分公司经理进行广泛的沟通

7. 当总裁意识到自己在分权的道路上走得太远时,他撤回了分公司经理的某些职权,这是行使了(　　)。

A. 直线职权　　B. 参谋职权

C. 职能职权　　D. 个人职权

8. 你认为本案例最能说明的管理原则是(　　)。

A. 管理幅度原则　　B. 指挥链原则

C. 集权与分权相结合的原则　　D. 权责对等原则

9. 公司总裁决定收回分公司经理的一些职权,强调以后总裁拥有下列决策权:超过 10 万元的资本支出;新产品的研发;发展战略的制定;关键人员的任命等。这些事项的决策最可能属于(　　)。

A. 程序性决策　　B. 非程序性决策

C. 战术决策　　D. 业务决策

10. 事业部制结构的组织形式的基本原则是(　　)。

A. 分散决策,分散经营　　B. 集中决策,集中经营

C. 分散决策,集中经营　　D. 集中决策,分散经营

案例 2　一封辞职信

尊敬的钟院长:

您好!

我叫李玲,是医院内科的护士长,我当护士长已经有半年了,但我再也无法忍受这种工作了,我实在干不下去了。我有两个上司,他们都有不同的要求,都要求优先处理自己布置的事情。然而我只是一个凡人,没有分身术,我已经尽了自己最大的努力来适应这样的工作要求,但看来我还是失败了,让我给您举个例子吧。

昨天早上 8:00,我刚到办公室,医院的主任护士叫住我,告诉我她下午要在董事会上作汇报,现急需一份床位利用情况报告,让我 10:00 前务必完成。而这样一份报告至少要花一个半小时才能写出来。30 分钟以后,我的直接主管,基层护士监督员王华走进来突然质问我为什么不见我的两位护士上班。我告诉她外科李主任因急诊外科手术正缺人手,从我这要走了她们两位借用一下,尽管我表示反对,但李主任坚持说只能这么办。王华听完我的解释,叫我立即让这些护士回到内科来,并告诉我一个小时以后,他回来检查我是否把这事办好了!像这样的事情举不胜举,每天都要发生好几次。这样的工作我实在无法胜任,特向您辞职,请批准!

李玲

2015.12.20

根据案例资料,请回答下列问题:

1. 案例中李玲所在的这家医院在组织结构的运行上合理吗?为什么?
2. 要避免案例中的这种结局,谈谈你的建议。

考研真题

一、概念题

1. 组织(四川大学 2017 年研;华中科技大学 2017 年研;东北财经大学 2010 年研)
2. 组织结构(湘潭大学 2017 年研;中南财经大学 2015 年研;同济大学 2015 年研)
3. 直线职权与参谋职权(中山大学 2017 年研)
4. 集权与分权(中山大学 2009 年研)

5. 授权(山东大学2017年研;哈尔滨工业大学2016年研;东北财经大学2013年研;武汉大学2012年研;华南理工大学2011年研)

6. 管理幅度(大连理工大学2018年研;山东大学2017年研;广东工业大学2015年研;北京科技大学2014年研;西安交通大学2014年研)

● 管理跨度(中南财经大学2017年研;哈尔滨工业大学2016年研;陕西师范大学2015年研)

7. 组织设计(北京大学2019年研;长安大学2017年研;四川大学2016年研;东北财经大学2015年研;华南理工大学2013年研;中央财经大学2011年研;中南财经大学2008年研)

8. 组织结构的扁平化(北京理工大学2005年研)

● 组织的扁平结构(中山大学2009年研)

● 扁平结构(东北财经大学2010年研)

9. 直线职能制(东北大学2019年研;中央财经大学2014年研;山东大学2013年研;北京邮电大学2010年研;武汉理工大学2009年研)

10. 矩阵型结构(大连理工大学2018年研;华北电力大学2018年研;长安大学2017年研;东北财经大学2009年研)

● 组织结构中的矩阵结构(浙江理工大学2016年研)

● 矩阵式组织结构(暨南大学2011年研;四川大学2011年研)

11. 非正式组织(武汉理工大学2019年研;吉林大学2015年研;同济大学2013年研;深圳大学2011年研;华南理工大学2011年研;东北财经大学2010年研;北京第二外国语大学2010年研)

12. 组织变革(河北大学2018年研;对外经贸大学2017年研;中央财经大学2016年研;湘潭大学2015年研;华南理工大学2015年研;南昌大学2015年研;华东师范大学2014年研)

13. 组织文化(东南大学2019年研;武汉理工大学2019年研;青岛大学2018年研;中央财经大学2017年研;湘潭大学2017年研;广东财经大学2017年研;安徽大学2017年研;广东工业大学2017年研;暨南大学2016年研;中山大学2015年研;中央财经大学2015年研;南昌大学2015年研;华中科技大学2013年研;电子科技大学2013年研;深圳大学2013年研;武汉大学2012年研;厦门大学2012年研;首都师范大学2011年研)

二、简答题

1. 影响组织设计的主要因素有哪些?(厦门大学2018年研;山东大学2015年研)

● 试述影响组织结构设计的关键要素。(中国人民大学2019年研)

2. 产品部门化的优缺点。(华东师范大学2019年研)

3. 简述组织设计的原则。(吉林大学2017年研;广东工业大学2015年研;电子科技大学2013年研;华南理工大学2010年研)

● 组织设计的任务是什么?原则有哪些?(北京工业大学2006年研;武汉理工大学2006年研)

● 试述组织设计的内容。(华中科技大学2016年研)

4. 简述管理跨度的定义,以及影响管理跨度的相关因素。(大连理工大学2019年研;上海大学2018年研)

● 简述影响管理幅度的主要因素有哪些?(华北电力大学2018年研;北京工业大学2016

年研；广东工业大学2016年研；北京科技大学2013年研）

●简述管理幅度与管理层次的关系及其对组织结构形态的影响。（华南理工大学2017年研）

5. 直线职能制的优缺点。（华东师范大学2019年研；哈尔滨工业大学2018年研）

6. 事业部制组织结构的基本特征是什么？其主要优缺点是什么？（山东大学2017年研；天津财经大学2016年研）

●简述事业部组织结构的优缺点。（中国地质大学2019年研；电子科技大学2016年研）

●事业部制组织结构有何优点？（大连理工大学2018年研；中山大学2016年研）

●请简要分析职能型组织结构和事业部型组织结构的优缺点。（浙江理工大学2017年研）

7. 简述矩阵式结构的优缺点。（武汉理工大学2019年研；中山大学2016年研；中南大学2013年研；北京大学2008年研）

8. 组织扁平化为什么会受到重视？企业组织扁平化实践可能遇到什么问题？（南开大学2010年研）

●简述组织结构中的扁平结构形态的特点及优缺点。（湘潭大学2017年研）

9. 试述非正式组织的不利影响。（华中科技大学2016年研）

●非正式组织的危害有哪些？（江西财经大学2014年研；中国科技大学2012年研）

10. 组织内部的授权原则是什么？（中山大学2011年研；首都师范大学2011年研）

●什么是授权？有效授权的原则有哪些？（河北农业大学2017年研；南开大学2010年研）

11. 一个拥有50人的组织和一个拥有5000人的组织在组织设计上有何不同？（东北财经大学2015年研）

12. 什么是直线职权？什么是参谋职权？实践中如何区分这两类职权关系？（北京科技大学2011年研）

13. 简述影响集权和分权的因素。（北京工商大学2016年研）

14. 组织中集权倾向产生的原因及过分集权的弊端是什么？（华南理工大学2011年研）

15. 组织变革主要有哪几种类型？（西安交通大学2017年研；浙江财经大学2016年研；广东财经大学2015年研；北京师范大学2012年研）

●什么是组织变革？试述组织变革的主要类型及变革内容。（中山大学2013年研）

16. 阻碍组织变革的因素有哪些？（中央民族大学2019年研；上海交通大学2015年研）

●影响组织变革的内部因素。（浙江大学2019年研）

●简述组织变革阻力的原因。（中央财经大学2019研）

17. 简述为什么要进行组织变革。（中央民族大学2019年研）

18. 减少变革阻力的策略有哪些？（中山大学2016年研）

三、论述题

1. 请阐述“集权”和“分权”的管理重点以及各自可能产生的管理问题。（南京航空航天大学2017年研）

2. 组织结构的基本类型有哪些？（哈尔滨工业大学2016年研；华南理工大学2006年研）

3. 试分析说明直线职能组织结构和矩阵式组织结构的主要区别及其各自的优缺点。（南

开大学 2003 年研)

● 论述直线职能制的特点及优缺点。(电子科技大学 2014 年研)

4. 试析科研、设计和规划项目等创新性较强的工作或单位为什么适合建立矩阵型组织结构。(东北财经大学 2010 年研)

5. 论述非正式组织对正式组织的影响以及发挥正式组织作用的措施。(北京第二外国语大学 2009 年研)

6. 良好的组织结构的标志有哪些?它的影响因素是什么?(东华大学 2019 年研)

7. 扁平化管理是发展趋势。(四川大学 2019 年研)

8. 试论述组织变革的主要动因及消除变革阻力的管理策略。(南京财经大学 2011 年研)

四、案例分析题

马格纳国际公司

马格纳国际公司是北美最大的配件生产公司。这家公司生产 500 多种配件——从飞轮到挡泥板,一应俱全。它几乎为所有在美国设有工厂的汽车制造商提供配件。比如它是克莱斯勒汽车公司的最大配件供应商。

马格纳国际公司的高层管理当局长期以来力求使公司保持一种松散的结构,并给予各单位管理者充分的自主权。在 2004 年,该公司拥有 1 万多名职工,年销售额近 10 亿加元。员工们被组织到 120 个独立的企业中,每个企业都以自己的名义开展活动。公司的宗旨是,使各单位保持较小规模(不超过 200 人)以鼓励创新精神并将责任完全落实到工厂经理身上,当某个工厂争取到了超过其生产能力的业务时,公司不是扩大该工厂的规模,而是配置同样的生产设施,开办一个新的工厂。这种结构在 21 世纪初运作得相当好,10 年内总销售额增长了 13 倍。工厂经理们以接近完全自治的方式,大胆地扩展它们的业务。他们不仅获得自己工厂的盈利,而且可以分享从他们的业务分离出去的新建工厂的盈利。这样,不用公司出面干预,工厂经理们就会主动设立新厂,向外举债,并与汽车制造商签订供货合同。

但 2008 年泡沫开始破灭,汽车销售量大幅度下降。受扩张动机驱使的马格纳国际公司管理者给公司带来 10 亿美元的新债务。到 2008 年,公司年销售额 16 亿美元,而亏损却近 2 亿美元。公司陷入了严重的经营危机。(电子科技大学 2012 年研)

问题:马格纳国际公司陷入困境的原因是什么?你认为采取何种措施可以走出困境?

第五章　领导职能

学习目标

1. 理解领导的定义、作用及领导影响力的构成。
2. 了解人性假设与领导行为之间的关系。
3. 掌握领导特质理论、领导行为理论和领导权变理论。
4. 了解领导的艺术。

开篇案例

刘邦自评取天下的秘诀

刘邦总结打败项羽取得天下时说："夫运筹帷幄之中，决胜千里之外，吾不如子房；镇国家，抚百姓，给饷馈，不绝粮道，吾不如萧何；连百万之众，战必胜，攻必取，吾不如韩信。三人皆人杰，吾能用之，此吾所以取天下者也。"领导的本质在于科学地用人，在于通过自己的魅力或影响力去领导下属完成组织目标，而不在于领导具体能干多少。

刘邦的成功之道，也即领导艺术是非凡的。他能知人善任，调动部下的积极性，知道自己的下属都有什么才能，他们的才能是哪些方面的，有什么性格，有什么特征，有什么长处，有什么短处，放在什么位置上最合适，这是一个领导最大的才能。领导不是说要自己亲自去做什么事，事必躬亲的领导绝非好领导。作为一个领导，你只要掌握了一批人才，把他们放在适当的位置上让他们最大限度地、充分地发挥自己的积极性和作用，你的事业就成功了。

一个有着自知之明的人，往往也会有知人之明，一个连自己都不了解的人，往往也很难了解别人。刘邦是一个有自知之明的人，因而他也很了解别人，而且他还有一个最大的优点，就是他能够不拘一格地使用人才，所以刘邦的队伍里面什么人都有。在刘邦这个队伍里，张良是贵族，陈平是游士，萧何是县吏，樊哙是狗屠，灌婴是布贩，娄敬是车夫，彭越是强盗，周勃是吹鼓手，韩信是待业青年，可以说是什么人都有。然后刘邦把他们组合起来，各就其位，毫不在乎人家说他是一个杂牌军，是一个草头王，他要求的是所有的人才都能够最大限度地发挥作用。

刘邦的用人之术是典型的帝王之术，一方面他好像用人不疑，四万斤黄金交给你，不要报销；另一方面，他肚子里极度地猜忌，只不过他猜得不动声色。他手腕高明，这是一切所谓有为君主的通例，也非刘邦一人而已。总而言之，刘邦应该说是懂得领导艺术的，具备作为领导人的素质。正是由于他能够信任人才，使用人才，充分地调动他们的积极性，又暗中加以防范和控制，从而把当时天下的人才，都集结在自己的周围，形成了一个优化组合，进而战胜项羽，走向胜利。

（资料来源：曾国华，庞玉兰，嵇国平，余来文．管理学——理论、应用和中国案例[M]．北京：经济管理出版社，2015）

根据上述案例，请思考以下问题：

1．刘邦身上具有哪些领导特质？

2．你对领导者的能力不如下属是如何看的？

第一节　领导职能概述

领导是管理职能中一项非常重要的职能，是联结管理的计划、组织、控制等职能的纽带。在现实生活中，领导的职能贯穿于管理工作的各个方面，有效地实施领导，是现代管理者必须掌握的一项基本职能。

一、领导的定义及构成

领导是管理的重要职能之一，领导的职能贯穿于管理工作的各个方面，但不能因此把领导同管理混为一谈。领导是一种特殊的影响力，它以被领导者的自愿追随和服从为前提，领导可以不以权力强制被领导者服从，因此，领导的影响力的实现可以不依赖于法定权，而管理是要用管理者手中的权力强制被管理者服从的。管理的对象包括人、财、物、时间等，而领导的对象只有人，这就决定了领导具有不同于其他各项管理职能的特征和内容。

领导是指管理者运用其权力和管理艺术，指挥、引导、带动、激励和影响群体或组织成员，协调他们的行动，激发他们的积极性和创造性，使他们为实现组织或群体目标而作出努力和贡献的过程。这一定义包含了以下四个方面的含义：

（1）领导一定要与群体或组织中的其他人员发生联系，这些人就是领导者的下属。

（2）领导者与其下属可以相互影响，但两个方面的影响力是不同的。领导者对其下属的影响力要远大过其下属对领导者的影响力，正因如此，领导才得以实现。

（3）领导作为一种管理职能，有着明确的目标，即一切领导行为都是为了实现组织目标。

（4）领导以具有一定的权力为前提，同时也需要一定的领导艺术。

需要注意的是，不可把领导同领导者混同起来。领导者是实施领导的人，即是运用其影响力带领组织或群体成员达成一定目标的人；而领导则是管理的一种职能，是一种管理的动态行为过程。

管理实务 5-1

李厂长要到车间看一看，还没进门，就听见里面吵起来了。进到车间发现吵架者是青年员工小李和组长。李厂长拍拍小李的肩膀，说：“中午休息到我办公室来一下。”中午小李战战兢兢走进了厂长办公室。没想到，厂长对他很客气，给他倒了水还让了座位，并聊起了家常。聊着聊着，李厂长话锋一转，“早上为何和组长吵架？”“早上我迟到了。”李厂长说：“迟到了是你不对，为何还要吵架？”“厂长你不知道，在我们组我具有别人都没有的电工技术特长，平时干工作总是又快又好，可组长总是看我不顺眼，处处找我麻烦。换个人批评我，我全能接受，可就是组长我不服气。我看他是怕我哪一天抢了他的位置。”李厂长说：“不管怎么说，今天早上是你不对，回去以后马上向组长赔礼道歉。如果你们关系处理得好，将来我会找机会把你安排到能发挥你专长的岗位上去。”小李一听高兴了，心里想今天这架没白吵，高高兴兴地离开了厂长办公室，回去就请组长搓了一顿。

请问：作为领导者的李厂长是如何影响小李的？

二、领导的作用

在带领和指导组织成员为实现共同目标而努力的过程中，领导者要发挥指挥、协调和激励的作用。

（一）指挥作用

在人们的集体活动中，需要有头脑清晰、胸怀全局、高瞻远瞩的领导者来帮助人们认清所处的环境，明确活动的目标和实现目标的途径。因此，领导者有责任指导组织各项活动的开展。其中包括明确大方向并指导下属制订具体的目标、计划及明确职责、规章、政策，开展调查研究，了解组织和环境正在发生和可能或将要发生的变化，并引导组织成员认识和适应这种变化。

（二）协调作用

随着社会分工的不断细化，对协调的要求也越来越高。科学合理的组织结构、严格的规章制度、有效的控制手段是保证组织有效运转的基础。但是，要想使组织运转高效率、和谐一致，还有赖于组织人员的协调、配合。组织内员工的工作效率既取决于规章制度的约束，还有赖于个人的思想、情绪、态度。领导职能的协调作用就是通过创造、设计和保持良好的工作环境氛围，使下级心情舒畅、精神愉快，以饱满的热情，全身心地投入工作之中，努力与人合作，愉快地去完成工作任务，实现组织目标。一般而言，在许多人协同工作的集体活动中，即使有了明确的目标，但因组织中每个成员的岗位背景、理解能力、工作态度、进取精神、工作作风及气质性格等的不同，加上外部各种因素的干扰，人们在思想认识上发生各种分歧，行动上出现偏离目标的现象是不可避免的。因此就需要组织的领导者来及时协调组织内外成员之间的关系和活动，使组织内部能形成合力，外部形成张力，以便更好地实现组织目标。

（三）激励作用

对于大多数人来说，劳动仍是谋生的手段，人们的各种需求的满足还受到各种条件的限制。当一个人工作、学习、生活遇到困难、挫折或不幸，某种物质的或精神的需求得不到满足时，就必然会影响到其工作热情。这就需要有通情达理、关心下属的领导者来为他们排忧解难，以高超的领导艺术诱发下属的事业心、忠诚感和献身精神，充实和加强他们积极进取的动力。

由此可见，领导的作用是帮助下属尽其所能以达到目标。领导不是在下属的后面推动或鞭策，而是在下属的前面引导、鼓励下属实现共同的目标。

(四)凝聚作用

组织是由人组成的，下属的工作士气、工作热情、团队精神需要领导去引导、去凝聚，通过领导方式、管理方法和领导艺术，调动下级的工作情绪，使其保持持续的热情和高昂的士气。特别是当遇到困难和挫折，员工的士气低落时，领导职能的凝聚作用更显重要。领导要引导下级正确地、全面地认识形势，树立克服困难的信心和勇气，增强自信心，勇敢面对困难，找出解决矛盾和问题的方法，团结一致共渡难关，为最终实现组织的目标做出贡献。领导职能的凝聚作用应通过领导者个人的高尚品质，非凡的能力和领袖魅力，引起下属的崇敬、尊敬、信任、爱戴和忠诚，从而赢得下级的信赖和支持，达到同心同德众志成城的目的。

管理实务 5-2

《三国演义》中的刘备、《水浒》中的宋江，还有《西游记》中的唐僧，文才武略都不如别人，更没有什么英雄气概，但却能让别人都追随他们，得到他们想要的东西，这不能不说他们还是很有本事的，这个本事就是领导才能。

先说刘备，他从一个卖草席的破落皇族起家，先后依附刘焉、卢植、刘表等人，在此期间不断网罗了关羽、张飞、赵云、诸葛亮等武将谋士，时机一到，自领益州牧，玩了个空手道，骗取了天府之地。

再看宋江，他广交天下英雄，积累了雄厚的人际关系，后因为浔阳江头题写了反诗，在法场上被众兄弟救起，终于决心上了梁山，此时追随他的新人已超过晁盖的旧有人马。

还有唐僧，他先从五指山下救出了孙悟空，接着用悟空之力收编了八戒、沙僧，他还有观世音给的最厉害的一个东西——紧箍咒，借此才能让悟空服帖，带领这些魔鬼出身、本领高强的徒弟跟着他去西天取经。

请思考：为什么那么多有本事的人愿意死心塌地跟着这几个没什么本事的人冒险呢？

三、领导的影响力

领导的影响力主要来自职位权力和个人权力两个方面。

(一)职位权力

职位权力又称为职权或正式权力。这种权力是因为领导者在组织中所处的位置是由上级和组织赋予的，这样的权力随职务的变动而变动。在职就有权，离职就无权。人们往往出于压力和习惯不得不服从这种职位权力。职位权力包括法定权力、奖赏权力和强制权力。

职位权力的大小主要受传统因素、职位因素和资历因素的影响。传统因素是一个组织的历史文化形成的心理因素，认为领导者不同于普通人，他们或者有权，或者有才干，或者兼而有之，于是产生了对领导者的服从感。职位因素是领导者凭借组织所授予他的强制下级的力量，这种力量左右被领导者的情绪、处境甚至前途、命运，并使被领导者产生敬畏感。领导者的职位越高、权力越大，别人对他的敬畏也越甚，他的影响力也越强。资历因素是领导者的经历和资格，人们对于一位资历较深的领导者，心中会比较尊敬，他的言行容易在人们的心目中占有位置，这就是资历因素所以能构成影响力的原因。

管理实务 5－3

南宋嘉熙年间，江西一带山民叛乱，身为吉州万安县令的黄炳，调集了大批人马，严加守备。一天黎明前，探报来说，叛军即将杀到。

黄炳立即派巡尉率兵迎敌。巡尉问道，“士兵还没吃饭怎么打仗？”黄炳却胸有成竹地说：“你们尽管出发，早饭随后送到。”黄炳并没有开“空头支票”，他立刻带上一些差役，抬着竹箩木桶，沿着街市挨家挨户叫道：“知县老爷买饭来啦！”当时城内居民都在做早饭，听说知县亲自带人来买饭，便赶紧将刚烧好的饭端出来。黄炳命手下付足饭钱，将热气腾腾的米饭装进木桶就抬走。这样，士兵们既吃饱了肚子，又不耽误进军，打了一个大胜仗。这个县令黄炳，没有亲自捋袖做饭，也没有兴师动众劳民伤财，他只是借别人的人，烧自己的饭。县令买饭之举，算不上高明，看来平淡无奇，甚至有些荒唐，但却取得了很好的效果。

请思考：百姓能够在饭口献出美食，黄炳用的是领导者的什么权力？

（二）个人权力

个人权力又称为威信或非正式权力。这种权力是由于自身的某些特殊条件才具有的。个人权力包括专家权力和感召权力。

个人权力的大小主要受品格因素、才能因素、知识因素和感情因素的影响。品格因素主要包括道德、品行、人格、作风等。优秀的品格会给领导者带来巨大的影响力，因为品格是一个人的本质表现。好的品格能使别人产生敬爱感，而且能吸引人，使人模仿。人们常说“榜样的力量是无穷的”，道理即在于此。领导者的才干、能力是其影响力大小的主要因素。才能不单单反映在领导者能否胜任自己的工作上，更重要的是反映在工作的结果是否成功上。一个有才干的领导者，会给事业带来成功，使人们对他产生敬佩感。敬佩感是一种心理磁力，它会吸引人们自觉地去接受其影响。知识因素是衡量领导者现代管理水平高低的重要因素，知识丰富的领导者，容易取得人们的信任，并由此产生信赖感，其影响力必然高。相反，如果一个领导者的知识面很窄，对许多新的事物一无所知，那么，他的影响力就不会很高。感情因素是领导者与被领导者及其他合作者沟通联系的重要手段。一个领导者平时待人和蔼可亲，能关心体贴下级，与群众的关系融洽，他的影响力往往比较高。相反，倘若领导者与下级的关系比较紧张，就会造成双方的心理距离。心理距离是一种心理排斥力、对抗力，会产生负影响力。

由品格、才能、知识和感情因素构成的个人权力，是由领导者自身的素质和行为造就的。在领导者担任领导工作时，它能增强领导的影响力，在不担任领导工作时，这些因素也会对别人产生较大的影响。

管理实务 5－4

20 世纪 60 年代末，美国总统尼克松希望通过改善中美关系来增强美国对付苏联的力量。在国务卿基辛格 4 次秘密访华后，1972 年 2 月 21 日，美国总统尼克松开启了访华之旅。当尼克松得知会见地点是毛泽东卧室时感觉非常失落。面对满是窘态，甚至有些恼怒的尼克松，基辛格说出了下面这段话："总统先生，如果您觉得接待规格太低了，我可以向中国礼宾司提建议。但是我建议最好不要做到这一步，因为您面对的是一个非常朴素的领袖。如果您细心观察下，您就会发现毛主席的裤子有数个大小不一的补丁。那条藏青色的裤子，这位中国的伟人整整穿了五年，这实在是匪夷所思。面对一个如此的领袖，我们还纠结于接待规格的话，那实在是太愚蠢了。"听完基辛格的一席话，尼克松无比诧异。次日，当尼克松与毛主席会见时，当他发现基辛格所言属实时，忍不住一阵惭愧。当会谈结束时，尼克松充满敬意地问道："主席先生，你有什么特长？"毛主席笑着说："为人民服务！这就是我的特长"。面对这样的毛主席，尼克松深深地弯下了腰，发自内心地向毛主席鞠了一躬！

请思考：毛泽东是用什么征服了尼克松？

第二节　人性假设和领导行为

要想对下级实施正确的领导，必须具备一个前提，那就是正确地认识和对待下级。所有领导者必须回答一个共同的问题：人性的本质是什么？这就是所谓的"人性假设"。

关于人性假设的理论很多，但归纳起来有四种，即经济人假设、社会人假设、自我实现人假设和复杂人假设。

一、经济人假设

(一)经济人假设的主要内容

这是古典经济学家和古典管理学家关于人的特性的假设。美国心理学家麦格雷戈将这一假设概括为"X 理论"。经济人假设的主要内容是：

(1)多数人天生是懒惰的，他们都尽可能地逃避工作。

(2)多数人都没有雄心大志，不愿意负任何责任，而心甘情愿受别人指导。

(3)多数人干工作都是为了满足基本的生理需要和安全需要，因此，他们将选择那些在经济上获利最大的事去做。

(4)人大致可以分为两类，多数人都是符合上述设想的人，少数人是能够自己鼓励自己，能够克制感情冲动的人，这些人应该负起管理的责任。

(二)相应的管理措施

(1)管理工作的重点是在提高生产效率、完成生产任务方面，而对于人的感情和道义上应负的责任，则是无关紧要的。

(2)管理工作只是少数人的事，与广大工人群众无关。工人的主要任务是听从管理者的指挥。

(3)在奖励方面，主要用金钱来刺激工人生产的积极性，同时对消极怠工者采用严厉的惩罚措施。

泰勒制就是经济人观点的典型代表。

管理实务 5-5

高明是一位空调销售公司的总经理。他刚接到有关公司销售状况的最新报告：销售额比去年同期下降了25%、利润下降了10%，而且顾客的投诉上升。更为糟糕的是，公司内部员工纷纷跳槽，甚至还有几名销售分店的经理提出辞呈。他立即召集各主管部门的负责人开会讨论解决该问题。会上，高总说："我认为，公司的销售额之所以下滑都是因为你们领导不得力。公司现在简直成了俱乐部。每次我从卖场走过时，我看到员工们都在各处站着，聊天的、煲电话粥的，无处不有，而对顾客却视而不见。他们关心的是多拿钱少干活。要知道，我们经营公司的目的是为了赚钱，赚不到钱，想多拿钱，门儿都没有。你们必须记住，现在我们迫切需要的是对员工的严密监督和控制。我认为现在有必要安装监听装置，监听他们在电话里谈些什么，并将对话记录下来，交给我处理。当员工没有履行职责时，你们要警告他们一次，如果不听的话，马上请他们走人……"

请问：高明总经理对员工持哪种人性假设？

二、社会人假设

（一）社会人假设的主要内容

"社会人"假设是人群关系学说倡导者、美国心理学家梅奥等人根据著名的霍桑实验的实验结果提出来的。社会人假设的基本内容是：

(1)交往的需要是人们行为的主要动机，也是人与人的关系形成整体感的主要因素。

(2)工业革命所带来的专业分工和机械化的结果，使劳动本身失去了许多内在的含义，传送带、流水线以及简单机械的动作使人失去了工作的动力，因此只能从工作的社会意义上寻求安慰。

(3)工人之间的影响力比管理部门所采取的管理措施和奖励具有更大的作用。

(4)管理人员应当满足职工的归属、交往和友谊的需要，工人的效率随着管理人员满足他们社会需要程度的增加而提高。

（二）相应的管理措施

(1)作为管理人员，不能只把目光局限在完成任务上，而应当注意对人的关心、体贴、爱护和尊重，建立相互了解、团结融洽的人际关系和良好的感情。

(2)管理人员在进行奖励时，应当注意集体奖励，而不能单纯采取个人奖励。

(3)管理人员的角色应从计划、组织、指引、监督转变为上下级的中间人，应当经常了解工人的情况并听取他们的意见和呼声。

根据这一理论，美国的一些企业曾提倡劳资结合、利润分享，除了建立劳资联合委员会、发动群众提建议之外，还将超额的利润按原工资比例分配给职工，以谋取良好的人际关系。

管理实务 5-6

美国通用汽车公司设在加利福尼亚州弗里蒙特的汽车装配厂，曾由于亏损而关闭。后来，它与日本丰田汽车公司合营组成新联合汽车制造有限公司以后，仅仅18个月，竟起死回生。原来存在的5 000件职工不满事件只剩下2件；原来高达20%的旷工率下降到3%；工作和生活问题尚未解决的职工人数由800多人减少到15人，生产效率提高了一倍。

日本丰田施展了什么魔法？答案是更新了观念。过去，美国经理人员把工人看成是“愚笨的大猩猩”，从来不能平等地对待他们，而是靠发号施令，实行严格的监督。工人们说：“我害怕来上班，因为他们总是那么粗声大气地怪叫。”日本的管理人员则不然，他们以一种与职工平等的姿态出现，鼓励工人参与管理。新联合有限公司的人事部门总经理威廉对比了美、日两国对于“人”的不同观念，他说：“日本人的观念是把人作为一个重要的因素，而典型的美国观念则相反，他把工人仅仅看成是机械的延伸。”

请思考：你能用人性假设理论对上述案例予以解释吗？

三、自我实现人假设

(一)自我实现人假设的主要内容

“自我实现人”的概念是马斯洛提出来的，指的是人都需要发挥自己的潜力，表现自己的才能，只有人的潜力充分发挥出来，人的才能充分表现出来，人才会感到最大的满足。

麦格雷戈总结并归纳了马斯洛的需要层次理论和阿吉里斯以及其他人的类似观点，结合管理问题，提出了Y理论。Y理论基本上也是“自我实现人”的假设。“自我实现人”假设的主要内容是：

(1)一般人都是勤奋的，如果环境条件有利，工作如同游戏或休息一样自然。

(2)控制和惩罚不是实现组织目标的唯一方法。人们在完成任务中能够自我指导和自我控制。

(3)在正常情况下，一般人不仅会接受责任，而且会主动寻求责任。

(4)在人群中广泛存在着高度的想象力、智谋和解决组织中问题的创造性。

(5)在现代工业条件下，一般人的潜力只得到了部分发挥。

(二)相应的管理措施

1. 管理重点要实现由单纯重视工作到重视为员工创造适宜工作环境的改变

经济人假设只重视物质因素，重视工作任务，轻视人的作用和人际关系。社会人假设正相反，重视人的作用和人际关系，而把物质因素放在次要的地位。自我实现人假设又把注意的重点从人的身上转移到工作环境上，但与经济人假设的重视工作任务不同，重点不是放在计划、组织、指导、监督、控制上，而是要创造一种适宜的工作环境、工作条件，使人们能在这种条件下充分挖掘自己的潜力，充分发挥自己的才能，也就是说，能够充分地自我实现。

2. 管理人员要实现职能的改变

从自我实现人假设出发，管理者的主要职能既不是生产的指导者，也不是人际关系的协调者，而只是一个采访者。他们的主要任务在于如何为发挥人的才智创造适宜的条件，消除职工自我实现过程中所遇到的障碍。

3. 对员工的激励以激发人的潜力的内在激励为主

经济人假设和社会人假设都依靠外部奖励来调动人的生产积极性，并主要通过工资、晋升和良好的人际关系等形式来满足人的生理、安全和归属需要。而自我实现人假设和Y理论则注重内在奖励，通过人们在工作中获得知识、增长才干、充分发挥自己的潜力等来满足人的自尊和自我实现需要,进而调动人的劳动积极性。

管理实务 5-7

经济人假设管理实务中高明总经理的观点得到了大部分部门主管的赞同,唯有销售部经理李燕提出反对意见。她认为问题的关键不在于控制不够,而在于公司没有提供良好的机会让员工真正发挥潜力。她认为每个人都有一种希望展示自己的才干,为公司努力工作并做出贡献的愿望。所以解决问题的方式应该从和员工沟通入手,真正了解他们的需求,使工作安排富有挑战性,促使员工们以从事这一工作而引以为自豪。同时在业务上给予指导,花大力气对员工进行专门培训。然而,高总并没有采纳李燕的意见,而是责令所有的部门主管在下星期的例会上汇报要采取的具体措施。

请问:李燕对员工的看法属于哪种人性假设?

四、复杂人假设

(一)复杂人假设的主要内容

“复杂人”是 20 世纪 60 年代末到 70 年代初提出来的。长期的研究表明,无论是经济人假设、社会人假设,还是自我实现人假设,虽有其合理性的一面,但并不适用于任何人,因为人是复杂的。需要和潜力不仅因人而异,而且一个人本身在不同的年龄、不同的时间和地点都会有不同的表现。根据“复杂人”的假设,美国心理学家史克思提出了超 Y 理论。即应根据具体情况,采取适当的管理措施。超 Y 理论基本上也是“复杂人”的假设。“复杂人”假设的主要内容是:

(1)人的需要是多种多样的,而且这些需要随着人的发展和生活条件的变化而发生变化。每个人的需要都有所不同,需要层次也因人而异。

(2)人在同一时间内有各种需要和动机,它们会发生相互作用并结合为统一的整体,形成错综复杂的动机模式。

(3)人在组织中的工作和生活条件是不断变化的,因此会产生新的需要和动机。也就是说,在人生活的某一特定时期,动机模式的形成是内部需要和外界环境相互作用的结果。

(4)一个人在不同单位或同一单位的不同部门工作,会产生不同的需要。

(5)由于人的需要不同,能力各异,对于不同的管理方式会有不同的反应。因此,没有一套适合于任何时代、任何组织和任何个人的普遍行之有效的管理方法。

(二)相应的管理措施

从复杂人假设出发提出的应变理论,并不是要求管理人员采取完全不同于上述三种假设的新措施,而是要求根据具体的人的不同情况,灵活地采取不同的管理措施。也就是说,管理要因人而异,因事而异,不能千篇一律。

管理实务 5-8

关、张、赵、马、黄乃刘备的五虎上将,他们既有忠、勇、威的共性,又有很强烈的个性,所以诸葛亮在用将管将时因人而异。

关羽武艺出众,又熟读兵书,身经百战,曾温酒斩华雄,诛颜良、文丑、千里走单骑，过五关斩六将，战功累累。但是关羽有骄傲的缺点，诸葛亮在重用关羽的同时，针对他的缺点，采取了一压二恭维的策略，既投其所好，满足关羽自尊的需要，又规劝和约束他的傲心。关羽心高气盛，在有大错时可以压一压，无错时就不能压，诸葛亮投其所好，少不了要恭维几句，在恭维的同时进行规劝，产生了极好的规劝效果。

张飞多么勇猛啊，但是又太鲁莽。针对张飞的性格，诸葛亮一方面委以重任，如让他单独率军从陆路入川；一方面又约束他的行为，约令张飞不准饮酒，不准鞭打士卒，又启发他多动脑筋，加强责任心。张飞果然进步很大，义释严颜、智胜张郃都是张飞的杰作。

赵云的特点是最能理解上级的意图，最能出色地完成上级交办的任务，精细过人，从不误事，所以诸葛亮总是把赵云带在身边，用起来得心应手，而且愈是有风险就愈是用赵云。但也需要使自己的社会价值得到体现，所以诸葛亮对赵云经常夸奖赞扬，使赵云始终感到受尊敬、受信任，始终有“士为知己者而死”的报谢之情。

马超常踞西凉，素得羌人之心，于是诸葛亮派马超镇守少数民族地区。

黄忠最不服老，诸葛亮就常使激励之术激励老将军争先立功。

请问：诸葛亮对五员虎将采用了什么管理办法？

第三节　领导理论

一、领导特质理论

从20世纪初到20世纪40年代，管理学研究的重点之一是领导者的特征，并在此基础上形成了领导特质理论，也有人将其称为伟人理论。按照领导特质理论的观点，一个人之所以成为领导者，是由于他具有与众不同的优秀品质和特殊能力，这些优秀品质和特殊能力与成功的领导密切关联，构成了领导者的特质。如果能够找出这些特质，人们就可以用这些特质来培养、挑选和考核领导者。

20世纪70年代以来，国外一些学者在对领导者的素质进行研究时，虽然否定了“特质理论”的观点，但认为有效的领导者必须具备一定的素质，只不过这些素质不是天生的，而是在实践中逐步形成和积累起来的，可以通过教育进行培养。比较有代表性的观点有以下几种。

（一）斯托迪尔领导特质论

美国俄亥俄州立大学的斯托迪尔曾经整理了1904～1947年之间有关领导者特质的120篇文献，并发现一些特质与领导有效性相关，如智力、毅力、自信、主动精神、关心下级人员的需要、勇于承担责任，以及占据支配和控制地位(有知名度和社会地位)等。

1974年，斯托迪尔再次对20世纪50年代至70年代间的163篇文献进行分析，发现除上述特质外，还有一些特质不能忽视，如面对复杂的情况善于应变、注意外部环境的动向、有雄心、渴望取得成就、果断、善于与人共事、当机立断、忠诚可靠、充满活力、能承受压力等。另外，还有一些技巧也在领导者身上存在，如聪明灵活、观点清楚、有创新意识、有交际手段、口才流利、明确团体目标与任务、有组织能力、有说服力、容易相处等。斯托迪尔的研究表明，有一些特质在领导人身上显然比在其追随者身上表现强烈得多。

(二)德鲁克的领导素质论

管理大师彼得·德鲁克认为,一个有效的领导者,必须具有以下五项素质:

(1)要善于处理和利用自己的时间,把认清自己的时间花在什么地方作为起点。

(2)注重贡献,确定自己的努力方向。

(3)善于发现和利用人之所长,包括自己的、上级的和下级的长处。

(4)能分清工作的主次,集中精力于少数主要的领域。

(5)能作有效的决策,知道一项有效的决策必是在"议论纷纷"的基础上做出的判断,而不是在"众口一词"的基础上产生的。

(三)鲍莫尔的"十大条件"论

美国普林斯顿大学教授鲍莫尔提出了企业领导人应具备的"十大条件"论。这十大条件如下。

合作精神——愿与他人一起工作,能赢得人们的合作,对人不是压服,而是感动和说服。

决策能力——依赖事实而非想象进行决策,具有高瞻远瞩的能力。

组织能力——能发掘部属的才能,善于组织人力、物力和财力。

精于授权——能大权独揽,小权分散。

善于应变——机动灵活,善于进取,而不抱残守缺,墨守成规。

敢于求新——对新事物、新环境和新观念有敏锐的感受能力。

勇于负责——对上级、下级和产品用户及整个社会抱有高度的责任心。

敢担风险——敢于承担企业发展不景气的风险,有创造新局面的雄心和信心。

尊重他人——重视和采纳别人的意见,不盛气凌人。

品德高尚——品德上为社会人士和企业员工所敬仰。

不同的研究者对领导者素质的描述各不相同,那是因为,领导者的素质不是天生的,必须是在社会实践中逐步培养、锻炼而形成的。因此,我们必须根据时代的要求,努力培养锻炼自己的领导素质。

管理实务 5-9

华裔计算机名人王安博士声称,影响他最大教训发生在他 6 岁的时候。

6 岁时的一天,王安外出玩耍,经过一棵大树的时候,一个鸟巢突然掉在他的旁边,从里面滚出一只嗷嗷待哺的小鸟。王安决定将它带回去喂养,于是连同鸟巢一起带回了家。快到家门时,他忽然想到妈妈不允许在家中养小动物。他只好轻轻地将小鸟放在门口,跑进屋内请求妈妈的允许。哀求下,妈妈最后答应了儿子的请求。王安兴奋地跑到了门口,不料,鸟巢已经打翻在地,小鸟也不知去向。一只黑猫正在意犹未尽地舔着嘴巴。王安为此伤心了很久。从这件事,王安得到一个很大的教训:只要是自己认为对的事情,就应该充满信心,毫不犹豫地付诸行动。没有自信心的人,固然没有做错事的机会,但同时也错失了获得成功的机遇。

请问:王安的经历对于他优秀领导素质的形成起到什么作用?

二、领导行为理论

从 20 世纪 40 年代起,有些学者开始研究领导者的个人行为。他们认为,领导的有效性主要取决于领导行为方式、作风。他们注重考察那些成功的领导者做些什么、怎样做的，优秀的领导者的行为与较差的领导者的行为有无区别等，以试图找出能获得有效性的行为模式。这样就形成了领导行为理论。

(一)领导作风理论

美国社会心理学家勒温通过实验研究不同的工作作风对下属群体行为的影响，把领导者在领导过程中表现出来的极端行为分为三种类型：专制型领导、民主型领导和放任型领导。

1. 专制型领导

专制型领导又称独裁专断型领导。这种类型的领导者个人决定一切，所有的政策、步骤、工作分配、奖惩等均由领导者单独决定，并要求下属绝对服从和执行，领导者就像拥有全部职权的大家长、独裁者。

2. 民主型领导

这种类型的领导者针对有关决策同下属磋商，集思广益，发扬民主，经群体讨论后再做决定，领导者与被领导者共享职权并给下属一定的工作自由度，依靠个人的权力和威信使下属服从，上下级关系较为融洽。

3. 放任型领导

这种类型是指领导者极少运用其权力，放手不管，工作进行全赖各人自行负责。领导者仅提供资料及信息，并不主动干涉，亦即如老子所说的“无为而治”的领导方式。

勒温于 1939 年做了一次实验，比较了专制、民主、放任三种管理方式下各实验小组的效率与群体氛围。结果表明，不同的领导或管理方式对群体凝聚力和士气有不同的影响。其中，实行民主领导方式的小组比实行专制型和放任型领导方式的小组成员间更友爱、更活跃、更能团结协作，群体成员有较强的参与意识，因而群体凝聚力更强，小组成员在工作中不仅达到了社交目标，也达到了工作目标，工作积极、主动，显示出了较高的创造性。而专制型和放任型的领导方式往往会降低群体凝聚力，特别是专制型领导方式下，小组成员关系紧张，消极态度和对抗性情绪不断增长，缺乏主动性。

管理实务 5－10

请问：按照领导作风理论进行分析，经济人假设管理实务 5—5 中的高明总经理属于哪种类型的领导者？

(二)领导行为四分图

1945 年，美国俄亥俄州立大学的一批学者，对企业领导行为进行了反复全面的研究。他们把鉴别领导行为的项目从开始的 1 000 多个行为特征，经过不断的提炼和概括，最后归纳为“关心人”和“关心组织”两类行为。

所谓“关心人”，包括建立相互信任的气氛，尊重下属意见，注意下属的感情和需要。它是一个满足下属的物质与精神需要的过程。

所谓“关心组织”，包括组织设计，明确职责关系，确定工作目标等，它是一个完成任务的过程。

经过反复研究和对比分析，他们发现，以上两类行为在不同的领导者身上高低强弱并不一致。不同的领导行为，实际就是上述两类行为的具体组合。

为了评价领导行为的类型和水平，俄亥俄州立大学的研究者们创造了领导行为四分图理论，他们以“关心组织”为横坐标，以“关心人”为纵坐标，组成了领导行为四分图（见图5—1）。

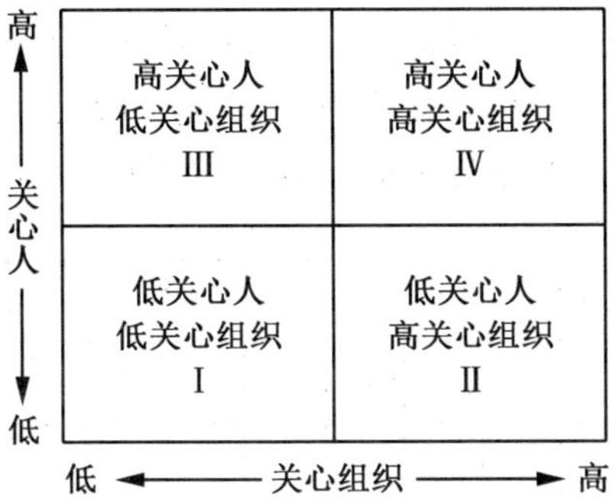

图5—1　领导行为四分图

通过对领导行为进行调查，并运用四分图这一工具，即可评价该领导行为的类型。

类型Ⅰ是“低关心组织”“低关心人”的领导行为。这种领导行为既不抓工作组织，也不关心下属。结果必然是上级领导不满意，下属群众也意见纷纷，因此是最差的领导行为。

类型Ⅱ是“高关心组织”“低关心人”的领导行为。领导者只知道抓生产，完成任务，毫不关心群众疾苦，结果，虽然上级领导比较满意，但容易引起下属群众的不满。

类型Ⅲ是“低关心组织”“高关心人”的领导行为。领导者只注意满足群众的各种需要，而忽视完成生产任务。结果，虽然赢得了下属群众的欢心，却引起了上级领导的不满。

类型Ⅳ是“高关心组织”“高关心人”的领导行为。该领导行为既如期完成生产任务，又使下属的合理要求得到满足。因而能有效地提高工作和生产的效率，使上级和下属都很满意，是最理想的领导行为。

俄亥俄州立大学的研究，对领导行为首次以二度空间来表示，这是一种有益的尝试，为以后进行领导行为的研究开辟了一条新的途径。

管理实务5-11

某汽车公司装配厂的任厂长，从一上任开始，就不同意公司裁员的做法，他给厂里每个人机会以充分证明自己的价值。在他任期内，全厂5 000名职工中只有极少数人被解雇。他首先建造了供职工们使用的餐厅和卫生间。午餐时，他还亲自上餐厅，跟职工们打成一片。他倾听他们的抱怨，征求他们的意见和合理化建议，鼓励班组定期开会来解决共同的问题。通过“一日厂长制”等活动，创造一切可能的机会让职工们参与全厂的长远规划。任厂长不仅坚持每日2小时在现场走动办公，而且还为管理人员和一线工人安排了不断解决问题的对话，通过对话，他希望管理人员知道他们为一线工人提供的服务是怎样的“不到位”，从而激发职工对企业的忠诚。他对下属关怀备至，下属人员遇到什么难处都愿意和他说，只要厂里该办的，他总是很痛快地给予解决。职工私下说他特别会笼络人。当然，任厂长也承认装配厂生产率暂时不如其他同类企业，但他坚信只要他的职工们有高昂的士气，定会取得高的绩效。

请问：从领导行为四分图理论分析，任厂长属于哪种领导行为类型？

(三)管理方格理论

在领导行为四分图理论的基础上,美国管理学家布莱克和穆顿于 1964 年提出了"管理方格图"理论,如图 5－2 所示。图中横坐标与纵坐标分别表示领导者对生产和对人的关心程度,各分为 9 个等级,从而生成 81 个方格。每个方格就表示"关心生产"和"关心人"这两个基本因素以不同程度相结合而形成的一种领导方式。在 81 种领导方式中,典型的有五种方式:

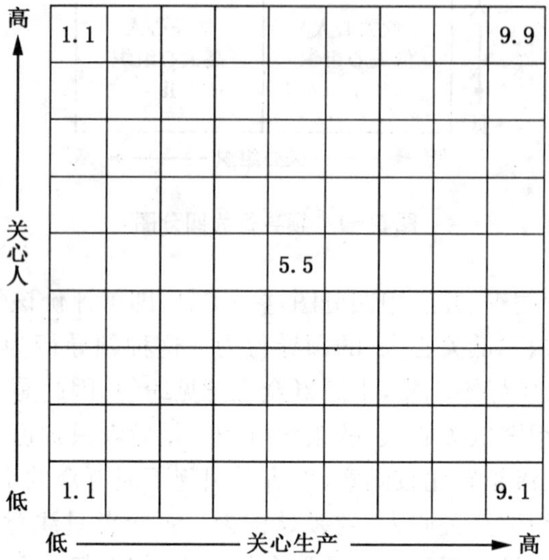

图 5－2　管理方格图

1.1 方式为"贫乏型管理"。领导者只以最低限度的努力来完成必须做的工作和维持人际关系,对员工、对生产都不关心。

9.1 方式为"任务型管理"。领导者只关心生产,不关心人,只重视任务效果,而不重视下属的发展和士气。长期下去,这种领导方式会导致员工情绪低落,难以实现组织的目标。

1.9 方式为"俱乐部型管理"。领导者极少甚至完全不关心生产而只关心人。领导者只注重支持和关怀下属而不关心任务和效率。这种管理方式营造了和谐的人际关系,但对组织任务的完成会有影响,特别是人际关系一旦受到损害时情况更是如此。

5.5 方式为"中庸型管理"。领导者对人与生产都有适度的关心,既有正常的效率完成生产任务,又保持一定的士气。这种领导方式类似于中国传统文化中的"中庸之道",追求平衡但不追求卓越,从长远看,可能使组织落后于时代。

9.9 方式为"团队型管理"。领导者对生产和人都极为关心,他们把组织的需要和员工的个人利益完美地结合起来,组织内部关系和谐,士气旺盛,大家齐心协力地完成生产任务,是最理想的领导方式。

上述五种典型的领导行为,都仅仅是理论上的描述,也是极端的情况。在实际生活中,很难见到纯而又纯的范例。一般人都认为最有效的领导行为是 9.9 型,这是就一般情况而言的。在实际中,到底哪种方式更有效,要看实际工作效果,要依情况而定。

管理实务 5－12

一家公司的销售副总,在外出差时家里失火了。他接到妻子电话后,连夜火速赶回家。第二天一早去公司向老总请假，说家里失火要请几天假安排一下。按理说，也不过分，但老总却说："谁让你回来的？你要马上出差，如果你下午还不走，我就免你的职。"这位副总很有情绪，无可奈何地从老总办公室里出来后又马上出差走了。

老总听说副总已走，马上把党、政、工、团负责人都叫了过来，要求他们分头行动，在最短的时间内，不惜一切代价把副总家里的损失弥补回来，把家属安顿好。

请问：从管理方格理论分析这位老总属于哪一种领导风格？你赞成这位老总的做法吗？

三、权变领导理论

虽然领导行为理论在确定领导行为类型和小组工作业绩上获得了一定成功，但还是忽视了情境因素对领导风格的影响。与领导行为理论不同，领导权变理论不认为有能适用于一切环境的唯一最佳的领导风格，而认为各种领导风格在对应的不同的环境中最有效。所以，领导者应首先摸清自己及所辖的下属的领导风格，并争取自己和下属委派到最适合各自风格的环境中去，以实现最佳领导效能，即让工作适合管理者。下面主要介绍三种权变理论：菲德勒模型、领导生命周期理论、途径—目标理论。

（一）菲德勒模型

美国华盛顿大学心理学家和管理专家菲德勒在大量研究的基础上提出了有效领导的权变模型。他的权变模型指出，任何领导形态均可能有效，其有效性完全取决于所处的环境是否适应。

菲德勒把领导方式假设为两大类：一类以工作为主，主要关心的是任务，采取这种方式的领导者，从工作任务的实现中得到满足；另一类则以人为主，主要关心的是良好的人际关系和个人的声望。为了判断领导者采取的是哪一类领导方式，菲德勒编制了"最不受欢迎共事者的问卷"，简称 LPC 问卷，交由领导者来填写，表明他们对下级的评价，从而衡量领导风格的倾向。菲德勒认为，一个领导者如对其最不喜欢的同事仍能给以好的评价，即被认为对人宽容、体谅，提倡人与人之间友好关系，是关心人的领导，属于以人为主的领导方式（高 LPC）。如果对其最不喜欢的同事给以低评价，则被认为是惯于命令和控制，不是关心人而更多的是关心任务的领导，是属于以工作为主的领导方式（低 LPC）。

菲德勒认为，环境影响因素主要表现在以下三个方面。

（1）职位权力，指由于领导者的职位权力而使被领导者服从领导的有效程度。调查表明，职位权力越高，追随的人也会越多，领导也显得比较有效。

（2）任务结构，指被领导者任务的常规性、例行性和明确性。任务清楚，组织纪律明确，则工作质量比较容易控制，领导也会更加有的放矢，效果显著。

（3）上下级关系，指领导者得到被领导者的拥护和支持的程度。职位权力和任务结构可以通过从上到下来决定和贯彻，而上下级关系则极大地依赖于下级对领导者的拥戴、信任和心甘情愿地追随的程度。

这三种因素的影响各有好差、明确不明确、强弱之分，可以排列出 8 种不同的情况。如图 5—3 所示。每种情况可以确定其应采用的领导方式。

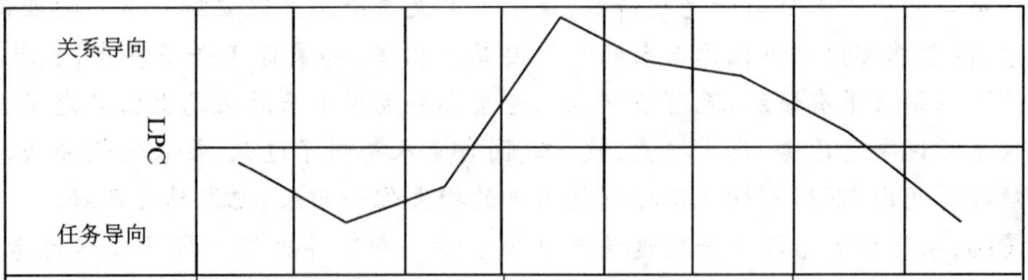

环境类型	有利			中间状态			不利	
	1	2	3	4	5	6	7	8
上下级关系	好	好	好	好	差	差	差	差
任务结构	明确	明确	不明确	不明确	明确	明确	不明确	不明确
职位权力	强	弱	强	弱	强	弱	强	弱
领导方式	任务取向型			关系取向型			任务取向型	

图 5—3 菲德勒模型

菲德勒通过对 1 200 个团体进行的观察得出结论，认为领导的有效性既与采用什么样的领导方式有关，又与领导者所处的环境有关。从图 5—3 中发现，在“最有利”和“最不利”这两种极端的情况下，以任务为主的领导方式是最有效的。换言之，当职位权力和任务结构都很不清楚，而领导者与其下属之间的关系又很恶劣的情况下，领导者所处的环境是很不利的（7、8 类），在此情况下，以任务为主的领导者将是最有效的。同样在另一个极端情况下，职位权力很高、任务结构清晰、领导者与其下级成员的关系良好，亦即在非常有利的情况下（1、2、3 类），以任务为主的领导者也是最有效的。但是当情况处于中间状态的时候（4、5、6 类），最有效的领导者往往是以关系为主的领导者。

由于菲德勒认为一个人的领导风格是与生俱来、固定不变的，因此，要提高领导的有效性，只有两条路：要么替换领导以适应环境，要么改变领导者所处的环境以适应领导者。如果一个组织的环境因素最好或最坏，就要选择任务取向型风格的领导者；反之，应选择关系取向型风格的领导者。一般可以通过重新构建任务（改变任务结构）或调整职位权力大小来改变环境。比如，一个任务取向型领导处于状态 4 这一环境时，他可以通过强化职权而让环境改变为状态 3，这时，环境就与领导者的风格相适应，从而有利于他的领导了。

管理实务 5－13

孟子是我国春秋时鲁国邹人，少年丧父，家境贫寒，靠母亲倪氏纺线为生。孟子小时候很顽皮，好模仿，不好受拘束。他家附近有一片墓地，孟子和同伴们玩耍时就学埋死人，“嬉戏为墓间之事，踊跃筑埋”。孟母认为这种环境不利于孩子的成长，于是搬了家，迁到一个集市的附近。集市里你买我卖，讨价还价，四处都是做生意的。孟子在这种环境下，耳濡目染，又学人做买卖玩，“其嬉戏为贾市”。孟母认为这里商贾气太重，也不是好居处，再次搬家，迁于学堂之旁。这里出出进进的都是好学之士，锒锒读书声充耳不绝。在环境潜移默化的熏陶下，小小的孟子朝夕学为揖让之礼、进退周旋之节。孟母认为这里才是适当的环境，是学习的好地方，最终定居于此。后来，孟子师从于孔子的孙子子思，成为儒家宗师，后人尊称他为亚圣。

请问：孟母三迁的故事给你带来了什么启发？

(二)领导生命周期理论

领导生命周期理论是由俄亥俄州大学的卡曼于 1966 年提出的。该理论把注意力放在对下属的研究上,认为成功的领导者要根据下属的成熟程度选择合适的领导方式。那么为什么要注重下属,什么叫成熟度呢?所谓成熟度,是指人们对自己的行为承担责任的能力和愿望的大小。它取决于两个方面:任务成熟度和心理成熟度。任务成熟度是相对于一个人的知识和技能而言的,若一个人具有无需别人的指点就能完成其工作的知识、能力和经验,那么他的工作成熟度就是高的,反之则低。心理成熟度则与做事的愿望或动机有关,如果一个人能自觉地去做,而无需外部的激励,就认为他有较高的心理成熟度,反之则低。

领导生命周期理论是建立在四分图理论和不成熟—成熟理论基础之上的。研究者也画出一个方格图,横坐标为工作行为,纵坐标为关系行为,在下方再加上一个成熟度坐标,从而把原来由布莱克和穆顿提出的由以人为主和以工作为主构成的两维领导理论,发展成由关系行为、工作行为和成熟度组成的三维领导理论。在这里,工作行为是指领导者和下属为完成工作任务而形成的交往形式,关系行为是指领导者给下属以帮助和支持的程度。

基于这一理论,何塞和布兰查提出了四种领导方式:命令式、说服式、参与式、授权式(见图 5—4)。

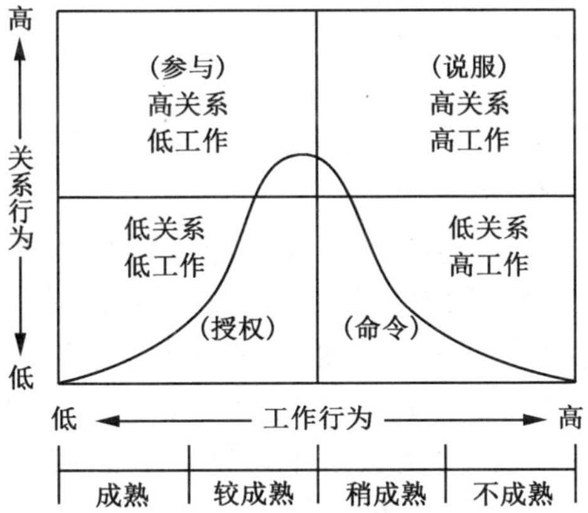

图 5—4　领导生命周期理论

命令式(高工作—低关系):领导者对下属进行分工并具体指点下属应当干什么、如何干、何时干等,它强调直接指挥;说服式(高工作—高关系):领导者既给下属以一定的指导,又注意保护和鼓励下属的积极性;参与式(低工作—高关系):领导者与下属共同参与决策,信息双向沟通,领导者着重给下属以支持及其内部的协调沟通;授权式(低工作—低关系):领导者几乎不加指点,由下属自己独立地开展工作、完成任务。

同时,研究者把成熟度分成四个等级,即不成熟、稍成熟、较成熟、成熟。不成熟:下属缺乏接受和承担任务的能力和愿望,他们既不能胜任又缺乏自觉;稍成熟:下属愿意承担任务但缺乏足够的能力,他们有积极性但没有完成任务所需的技能;较成熟:下属具有完成领导者所交给的任务的能力,但没有足够的积极性;成熟:下属能够而且愿意去做领导要他们做的事。

随着下属从不成熟走向成熟,领导者不仅要减少对活动的控制,而且也要减少对下属的帮助。当下属处于不成熟阶段时,领导者要给予明确而细致的指导和严格的控制,采用命令式领导方式;当下属处于稍成熟阶段时,领导者既要保护下属的积极性,交给其一定的任务,又要及时加以具体的指点，以帮助其较好地完成任务，因此，采用说服式领导方式较好；当下属处于较成熟阶段时，领导者主要是要解决其动机问题，可通过及时的肯定和表扬以及一定的帮助和鼓励以树立下属的信心，因此以采用低工作—高关系的参与式为佳；当下属成熟度处于成熟阶段时，由于下属既有能力又有积极性，因此领导者可采用授权式，只给下属明确目标和工作要求，由下属自我控制。

领导生命周期理论告诉我们，领导的有效性在于把组织内的工作行为、关系行为和下属的成熟程度结合起来考虑，随着被领导者从不成熟走向成熟，领导行为也要随之调整才能有效。

管理实务 5－14

美国通用汽车公司总经理斯隆，在聘请了著名管理专家德鲁克担任公司管理顾问以后，第一天上班就告诉他："我不知道我们要你研究什么，要你写什么，也不知道该得出什么结果，这些都应该是你的任务。我唯一的要求，只是希望你把认为正确的东西写下来。你不必顾虑我们的反应，也不必怕我们不同意，尤其重要的是，你不必为了使你的建议易于我们接受而想到调和和折中，在我们公司里，人人都会调和和折中，不必劳驾你。"

请问：根据领导生命周期理论，你认为斯隆对德鲁克采取的是哪种领导方式？

（三）途径—目标理论

加拿大多伦多大学教授罗伯特·豪斯及其同事把激发动机的期望理论和领导行为理论结合起来，提出了途径—目标理论。

该理论认为，领导者的效率是以能激励下级达成组织目标，并在工作中使下级得到满足来衡量的，领导者可以而且应该根据不同的环境因素来调整自己的领导方式和作风。领导方式是由环境因素决定的，环境因素包括两个方面：一是下属的特点，包括下属受教育的程度，下属对于参与管理、承担责任的态度，对本身独立自主性的要求程度等，领导者对于改变下属的特点一般是无能为力的，但可通过改变工作环境来充分发挥下属的特长；二是工作环境特点，主要指工作本身的性质、正式组织、非正武组织等。

途径—目标理论认为，对于一个领导者来说，没有什么固定不变的领导方式，要根据不同的环境选用适当的领导方式。领导方式可分为四种：

（1）指令型领导方式。给下属明确任务目标，明确职责，严密监督，通过奖惩控制下属的行为。当工作任务模糊不清、变化大或下属对工作不熟悉，没有把握，感到无所适从时，这种方式是合适的。

（2）支持型领导方式。对下属友好，平等对待，关心下属的生活福利。这种领导方式特别适用于工作高度程序化，让人感到枯燥乏味的情境。既然工作本身缺乏吸引力，领导人可通过工作会餐或郊游等满足下属的社交需求。

（3）参与型领导方式。鼓励下属参与任务目标决策和解决具体问题。当任务相当复杂，需要组织成员间高度的相互协作时，或当下属拥有完成任务的足够能力并希望得到尊重和自我控制时，采用这种方式是合适的。

（4）目标导向型领导方式。这是参与型领导方式的一种特殊类型，它主要强调目标设置的重要性，领导者通过为下属设置富有挑战性的目标和鼓励下属完成这些任务来管理下属。只要下属能完成目标，他们就有权自主决定怎么做。

途径—目标理论强调领导的有效性取决于领导行为、下属、任务之间的协调配合，其基本观点是：领导者的职责在于帮助其下属实现个人目标并确保这些个人目标与组织目标或群体目标相一致。

管理实务 5-15

约翰从美国中西部的一所名牌大学拿到会计专业的学士学位后，到一家大型的会计师事务所的芝加哥办事处工作，由此开始了他的职业生涯。9 年后，他成了该公司的一名最年轻的合伙人。公司执行委员会发现了他的领导潜能和进取心，遂指派他到纽约郊区开办一个新的办事处。其工作最主要是审计，这要求有关人员具有高度的判断力和自我控制力。他主张工作人员之间要以名字直接称呼，并鼓励下属人员参与决策制定。办事处发展得很迅速。5 年后，专业人员达到了 30 名。约翰被认为是一位很成功的领导者和管理人员。

约翰在次年的年初被提升为达拉斯的经营合伙人。他采取了帮助他在纽约工作时取得显著成效的同样富有进取心的管理方式。马上更换了几乎全部的 25 名专业人员，并制定了短期的和长期的客户开发计划。职员人数增加得相当快，为的是确保有足够数量的员工来处理预期扩增的业务。很快，办事处有了约 40 名专业人员。

但在纽约成功的管理方式并没有在达拉斯取得成效。办事处在一年时间内就丢掉了最好的两个客户。约翰认识到办事处的人员过多，因此，决定解雇前一年刚招进来的 12 名员工，以减少开支。

他相信挫折只是暂时性的，因而仍继续采取他的策略。在此后的几个月时间里又增雇了 6 名专业人员，以适应预期增加的工作量。但预期中的新业务并没有接来，所以，又重新缩减了员工队伍。两年后的夏天，13 名专业人员被解雇了。

伴随着这两次裁员，留下来的员工感到工作没有保障，并开始怀疑他的领导能力，公司的执行委员会了解到问题后将约翰调到新泽西的一个办事处，在那里他的领导方式又显示出了很好的效果。

请思考：约翰在纽约取得成功的策略为什么在达拉斯没能成功？

第四节　领导艺术

领导工作并不是一件轻松的差事。早在几千年前，孔子就曾说过："为君难，为臣亦不易。"这句话可谓"一语中的"，非常深刻、贴切地道出了从古至今众多领导者普遍都有的切身感受。实事求是地看，领导工作的确是复杂繁重且千变万化的，堪称一项富有创造性、极具挑战性的活动。从根本上说，领导工作不仅仅是一门实实在在的严肃的科学，具有内在的规律性、原则性，更是一门地地道道的、值得推敲的特殊艺术。

一般而言，领导艺术是指领导者以一定的智慧、学识、经验、能力为基础，以领导者应普遍遵循的领导原则为准则，在领导活动中熟练运用富有创造性的领导思维方式和行之有效的领导策略，以及各种独特、灵活、恰当的领导方法和技能。领导艺术的基本内容和精神实质说明领导艺术可以通过后天的学习和锻炼来培养，领导者也可以通过不断学习和自我锻炼，逐步提高自己的领导艺术,使自己的领导方式变得更加科学有效。领导艺术具有创造性、有效性、经验性、灵活性等特点。

一、领导用人艺术

如何用好人,除了要端正用人思想,让那些想干事的人有事干,能干事的人干好事外,在用人技巧上还要注意以下问题。

(一)善于用人所长

用人之秘诀在于用人所长,且最大限度地实现其优势互补。用人所长,首先要注意“适位”。陈景润如果不是被华罗庚发现,并被调到数学研究所工作,他就难以摘取数学皇冠上的明珠。唐僧之所以能西天取经成功,主要是他能做到知人善任,把孙悟空、沙和尚、猪八戒安排到最适合他们的岗位上去,实现了人才所长与岗位所需的最佳组合。其次要注意“适时”,即“用人用在精壮时”。界定各类人才的最佳使用期,不能单纯以年龄为依据,而应以素质作决定,对看准的人一定要大胆使用、及时使用。再次,要注意“适度”。领导者用人不能搞“鞭打快牛”。“快牛”只能用在关键时候、紧要时刻,如果平时只用起来顺手、放心,长期迫使那些工作责任心和能力都较强的人在“快车道”上超负荷运转,这些“快牛”必将成为“慢牛”或“死牛”。

(二)善于用人所爱

有位中学生曾向比尔·盖茨请教成功的秘诀,比尔·盖茨对他说:“做你所爱,爱你所做。”爱因斯坦生前曾接到要他出任以色列总统的邀请,对这个不少人垂涎的职务,他却婉言谢绝了,仍钟情于他的科研工作。正因为有了他这种明智的爱,才有了爱因斯坦这位伟大的科学家。领导者在用人的过程中,就要知人所爱、帮人所爱、成人所爱。

(三)善于用人所变

鲁迅、郭沫若原来都是学医的,后来却成了中华民族的文坛巨人。很多名人名家的成功人生告诉我们:人的特长是可以转移的,能产生特长转移的人,大都是一些拥有创新思维的人与能力较强的人。对这种人才,领导者应倍加珍惜,应适时调整对他们的使用,让他们在更适合自己的发展空间里去施展才华。

管理实务 5-16

春秋时期齐国国君齐襄公被杀。齐襄公有两个兄弟,一个叫公子纠,当时在鲁国(都城在今山东曲阜);一个叫公子小白,当时在莒国(都城在今山东莒县)。两个人身边都有个师傅,公子纠的师傅叫管仲,公子小白的师傅叫鲍叔牙。两个公子听到齐襄公被杀的消息都急着要回齐国争夺君位。

在公子小白回齐国的路上,管仲早就派好人马拦截他。管仲拈弓搭箭,对准公子小白射去。只见公子小白大叫一声,倒在车里。

管仲以为公子小白已经死了,就不慌不忙护送公子纠回齐国。怎知公子小白是诈死,等到公子纠和管仲进入齐国国境,公子小白和鲍叔牙早已抄小道抢先回到了国都临淄,公子小白当上了齐国国君,即齐桓公。

齐桓公即位以后,即发令要杀公子纠,并把管仲送回齐国办罪。管仲被关在囚车里送到齐国。

鲍叔牙立即向齐桓公推荐管仲。齐桓公气愤地说:“管仲拿箭射我,要我的命,我还能用他吗?”

鲍叔牙说:“那时他是公子纠的师傅,他用箭射您,正是他对公子纠的忠心。论本领,他比我强得多。主公如果要干一番大事业,管仲可是个用得着的人。”

齐桓公也是个豁达大度的人,听了鲍叔牙的话,不但不办管仲的罪,还立刻任命他为相,让他管理国政。管仲帮着齐桓公整顿内政,发展经济,大开铁矿,多制农具,齐国从此越来越富强了。

请问:齐桓公不计前嫌,任用杀己的仇人为宰相,体现了哪些用人艺术?

二、领导决策艺术

决策是领导活动的关键,是领导者的重要职责和权力,当然也是领导艺术的核心内容。正确的决策有利于工作和事业的开展,错误的决策贻害无穷。为了尽可能地避免出现错误,领导决策应该遵循一定的原则,讲究策略,增强决策艺术,提高决策水平。

(一)决策前注重调查

领导者在决策前一定要多做些调查研究,搞清各种情况,尤其是要把大家的情绪和呼声作为自己决策的第一信号,不能不准备就进入决策状态。

(二)决策中注意民主

领导者在决策中要充分发扬民主精神,优选决策方案,尤其碰到一些非常规性决策,应懂得按照“利利相交取其大,弊弊相交取其小,利弊相交取其利”的原则,适时进行决策,不能未谋乱断,不能错失决策良机。

(三)决策后狠抓落实

决策一旦定下来,就要认真抓好实施,做到言必行、行必果,绝不能朝令夕改。一个领导者在工作中花样太多,是一种不成熟的表现。

管理实务 5-17

美国通用电气公司是一家集团公司,1981 年,杰克·韦尔奇接任总裁后,认为公司管理得太多,而领导得太少,“工人们对自己的工作比老板清楚得多,经理们最好不要横加干涉。”为此,他实行了全员决策制度,使那些平时没有机会互相交流的职工、中层管理人员都能出席决策讨论会。“全员决策”的开展,消除了公司中官僚主义的弊端,减少了繁琐的程序。

三、领导运时艺术

时间是一种无形的稀缺资源,领导者不能无视它,更不能浪费它。

(一)强化时间意识

有人做了统计:一个人一生的有效工作时间大约是 1 万天。一个领导者的有效当“官”时间是 10～15 年。一旦错过这个有效时间,你的想法再好、能力再高,也常常是心有余而力不足。所以,领导者要利用这宝贵的时间多做点有意义的事。

(二)学会管理时间

领导者管理时间应包括两个方面。一是要善于把握好自己的时间。当一件事摆在领导者眼前时，领导者应先问一问自己“这件事值不值得做?”然后再问一问自己“是不是现在必须做?”最后还要问一问自己“是不是必须自己做?”只有这样才能比较主动地驾驭好自己的时间。二是不要随便浪费别人的时间。有人做过统计:某领导者有3/5的时间用在开会上。领导者要力戒“会瘾”，不要动不动就开会，不要认为工作就是开会，如果要开会，也应开短会，说短话，千万不要让无关人员来“陪会”。“浪费别人的时间等于谋财害命。”

(三)养成惜时习惯

人才学的研究表明:成功人士与非成功人士的一个主要区别，就是成功人士年轻时就养成了惜时的习惯。要像比尔·盖茨那样，能站着说的东西就不要坐着说，能站着说完的东西就不要进会议室去说，能写个便条的东西就不要写成文件。只有这样，才能形成好的惜时习惯。

管理实务5-18

美国某公司董事长赖福林在科学管理时间资源上称得上是一位成功的榜样。他每天清晨6点之前准时来到办公室，先是默读15分钟经营管理哲学的书籍，然后便全神贯注地开始思考本年度内不同阶段中必须完成的五六件重要工作，以及所需采取的措施和必要的制度。接着就是重点考虑一周的工作。他把本周内所要做的几件事情一一列在黑板上。大约在8点钟左右，他在餐厅与秘书共进咖啡时，就把这些考虑好的事情，小至职工的孩子入托问题，大到公司的大政方针和计划，几乎他认为重要的事情都要一起商量一番，然后作出决定，由秘书具体操办。赖福林的时间管理法，极大地提高了公司工作效率，引起了美国各公司的高度重视和赞扬。

四、领导讲话艺术

讲话是一门艺术，它是反映领导者综合素质的一面镜子，也是下属评价领导者水平的一把尺子。领导者要想提高讲话艺术，除了要提高语言表达基本功外，关键要提高语言表达艺术。

(一)做到言之有物

言之有物，就是领导者在下属面前讲话时，不能空话连篇，套话成堆，要尽量做到实话实说，让大家能经常从领导者的讲话中，获取一些新的有效信息，听到一些新的见解，受到一些新的启发。

(二)做到言之有理

领导者在下属面前讲话，不能官气十足，应注意情理相融。要做到情理相融，一是要讲道理。讲道理不能空对空，一定要与下属的思想、工作、生活等实际紧密结合起来，力求以理服人。二是要注意条理。讲话不能信口开河，语无伦次，一定要让人感到条理清晰，层次分明。三是要通情理。不能拿大话来压人，要多讲些大家眼前最关心的问题、大家心里最担忧的问题。

(三)做到言之有“味”

领导者在下属面前讲话时，语言要带点甜味，要有点新意，要有点幽默感。邓小平同志有一句话大家耳熟能详，“白猫黑猫，抓住老鼠就是好猫。”这句话说得形象生动，意味十足。

管理实务 5－19

利维是美国斯凯朗公司的总裁，为了研制闭路电视，他录用了一位青年人比尔。比尔这位小伙子的事业心很强，他一上任便一头钻进实验室，整整干了一个星期。在工作最紧张的时候，小伙子一连 40 多小时没有离开过工作台。利维为此十分感动。此时，任何赞扬都已显得空洞。利维对比尔说："你这样不分昼夜地工作，不等新产品问世，人就累垮了，我宁愿不做这种生意，也不能赔上你这条命。我们相处的时间虽然不长，但是我知道你是竭尽全力了。你的心意我领了，就是研制不成功，我也不会怪你。"利维的这番感人肺腑的话就是最真诚的表扬，令比尔大受感动。仅此一次谈话，两个人便结成至交。比尔不再是为了工资而工作，而是怀着酬报知己的心情全力为这一事业而奋斗。不到半年，闭路电视研制成功了。

请问：利维总裁运用了什么领导艺术？

五、领导开会艺术

会议是实施领导的重要工具。领导者要研究和解决问题，布置和汇报工作，沟通联络等，都少不了要召开会议。但是领导者要研究开会的艺术，提高会议的效率与质量。

从内容上讲，会议有听取意见的会和解决问题的会。

听取意见的会议包括选择目标方向、研究方案方法、制定规划措施等。对此种会议，主持者一定要注意事先做好准备，会议中善于启发引导，会议结束前进行总结决断，防止出现冷场、离题、争执、议而不决等现象。一旦出现冷场、离题等现象，主持者应分别情况进行引导，使会议开得热烈有效。

解决问题的会议包括布置工作、划分职权、明确责任、协调矛盾等。对于这种会议，主持者应该在会前有充分准备，在会上不开展自由讨论，要有适当的郑重气氛，使与会者有一种临战的感觉。这种会议最忌拖泥带水，讲得过长。

上述两类会议都应该做到会前有准备，会议有中心，会上作出明确的决定，限定与会人数，限定开会时间与次数。

开会的目的本应是为了提高工作效率，而滥开会议，会议成灾，迟到早退成风，议而不决，信口开河，就背离了开会的本来初衷，反而大大降低了管理效率。要善于根据会议的内容，正确选择会议的形式，恰当地规定会议的规模，把握会议的进度，充分调动与会者的积极性，利用尽量少的时间和人员，提出尽量多的主意和解决尽量多的问题，这是领导者所需要掌握的开会艺术。

管理实务 5－20

日本太阳工业公司每次开经营会议时，总把一个醒目的会议成本分析张贴在黑板上。会议成本的算法是：每小时单位薪金乘以 3(因为薪金是所创造的劳动产值中的一部分)，再乘以 2(因为参加会议使经常性工作中断，损失以两倍计)，再乘以参加会议的人数和开会时间。不算不知道，一算吓一跳，成本之高，令人吃惊。这笔成本账促使决策者尽量少开会、开短会、开小会，提高了会议效率。

六、领导授权艺术

领导者常常面对的是大量的工作，如果不能有效地处理，便会使自己身陷于日常事务的重负之中，而不能自拔。为了使工作更加有效，领导者应坚持合理的工作秩序，需要建立一套判断标准，确定什么事应自己做，什么事应由他人做；什么事应先做，什么事可以稍后做。所以在处理大量的工作中，领导者应遵循例外原则，进行恰当的授权。

授权是放权或赋予组织成员一定的权力，使他们有权力、自由、知识和技能去做决策以及有效地做好工作。领导者应把组织成员视为有能力的、成熟的个人，相信他们能够成功地完成各项任务，能够有效地控制自己的工作过程。通过授权，能够帮助领导者从日常琐碎的事务中解脱出来，有精力处理重大的、例外的问题；通过授权使组织成员在拥有权力和自由的同时分担了责任，有助于增强他们的工作责任心；通过授权，也使组织成员有机会独立地解决问题，从实践中提高管理的能力，有助于组织管理人员的培养，对组织长远发展意义深远。

管理实务 5－21

李氏进出口公司的李先生是一家服装生产公司的创立人和执行总裁。他成立了自己的公司，并在五年的时间里，使之由一家一个人经营的小企业发展成一家拥有 50 名员工、年生产额为 300 万美元的公司。尽管企业的规模和盈利水平都发生了变化，但李先生的管理并没有发生太大的变化。他埋头于企业的日常事务中，总是犹豫不决是否要由其下属人员完成某些重要任务。当他到国外进行采购而不在公司的时候，公司就会停步不前，他坚持认为自己是最了解本公司的人，自己有知识和技能制定有关企业利益的所有决策。李先生制定企业的所有计划，组织各种活动，招募员工、指挥员工的活动，解决员工遇到的问题，解决与人事有关的问题。他知道他的全部雇员的名字，他的办公室是随时向员工开放的。企业成长期间，李先生已不能抽出时间去制定新的策略以应付所发生的变化。员工发现当他们碰到非常重要的难题时，很难找到李先生，企业中员工的士气达到了最低点。随着问题增多，压力增大，李先生正在考虑卖掉他的公司。他觉得公司给自己带来了很大麻烦，公司使他丧失了健康和平静。

请评价一下李先生的管理风格，并为其提出建议。

本章小结

领导就是影响个体或群体来完成组织目标的各种活动过程。领导者就是那些能够影响别人的人，其作用体现在三方面，即指挥作用、协调作用和激励作用。领导和管理既有联系又有区别。两者都是在组织内部通过影响他人的协调活动，都与组织层级的岗位设置有关；但两者作用的基础不同、施行的对象不同、使用的手段不同。领导者的影响力是指领导者影响和改变下属心理和行为的能力。依据构成领导影响力的要素的不同，把影响力分为职位影响力和个人权力影响力两种。

人性假设是领导者选择领导方式的起点。关于人性假设理论主要有经济人假设、社会人假设、自我实现人假设和复杂人假设。

领导特质理论认为，一个人之所以成为领导者，是由于他具有与众不同的优秀品质和特殊能力，这些优秀品质和特殊能力与成功的领导密切关联，构成了领导者的特质。这些特质不是天生的，而是在实践中逐步形成和积累起来的，可以通过教育进行培养。领导特质理论主要包括斯托迪尔的领导特质论、德鲁克的领导素质论和鲍莫尔的十大条件论。

领导行为理论认为，领导的有效性主要取决于领导行为方式、作风。他们注重考察那些成功的领导者做些什么、怎样做的，优秀的领导者的行为与较差的领导者的行为有无区别等，以试图找出能获得有效性的行为模式。领导行为理论主要包括领导作风理论、领导行为四分图和管理方格理论。

领导权变理论不认为有能适用于一切环境的唯一最佳的领导风格，而认为各种领导风格在对应的不同的环境中最有效。所以，领导者应首先摸清自己及所辖的下属的领导风格，并争取自己和下属被委派到最适合各自风格的环境中去，以实现最佳领导效能，即让工作适合管理者。领导权变理论主要包括菲德勒模型、领导生命周期理论、途径—目标理论。

领导工作不仅是一门严肃的科学，还是一门艺术。领导艺术具有创造性、经验性、灵活性的特点。在管理实践中发挥着独特的作用。领导艺术表现为领导用人的艺术、领导激励的艺术、领导用时的艺术、领导说话的艺术、领导开会的艺术和领导授权的艺术。

开篇案例分析要点

1. 刘邦是秦朝末年军事力量的领导者，他能够率领部下，战胜项羽等武装力量，所向披靡夺取江山，身上具有突出的领导特质。知人善任，刘邦知道部下都有哪些才能，每个人都有哪些性格特点，用人时把他们放到最适合的位置，让每个人的才能得到最大限度发挥；他善于团结人，不管地位高低，才能多寡，都能将这些人团结在自己的周围，为自己的事业出生入死；不拘一格降人才，他善于发现每个人的长处，并给这些人发挥自己长处的机会；有高超的用人手段，对人将信任和防范结合起来，使人们团结在他的周围，完成自己的大业。

2. 表面上看没什么才能的刘邦领导一群能人不太令人信服，其实在一个组织中，领导者才能高低不是关键，关键是他必须具有影响他人，让他人自愿追随的能力。因为领导者不是单纯自己工作，而是调动大家一同为自己工作。刘邦打天下不是自己亲自去冲锋陷阵，而是调动韩信、萧何、张良等人发挥各自的才能，为刘邦出生入死尽力工作。所以，刘邦可以没有什么才能，但作为领导者，他能够调动指挥每个有才能的人为自己尽力工作就可以了。

知识测试

一、单项选择题

1. 领导的本质是（　　）。

A. 用人权　　B. 影响力

C. 协调人际关系　　D. 管理职能

2. 彼得·德鲁克认为，“领导者的唯一定义就是其后面有追随者。一些人是思想家，一些人是预言家，这些人都很重要，而且也急需但是，没有追随者，就不会有领导者。”这句话说明（　　）。

A. 领导的实质是组织成员的追随与服从

B. 领导者需要权力

C. 追随者比领导者更重要

D. 领导只有一个定义，其余的定义是错误的

3. 刘胜由原来的总经理助理被任命为集团销售公司的经理，从一个参谋人员变成了独立部门的负责人。下面是刘胜最近参与的几项活动，你认为这其中的(　　)项几乎与他的领导职能无关。

A. 向下属传达他对销售工作目标的认识

B. 与某用户谈判以期达成一项长期销售协议

C. 召集各地分公司经理讨论和协调销售计划的落实情况

D. 召集公司有关部门的职能人员开联谊会，鼓励他们克服困难

4. 针对当前形形色色的管理现象，某人深有感触地说："有的人有磨盘大的权力拣不起一粒芝麻，而有的人只有芝麻大的权力却能推动磨盘。"这句话反映的情况表明(　　)。

A. 个人权力所产生的影响力有时会大于职务权力所产生的影响力

B. 个人权力所产生的影响力并不比职务权力所产生的影响力小

C. 非正式组织越来越盛行，并且正在发挥越来越大的作用

D. 这里所描述的只是一种偶然的现象，并不具有任何实际意义

5. 属于领导者个人的权力有(　　)。

A. 强制权　　B. 奖励权

C. 专长权　　D. 法定权

6. 某跨国公司始终坚持"人是第一位的"，他们关心员工，培养员工的归属感，他们采用了(　　)。

A. 经济人假设　　B. 社会人假设

C. 自我实现人假设　　D. 复杂人假设

7. 针对自我实现人假设所产生的管理措施为(　　)。

A. 应以金钱收买员工的效力和服从

B. 管理人员在进行奖励时，应当注意集体奖励，而不能单纯采取个人奖励

C. 在管理制度上给予员工更多的自主权，实行自我控制，让员工参与管理和决策，并共同分享权力

D. 管理人员应事先为员工设计具体的行为模式，让员工按此模式实现自我的价值

8. 民主式领导方式的特点之一是(　　)。

A. 领导者预先安排一切工作的程序和方法，下属只能服从

B. 分配工作时尽量照顾到个人的能力，兴趣和爱好

C. 对工作事先无布置，事后无检查，权力完全给予个人，一切悉听尊便

D. 领导方法的选择取决于环境和个性

9. 根据领导者运用职权的方式不同，可以将领导方式分为专制、民主与放任三种类型。其中专制式领导方式的主要优点是(　　)。

A. 纪律严格，管理规范，赏罚分明

B. 组织成员具有高度的独立自主性

C. 按规章管理，领导者不运用权力

D. 员工关系融洽、工作积极主动、富有创造性

10. 根据权变理论,领导是否有效取决于(　　)。

A. 稳定的领导行为

B. 领导者的品质权威

C. 领导者能否适应其所处的具体环境

D. 是专制型领导还是民主型领导

11. 宾馆的管道系统出了毛病,因维修部经理正准备出差,便委派维修科长处理,但几天后管道系统仍然渗漏,宾馆总经理听到汇报后,准备追究事故的责任,责任应当由(　　)来承担。

A. 维修科长　　B. 维修部经理

C. 维修工人　　D. 工程部经理

12. 根据管理方格理论,欲使领导工作卓有成效,则应(　　)。

A. 采取集权领导注重完成任务

B. 注重和谐的人际关系

C. 注重组织目标的达成和对职工的关心

D. 充分发挥激励作用

13. 某大学计算机系的系主任王教授对新来系里工作的刘博士说:"下周一上午我们谈谈,我想请你介绍一下你的硕士论文的选题及博士论文的研究情况,还有研究专长和学术兴趣,这样我们可为你安排合适的教学和科研工作。"从王主任的话来判断,他所表现出来的管理风格最接近于(　　)。

A. 5.5 中庸型　　B. 9.9 团队型

C. 1.9 俱乐部型　　D. 9.1 任务型

14. 领导权变理论认为,领导行为效果的好坏,取决于诸多因素相互作用。这些因素不包括(　　)。

A. 领导者　　B. 被领导者

C. 环境　　D. 金钱

15. 以下(　　)属于"权变管理理论"的最大特点。

A. 重视人的因素

B. 力求决策中减少个人艺术成分

C. 根据不同的具体条件,采取相应的组织结构、领导方式等

D. 通过提高工人的"士气",从而达到提高效率的目的

16. 根据路径—目标理论,下列说法中正确的是(　　)。

A. 当任务不明或压力过大时,成就导向型领导导致了更高的满意度

B. 当下属执行结构化任务时,支持型领导导致了员工高绩效和高满意度

C. 对知觉能力强或经验丰富的下属,指导型的领导可能被视为好领导

D. 组织中的正式权力关系越明确化,领导者越应表现出控制型行为

17. 某部门多年来生产任务完成得都很好,职工经济收入也很高,但领导和职工的关系却很紧张。该部门领导属于(　　)领导类型。

A. 贫乏型　　B. 任务型

C. 俱乐部型　　D. 团队型

18. 根据领导生命周期理论,领导者的风格应该适应其下属的成熟度,并逐渐调整。因

此，对于建立多年且员工队伍基本稳定的高科技企业的领导来说，其领导风格逐渐调整的方向应该是(　　)。

A. 从参与型向说服型转变　　B. 从参与型向命令型转变

C. 从说服型向授权型转变　　D. 从命令型向说服型转变

19. 依照领导生命周期理论，下列应采取授权式领导风格的情况是(　　)。

A. 下属既无能力又不情愿

B. 下属无能力但是有很大的积极性

C. 下属有能力但是不愿意干领导分配的工作

D. 下属既有能力又对分配的工作很有积极性

20. 某大型企业的陈先生多年担任总工程师职务，前不久正式退居二线，但他的继任者在进行重大工程技术决策前，还主动前去征询他的意见。之所以出现这种情况，你认为主要是陈先生拥有(　　)的影响力。

A. 任职多年　　B. 德高望重

C. 势力较大　　D. 技术专长

二、多项选择题

1. 领导在组织中的作用有(　　)。

A. 指挥　　B. 协调

C. 激励　　D. 权威

2. 领导定义包括的三个要素是(　　)。

A. 领导建立在合法的、有报酬的和强制性的权力基础上

B. 领导者必须有部下或追随者

C. 领导者拥有追随者的能力或力量

D. 领导的目的是通过影响部下来达到组织的目标

3. 下面关于领导的论述中正确的是(　　)。

A. 领导行为理论认为，判断领导是否有效关键看他做什么

B. 领导权变理论关注领导者能力和环境的匹配

C. 领导权变理论优于领导行为理论

D. 领导行为理论优于领导特质理论

4. 以下选项中属于民主式的领导方式的有(　　)。

A. 经理允许下属在规定的界限内行使职权

B. 经理提出问题，征求意见，做出决策

C. 完全由经理自己做出各种决策

D. 经理极少运用其权力，给下属以高度的独立性

5. 下面对集权式领导者的说法正确的是(　　)。

A. 集权式领导者，就是把管理的制度权力相对牢固地进行控制的领导者

B. 集权式领导，意味着对被领导者或下属而言，受控制的力度较大

C. 在整个组织内部，资源的流动及其效率主要取决于集权领导对管理制度的理解和运用

D. 个人专长权和影响权是集权式领导者行使制度权力成功与否的重要基础

6. 根据领导生命周期理论,下属成熟度高的话,不合适的领导方式是( )。

A. 参与型 B. 授权型

C. 说服型 D. 命令型

7. 在人性假设理论中,有关人性的假设有( )。

A. 经济人假设 B. 社会人假设

C. 自我现实人假设 D. 复杂人假设

8. 管理方格图中,典型的领导方式有( )。

A. 贫乏型 B. 任务型

C. 俱乐部型 D. 团队型

9. 你的部门因预算的限制,有必要进行整编。你请了本部门中一位经验丰富的人负责这项工作。他在你部门的每个领域都干过,你感到他有能力完成这一任务,可他似乎对这种任务的重要性反应漠然。此时,以下领导方式中无效的有( )。

A. 高任务、高关系 B. 高任务、低关系

C. 低任务、高关系 D. 低任务、低关系

10. 管理方格理论把管理中领导者的行为概括为( )。

A. 对利润的关心 B. 对生产的关心

C. 对人员的关心 D. 对制度的关心

11. 根据菲德勒模型,影响领导形态有效性的环境因素有( )。

A. 领导者和下属的关系 B. 职位权力

C. 领导者的个人特性 D. 任务结构

12. 李先生在一年前被调入某公司担任企划部经理,考虑到自己的资历、经验等,他采取了较为宽松的管理方式。在下列( )情况下,李先生的领导风格不能产生较好的管理效果。

A. 企划部任务明确,李先生与下属关系好但职位权力弱

B. 企划部任务明确,李先生与下属关系差且职位权力弱

C. 企划部任务不明确,李先生与下属关系差且职位权力弱

D. 企划部任务不明确,李先生与下属关系好且职位权力强

13. 领导生命周期理论的领导方式有( )。

A. 参与型 B. 授权型

C. 说服型 D. 命令型

14. 构成非权力影响力的主要因素有( )。

A. 品德因素 B. 才能因素

C. 知识因素 D. 感情因素

15. 构成权力影响力的主要因素有( )。

A. 传统因素 B. 文化因素

C. 职位因素 D. 资历因素

三、判断题

1. 领导工作是组织结构中一种特殊的人与人的关系,其实质是影响。 ( )

2. 领导者只要拥有职权,就会对下属有激励力和鼓舞力。 ( )

3. 领导过程的成效取决于领导者和被领导者两种因素。 ( )

4. 高关系、高工作是最有效的领导方式。 ( )

5. 权变理论认为,任何领导形态均可能有效,其有效性完全取决于是否适应所处环境。 ( )

6. 任务导向型领导力图通过关心下属来建立有效工作群体。 ( )

7. 分权式的领导比独裁式的领导更有效。 ( )

8. 最有效的领导行为总是对人和生产都高度关心。 ( )

9. 按照菲德勒的权变理论,在有利情境和最为不利情境时,任务导向型领导方式较为有效。 ( )

10. 权变理论强调领导无固定模式,领导效果因领导者、被领导者和工作环境的不同而不同。 ( )

11. 领导生命周期理论认为,任何一位领导者都会经历探索、成功、衰退的过程。 ( )

12. 在领导生命周期理论中,不能主观确定"四种领导方式"哪一种最好。 ( )

13. 路径—目标理论认为当任务结构不明确时,人们倾向于指令型领导行为。 ( )

14. X 理论认为,人生来并不一定厌恶工作,要求工作是人的本能。 ( )

四、简答题

1. 领导作用体现在哪些方面?

2. 领导者的影响力来源于何处?

3. 简述人性假设理论。对不同的人性假设应分别采取怎样的管理措施?

4. 简述三种极端的领导作风。

5. 管理方格理论中列出了哪几种典型的领导方式?简要说明。

6. 菲德勒的领导权变理论的主要内容和方法是什么?

7. 你的父母是采用什么领导风格对你进行管理的?是否有效?你希望他们采用什么样的领导风格?为什么?

8. 路径—目标理论把领导方式分为哪几种?

五、论述题

1. 试述如何在管理实践中综合运用领导者的影响力达到"使员工不只臣服而且信服"。

2. 试运用领导生命周期理论来解释为什么对大学教师采用"不坐班"的领导方式。

3. 请论述复杂人假设理论及其相应的管理措施。

4. 论述自我实现人假设理论及其在管理中的应用。

案例分析

案例 1　文化病变:人性与责任

X 公司是国内一家知名的上市公司,公司董事长兼总经理 A 从工人干起,一步步地成了当家人。多年来,在他的带领下,公司一直保持着高速发展,并于 1997 年底成功上市。

在 A 总的引领下,公司的文化不乏一些闪光的亮点:

重视人才——从 1994 年开始,公司每年都招收大量的高学历新员工,给予较高的工资、福利待遇，很快聚集了大量名校的毕业生，极大地提高了公司的产品技术含量和质量。公司形成了一种尊重人才的氛围。

唯才是举——每年年底，中层干部开始一年一度的干部竞争上岗，干部岗位完全开放。竞岗者必须要交书面"竞争上岗报告"，通过后，还要经过答辩。每一年都有干部落马，让新人、能人上岗。公司造成了一种紧迫感和危机感。

但是，A 总个人价值观上的一些致命缺陷，也导致了公司内部不良文化的滋生和蔓延，使得 X 公司在一种畸形的氛围中走入了泥途。

A 总比较独断专权。在公司内部，严厉打击异己以及不太驯服的员工和干部。不论你以前有多大贡献，一旦冒犯"天威"，你是一定要下来的。曾经有一位技术部的经理，只因说了句不太恰当的闲话，就被处罚，写悔过书，三十七八岁的男子汉，在保卫处，痛哭流涕地检讨自己"我罪该万死……"。即使这样，部门经理还是被撤掉了，并且以后永远不得翻身。

A 总搞一言堂，上行下效。公司内小报告盛行。公司有不成文的规定，不允许与辞职人员来往。有一位同志，与从 X 公司辞职的朋友一起到海边游泳，被人看到，报告了 A 总，该同志的工资被降了下来，几年里，一直不给他涨工资。X 公司的工资水平在他们所在的城市是第一位的，没人愿意丢掉饭碗。所以，大家说话办事都极其小心。一谈到什么敏感话题，一些年长的员工就神秘兮兮地说"莫谈国事，莫谈国事……"。于是，大家都很知趣地闭上嘴巴。

过度追究责任，矫枉过正，导致扯皮推委。这一点在生产部门、技术部门、质检部门体现得尤为突出。公司的质量标准是这样的：技术部门出检验方法、标准，生产部门按设计生产，质检部门照技术部的标准检验。一般来讲，一旦产品出问题，先找质检部门，质检部门说，"我们检验的时候没问题，这是质量不稳定，应该找技术部门"，或者说，"我们是按标准检验，是不是技术部的标准有问题"。技术部更聪明，把检验标准提高，再提高，一直到完美无缺的地步。生产部门做不出那么高水平的产品，但质检部门按照完美无缺的标准检验，于是产品就开始在车间里积压，生产线中止，但三个部门各不相让，时间耽搁长了，销售部开始着急——因为延迟交货是要罚款和丢失客户的。

根据案例资料，请回答下列问题：

1. 用领导行为相关理论分析 A 总的领导风格？
2. 结合本案例谈谈你对管理的责任的看法。

案例 2 李广与程不识

李广和程不识都是汉武帝时的大将，但两个人治军的风格迥异。李广是有名的飞将军，而程不识则很少有人听说过他。其实在汉朝前期，特别是汉武帝时代，两个人是齐名的。他们一个是现在河北省的太守，一个是今天山西省北部的太守。当时的太守大多是边境上的守将。

李广是由普通军人成长为一代名将的。史书说，他和周围的士兵关系密切，能叫出部下士兵的名字。李广训练部队以恩义相结，不重纪律，因此每位将领都与他交情好。作战时，行军布阵采用自由的作风，不拘一格。他所带领的骑兵非常精良，以机动性代替当时中国传统的行军布阵，所以李广的部队常常获胜，有时即使士兵比较少，也能以少制众，反败为胜。李广时常带领少量精锐突击队突袭匈奴，有时成功，有时失败。有一次就被匈奴俘虏，但他夺了匈奴的马逃出来了。还有一次是用类似"空城计"的险计脱围：他自己骑着马，缓缓后退，匈奴以为这是诱敌，不敢贸然前进。其实，李广的做法不是带领大兵团作战的方式。打匈奴时，大军五道出击，汉武帝不让他领导正面的军队，只让他率领辅助部队，未尝没有道理。"冯唐易老，李广难封”，李广的悲剧，造成他的英雄事迹传诵至今。

李广作战很勇敢，但靠个人英雄主义无法打赢一场大的战争，这不是统帅的做法。

程不识和李广相比，有鲜明的特点。他是非常严谨的将领，将部队按照最严格的要求训练，分成部伍，有职责明确的层级指挥系统。部队出战时，总是处在人不解甲、马不卸鞍的戒备状态。他的军队以步兵为主，行军很慢，但很坚实，凡是他率军作战，行动起来，全军一起行动；扎下营来，敌人冲不动。他从未让匈奴人得逞，但他自己也没有取得过重大的胜利。程不识应当算是极为稳重的将领。

在西汉，人们都知道程不识是名将，因为他战不败，能够不断地积累胜利；而李广呢，不是大胜，就是大败，就好比在赌场赌钱，不是大赢，就是大输。李广、程不识代表了两种指挥管理的典型，各有所长，也各有所短。这两个人之间难作必然的好坏评断。就亲和力与团结力来说，李广军队的五千人可以顶一万人来用，而程不识的一万人则永远是一万人，但也不至于轻易被打垮。程不识指挥军队的风格在汉朝延续了很长的时间，所以汉朝时“军中只闻将军令，不闻天子诏”，换句话说，指挥的命令只能下达到第二级，无法下达到第三级以下。这样的部队非常坚实，但扩张性与活动性都受到相当大的限制。

根据案例资料，请回答下列问题：

1. 依据菲德勒的领导权变理论，李广和程不识各属于低 LPC 型领导方式还是高 LPC 型领导方式？

2. 在什么情境下李广的领导方式更有效？在什么情境下程不识的领导方式更有效？

考研真题

一、概念题

1. 领导（四川大学 2017 年研；河北工业大学 2016 年研；中央财经大学 2015 年研；华南理工大学 2015 年研；东北大学 2015 年研；中国农业大学 2013 年研；武汉大学 2011 年研；中山大学 2011 年研）

2. 管理者与领导者（华东理工 2019 年研；中山大学 2015 年研）

● 领导者（浙江大学 2019 年研）

3. 管理方格理论（华东理工 2019 年研；山东大学 2015 年研）

● 管理方格论（首都师范大学 2010 年研）

4. 权变理论（华南师范大学 2014 年研；华南理工大学 2013 年研；四川大学 2011 年研；人大 2010 年研）

5. 奖赏权力和专家权力（中山大学 2015 年研）

6. 领导素质（华中师范大学 2016 年研）

二、简答题

1. 简述领导与管理的关系。（东南大学 2015 年研）

● 有人说管理应对复杂性，领导突出变革，你怎样理解领导和管理的关系？（南开大学 2018 年研）

● 简述领导与管理的区别。（哈尔滨工业大学 2014 年研；吉林大学 2012 年研；北京科技大学 2011 年研）

2. 简述领导权力的来源。(北京地大 2019 年研;华电 2018 年研;南昌大学 2015 年研;北京邮电大学 2013 年研)

● 权力的主要来源包括哪些?(武汉大学 2011 年研)

3. 领导行为及行为理论,按其发展阶段来看形成了三类理论。简单回答这三类理论各自的研究侧重点和基本观点;再简答路径—目标理论的基本原理和四种领导者行为的特点。(武汉大学 2008 年研)

4. 管理方格理论提出的典型的管理风格有哪些?(中山大学 2013 年研)

● 简述管理方格理论以及作用。(上海大学 2018 年研)

● 简述管理方格理论。(北京地大 2018 年研;首都经贸 2014 年研)

● 画图说明布莱克、穆顿的管理方格理论的主要内容。(中央财经大学 2011 年研)

5. 路径—目标理论主要包含哪四种领导行为?(广东财经大学 2015 年研)

● 论述路径—目标模型及其领导行为。(电子科技大学 2014 年研)

● 豪斯的路径—目标理论中的四种领导方式是什么,在选择领导方式时主要考虑何种因素?(中南大学 2011 年研)

● 路径—目标模型认为领导方式与工作情景是如何匹配的?(中南财经大学 2010 年研)

6. 领导权变理论的内容。(北京大学 2019 年研;中南大学 2018 年研)

● 简述领导权变理论的要点。(中央民族大学 2019 年研;东华大学 2019 年研;中山大学 2018 年研)

● 简述菲德勒的权变理论,说明领导的工作与下属相互作用的维度。(西南财经大学 2019 年研)

● 用菲德勒的权变领导理论说明权变理论。(同济大学 2016 年研)

7. 领导者在管理活动中的作用。(吉林大学 2019 年研)

8. 简述领导特性理论。(北京地质大学 2019 年研)

9. 基于权力的领导风格。(中央民族大学 2019 年研)

10. 简述你对于领导者的品质的理解。(上海大学 2018 年研)

11. 领导的影响力有哪几种?对领导职能的发挥有什么作用?(西安交通大学 2012 年研)

三、论述题

1. 试述领导者影响力的来源以及如何在管理实践中综合运用达到“使员工不只臣服而且信服”。(四川大学 2006 年研)

2. 领导权变理论的主要观点是什么?(东北财经大学 2017 年研;华南理工大学 2014 年研)

● 论述菲德勒权变领导理论。(电子科技大学 2016 年研;对外经贸大学 2016 年研)

3. 试述下属成熟度和领导方式的类型之间的关系。(暨南大学 2010 年研)

相关试题:情境领导理论认为领导方式与下属成熟度应如何匹配?(中南财经大学 2009 年研)

4. 领导的基本方式有哪些?(华中科技大学 2019 年研)

5. 综述激励与领导的主要理论,结合实际谈谈如何成为一个有效的领导者?(暨南大学 2011 年研)

6. 可能不存在一种放之四海而皆准的领导行为，领导应该考虑具体情境(如环境、工作特征、员工等)来开展工作。请列举些领导行为的例子，并从理论上来解释，其领导行为的有效性。(南京大学 2014 年研)

7. 如何理解"领导要做领导的事"? 请举例说明。(武汉大学 2013 年研)

第六章　激励职能

学习目标

1. 理解激励的含义，理解需要、动机和行为模式。
2. 掌握各种激励理论。
3. 了解激励的艺术。

开篇案例

工作本身就是一种报酬

一个硕士研究生毕业后，在北京一家大公司找到了工作。但进去后他发现，周围的8个同事中，有6名硕士，2名博士，作为新来的，他一点优势也没有，整天被呼来唤去，忙于事务性的工作，渐渐感到委屈、乏味。于是，这个硕士心一狠，辞了职，又回大学里攻读博士学位。

取得学位后，博士来到沿海经济特区求职，很多用人单位抢着要他。对比之下，一家私营企业老板心最诚，开价最高，博士挺满意，就去了这家企业。这个私营企业老板文化程度虽低，但十分尊重人才，对博士总是笑脸相迎，博士很感动，决心要为企业贡献自己的才学。久而久之，博士发现老板虽尊敬他，却从来不要他做实实在在的工作，倒是常常拉着他去赴商界朋友们的宴席、打高尔夫球、洗芬兰浴什么的。遇到朋友，老板总不忘介绍：这是我聘请来的某某名牌大学的经济学博士……博士花了数月，利用业余时间对企业进行了全面考察，并呕心沥血搞出了一份厚厚的《企业未来发展规划》，本以为老板会大喜过望，但事实上他对此并无兴趣，依然拉着博士会见自己的商界朋友，逢人就要介绍：这是我聘请来的某某名牌大学的经济学博士。

终于有一天，博士忍无可忍了，向老板递交了辞呈。老板很惊讶——我给你的报酬还不够吗？博士摇摇头，给他讲了一个小故事：英国有位大科学家叫法拉第，被推选进皇家科学院。

知情人告诉他，在那里工作是十分劳累的，而报酬却相当少。法拉第毫不在乎地说："工作本身就是一种报酬。"

（案例来源：臧有良，暴丽艳．管理学原理[M]．北京：清华大学出版社，2007.）

根据案例资料，请思考以下问题：

1. 老板高地位和优厚待遇为什么留不住博士？

2. 如何才能留住博士？

第一节　激励职能概述

激励，就其本质来讲，它是表示某种动机所产生的原因，即发生某种行为的动机是如何产生的？在什么环境中产生？同样一个人，为什么有时工作积极肯干、干劲冲天，有时心灰意懒，甚至消极怠工？这里就有一个如何激励的问题。

一、激励的内涵

(一)激励是含义

"激励"从字面上看是激发和鼓励的意思。用管理学上的语言来讲，激励就是管理者运用各种管理手段，引起被管理者的某种需要从而激发其动机，促使其产生组织所需要的行为的过程。简单说，激励就是设法让被管理者发自内心地去做某件事。

(二)激励的要素

激励有四个基本要素，即外部刺激、需要、动机和行为。它们相互作用，构成了对人的激励。

1. 外部刺激

外部刺激是激励的条件。外部刺激是指在激励过程中，管理者为实现组织目标而对被管理者所采取的各种管理手段及创设相应形式的管理环境，通过刺激，可以激发被管理者的需要。

2. 需要

需要是激励的起点与基础。需要是人们对一定客观事物或某种目标的渴求或期望。通常情况下，人们是在外部条件刺激下，产生强烈的内在需要。由此可以看出，人的需要是积极性的源泉和实质。

3. 动机

动机是激励的核心要素。需要产生动机，而动机则是需要的表现形式。动机是行为开始之前的主观愿望、想法和打算，是一种推动人从事某项活动的心理动力，它驱使人们向满足需求的目标前进。因此，管理者应该充分激发被管理者所希望的动机，使其产生有助于组织目标实现的行为。

4. 行为

行为是激励的目的。有什么样的动机，就会产生什么样的行为。管理的最终目的是实现组织的目标，而组织目标的实现得益于人们在动机驱使下所采取的实现目标的一系列行为。因此，我们说行为是激励的目的，也是激励能否取得成效及成效大小的衡量标准。

二、激励的过程

(一)激励的一般过程模式

从个体的基本行为模型看,激励实质上就是动机的激发过程。激励就是要把需要、动机和目标三个相互影响、相互依存的要素衔接起来,构成动机激发的整个过程,从而最终影响人们的行为。

因此,从需要的满足过程分析,激励的一般过程模式如图 6—1 所示。

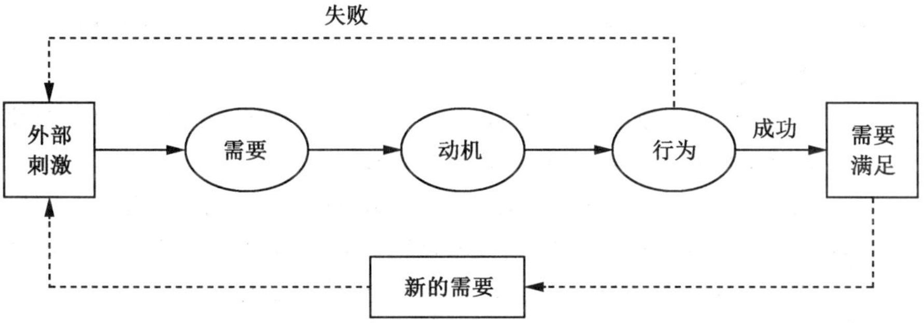

图 6—1 激励的一般过程模式

这个模式反映了激励的多个阶段。第一,需要的产生,在于个人内心的感受,个体的心理因素导致需要的产生。第二,需要未得到满足会使个体处于紧张状态,从而促使其寻求和选择满足这些需要的方法,以恢复心理的平衡。第三,个体通过实现目标的行为或工作去满足需要。第四,对个人在实现目标方面的绩效和成就进行相关的评价。第五,根据对绩效的评价给予奖励或惩罚。第六,由个人来评价他的行为和绩效在多大程度上满足了最初的需要。如果这个激励过程满足了最初的需要,个体就会有成就感和满足感,同时会产生新的需要;如果最初的需要没有得到满足,激励过程就会再次重复,或者个体也可能选择另一个不同的行为。例如,物质生活的贫乏使人们产生对金钱的需要,人们就会考虑赚钱的方法和手段,大多数人选择了通过正常的工作来获取,但也有一些人选择抢劫等犯罪道路。他们对各自的行为和绩效都会进行评估,一些人对工作带来的收益表示满意,继续干好本职工作,一些人会重新选择他的方法和手段。因此,激励与需要的满足过程密切相关。

(二)激励过程的复杂性

从心理学角度看,激励过程就是在各种管理手段与环境因素的作用下,需要、动机产生持续不断的兴奋,从而引起被管理者积极的行为反应,这个过程是一个非常复杂的过程。

首先,人的需要并不完全是生理上的需要,还经常受环境的影响。如除了衣食住行等生理需要外,人们还有自尊、归属、成就等精神层面的需要。再如,闻到食物的香味可能引起食欲,看到冷饮冒出的凉气可能引起口渴,同事的晋升可能激发我们进步的愿望,棘手的难题可能激发我们解决问题的成就欲望。

其次,需要引起行为,但行为也可能引起需要。满足了一个需要,可能引起满足更多需要的愿望。例如,一个人追求成就,可能在他所追求的目标实现之后变得更强烈了。

再次,从动机与行为的关系来看,动机是引发行为的原因,但动机并不是行为结果的唯一解释因素,客观环境、社会规范等也会影响人的行为。我们只能依据对行为的观察来推断它所对应的动机和需求。

最后，人们在力求满足需要时，并非每次都能成功，很多时候是达不到目标的。当一个人满足需要的努力受到挫折时，他可能会采取一种积极适应的态度，也有可能采取一种消极防范的态度。

管理实务 6－1

查理·施瓦伯担任卡耐基钢铁公司第一任总裁时，发现下属的一家钢铁厂的产量很低，便问厂长："这是怎么一回事？为什么产量总是落后呢？"

厂长回答："说来惭愧，我好话丑话都说尽了，甚至拿免职来恐吓他们，可他们软硬不吃，总是懒懒散散的。"

那时正是日班工人即将下班，夜班工人就要接班的时候。施瓦伯向厂长要了一支粉笔，问日班的领班："今天炼了几吨钢？"领班回答："6 吨。"

施瓦伯用粉笔在地上写了一个很大的"6"字后，默不作声地离开了。

夜班工人接班时，看到地上的"6"字，好奇地问是什么意思。日班工人说："总裁今天过来了，问我们炼了几吨钢。领班告诉他 6 吨，他就在地上写了个'6'字。"

次日早上，日班工人前来上班，发现地上的"6"已被夜班工人改写为"7"；知道输给了夜班工人，日班工人内心很不是滋味，他们决心给夜班工人一点颜色看看。那一天，大伙加倍努力，结果炼出了 10 吨钢。于是，地上的"7"顺理成章地变成了"10"。

在日班夜班工人你追我赶的竞争之下，工厂的情况很快得到改善。不久，该厂产量竟然跃居公司所有钢铁厂之首。

请问：施瓦伯只用一支粉笔激励工人，利用了工人什么样的心理？

三、激励的作用

从组织的角度而言，激励的作用主要表现在以下几个方面：

(1)激励有利于提高员工的工作绩效。通过激励来满足员工的需要，调动其积极性，从而提高他们的努力程度和工作绩效。

(2)激励有利于协调利益分配中的矛盾，提高组织的凝聚力。有效的激励可以公平地满足员工的各种合理需要，化解利益分配中的各种矛盾，增强员工的工作满意感和归属感，从而提高组织的凝聚力。

(3)激励有利于组织吸引人才和留住人才。获得激励的员工能最大限度地发挥其潜能来提高工作绩效，员工的成就感和自豪感得到加强，这样，不仅有助于员工自身知识水平和业务能力的提高，而且对组织的信任度和忠诚度得到巩固和加强。

(4)激励有利于实现组织目标。由于人的行为常常带有个人利益的动机，而激励能对员工行为进行有目的的引导，使个人的行为方向与组织的目标趋于一致。

管理实务 6－2

员工被激励的程度与其工作绩效密切相关。实践证明，经过激励的工作行为与未经激励的行为，其工作效果大不相同，激励能够使员工充分发挥其能力，实现工作的高质量和高效率。美国哈佛大学心理学家威廉·詹姆士通过对员工激励的研究发现，在计时工资制下，一个人若没有受到激励，仅能发挥其能力的20%～30%；如果受到正确而充分的激励，其能力就能发挥到80%～90%，甚至更高。由此他得出一个公式：工作绩效＝能力×动机激发。这就是说，在个体能力不变的条件下，工作成绩的大小取决于激励程度的高低。激励程度越高，工作绩效越大；反之，激励程度越低，工作绩效就越小。

第二节　激励理论

一、需要层次理论

需要层次理论是美国心理学家亚伯拉罕·H. 马斯洛在其1943年出版的著作《调动人的积极性的理论》一书中提出的。

(一)需要层次理论的主要内容

1. 需要的五个层次

马斯洛将人的多种需要由低到高分为五个层次，如图6－2所示。

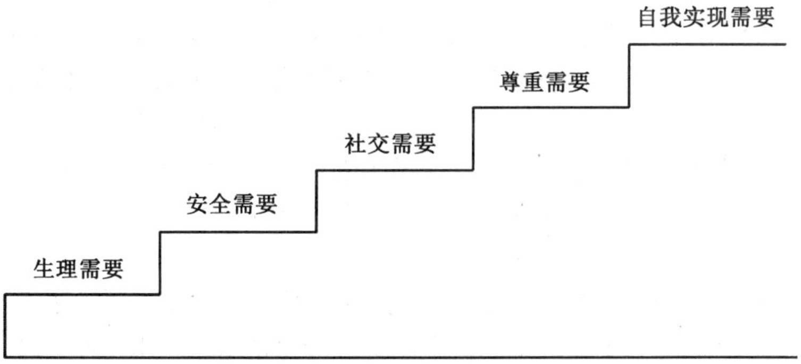

图6—2　马斯洛的需要层次理论

(1)生理需要。指人类生存最基本的需要，如食物、水、住所等。如果这些需要得不到满足，人类就无法生存，也就谈不上其他需要。例如，经常处于饥饿状态的人，首先需要的是食物，为此，生活的目的被看成是填饱肚子。当基本的生活需要得到满足后，生理需要就不再是推动人们工作的最强烈的动力，取而代之的则是安全需要。

(2)安全需要。指保护自己免受身体和情感伤害的需要。这种安全需要体现在社会生活中是多方面的，如生命安全、劳动安全、职业保障、心理安全等。人们希望有一个和平、安定、良好的社会。反映在工作环境中，即员工希望能避免危险事故、保障人身安全、避免失业等。

(3)社交需要。包括友谊、爱情、归属、信任与接纳的需要。马斯洛认为，人是一种社会动物，人们的生活和工作都不是独立进行的，经常会与他人接触，因此，人们需要有社会交往、良好的人际关系、人与人之间的感情和爱，以及在组织中能得到的他人的接纳与信任。

(4)尊重需要。包括自尊和受到别人尊重两方面。自尊是指自尊心，工作努力不甘落后，有充分的自信心，以及获得成就后的自豪感。受人尊重是指自己的工作成绩、社会地位能得到他人的认可。这一需要可概括为自尊心、自信心、威望、荣誉、地位等方面的需要。

(5)自我实现需要。指个人成长与发展，发挥自身潜能、实现理想的需要，即人希望自己能够充分发挥自己的潜能，希望自己越来越成为所期望的人，完成与自己的能力相称的一切事情。在现实社会中，人的最高层次的需要就是自我实现。

管理实务6-3

某民营企业的老板通过学习有关激励理论，受到很大启发，并着手付诸实践。他赋予下属员工更多的工作和责任，并通过赞扬和赏识来激励下属员工。结果事与愿违，员工的积极性非但没有提高，反而对老板的做法强烈不满，认为他是在利用诡计剥削员工。

问题：请应用马斯洛的需要层次理论对这一现象给予解释。

2. 需要五个层次的相互关系

马斯洛给出了各层次需要间的相互关系：

(1)五种需要像阶梯一样从低到高，逐层上升。

(2)一个层次的需要相对满足了，就会向高一层次发展。五种需要不可能完全满足，越到上层，满足的程度越小。例如，美国的一般市民，各层次需要满足的程度是：生理需要85%，安全需要70%，社交需要60%，尊重需要40%，自我实现需要10%。

(3)在一段时间内，人的行为是由主导需要决定的。对特定人来说可能存在多种需要，但其强烈程度不同。其中，最迫切的需要称为主导需要。任何一种需要基本满足后，下一个更高层次的需要就成为主导需要。人的行为是由当时的主导需要决定的。

(4)未被满足的需要才具有激励作用。需要是促使人产生某种行为的内在基础，只有未被满足的需要才能影响人的行为，已满足的需要不再产生激励作用。

(二)对需要层次理论的评价

一方面，马斯洛的需要层次理论有其科学的一面，在一定程度上反映了人类行为和心理活动的共同规律。马斯洛从人的需要出发来研究人的行为，抓住了问题的关键。该理论具有一定的内在逻辑性，基本符合人的需要的发展规律，为组织管理工作指出了调动员工积极性的方向和内容。

另一方面，马斯洛的需要层次理论也有其局限性。例如，对于人的需要层次的阐述不尽完善；划分过于简单、机械；没有提出衡量各层次需要满足程度的具体标准；没有考虑到一种行为结果可能会满足一层以上需要的情况，如适当的薪酬不仅仅能满足生理和安全的需要，也能满足自尊的需要等。此外，该理论重点强调人与生俱来的自然需要，忽视了社会存在对人的成长所具有的影响。

(三)需要层次理论对管理的启示

1. 正确认识员工需要的多层次性

管理者可以根据需要层次理论对员工千差万别的多种需要进行归类和科学分析，然后了解员工当前未满足的需要或正在追求的需要是什么，并采取相应的管理措施进行激励。

2. 明确员工当前的主导需要

根据需要层次理论，每个人可能同时存在多种需要，管理者应在科学分析的基础上，在一段时间内找出受时代、环境及个人条件差异等影响的员工主导需要，有针对性地进行激励，以达到个人目标和组织目标统一的预期激励效果。

3. 激励与需要相对应

对员工进行激励应结合本组织相应的管理制度、管理手段和管理条件，不失时机地、最大限度地满足他们未满足的需要。

管理实务 6-4

明朝一位文人云：终日奔波只为饥，方才一饱便思衣；衣食两般皆俱足，又想娇容美貌妻；娶得美妻生下子，恨无田地少根基；买到田园多广阔，出入无船少马骑；槽头扣了骡和马，叹无官职被人欺；县丞主簿还嫌小，又要朝中挂紫衣；作了皇帝求仙术，更想登天骑鹤飞。

问题：请用需要层次理论分析文中所述古人需要层次的演变。

二、双因素理论

双因素理论是由美国心理学家赫茨伯格于 20 世纪 50 年代后期提出的一种激励理论。赫茨伯格在一些工商企业中向 200 多名工程师、会计师等白领进行了调查研究，主要内容是员工认为对工作最满意的方面和最不满意的方面。他设计了许多问题，如“什么时候你对工作特别满意”，“什么时候你对工作特别不满意”，“满意和不满意的原因是什么”等。根据对调查所得的大量资料的分析结果，赫茨伯格提出了双因素理论。

（一）双因素理论的主要内容

1. 激励因素和保健因素

赫茨伯格研究发现，促使组织成员在工作中产生满意或良好感觉的因素与产生不满意或厌恶的因素是不同的。他把凡是与组织成员工作本身或工作内容有关的、能促使人们产生工作满意感的一类因素称为激励因素；凡是与工作环境或条件有关的、能防止人们产生不满意感的因素称为保健因素。也就是说，当组织成员对工作感到满意时，往往是由激励因素引起的，而当他们感到不满意时，则常常归因于保健因素。

2. 关于满意与不满意的观点

赫茨伯格指出，传统上认为“满意”的对立面是“不满意”的看法是不正确的。他认为“满意”的对立面是“没有满意”；而“不满意”的对立面是“没有不满意”。

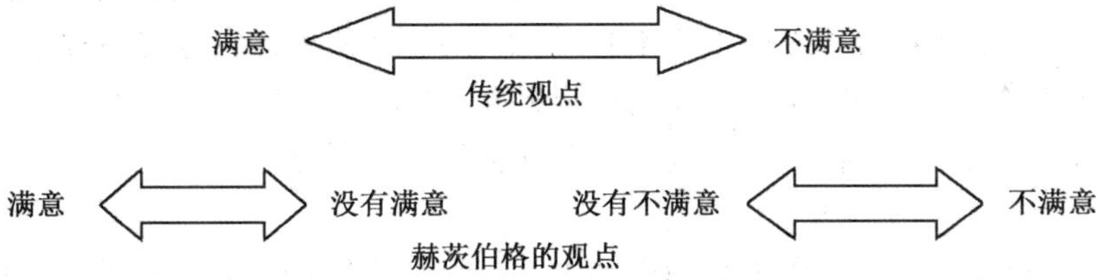

图 6—3　满意与不满意观点对比图

从图 6—3 可以看出，保健因素处理不好，员工将感到不满意，即使处理好了，员工也只是没有不满意而不会感到满意，即这些因素并不能对员工起激励作用，只有维持工作现状的保健作用。与激励因素有关的工作处理得好，能够使人们产生工作满意感，如果处理不当，也只是没有满意情绪，而不会导致不满意。

如表6—1，赫茨伯格将影响人的动机与行为的因素分为激励因素和保健因素，激励因素是指内部因素，是从工作本身得到的某种满足，如对工作的兴趣、成就感、责任感等；保健因素是指外部因素，即工作以外的因素，如报酬、工作环境等。在激励过程中，要善于利用这两种因素，做到内部因素和外部因素相结合，最大限度调动人们的积极性。

表6—1　　管理实践中的激励因素和保健因素

保健因素	激励因素
金钱	工作本身
监督	赏识
地位	进步
安全	成长的可能性
工作环境	责任
政策与行动	成就
人际关系	

(二)对双因素理论的评价

双因素理论将激励过程中的内部因素和外部因素相结合，并从心理学角度进行分析，具有一定合理性。激励与保健因素对人行为的影响是不同的。要调动和维持员工的积极性，首先要注意保健因素，做好与之有关的工作，以防止不满情绪的产生。但是要想真正激励员工工作，必须注意激励因素，只有激励因素才会增加员工的工作满意度，激发他们工作的积极性。

双因素理论也存在一些不足。首先，赫兹伯格研究方法的可靠性问题，主要是调查取样的对象和数量缺乏代表性，以及满意和不满意的评价标准问题；其次，工作满意度与生产效率是否存在必然联系的认识问题；再次，激励因素和保健因素的划分并不是绝对的，它忽视了组织外部环境，比如工资在经济发达地区的一些企业员工中不构成激励因素，而在经济欠发达地区的许多企业员工中仍是一个重要的激励因素。因此，在实际管理工作中应当辩证地理解与应用。

(三)双因素理论对管理的启示

1. 要善于区分管理实践中存在的两类因素

一是对保健因素要给予基本的满足，以消除下级的不满。例如，不断改善工作条件、住房、福利待遇等，可以保持下属的工作热情。二是要抓住激励因素，进行有针对性的激励。对员工最有效的激励就是使其对所从事的工作本身满意，因此管理者应该运用各种手段诸如调整工作的分工、增加工作的挑战性、实行工作内容丰富化、提升发展空间等来增加员工对工作的兴趣，千方百计地提升员工对自己工作的满意度，从而进行有效激励。

2. 正确识别与挑选激励因素

能够对员工积极性产生重要影响的激励因素在管理实践中不是绝对的，它受到社会、阶层及个人的经济状况、社会身份、文化层次、价值观念、个性、心理等诸多因素的影响。因此，在不同国家、不同地区、不同时期、不同阶层、不同组织乃至每个人，最敏感的激励因素是各不相同的，有时差别还很大，因此，必须在分析上述因素的基础上，灵活地加以确定。

3. 正确运用薪酬进行激励

基本待遇属于保健因素，它应属于薪酬体系的基础部分，是保障员工基本生活与工作需要的部分，它应该保持基本稳定，否则会导致员工的不满意，影响其工作积极性；而奖金、绩效工资由于是对员工成绩的认可，因此属于激励因素，要在考核的基础上加大比例，以真正激发员工的工作满意度，提高工作业绩，这部分工资应该处于变化之中，否则会转化为保健因素，失去激励作用。

管理实务 6-5

一墙之隔的两家企业，甲企业由于经营不善，职工下岗回家；乙企业则因为其产品目前在市场上仍有一定的销路，所以职工并未都下岗，且每月都能按时领到工资，这时职工们表现出了空前的工作积极性，令厂长大惑不解："当初有奖金的时候也没这么积极，这是怎么了？"于是他决定去请教有关管理专家。

请问：假如你是管理专家，你将如何帮助该厂长分析解释这一现象？

三、期望理论

期望理论是美国心理学家弗鲁姆在 1964 年出版的《工作与激励》一书中正式提出的。

(一)期望理论的主要内容

弗鲁姆的期望理论认为，人之所以能够积极地从事某项工作，是因为这项工作或组织目标对他有吸引力，即如果一个人相信某个目标的价值，并认为经过自己的努力能够实现该目标，满足自己某方面的需要，他就会受到激励。

该理论的内容也可概括为下列公式：

$$M=V\times E$$

式中：M——激励力，即人们所受到的激励程度。

V——效价，个人对某一报酬或目标的偏爱程度，或某种结果对个人的吸引力。

E——期望值，是指个人根据以往的经验，主观估计的、对自己能够顺利完成工作目标的可能性，或个人主观估计某种行为结果出现的概率。

在上式中值得注意的是，效价 V 和期望值 E 是乘数关系；V 由个人主观评分，一般 $-1\leqslant V\leqslant 1$，如果重视或希望得到某种行为结果，则 $0<V\leqslant 1$，如果对此行为结果漠不关心，则 $V=0$，如果不愿意或害怕此结果出现，则 $-1\leqslant V<0$；同样地 $0\leqslant E\leqslant 1$。因此，如果想要获得较大的激励力 M，仅有较高的效价 V 是不够的，必须同时使 E 也是一个接近于 1 的值，即效价和期望值两方综合作用，才能收到较高的激励效果。

(二)期望理论对管理的启示

(1)管理者不要泛泛地抓一般的激励措施，而应当抓多数组织成员认为效价最大的激励措施。比如，在工作安排上，我们不仅要考虑到员工的兴趣和爱好，使工作的性质和内容符合员工的特点，从而使员工从工作及其结果中得到足够的乐趣，同时还要使工作的要求和目标富有挑战性，能真正激发起员工奋发向上的精神。

(2)设置某一激励目标时应尽可能加大其效价的综合值。如果每月的奖金多少不仅意味着当月的收入状况，而且与年终分配、工资调级和获得先进工作者称号挂钩，则将大大增大效价的综合值。

(3)适当加大不同人实际所得效价的差值，加大组织期望行为与非期望行为之间的效价差值。例如，奖金平均分发与分成等级并拉开距离，其激励效果大不一样，只奖不罚与奖惩分明，其激励效果也大不一样。

(4)适当控制期望概率和实际概率。当一个人的期望概率远高于实际情况时可能产生挫折，而期望概率太小又会减小某一目标的激发力量。因此，当一个人期望概率太大时，我们应劝其冷静，适当减小。当一个人期望概率太小时，我们则应给予鼓励，让其增加信心，适当加大。但期望概率并不完全由个人决定，它与组织设置激励目标的实际概率有关，实际概率应使大多数人受益，最好实际概率大于平均的个人期望概率，让人喜出望外，而不要让人大失所望。但实际概率应与效价相适应，效价大，实际概率可小些；效价小，实际概率可大些。

(5)期望心理的疏导。在激励过程中，经常会发生员工期望心理过强的情况，及时地疏导其期望心理，以防止出现强烈的挫折感，就成为领导者的课题。疏导的方法，最常用的是"目标转移"，亦即将其目标转移到新的领域和下一轮竞赛中去。

管理实务 6-6

ABB股份有限公司是美国中西部地区的一家帽子制造公司，创建于60年前。目前由ABB创始人的女儿苏珊继任总经理。公司有23位管理人员、42位推销人员和300名全日制工人。对管理人员实行固定工资制，对销售人员实行定额销售报酬制，对工人则实行计时工资制。近年来帽子行业处境艰难，帽子市场日益萎缩。再过2个月，公司又要与代表工人的工会续订劳动合同了。公司的职工已有2年没有增加工资，工人的每小时工资要比别的公司低1美元。为此，工会坚决要求要提高工人的工资。苏珊责成公司人事经理草拟了一个方案，试图满足工会的要求，给工人提高工资，以求合理解决劳资关系。这个方案基本要点是：(1)把工人数从现有的300人裁减到250人。(2)把工人原来的计时工资制改为工作表现奖金制。具体说，要重新制定每项工作的具体指标，对达到指标者付给一定额度的工资，对未达到生产指标者，则要从基本工资中扣除15%；取消原来给每顶帽子的奖金制，改为实行超产奖励制，如超过基本生产标准10%者，则可拿到一定数目的奖金；如超过20%者，则可领到更多的奖金。与此同时，苏珊对即将续订的劳动合同增加了两项新的内容：(1)在把员工削至250人后，公司同意不再裁减工人。(2)如果公司的年利润超过20万美元，公司将拿出其中10%的利润分配给职工。工会已看过公司的新建议草案，虽然尚有些保留意见，但工会可能会接受公司的建议。工会还声称，如果在商讨新合同签订期间工人的工资尚未提高20%的话，那么新的合同建议就得废除。

问题：请应用期望理论分析工人能否接受新方案？

四、公平理论

(一)公平理论的主要内容

公平理论也称社会比较理论，它是美国心理学家亚当斯于20世纪60年代在《工人关于工资不公平的内心冲突同其生产率的关系》一书中提出来的一种激励理论。该理论侧重于研究工资报酬分配的合理性、公平性及其对人们生产积极性的影响。

公平理论的基本观点是：当一个人做出了成绩并取得了报酬以后，他不仅关心自己所得报酬的绝对量，而且更关心自己所得报酬的相对量。因此，他要进行种种比较来确定自己所获报酬是否合理，比较的结果将直接影响今后工作的积极性。其主要内容为：

一般来说，个人对所得报酬的相对量通常存在三种情况，当与他人比较时：

(1)当 $O_A/I_A=O_B/I_B$ 时，自己会感到分配是公平的，则会在下一时期的工作中保持较高的工作积极性，或完善自己的行为表现；

(2)当 $O_A/I_A<O_B/I_B$ 时，自己感到报酬过低，不公平，会导致工作积极性的下降，会减少工作的投入，或者产生离职的想法；

(3)当 $O_A/I_A>O_B/I_B$ 时，自己感到报酬过高，开始时会自觉多做些工作，但不久就会觉得自己确实应当得到这样高的待遇，工作的努力程度又回到过去的水平。

同样，与自己的过去比较时，也会产生相似的心理。

式中：O_A——自己对个人所得报酬的感觉；

O_B——自己对参照对象所得报酬的感觉；

I_A——自己对个人所做投入的感觉；

I_B——自己对参照对象所做投入的感觉。

其中，所得报酬包括工资、奖金等物质的东西；投入是指个人的知识、经验、能力、努力、贡献等。

(二)公平理论对管理的启示

公平理论对管理人员具有以下几点启示：

1. 公平奖励职工

在工作任务的分配、工作绩效的考核、工资奖金的评定以及待人处事等方面，能否做到公正合理，这既是衡量工作水平高低的重要因素，又是保证企业安定、人际关系良好、职工积极性充分发挥的重要因素。所以管理者在激励工作中不应用孤立的眼光看待某个人，而应该考虑其参照对象，充分运用公平理论的原理，坚持绩效与奖酬挂钩的原则，公平奖励职工。

2. 建立公平竞争机制

合理的奖酬应该以公正科学的评价为基础，科学地建立系统的评价指标体系，形成公平的竞争机制。管理者必须坚持“各尽所能，按劳分配”的原则，把职工所做的贡献与他应得的报酬紧密挂钩，打破平均主义，调动职工的积极性。

3. 引导员工正确认识公平现象

公平理论表明公平与否都源于个人感觉，个人判别报酬与付出的标准往往都会偏向于对自己有利的一方，也就是说，人们在心理上会自觉不自觉地产生过低估计别人的工作绩效，过高估计别人的工资收入倾向，而且也常常选择一些比较性不强的比较对象，这些情况都会使职工产生不公平感，这对组织是不利的。因此，管理者应以敏锐的目光察觉个人认识上可能存在的偏差，适时做好引导工作，确保个人工作积极性的发挥。

管理实务 6-7

陈华在一家 IT 公司工作了 5 年。他已从普通编程员升到资深的编程分析员。他对公司相当满意。不管职位还是收入都让他有成就感，而且他还为工作中的创造性要求所激励。周末，他了解到部门新雇了一位刚毕业的大学生。当听说这位新来者的起薪仅比他现在的工资少 30 元时，不禁发火了。下周一早上，陈华找到人事部李主任，问他自己听到的是不是真的。李主任带有歉意地承认，并说：“编程分析员市场相当紧俏，为使公司吸引合格人才，不得不提供较高的起薪。”陈华问能否相应提高他的工资，李主任说：“你的工资须按正常绩效评估评定后再调，你干得非常不错！相信老板到时会给你提薪的。”陈华道声“打扰了”便离开了。边走边摇头，很对自己在公司的前途担忧。

问题：请利用相关激励理论分析案例描述的事件对陈华的工作动力会产生什么影响？

五、强化理论

强化理论是由美国心理学家斯金纳首先提出的。

(一)强化理论的主要内容

斯金纳由实验总结出的强化理论认为：人或动物的行为都是对刺激物的一种反应，或者说一次行为的结果将对以后的行为产生影响。当行为的结果对他有利时，他就会趋向于重复这种行动；当行动的结果对他不利时，这种行为就会趋向于减弱或消失。

1. 强化的类型

根据强化的性质和目的，强化的具体方式有以下四种：

(1)正强化。正强化或称积极强化，是对符合组织目标要求的行为给予奖励，从而加强这种行为的重复出现。这里的奖励既包括经济的，如加薪、奖金等；也包括非经济的，如表扬、承担挑战性的工作、给予进修机会等。

(2)负强化。负强化也称消极强化、规避性学习，它是通过对与组织不相容的行为予以何种不利结果的规定，使员工为了取消或避免不希望的结果而对自己行为加以约束。负强化强调的是一种事前规避，如对员工说：“希望你尽快采取行动，否则将出现不利的后果”，员工就会因为不愿意看到不利的后果，而按组织的要求采取行动。

(3)惩罚。惩罚是对不符合组织目标的行为出现后采取的惩罚措施，以使这类行为减少直至消失。同样，惩罚的方式可以是经济的，如降薪、扣奖金、罚款等；也可以是非经济的，如批评、处分、撤职等。惩罚与负强化是两个相关联但不同的概念，惩罚是针对组织所不期望的行为出现后所做的事后处理，负强化则是为组织不期望出现的行为所做的事前约束。

(4)自然消退。自然消退就是对已出现的不符合组织目标要求的行为所采取的类似于“不理不睬”或“冷处理”的手段，以达到行为的自然消退。

(二)强化理论对管理的启示

1. 因人制宜，多形式强化

由于人的个性特征及其需要层次不尽相同，需要不同，强化方式也应不一样。不同的强化机制和强化物所产生的效应会因人而异，对一部分人有效的，对另一部分人却不一定有效。因此，在运用强化手段时，要依照强化对象的不同需要采用不同的强化措施，形式多样，只有这样才能起到奖励的效果。

2. 分解目标，不断强化

在鼓励人前进时，要设立鼓舞人心而又切实可行的总目标，并且将总目标分解成许多具体目标。这是因为，对于庞大的、复杂的(一般也是远期的)目标，不是一次性强化就了事，在实现目标过程中职工不能经常得到成功结果的反馈和强化，积极性会逐渐消退。相反，应把这个庞大目标分解成若干阶段性目标，通过许多“小步子”逐渐完成。对每一小步取得的成功结果，管理者都应予以及时强化，以长期保持职工奔向长远目标的积极性。

3. 及时反馈，及时强化

采用强化的时间对于强化的效果有较大的影响。所谓及时反馈就是通过某种形式和途径，及时将工作结果告诉行动者，无论结果好与坏，对行为都具有强化的作用。好的结果能鼓舞信心，继续努力；坏的结果能促使其分析原因，及时纠正。但须注意及时强化并不意味着随时都要进行强化，不定期的非预料的间断性强化，往往可取得更好的效果。

4. 奖惩结合，以奖为主

强化理论认为，一种行为长期得不到正强化，就会逐渐消退。根据这个规律，一些成功的企业，都十分注意采用以奖励为主的正强化办法调动职工积极性。采用负强化（甚至是惩罚）手段要慎重，在运用负强化时，应尊重事实，讲究方式方法，处罚依据准确公正，这样可尽量消除其副作用，而当有改正的表现时，应该随即给以正强化。大量实践证明，奖惩结合的方法优于只奖不罚或只罚不奖的方法。

管理实务6-8

有一位叫张强的工人，上班老是迟到半个小时以上，经常受到批评。最近他有所改进，但上班还总是迟到一刻钟时间。

请问：如果你是张强的顶头上司，对张强的迟到行为，你认为采取何种强化方式效果更好？

六、归因理论

归因理论是美国心理学家海德在有关社会认识和人际关系理念的基础上发展起来的。

（一）归因的一般概念

通俗地讲，归因是寻找已经产生的某种行为的原因，并通过分析过程来寻找可能归属的某一原因。因此，归因可以这样定义：就是把他人或自己的行为的动机加以解释和推测。不同的归因会直接影响人们的工作态度和积极性，进而影响随之而来的行为和工作绩效。对过去成功或失败的归因，也会影响将来的期望和坚持努力的行为。

（二）归因理论的主要内容

一般来说，行为受挫可作出四种不同的归因，四种归因对行为改造的影响也会不尽相同。

1. 稳定性内因

即把行为的原因归结为能力的大小。如把挫折的造成归结为脑子笨、能力低、先天不足等，这种归因会使人感到前途无望，也无法鼓起勇气来改正消极行为。

2. 稳定性外因

即把行为的原因归结为任务难度。如把挫折的造成归结为任务太重、太难，高不可攀，失败不可避免，人力无法抗拒等。这种受挫归因使人感到任何努力已成为不必要，失去了扭转局面的信心和决心。

3. 不稳定性内因

即把行为的原因归结为努力程度。如把挫折的造成归结为努力的不够，本来是完全可以达到目标的，只是有些松劲。这种受挫归因能够刺激和鼓励人们通过加倍努力来克服失败，取得成功。

4. 不稳定性外因

即把行为的原因归结为运气与机会。如把挫折的造成归结为生病、交通事故等一些偶然的外因，或者其他一些临时的干扰。这种受挫归因使人认为，本来事情是完全可以成功的，只是因为运气不佳或没有遇到好的机会，因此仍要继续努力。

(三)归因理论对管理的启示

1. 改变员工的归因倾向，战胜挫折

管理人员了解员工的归因倾向，掌握归因规律，就可指导和训练人们矫正归因倾向，帮助他们正确地总结工作中成功的经验与失败的教训，从而能更充分、有效地调动其积极性，提高工作效率。

2. 利用正确的归因分析，激励员工

通过宣传教育，细致的沟通工作，帮助员工端正态度，让他们正确认识自身行为成功与失败的原因，引导员工对所发生的事件做出合理的归因分析，即通过改变员工对所发生事件的归因认知来激励和引导员工的行为，达到改造人的行为的目的。

管理实务 6-9

白晓雪是一名非常优秀的大四学生，参加了考研，但出人意料地名落孙山，令她十分沮丧。于是，她找到了自己的管理学老师，想让老师帮助她分析一下没有考取的原因。

请问：如果你是她的管理学老师，你将如何帮助她分析原因?

第三节 激励艺术

"激"与"励"实际上包含的是两种含义，"激"是激发，"励"是鼓励。或者说，"激"是让人们动起来，"励"是对行动结果的反馈。下面，就从"激"与"励"两个方面来探讨激励的艺术。

一、鲶鱼效应与"激"的艺术

(一)鲶鱼效应

很久以前，挪威人从深海捕捞的沙丁鱼，总是还没到岸边就已经口吐白沫，渔民们想了无数的办法，想让沙丁鱼活着上岸，但都失败了。

然而，有一条渔船总能带着活鱼上岸，他们带来的活鱼自然比死鱼的价格贵出好几倍。

这是为什么呢？原来，他们在沙丁鱼槽里放进了鲶鱼。鲶鱼是沙丁鱼的天敌，当鱼槽里同时放有沙丁鱼和鲶鱼时，鲶鱼出于天性会不断地追逐沙丁鱼。在鲶鱼的追逐下，沙丁鱼拼命游动，激发了其内部的活力，从而活了下来。

这就是我们常说的"鲶鱼效应"。

(二)鲶鱼效应的启示

"鲶鱼效应"是一种竞争效应，它生动地向人们展示了竞争对发展的促进作用。成功的企业家深深地懂得这一点。"鲶鱼效应"是一种压力效应。水槽中的鱼因有了鲶鱼的压力而产生活力，一个高明的领导者就要学会把自己变成"鲶鱼"，从而对自己的员工产生压力。"鲶鱼效应"是一种紧迫感效应，这种紧迫感是逼出来的。水槽中的鱼懒得动是因为没有被逼的紧迫感，鲶鱼一来，这种紧迫感便产生了。企业管理也是一样，当员工少有紧迫感的时候就要逼一逼。

"鲶鱼效应"带给我们的启示是，作为一个领导者要采取一切措施和方法，让员工都动起来，把积极性释放出来，把创造性发挥出来，为实现组织的目标共同努力。

（三）"激"的艺术

1. 目标激励

目标激励，就是确定适当的目标，诱发人的动机和行为，达到调动人的积极性的目的。目标具有导向和激励的作用。实施目标激励，首先，企业应将自己的长远目标、中期目标和近期目标进行宣传，使员工更加了解企业，了解自己在目标的实现过程中应起到的作用。其次，应注意把组织目标和群体目标、个人目标结合起来，宣传两者的一致性，使大家了解到只有在完成企业目标的过程中，才能实现群体、个人的目标。每个人实际上除最基本的生存安全目标外，还有如权力目标或成就目标等。管理者就是要将每个人内心深处的这种或隐或现的目标挖掘出来，并协助他们制定详细的实施步骤，在随后的工作中引导和帮助他们努力实现目标。当每个人的目标强烈和迫切地需要实现时，他们就对企业的发展产生热切的关注，对工作产生强烈的责任感，平时不用别人监督就能自觉地把工作搞好。

管理实务 6－10

第二汽车制造厂轿车分厂干部中，技术职称有 10 多种，但工人中只有一个"技师"职称，而且报考条件中有"现为七级以上技工"等规定，这样就使七级以下技工望而兴叹。一部分技术工人因此产生情绪波动，他们认为"没奔头了"，"学技术有什么用，当一辈子工人也评不上个师"，不安心工作和要求调动工作的人越来越多。厂领导针对这种情况研究了一个激励方案，决定在工人中考评"操作工艺师"和"维修工程师"。由于设置了目标，使工人们产生了自我实现的需要，激励和引导了工人的行为，调动了工人的工作积极性。当 24 名技工首批被授予工艺师职称后，全厂 2000 名技工在心理、行动、精神面貌上都产生了很大变化。为了体现自己的社会价值，学理论、钻技术蔚然成风。

请问：工人的积极性为什么能够被调动起来？

2. 竞争激励

竞争激励就是在用人制度上引进竞争机制，优胜劣汰，竞争上岗，筛选出真正的人才，给其充分施展才华的机会。竞争就是要抛弃一切不公平因素，营造一个平等起跑的公平环境，让每个人去参与竞争。没有竞争，人们就没有责任感、紧迫感、危机感，就无法辨别人才的优劣，就难以创造"能者上，平者让，庸者下"的创业环境。竞争给事业注入活力，给人注入动力，是一种非常重要的激励手段。一般人都有好胜的心理，都有荣誉感、重要感，尤其是有高度成就感的人，其好胜争先的心理更强烈。利用这一心理，开展适当的竞争活动，可达到激励上进的目的。竞争激励的方式包括竞赛、考试、评定职称、末位淘汰等。

管理实务 6－11

海尔非常重视在企业内部为员工创造竞争的环境，提出了著名的"斜坡球理论"。海尔集团从斜坡上流动的小球这一极普通的生活现象中，悟出了企业人才发展的规律——斜坡球发展理论：斜坡上的球体好比一个员工个体，球周围代表员工发展的舞台，斜坡代表着企业发展规模和商场竞争程度。根据斜坡球发展理念，海尔的用人机制是"人人是人才,赛马不相马"。相马是将命运交给别人,而赛马则是将命运掌握在自己手中。具体来说,斜坡球理论表现在以下几个方面:"三工"并存,动态转换。三工即优秀工人、合格工人、试用员工。海尔用工改革的思路是,干得好可以成为优秀工人,干得不好,可随时转为合格工人或试用人员。这种做法有效地解决了"铁饭碗"的问题,使企业不断激发出新的活力。

3. 发展激励

当今世界,知识的更新速度不断加快,使员工知识结构不合理和知识老化现象较为明显。他们虽然在实践中不断丰富和积累知识,但仍需要对他们采取等级证书学习、进高校深造、出国培训等激励措施。通过这种培训充实他们的知识,培养他们的能力,给他们提供进一步发展的机会,满足他们自我实现的需要。

管理实务 6－12

戴尔公司培训销售人员有效方法是采取"太太式培训"。他们把销售经理比喻为销售新人的"太太",销售经理像太太一样不断地在新人耳边唠叨、鼓励,才能让新人形成长期的良好销售习惯,从而让销售培训最终发挥作用。培训由培训经理和销售经理一起完成。销售新人不但向直线经理汇报,还要向培训经理汇报。培训经理承担技能培训和跟踪、考核职能,每周给销售新人排名,用电子邮件把排名情况通知他们。销售经理承担教练和管理职能,通过新人的最终执行,达到提高业绩的目的。先是为期三周的集中培训,由专家讲解销售的过程和技巧,邀请有经验的销售人员来分享经验。然后每周末召开会议,销售经理与培训经理都参加,检查新人上周进度,讨论分享工作心得,分析新的销售机会,制定下周的销售计划。销售经理与培训经理一起讨论新人的成长、下一步的走向。最终,"太太"在工作中能够自觉指导新人运用销售技巧,及时鼓励新人、有效管理新人。"太太式培训"的效果十分惊人。新人第一季度平均销售由没有"太太式培训"时候的 20 万美元提升到 56 万美元。

4. 尊重激励

所谓尊重激励,就是领导者要充分尊重下属的人格、意见、建议、要求等。行为科学认为,要求被人尊重是人的一种普遍行为。你敬人一尺,人敬你一丈。领导者对下属的尊重,会激起下属对领导者加倍的敬重、遵从和心悦诚服。而领导者对下属的轻慢、讽刺、挖苦、动不动的训斥,则会激起下属对领导者的反感、疏远、怨恨甚至仇视,有的还可能铤而走险,对领导者反戈一击。

管理实务 6－13

韩国某大型公司的一个清洁工,本来是一个最被人忽视、最被人看不起的角色,但就是这样一个人,却在一天晚上公司保险箱被窃时,与小偷进行了殊死搏斗。

事后,有人为他请功并问他的动机时,答案却出人意料。他说,当公司的总经理从他身旁经过时,总会不时地赞美他:"你扫的地真干净"。就这么一句简简单单的话,就使这个员工受到了感动,为了公司的利益他愿以命相搏。

请问:清洁工为什么会为公司的利益见义勇为?

5. 榜样激励

是领导者以自己的实际行动为榜样，对下属产生影响、启示、感化、带动，形成榜样的力量，从而达到增强下属的责任感，激发他们的工作积极性、主动性和献身精神的一种领导方法。

管理实务 6-14

华为对于员工的晋升制度是很有吸引力的，晋升看能力，不看资历，只要你有能力，就有可能在华为大展身手。30岁的李一南在进入华为两星期后一跃成了高级工程师，半年后任中央研究部副总经理，次年成为华为最年轻的副总裁。同时晋升的员工也为其他员工提供了奋斗的目标，看到了自己晋升的机会。通过华为的精神激励，使员工的内部因素得到满足，为员工提供了真正的动力之源，也为华为留住人才起到了非常大的作用。

二、威士忌效应与“励”的艺术

(一)威士忌效应

很久以前，国外有个渔夫，每天去打鱼。有一天，他刚到水边，发现一条蛇的嘴里咬着一只青蛙，正准备吞下去。出于对生命的爱护，渔夫救下了这只青蛙。青蛙获救了，感激得给渔夫磕头。这时，渔夫看了看身边的这条蛇，心里想，蛇好不容易捉到了一只青蛙，到嘴的一顿美餐没有了，怎么来安慰它呢？于是，从怀里掏出一瓶自己准备中午喝的家酿的威士忌酒，给蛇喝了。蛇吃了一辈子的青蛙，从来没有喝过这么好喝的威士忌酒，高兴得也给渔夫磕头。青蛙给渔夫磕头，蛇也给渔夫磕头，渔夫陶醉了。可过了不到五分钟，渔夫发现，又有一条蛇向他游来，并且蛇嘴里咬着两只青蛙。仔细一看，这不就是刚才的那条蛇吗？为什么这条蛇这次咬了两只青蛙呢？因为，刚才捉了一只青蛙，喝到了一瓶威士忌酒，一瓶威士忌酒它没有喝够，这次它想喝两瓶威士忌酒，因此就捉了两只青蛙。这就是我们常说的“威士忌效应”。

(二)威士忌效应的启示

“威士忌效应”是一种平衡效应。企业在激励中普遍存在着这一效应。如企业每年都要进行评奖或评选先进活动，尽管企业在总体上提出了评选的条件和要求，但往往都要附加名额分配，即各部门不得不根据本单位员工数量按一定的比例来开展评选活动，这就难以做到真正拿标准来衡量，结果是评定中失去了标准，大家轮流坐庄，今年我当，明年你当。几年后回过头来一看，几乎都当过先进或获过奖，年年如此，年年走过场，先进不再带头，激励也就起不到激励的作用。

“威士忌效应”是一种“老好人”效应。这个效应告诉领导者，对员工应当赏罚分明，该奖则奖，该罚则罚。然而，企业中不会赏罚也不善赏罚的领导者依然不在少数。

“威士忌效应”是一种安慰效应。很多领导者在激励时经常搞安慰、搞照顾。“没有功劳还有苦劳，没有苦劳还有疲劳”，其结果是干好干坏一个样，干多干少一个样，人们的积极性自然发挥不出来。

“威士忌效应”带给我们的启示是，作为一个领导者要根据员工的行为和业绩进行奖惩，不搞平衡，不搞安慰，按功行赏，按过处罚，只有这样才能鼓励先进，鞭策后进，使每个员工为组织目标的实现作出最大的贡献。

(三)“励”的艺术

1. 物质和精神相结合

物质激励即通过物质刺激的手段,鼓励员工工作。在社会主义初级阶段,劳动仍然是谋生的手段,劳动者之间还存在利益的差别,劳动者对物质的需求还只能相对满足。因而,物质激励仍然是一种有效的激励方式。因为物质需求是每一个人都有的,不仅是维持生活的必需,也是个人发展的基础,同时,也是个人社会价值实现的一个重要标志。

精神激励是指领导者对那些在工作岗位上表现出色,成绩突出或有重大贡献者给以精神奖励,以调动其积极性。精神激励一般可分为当面称赞、当众夸奖、通报表扬、授予荣誉称号、通令嘉奖、记功、授勋等。精神激励是满足人们自尊需要,激发人们奋力进取的重要手段。精神激励成本低廉,但效果很好。各级领导者应高度重视精神激励的作用,并恰当地运用精神激励的手段。这样可激发员工的工作热情,融洽人际关系,增强员工的进取心和责任感。

物质激励与精神激励作为激励的两种不同类型,是相辅相成、缺一不可的,只强调物质激励而忽视精神激励或只强调精神激励而忽视物质激励都是片面和错误的。要达到激励的效果,需要把物质激励与精神激励结合起来运用。强调物质激励与精神激励相结合,并不是说不需要有所侧重,物质激励与精神激励是对人们物质需要和精神需要的满足,而人们的物质需要和精神需要在层次与程度上受多种因素的制约,并随主客观条件的变化而不断有所变化。因此,在激励中也要有权变的观点,激励的方式因人、因时、因情况而变。

管理实务 6-15

在海尔的奖励制度中有一项叫“命名工具”,这些被改革后的新工具的发明者都是在一线的普通工人。如工人李启明发明的焊枪被命名为“启明焊枪”,杨晓玲发明的扳手被命名为“晓玲扳手”。张瑞敏看到了普通工人创新改革的深远意义,并想出了一个激励员工创新的好措施,即用工人的名字来命名他所改革的创新工具。这一措施大大激发了普通员工在本岗位创新的激情,后来不断有新的命名工具出现,员工以此为自豪。最初海尔开始宣传“人人是人才”时,员工反应平淡。他们想:我又没受过高等教育,当个小工人算什么人才?但是当海尔把一个普通工人发明的一项技术革新成果,以这位工人的名字命名,并且由企业文化中心把这件事作为一个故事登在《海尔人》报上,在所有员工中传开之后,工人中很快就兴起了技术革新之风。

2. 正激励与负激励相结合

正激励就是当一个人的行为符合社会的需要时,通过奖赏的方式来鼓励这种行为,以达到持续和发扬这种行为的目的。负激励就是当一个人的行为不符合社会的需要时,通过制裁的方式来抑制这种行为,以达到减少或消除这种行为的目的。正激励与负激励作为激励的两种不同类型,目的都是要对人的行为进行强化,不同之处在于二者的取向相反。正激励起正强化的作用,是对行为的肯定;负激励起负强化的作用,是对行为的否定。

俗话说:“小功不奖则大功不立,小过不戒则大过必生”。在实际工作中,只有做到奖功罚过、奖优罚劣、奖勤罚懒,才能使先进受到奖励、后进受到鞭策,真正调动起人们的工作热情,形成人人争先的竞争局面。正激励是主动性激励,负激励是被动性激励,就二者的作用而言,正激励是第一位的,负激励是第二位的。因此,在激励中应坚持以正激励为主、以负激励为辅的原则。

另外，在运用负激励时，也要讲究其艺术性。通过采用艺术的方式，变惩罚为激励，变惩罚为鼓舞，让员工在接受惩罚时怀着感激之情，进而达到激励的目的，而不单单是规范和约束。

管理实务 6-16

联想公司刚创业的时候，工作人员懒散，管理较松懈。柳传志下定决心要改变这种状况，于是就订立了一个制度，谁开会迟到，不仅要罚款还要罚站五分钟。罚款大家并不在乎，但是罚站还是挺丢面子的。这个制度的实行很严格，连高层领导，如副总裁、总裁这一级别的都被罚站过，甚至柳传志本人也被罚站过。正是企业领导人这种下决心要把事情干好的气魄，才把联想的管理搞了上去，有记者在采访柳传志的时候问道："联想的核心竞争力是什么？"柳传志回答说："我们联想的管理体系中最重要的是我们科学的激励体系。"

请问：通过罚站的办法来维护企业制度，采用的是什么激励方法？

本章小结

激励就是管理者运用各种管理手段，引起被管理者的某种需要从而激发其动机，促使其产生组织所需要的行为的过程。简单地讲，就是设法让被管理者发自内心地去做某件事。构成激励的要素主要包括动机、需要、外部刺激和行为。

马斯洛的"需要层次论"假设每个人由低到高都有五个层次的需要：生理需要、安全需要、社交需要、尊重需要和自我实现需要。赫茨伯格的"双因素理论"将员工的需要归结为与工作环境或条件相关的保健因素以及与工作本身相关的激励因素两大类。弗鲁姆的"期望理论"认为，只有当一个人预期某种行为会给他带来具有吸引力的结果时，他才会采取积极的行动。人的行为的激励力是由此行为对行为人的价值，和经努力该行为成功的可能性决定的。亚当斯的"公平理论"认为：人的工作积极性不仅受其所得绝对报酬（自己的实际收入）的影响，更重要的是受其相对报酬（自己的收入与自己的付出之比值）的影响，而且还关心自己的相对报酬与他人的相对报酬的关系。斯金纳的"强化理论"指出，常用的强化手段有正强化、负强化、惩罚和自然消退四种。海德的"归因理论"将行为受挫做出稳定性内因、不稳定性内因、不稳定性外因、稳定性外因四种不同的归因，归因的不同，对人的激励作用也不一样。

在长期的管理实践中，人们总结出一些有效的激励方法，在管理实践中经长期运用，形成管理智慧——激励艺术。激励艺术有基于"鲶鱼效应"形成的激的艺术，主要包括目标激励艺术、竞争激励艺术、发展激励艺术、尊重激励艺术、榜样激励艺术；基于"威士忌效应"形成的励的艺术，主要包括物质和精神相结合的激励艺术、正激励和负激励相结合的激励艺术。

开篇案例分析要点

1. 案例中，博士应聘到企业，老板给博士高位高薪、每天带博士赴宴、游乐、在众人面前炫耀，这些都属于保健因素，处理好只能使博士没有不满意，不会产生激励作用。而博士要做的工作，老板则不安排，利用业余时间写的《企业发展规划》也被老板束之高阁，而这些都属于激励因素，没处理好引起了博士的不满，所以博士辞职而去。

2. 如果想留住博士，就要把握好激励因素，满足博士的要求，为其安排有一定挑战性的工作，并为其工作创造条件，激励博士做出成就。

知识测试

一、单项选择题

1. 激励过程是（　　）。

A. 需要—动机—行为—绩效　　B. 绩效—行为—动机—需要

C. 动机—行为—绩效—需要　　D. 行为—绩效—动机—需要

2. 需要层次理论认为人的需要分为五个层次，它们从低到高的顺序是（　　）。

A. 安全的、生理的、社交的、尊重的和自我实现的需要

B. 生理的、安全的、社交的、尊重的和自我实现的需要

C. 自我实现的、尊重的、社交的、安全的和生理的需要

D. 生理的、尊重的、安全的、社交的和自我实现的需要

3. 根据马斯洛的需要层次理论，人的行为取决于（　　）。

A. 需要层次　　B. 激励程度

C. 精神状态　　D. 主导需要

4. 一个尊重需要占主导地位的人，（　　）激励措施最能产生效果。

A. 提薪　　B. 升职（　　）

C. 解聘威胁　　D. 工作扩大化

5. 现在许多工厂，脏活累活没人干，不得不请临时工干，从需要层次理论对该现象进行解释：（　　）。

A. 正式工人觉得这样的活丢面子，所以不愿意去做

B. 正式工人希望能更好地实现自我价值

C. 临时工更多考虑生理需要，多赚钱养家糊口

D. 正式工人考虑的是安全需要及更高层次的需要

6. 某公司的一位年轻人工作非常突出，同时也取得了高于同行业平均水平的薪资，但他仍未感到满意。这种现象可用（　　）激励理论来解释。

A. 期望理论　　B. 公平理论

C. 需要层次理论　　D. 强化理论

7. 激励理论中的双因素理论，涉及一个叫作“保健因素”的概念，它指的是（　　）。

A. 能影响和促进员工工作满意感的因素

B. 能保护员工心理健康的因素

C. 能影响和预防员工不满意感发生的因素

D. 能预防员工生理疾病的因素

8. 激励理论中的双因素理论，涉及一个叫作“激励因素”的概念，它指的是（　　）。

A. 能影响和促进员工工作满意感的因素

B. 能保护员工心理健康的因素

C. 能影响和预防员工不满意感发生的因素

D. 能预防员工生理疾病的因素

9. 赫兹伯格的双因素理论中，所谓保健因素一般指与工作环境有关的因素，其特点是(　　)。

A. 得不到没有满意，也未必不满意

B. 得不到则满意，得到也未必满意

C. 得不到则不满意，得到则没有不满意

D. 得不到则不满意，得到则满意

10. 中国企业引入奖金机制的目的是发挥奖金的激励作用，但到目前，许多企业的奖金已经成为工资的一部分，奖金变成了保健因素。这说明(　　)。

A. 双因素理论在中国不怎么适用

B. 保健和激励因素的具体内容在不同国家是不一样的

C. 防止激励因素向保健因素转化是管理者的重要责任

D. 将奖金设计成为激励因素本身就是错误的

11. 设计师老刘在一家房地产公司从事结构设计工作，该房地产公司拥有一流的办公环境和设计资质，根据双因素理论，你认为下列措施中最能对老刘起到激励作用的是(　　)。

A. 配备一名学历高的助手

B. 调整工资水平和福利措施

C. 给老刘单独的工作室

D. 调整设计工作流程，使老刘可以完成完整的楼盘设计而不是总重复做局部的设计

12. 王鹏的父亲为了鼓励他发奋学习，向他提出：如果在下学期每门功课考试都达到 90 分以上，就给物质奖励。在下述(　　)情况下，王鹏会受到激励而用功学习。

A. 平时成绩较好，有可能功课都考 90 分以上

B. 奖励的东西是王鹏最想要的

C. 父亲说话向来都是算数的

D. 上述三种情况同时存在

13. 企业中，常常见到员工之间在贡献和报酬上会相互参照攀比，你认为员工最可能将(　　)作为自己的攀比对象。

A. 企业的高层管理人员　　　　B. 员工们的顶头上司

C. 企业中其他部门的领导　　　D. 与自己处于相近层次的人

14. 公平理论认为影响员工工作表现的因素是(　　)。

A. 报酬的多少　　　　B. 工作的环境

C. 晋升的机会　　　　D. 纵横向比较的结果

15. 小刘大学毕业后，在一家公司工作。几年来他工作积极，最近和其他人合作，成功地开发了一个新程序，领到了较丰厚的奖金。开始时很高兴，随后不久，他无意之中看到了领发奖金一览表，脸色一下子就阴沉了下来。(　　)可以较恰当地予以解释。

A. 双因素理论　　　　B. 期望理论

C. 公平理论　　　　D. 需要层次理论

16. 某商场决定进行工资改革，售货员的工资由原来的固定工资改为按其所完成的销售额的一定比例计提工资，从而达到激励员工的效果。这项改革利用了(　　)。

A. 双因素理论　　　　B. 期望理论

C. 公平理论　　　　D. 强化理论

17. 在会议进行中，管理者不希望下属不停地提出各种问题干扰会议的进程，于是，在有人举手要发言时便无视他们的举动，只顾自己把话讲完。这种影响下属行为的方式是(　　)。

A. 正强化　　B. 负强化

C. 自然消退　　D. 惩罚

18. 某企业规定，员工上班迟到一次，扣发当月50%的奖金，自此规定出台之后，员工迟到现象基本消除，这是(　　)。

A. 正强化　　B. 负强化

C. 惩罚　　D. 忽视

19. 某企业为鼓励销售人员制定了许多奖励措施，规定年销售额达到1 000万元可奖励轿车一辆，但几年下来却没有一个人能够得奖，似乎此项措施并没有起到应有的激励作用，其中最可能存在的问题和解决措施是(　　)。

A. 企业的产品销路不畅，因此企业应改进产品，降低产品成本以扩大销路

B. 企业的销售部门领导不力，应更换销售部经理

C. 奖励标准定得太高，应根据历年销售情况适当调低

D. 销售人员能力欠佳，应重新招聘新的销售人员

20. 班主任走进课堂的时候发现王明和李进两位同学趴在桌上睡觉。王明平时是个认真学习的学生，而李进平时表现较差。班主任把他们叫醒说道："你看王明同学多刻苦，看书看得睡着了；而李进同学怎么一看书就睡觉呢?"班主任对两个同学采用的是(　　)。

A. 期望理论　　B. 归因理论

C. 公平理论　　D. 强化理论

21. 为了激发员工内在的积极性，一项工作应授予(　　)。

A. 能力远远高于任务要求的人　　B. 能力远远低于任务要求的人

C. 能力略高于任务要求的人　　D. 能力略低于任务要求的人

二、多项选择题

1. 激励是指那些导致有利实现组织目标的自觉行动的发起、发展、坚持的心理过程，所以，(　　)。

A. 激励都表现为"我要做"而不是"要我做"

B. 激励都表现为"要我做"而不是"我要做"

C. 从激励行为本身来看，激励行为总是主动的

D. 采取了激励措施，就可以实现组织目标

2. 需要层次理论中的自我实现的需要包括(　　)。

A. 成长与发展　　B. 发挥自身潜能

C. 实现理想　　D. 与他人交往

3. 下列因素中属于保健因素的有(　　)。

A. 工资　　B. 工作条件

C. 工作上的责任感　　D. 工作环境

4. 期望理论表明，在进行激励时要处理好几个方面关系，即(　　)。

A. 努力与绩效的关系　　B. 努力与工作的关系

C. 绩效与奖励的关系　　D. 奖励与满足个人需要的关系

5. 公平理论中，横向比较的因素包括(　　)。
A. 自己对所获报酬的感觉
B. 自己对他人所获报酬的感觉
C. 自己对个人所做投入的感觉
D. 自己对他人所做投入的感觉

6. 强化的类型有(　　)。
A. 正强化
B. 惩罚
C. 负强化
D. 消退

7. 下列关于强化理论的说法正确的是(　　)。
A. 不进行正强化也是一种负强化
B. 强化理论是由美国心理学家斯金纳首先提出的
C. 实践证明，连续的、固定的正强化更有利于组织目标的实现
D. 以上都不正确

8. 以下做法中，属于自然消退强化方法的有(　　)。
A. 员工出现失误时，给予记过处分
B. 对爱打小报告者采取冷漠态度，使之因自讨没趣而放弃这种不良行为
C. 对请客送礼者，关门拒之
D. 对喜欢奉承拍马屁者，冷脸相待

9. 要通过激励促成组织中人的行为的产生，取决于某一行动的(　　)。
A. 效价
B. 难易度
C. 代价
D. 期望值

10. 归因理论认为，人们的行为的成败可以归因于(　　)等要素。
A. 努力
B. 能力
C. 任务难度
D. 机遇

11. 赫茨伯格的双因素理论中的双因素是指(　　)。
A. 生存需要
B. 激励因素
C. 保健因素
D. 成就需要

12. 期望理论认为，激励水平取决于(　　)的乘积。
A. 动机
B. 行为
C. 期望值
D. 效价

三、判断题

1. 没有需要动机的员工，其行为是无法激励的。(　　)

2. 马斯洛认为人有五种需要，但没有严格的层次。(　　)

3. 马斯洛认为只有个体低级层次的需要得到完全满足后，才会转向追求更高层次的需要。(　　)

4. 赫兹伯格认为管理者应先确保足够的保健因素，然后创造机会为职工提供激励因素。(　　)

5. 双因素理论认为，消除了人们工作中的不满意因素，就会使工作结果令人满意。(　　)

6. 依据双因素理论，保健因素不起激励作用，只有激励因素才起激励作用。(　　)

7. 保健因素同工作内容有关，激励因素与工作环境有关。(　　)

8. 人们在心理上通常会低估他人的工作绩效，高估他人的得益。（ ）

9. 根据公平理论，当获得相同结果时，员工会感到他们是被公平对待的。（ ）

10. 强化理论认为，正强化应保持渐进性和连续性。（ ）

11. 对员工的激励能否有效，很大程度上取决于领导者权力的运用。（ ）

12. 根据激励理论，增加职工的工资就能提高他们的工作积极性。（ ）

13. 金钱、地位、安全、工作环境、人际关系等属于激励因素。（ ）

14. 公平理论认为，每个人仅关心由于自己的工作努力所得到的绝对报酬，并不关心自己报酬与他人报酬之间的关系。（ ）

四、简答题

1. 激励的作用有哪些？
2. 需要层次理论包含哪些内容？
3. 简述双因素理论及其在管理实践中的应用。
4. 根据公平理论，当员工认为不公平时会有哪些表现？
5. 强化理论的观点是什么？为什么要提倡以奖为主、以罚为辅？
6. 如何通过归因理论提高员工的工作积极性？

五、论述题

1. 某企业为了鼓励员工出勤，设置了全勤奖，实施后并未达到预期效果，请分析原因。
2. 请论述期望理论及其在管理中的应用。

案例分析

案例1 欧阳健的领导风格

蓝天技术开发公司由于在一开始就瞄准成长的国际市场，在国内率先开发出某高技术含量的产品，其销售额得到了超常规的增长，公司的发展速度十分惊人。然而，在竞争对手如林的今天，该公司和许多高科技公司一样，也面临着来自国内外大公司的激烈竞争。当公司经济上出现了困境时，公司董事会聘请了一位新的常务经理欧阳健负责公司的全面工作。而原先的那个自由派风格的董事长仍然留任。欧阳健来自一家办事古板的老牌企业，他照章办事，十分古板，与蓝天技术开发公司的风格相去甚远。公司管理人员对他的态度是：看看这家伙能待多久！看来，一场潜在的“危机”迟早会爆发。

第一次“危机”发生在常务经理欧阳健首次召开的高层管理会议上。会议定于上午9点开始，可有一个人姗姗来迟，直到9点半才进来。欧阳健厉声道：“我再重申一次，本公司所有的日常例会要准时开始，谁做不到，我就请他走人。从现在开始一切事情由我负责。你们应该忘掉老一套，从今以后，就是我和你们一起干了。”到下午4点，竟然有两名高层主管提出辞职。

然而，此后蓝天公司发生了一系列重大变化。由于公司各部门没有明确的工作职责、目标和工作程序，欧阳健首先颁布了几项指令性规定，使已有的工作有章可循。他还三番五次地告诫公司副经理徐钢，公司一切重大事务向下传达之前必须先由他审批，他抱怨下面的研究、设计、生产和销售等部门之间互相扯皮，踢皮球，结果使蓝天公司一直没能形成统一的战略。

欧阳健在详细审查了公司人员工资制度后，决定将全体高层主管的工资削减10%，这引起公司一些高层主管向他辞职。研究部主任认为："我不喜欢这里的一切，但我不想马上走，因为这里的工作对我来说太有挑战性了。"生产部经理也是个不满欧阳健做法的人，可他的一番话颇令人惊讶："我不能说我很喜欢欧阳健，不过至少他给我那个部门设立的目标我能够达到。当我们圆满完成任务时，欧阳健是第一个感谢我们干得棒的人。"采购部经理牢骚满腹。他说："欧阳健要我把原料成本削减20%，他一方面拿着一根胡萝卜来引诱我，说假如我能做到的话就给我油水丰厚的奖励。另一方面则威胁说如果我做不到，他将另请高明。但干这个活简直就不可能，欧阳健这种'大棒加胡萝卜'的做法是没有市场的。从现在起，我另谋出路。"但欧阳健对被人称为"爱哭的孩子"销售部胡经理的态度则让人刮目相看。以前，销售部胡经理每天都到欧阳健的办公室去抱怨和指责其他部门。欧阳健对付他很有一套，让他在门外静等半小时，见了他对其抱怨也充耳不闻，而是一针见血地谈公司在销售上存在的问题。过不了多久，大家惊奇地发现胡经理开始更多地跑基层而不是欧阳健的办公室了。随着时间的流逝，蓝天公司在欧阳健的领导下恢复了元气。欧阳健也渐渐地放松控制，开始让设计和研究部门更放手地去干事。然而，对生产和采购部门，他仍然勒紧缰绳。蓝天公司内再也听不到关于欧阳健去留的流言蜚语了。大家这样评价他：欧阳健不是那种对这里情况很了解的人，但他对各项业务的决策无懈可击，而且确实使我们走出了低谷，公司也开始走向辉煌。

根据上述案例，回答下列问题：

1. 根据领导行为理论，欧阳健进入蓝天公司时采取了(　　)领导方式。

A. 专制式　　B. 民主式

C. 放任式　　D. 以上都不是

2. 与欧阳健的领导方式相对比，公司留任董事长自由派风格的领导方式可能属于(　　)。

A. 专制式　　B. 民主式

C. 放任式　　D. 以上都不是

3. 根据菲德勒权变领导理论，欧阳健对研究部门和生产部门采取了(　　)领导方式。

A. 放任型　　B. 民主型

C. 关系型　　D. 任务型

4. 当蓝天公司各方面的工作走向正轨后，为适应新的形势，欧阳健转变为以(　　)为主的领导方式。

A. 放任型　　B. 民主型

C. 关系型　　D. 任务型

5. 由于对各部门之间互相扯皮、踢皮球的现状不满，欧阳健决定削减全体高层主管10%的工资，他的这种行为属于强化理论中的(　　)。

A. 正强化　　B. 负强化

C. 惩罚　　D. 自然消退

6. 欧阳健削减全体高层主管的工资后，引起一些高层主管的辞职。但研究部主任认为："我不喜欢这里的一切，但我不想马上走，因为这里的工作对我来说太有挑战性了。"根据需要层次论，这句话反映了他当前的需要属于(　　)。

A. 生理需要　　B. 安全需要

C. 尊重需要　　D. 自我实现需要

7. 削减全体高层主管的工资后，采购部经理想离职，根据期望理论，采购部经理产生离职的原因是(　　)太低了。

A. 激励力　　B. 期望值

C. 效价　　D. 以上都不是

8. 与采购部经理相反，生产部经理愿意留下跟着欧阳健继续干，根据期望理论，生产部经理留任的原因是(　　)高。

A. 激励力　　B. 效价

C. 期望值　　D. 以上都不是

9. 欧阳健对销售部胡经理习惯性的抱怨充耳不闻，最后，胡经理不再抱怨，而是经常深入生产调研去了。按照强化理论，他的激励方式属于(　　)。

A. 正强化　　B. 负强化

C. 惩罚　　D. 自然消退

10. 蓝天公司一些高层管理人员因为工资被削减而提出辞职。按照双因素理论，工资属于(　　)。

A. 生存需要　　B. 激励因素

C. 保健因素　　D. 成就需要

案例2　工资全额浮动为何失灵

WH建筑装饰工程总公司是国家建设部批准的建筑装饰施工一级企业，实力雄厚，经济效益可观。铝门窗及幕墙分厂是总公司下属最大的分厂，曾经在一线工人和经营人员中率先实行工资全额浮动，收到了不错的效果。为了进一步激发二线工人、技术人员及分厂管理干部的积极性，该分厂宣布全面实行工资全额浮动。决定宣布后，连续两天，技术组几乎无人画图，大家议论纷纷，抵触情绪很强。经过分厂领导多次做思想工作，技术组最终被迫接受。

实行工资全额浮动后，技术人员的月收入是在基本生活补贴的基础上，按当月完成设计任务的工程产值提取设计费。如玻璃幕墙设计费，基本上按工程产值的0.27%提成，即设计的工程产值达100万元，可提成设计费2 700元。当然，技术人员除了画工程设计方案图和施工图外，还必须作为技术代表参加投标，负责计算材料用量以及加工、安装现场的技术指导和协调工作。分配政策的改变使小组每日完成的工作量有较大幅度提高，组员主动加班加点，过去个别人"磨洋工"的现象不见了。然而，随之而来的是，小组里出现了争抢任务的现象，大家都想搞产值高、难度小的工程项目设计，而难度大或短期内难见效益的技术开发项目备受冷落。

彭工原来主动要求开发与自动消防系统配套的排烟窗项目，有心填补国内空白，但实行工资全额浮动三个月后，他向组长表示，自己能力有限，希望放弃这个项目，要求组长重新给他布置设计任务。

李工年满58岁，是多年从事技术工作的高级工程师。实行工资全额浮动后，他感到了沉重的工作压力。9月，他作为呼和浩特某装饰工程的技术代表赴呼市投标，因种种复杂的原因，该工程未能中标。他出差了20多天，刚接手的另一项工程设计尚处于准备阶段，故当月无设计产值，仅得到基本生活补贴78元。虽然在随后的10月份，他因较高的设计产值而得到1 580元的工资，但他依然难以摆脱强烈的失落感，他向同事们表示他打算提前申请退休。

尽管技术组组长总是尽可能公平地安排设计任务，平衡大家的利益，但是意见还是一大堆。小组内人心浮动，好几个人有跳槽的意向，新分配来的大学生小王干脆不辞而别。组长感到自己越来越难做人了。

根据案例资料,请回答下列问题:

1. 根据马斯洛的需要层次论,说明该企业技术人员的主导需要是什么?实施工资全额浮动后有什么变化?

2. 试用赫兹伯格的双因素理论解释工资全额浮动失灵的原因。

考研真题

一、概念题

1. 激励(Motivation)(四川大学 2017 年研;湘潭大学 2017 年研;广东工业大学 2015 年研;东北财经大学 2014 年研;吉林大学 2012 年研)

2. 动机(暨南大学 2015 年研;中央财经大学 2011 年研)

3. 马斯洛的需要层次论(首都师大 2010 年研;中南财经大学 2010 年研;东北财经大学 2009 年研)

4. X—Y 理论(兰州大学 2013 年研)

● X 理论(东北财经大学 2014 年研)

● Y 理论(北京第二外国语大学 2010 年研)

5. 双因素理论(北大 2019 年研;华东理工 2019 年研;大连理工大学 2018 年研)

● 保健因素与激励因素(中山大学 2017 年研)

● 保健因素(华南理工大学 2014 年研;北京邮电大学 2012 年研)

6. 强化理论(东北财经大学 2009 年研)

7. 正强化(Positive reinforcement)与负强化(Negative reinforcement)(中山大学 2013 年研)

● 正强化(南京航空航天大学 2017 年研;广东工业大学 2017 年研;西北工业大学 2015 年研)

● 负强化(华东师范大学 2019 年研;安徽大学 2016 年研;北京邮电大学 2009 年研)

8. 公平理论(中国传媒大学 2019 年研;东北财经大学 2009 年研)

二、简答题

1. 试述马斯洛需要层次理论的内容和对管理工作的启示。(暨南大学 2013 年研)

● 马斯洛需求层次理论内容及贡献。(北京地质大学 2018 年研)

● 马斯洛需要层次理论的基本观点。(湘潭大学 2017 年研;广东工业大学 2015 年研)

● 试述马斯洛需要层次理论及其应用。(中山大学 2016 年研)

● 简述马斯洛的需要层次理论的主要论点。(河北大学 2016 年研)

● 简述需要层次理论的基本内容并简要评价。(山东大学 2015 年研)

2. 简述 X 理论、Y 理论及其对应的管理策略。(华中师范大学 2016 年研)

3. 简要说明赫兹伯格的“双因素”理论的主要观点及其对管理者的启示。(南京航空航天大学 2017 年研)

● 简述双因素理论中的激励因素。(浙江大学 2019 年研)

● 双因素理论以及现实意义。(上海大学 2018 年研)

● 双因素理论的主要内容以及对现代管理的启示。(中南大学 2018 年研)

● 简述赫茨伯格双因素理论的主要内容。(山东大学 2017 年研;中国人民大学 2015 年研;浙江财经大学 2015 年研;中南大学 2012 年研)

4. 请简述超 Y 理论的主要内容。(中国人民大学 2012 年研)

5. 简述斯金纳的强化理论的主要内容。(北京理工大学 2008 年研;华东师范大 2007 年研)

6. 公平理论的主要内容。(浙江大学 2019 年研;中山大学 2017 年研;华南师范大学 2016 年研)

● 公平理论的主要观点和对管理的启示。(中国海洋大学 2018 年研)

● 论述公平理论的主要内容,并说明怎样才能帮助员工消除不公感。(河南师范大学 2017 年研)

7. 领导中的激励的定义。(中国农业大学 2015 年研)

● 简述激励的含义及其激励形成应把握的要点。(北京理工大学 2006 年研)

8. 简述激励方式和激励原则。(西安交通大学 2007 年研)

● 激励员工必须遵循哪些基本原则?(武汉大学 2011 年研)

9. 需要层次理论与双因素理论的联系与区别。(中南大学 2019 年研)

10. 非物质激励有哪些?其与物质激励的关系是什么?(中国人民大学 2019 年研)

11. 简述需要、动机和行为的关系。(大连理工大学 2018 年研)

12. 领导的路径—目标理论与激励的期望理论有何联系?(中国人民大学 2012 年研)

13. 根据个人经验,评述麦格雷戈的人性假说。(北京工商大学 2011 年研)

14. 在公平理论中,分配公平与程序公平分别对员工产生哪些方面的影响?这些结果对实践管理者有何启示?(暨南大学 2015 年研;浙江大学 2010 年研)

15. 分析马斯洛的需求层次理论和亚当斯的公平理论之间的异同。(对外经贸大学 2013 年研)

三、论述题

1. 试从研究方法的角度分析双因素理论的不足之处并提出改进建议。(东北财经大学 2010 年研)

2. 试述公平理论的主要内容及其对管理者的启示。(中山大学 2008 年研)

● 试述公平理论的主要内容,并进行简要评价。(山东大学 2016 年研)

● 请阐述公平理论的有关内容及其主要特征,并分析公平理论对管理实践的重要意义。(华侨大学 2015 年研)

● 试述公平理论的内容,并谈谈在实际管理中的应用。(东北大学 2015 年研)

● 简述公平理论的内容并结合实际谈谈该理论的现实意义。(北京科技大学 2012 年研)

3. 试述期望理论的基本内容及其对管理工作的启示。(中央财经大学 2007 年研)

● 介绍并评价期望理论的主要观点。(安徽师范大学 2017 年研)

● 请解释期望理论中的三种联系以及它们在激励中的应用。(对外经贸大学 2016 年研)

4. 试述激励理论的主要内容。(南开大学 2006 年研)

5. 请结合动机理论,给出一些有效激励员工的实用性建议。(北京师范大学 2007 年研)

6. 如何有效地激励年轻的员工是当前管理工作中的热点和难点。首先,作为年轻一代的一员，请你谈谈年轻员工有哪些特点？其次，假如你是管理者，你开展激励工作的基本思路是什么？针对特点采取的主要策略有哪些？（武汉大学 2008 年研）

● 试述当今背景下管理者在激励员工时面临的挑战，并给出有针对性的解决方案。（浙江财经大学 2016 年研）

7. 试论述激励系统设计时应考虑的因素。（华东师范大学 2019 年研）

8. 90 后（1990 年以后成长起来的一代人）开始逐步进入职场，一般认为，90 后员工具有好奇心强、接受新事物能力强，自信心脆弱、价值观更加现实，张扬自我个性，相对比较缺乏团队忠诚感，信息和知识丰富等特点。那么，针对 90 后员工的特点，应该如何对他们进行管理和激励呢？（南京大学 2015 年研）

9. 叙述公平理论的内容，假如你是管理者，你将怎么用它去激励员工？（暨南大学 2014 年研）

第七章　沟通职能

学习目标

1. 掌握沟通的概念。
2. 了解沟通的过程、作用及类型。
3. 了解有效沟通的障碍及克服障碍的方法。
4. 了解沟通的艺术。

开篇案例

麦当劳的沟通管理

麦当劳公司是享誉全球的知名大企业，公司领导层认为好的沟通决定着公司的经济利益，所以他们很重视上下沟通。注重公司上下沟通的最大成果就是：赢得了公司员工对公司的忠诚和对快餐事业的使命感。麦当劳的领导层通过频繁的走动管理，既获得了丰富的管理资料，又可通过与数百人以私人朋友的身份交际，达到很好的沟通效果。

麦当劳公司在上下沟通管理的道路上并不是一帆风顺的，他们也曾经走过弯路。在克罗克退休以后，由于麦当劳的事业迅速壮大，员工也越来越多，企业高层忙于决策管理，一定程度上忽视了上下的沟通，致使美国麦当劳公司内部的劳资关系越来越紧张，以致爆发了员工游行示威，抗议工资太低。示威活动对麦当劳公司的高级经理们构成了巨大的冲击，令他们重新认识到加强上下沟通、提高员工使命感和积极性的重要性。

针对员工中不断增长的不满情绪，麦当劳公司经过研讨形成了一整套缓解压力的“沟通”和“鼓舞士气”的制度。麦当劳公司认为与员工的沟通是极其重要的，它可以缓和管理者与被管理者之间的冲突，提高员工的工作积极性。而如果忽视了与员工的沟通，会阻碍企业命脉的畅通，使企业在不知不觉中陷入麻痹而失去许多机能。

开展临时座谈会是实施上下沟通最常用的方式，座谈会也起到了增强与员工感情联络的纽带作用。会议不拘形式，以自由讨论为主要形式，虽以业务项目为主要讨论内容，但也鼓励员工畅所欲言甚至倾吐心中不快。实践证明，这种沟通方法比一对一的交流更加有效。因为，此时员工可以利用这个机会指责他们的任何上司，把心中的不满、意见和希望表达出来。所以所有员工都抱着很高的积极性参加座谈会。

为了加强员工之间的交流，麦当劳公司还推行一种"传字条"的方法。麦当劳餐馆有各式各样的联络簿，如服务员联络簿、接待员联络簿、训练员联络簿等，让员工随时在上面记载重要的事情，以便相互提醒注意。

麦当劳公司的做法成功地缓和了劳资冲突和对立。他们从中悟出了一个道理：使用警察不是解决劳资冲突的好办法，这不但会损害麦当劳的形象，而且会使矛盾愈加激化，甚至动摇麦当劳快餐事业的根基。

通过开临时座谈会、传字条，麦当劳把他们的内部矛盾缓解了。其实，无论是开临时座谈会，还是传字条，都只是一种形式，更为重要的是上下级之间的沟通。沟通这座桥梁搭好了，企业的发展也就无忧了。

沟通是管理的基础，也是激励员工热情的法宝，尤其是上下级的沟通，可使员工感到自己是公司的一员，可以提高员工士气，激励工作热情，提高工作技能，并实现组织目标。一个有竞争力的组织管理者，一个善于激励员工的管理者，一定是一位优秀的沟通者。

（资料来源：何尔锦，沈斐敏，钟杭州．管理学——知识与技能[M]．北京：高等教育出版社，2014）

根据案例资料，请思考以下问题：

1. 结合上述案例，请说明沟通的重要性。
2. 麦当劳公司采取了哪些手段进行沟通？都属于哪种沟通方法？

第一节　沟通职能概述

一、沟通的内涵

沟通既可以是通信工具之间，人与机器之间，也可以是组织之间，甚至是组织与个人、个人与个人之间的信息交流。因此，沟通是信息的传递和理解的过程，是两个或多人之间进行的在事实、思想、意见和情感等方面的交流。因此，沟通是指一方将信息传递给另一方，并期待其作出反应的过程。

任何一个管理过程都包含两种性质的运动形式：一是物质流，即人、财、物的输入、输出；二是信息流，指各种信息的传递、接收和处理。管理者通过信息流掌握物质流的状况，进而指挥物质流的运动。一般来说，管理者较少地与"具体的事物"打交道，而更多的是与"事物的信息"打交道。管理者要想做好管理工作，必须掌握尽可能多的信息。

从以上沟通的概念可以得知，沟通的内容至少包含五层含义：(1)沟通对象是人，且必须涉及两个人以上；(2)沟通必须要有一定信息情报，即传递和交流的内容；(3)沟通必须借助于一定的媒体才能进行，如口头和文字；(4)信息只有被接受和理解了，沟通过程才算完整；(5)不同意见之间的争论也是一种有效的沟通方式。

管理实务 7－1

在高大建筑物顶端安装一个金属棒，用金属线与埋在地下的一块金属板连接起来，利用金属棒的尖端放电，使云层所带的电和地上的电逐渐中和，从而保护建筑物避免雷击。

雷电因疏导而通，避免了建筑物的雷击；人因疏导而通，避免了相互间的不协调。

请思考：通过疏导放电过程与沟通过程一样吗？

二、沟通的作用与意义

（一）沟通的作用

沟通是组织内部联系的主要手段，有效的沟通有助于员工获得满意感，激励其完成任务；有助于员工更好地理解本职工作，感受局部工作与整体任务的相关性；促进组织成员之间的彼此了解、协作和团结。沟通的作用具体可以从以下几个方面来理解：

1. 收集信息，使决策更加合理和有效

沟通的过程是一个信息双向交流的过程，通过这个过程，管理者可以迅速地收集信息，在对信息处理、加工的基础上作出更加合理的决策。

2. 改善人际关系、稳定员工的思想情绪，统一组织行动

沟通是人际交往的重要组成部分，它可以解除员工内心的紧张，愉悦身心，改善气氛；沟通可以增进了解，消除意见分歧，化解冲突，达到改善人际关系的目的。

3. 使组织成员与组织的目标尽快达成一致

组织目标和成员目标一般并不一致，通过有效的沟通，可以使组织成员的行为与组织要求趋于一致。特别是在组织变革时期，通过沟通可以消除组织成员的抵触情绪，采取合作态度。

4. 沟通对组织成员的行为具有控制作用

通过沟通，使员工了解组织规程、制度和政策，可以对组织成员的行为产生控制作用。

5. 是组织与外部环境联系的桥梁

组织通过沟通成为一个与其外部环境相互作用的开放系统，据此可以争取政府和公众的理解、合作与支持，获得持久的发展机会和更多的外部资源。

管理实务 7－2

某年恒大公司所有部门都卷入一场内讧，大家彼此指责对方。产品研发部对营销部大为不满，认为他们没有为新产品提供详细的计划书，他们对销售人员也不满，认为销售人员没有向他们反馈客户对新产品的意见。生产部认为销售部的人员只关心他们的销售额，不惜以牺牲公司利益的方法来推销产品。同时，他们也信不过市场营销部的人，因为他们缺乏准确预测市场趋势的能力。另外，市场营销部则认为，生产部的人思想保守、不愿冒险，他们对生产部的不合作和无休止的诽谤非常愤怒。他们也看不惯产品研发部的人，认为他们动作迟缓，对他们的要求根本没反应。而销售部的人则认为营销部的人没有工作能力，有时在电话上跟生产部的人大吵大闹，指责生产部的人对客户提出的售后服务的要求置之不理。

请问：产生这场内讧的原因是什么？怎样才能帮助恒大公司走出这场危机？

(二)沟通的意义

沟通对管理者有重要意义。首先,沟通是计划、组织、领导和控制等管理职能得以实施和完成的基本条件。例如,组织目标的确定和理解需要沟通,计划的下达与执行需要沟通,奖惩制度、薪酬福利制度需要沟通,目标实现的标准以及如何测量需要沟通。只有保持信息的传递畅通,并得以理解和反馈,才能更好地实现各管理职能。其次,沟通也是管理者的重要工作。通过沟通,管理者把组织内部的成员联结起来实现组织的目标,没有沟通不可能进行群体或组织的活动;沟通的效率以及沟通的效果将对组织的整体绩效有重要影响。另外,沟通还为组织建立起了同外界联系的桥梁,任何组织只有通过与外界的沟通才有可能成为一个与外部环境发生相互作用的开放系统。

普林斯顿大学曾对一万份人事档案进行分析,结果发现:"智慧""专业技术"和"经验"占成功因素的25%,其余75%决定于良好的人际沟通。沟通与管理成效密切相关,管理者每天离不开沟通,每件事都离不开沟通。美国曾对500家公司中的191名总经理做过调查,发现导致失败的最主要的原因并非技术能力的欠缺,而是缺乏沟通技能。

管理实务7-3

各个国家因文化背景和生活习惯不同,手势表达的意思也不同,中国人伸出大拇指表示称赞,有顶呱呱的意思;而对日本人来说,这个动作表示骂他"你这个老爷子",毫无赞赏之意。在中国伸出小拇指表示"差劲、落后"之意,而在日本则指"女朋友"。绝大多数国家都是以点头的方式表示赞赏,但在印度、尼泊尔等国则以摇头表示肯定,也就是一面摇头,一面面露微笑表示赞成、肯定之意。

请问:产生不同国度的人的表达差异的原因是什么?如何克服这些差异产生的沟通偏差?

三、沟通的过程

(一)沟通过程的描述

沟通过程是指沟通主体对沟通客体进行有目的、有计划、有组织的思想、观念、信息的交流,使沟通成为双向互动的过程。沟通的过程如下:

(1)发送者有传送信息的需要。

这里所说的信息是一个广义的概念,它包括观点、想法、资料等内容。

(2)发送者将这些信息编译成接受者能够理解的一系列符号。

为了有效地进行沟通,这些符号必须适应媒体的需要。例如,如果媒体是书面报告,沟通的形式应选择文字、图表或照片;如果媒体是讲座,沟通的形式就应选择文字、投影胶片和板书。

(3)通过特定渠道将上述符号传递给接收者。

由于选择的符号种类不同,传递的方式也不同。传递的方式可以是书面的,如信、备忘录等;也可以是口头的,如交谈、演讲、电话等;甚至还可以通过身体动作来表述,如手势、面部表情、姿态等。

(4)接收者接收这些符号。

接收者根据发送来的符号的传递方式,选择相应的接收方式。例如,如果发送来的符号是口头传递的，接收者就必须仔细听，否则，符号就会丢失。

(5)接收者将这些符号编译为具有特定含义的信息。

由于发送者翻译和传递能力的差异，以及接收者接受和翻译水平的不同，信息的内容和含义经常被曲解。因此，只有接收者通过各种手段将这些符号编译成自己能够理解的信息，才能达到知晓的目的。

(6)接收者理解信息的内容。

(7)发送者通过反馈来了解他想传递的信息是否被准确无误地接受。

一般来说，由于沟通过程中存在着许多干扰和扭曲信息传递的因素(通常把这些因素称为噪声)，这使得沟通的效率大为降低。因此，发送者了解信息被理解的程度也是十分必要的。沟通与沟通过程中的反馈，构成了信息的双向沟通。

管理实务 7-4

有一条船在海上遇难了，有三个幸存者被海浪冲到三个相距很远的孤岛上，第一个人大声呼救，但周围什么回应也没有。第二个人也高声呼，恰好一架飞机飞过天空，但飞机上的人听不到他的声音。第三个人在呼救的同时点燃了一堆篝火，飞机上的人发现了孤岛上的浓烟，通知海上救护队把他救了出来。

虽然遇难的三个人都在向外联系请求救命，但由于沟通方式不同，效果截然不一样。第一个人没有信息的接收者，第二个人发出的信息未被对方辨认，只有第三个人既有信息的接收者，发出的信息又能被对方辨认，才实现了有效的沟通。

(二)沟通的步骤

因此，沟通一般要包括如下五步(见图 7－1)：

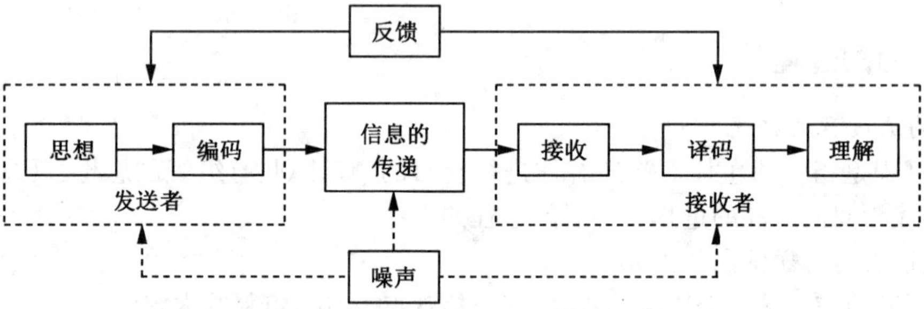

图 7－1 沟通的步骤

1. 形成思想

信息发送者发送信息是因为由于某种原因希望接受者了解某些事，因此，自己首先需要明确要进行沟通的信息内容。

2. 编码

编码是指沟通主体的观念、需要、意愿和消息等内容经过加工，转化为可以传递的某种信号形式，如电码、语言、文字、手势等。要发送的信息只有经过编码才能传递。

3. 传递

传递是指通过某种渠道把信息传递给对方，如交谈、打电话、写信、写报告等。重要或复杂的信息通常需要运用多种渠道进行传递。

4. 接受

接受包括接收、译码、理解等步骤。接收者对收到的信息进行译码后才可以了解和研究所收到信息的内容和意义。

5. 反馈

反馈是指接收者把所收到的或所理解的信息再返送到发送者那里，供发送者核查并在必要时做出订正。这是指信息接收者对信息的反应结果又回到信息发出者的过程，它决定了下一次的信息沟通。反馈构成了信息的双向沟通。如课堂上教与学的过程本身就是一个双向沟通的过程。学生可以以喝倒彩的方式有意反馈出他们对教师教授内容及所采取教学方式的不满，学生也可以在课堂上显露疲惫、精神不集中，这种无意间的神情与表情流露，也可以反映出他们对教师所授内容以及所用的教学方式不感兴趣。

四、沟通的类型

在管理系统中进行沟通，根据不同的标准进行划分，有以下几种不同的类型：

(一)按沟通信息的流向划分

组织中的沟通可以是向上的、向下的，也可以是平行的。

1. 上行沟通

上行沟通即自下而上的沟通，是指在组织职权层级链中，信息由下而上流动，如下级向上级提出自己的意见或建议等。它通常存在于参与式或民主式管理的组织环境之中。如下属提交的工作绩效报告、合理化建议、员工意见调查表、投诉程序等。

自下而上的沟通一般有两种形式：一是上对下征求意见，包括调查，召开座谈会、汇报会，设置意见箱，建立来信来访的接待制度，设立接待日制度，同下级进行不拘形式的交谈等等。二是下主动向上反映情况，提出意见或建议。下对上主动汇报和反映情况，是下对上沟通的重要组成部分，各种报表就是典型的汇报工具。

2. 下行沟通

下行沟通即自上而下的沟通，是指信息从上级逐层地向下级传递的沟通，这是组织下达指令，发布指示，表达愿望的通道。其通常的表现形态是，在组织职权层级链中，信息由高层成员向低层成员流动，如上级向下级发布各种指令、指示、命令、指导文件和规定等。这种自上而下的沟通在实行专制式领导的组织中尤为突出。

因此，组织内部下行沟通主要包括以下几个方面：(1)对分配给员工的任务及其工作方法给予明确、详细的工作描绘和指导。(2)从组织的整体出发，向员工说明如何和为什么要使其工作与组织总目标相一致。(3)向员工介绍有关组织过去、现在、将来的各方面情况，同时说明组织的有关规章制度和工作程序。(4)对员工的绩效的评估应着眼于完成工作的好坏，排除性别、年龄、资历、社会背景等其他因素干扰。(5)组织理念要着重于培养员工为组织目标的实现而努力的意愿。

3. 平行沟通

平行沟通，又称横向沟通，是指组织内同层级的沟通，例如员工间的沟通，同层次管理者间的沟通，部门间的沟通。平行沟通具有很多优点：它可以使办事程序、手续简化，节省时间，提高工作效率；它可以使企业各个部门之间相互了解，有助于培养整体观念和合作精神，克服本位主义倾向；它可以增加员工之间的互谅互让，培养员工之间的友谊，满足员工的社会需要，使员工提高工作兴趣，改善工作态度。平行沟通的缺点表现在，平行沟通头绪过多，信息量大，易于造成混乱。此外，平行沟通尤其是员工之间的沟通也可能成为员工发牢骚、传播小道消息的一条途径，造成涣散团体士气的消极影响。

管理实务7－5

最能体现摩托罗拉公司"对人员保持充分的尊重"这一管理特点的是它的"open door"理念。摩托罗拉企业内部沟通主要有以下几种形式：

1. 我的建议。以书面形式提出对公司各方面的意见和建议，全面参与公司管理。

2. 畅所欲言。这是一种保密的沟通渠道，如果员工要对真实的问题进行评论和投诉，应诉人必须在3天内对不署名的投诉信给予答复，整理完毕后由第三者按投诉人要求的方式反馈给本人，全过程必须在9天内完成。

3. 总经理座谈会。每周四召开座谈会，大部分问题可以当场答复，7天内对有关问题的处理结果予以反馈。

4. 每日简报。让员工方便、快捷地了解公司和各部门的重要事件和通知。

5. 员工大会。由经理直接传达公司的重要信息，有问必答。

6. 教育日。大家分组以会议的形式每年重温公司文化、历史、理念和有关部门规定。

7. 墙报。

8. 热线电话。当你遇到问题时可以向这个电话反映，昼夜均有人值守。

9. 职工委员会。职工委员会是职工与管理层直接沟通的另一种桥梁，委员会主席由员工关系部经理兼任。

10. 589信箱。当员工的意见使用以上渠道仍无法得到充分、及时和公正的解决时，可以直接写信给天津市589信箱，此信箱钥匙由中国区人力资源总监亲自掌握。

可以看出，摩托罗拉公司上下级沟通的方式是各种各样的，采取这些方式取得了惊人的效果。为此，他们总结出："抱怨是一种积压已久的事，如果每星期、每天都有与老板对话的机会，任何潜在的不满和抱怨还没有来得及充分积蓄爆发，就都会化解和烟消云散了"。

请问：摩托罗拉的10个沟通手段分别属于哪种沟通类型？

(二)按是否进行信息反馈划分

根据沟通的过程中是否进行反馈来划分，可以分为单向沟通和双向沟通。

1. 单向沟通

单向沟通是指不具有反馈渠道的信息沟通。它比较适用于以下情况：问题简单但时间比较紧，下属易于接受方案时；下属没有了解问题的足够信息时；上级缺乏处理反馈的能力。单向沟通信息传递速度快、安静、压力小，但是不易被理解。

2. 双向沟通

双向沟通是指具有反馈渠道的信息沟通。它比较适用于以下情况：时间充裕，但问题棘手；下属对方案的接受程度至关重要；下属能提供有价值的信息和建议；上级能建设性地处理负反馈。双向沟通信息传递速度慢、吵闹、容易理解，但缺点在于沟通中随时会受到对方的挑剔或批评，因而心理压力大，同时对应变能力的要求高。

（三）按沟通的渠道划分

信息在组织中可能通过组织规定的正式渠道流动，也可能通过组织的非正式渠道流动。按照沟通渠道不同可以把沟通分为正式沟通和非正式沟通。

1. 正式沟通

正式沟通是按照组织结构所规定的路线和程序进行的信息传递和交流，如组织信函往来、组织内部的文件传达、汇报制度等。一般将官方、有组织或书面的沟通视为正式沟通，它具有精确、内敛、技术性和逻辑性强、内容集中、有条理、信息量大、概括性强、重点突出、力度大等特点。沟通越正式，对内容的精准性和对听众定位的准确性要求就越高。但是正式沟通往往比较刻板，沟通速度很慢，层层传递之后存在着信息失真或扭曲的可能。

2. 非正式沟通

非正式沟通是运用组织结构以外的渠道进行的信息传递与交流。如员工私下交谈、朋友聚会时的议论以及小道消息等。非正式沟通不拘形式，直接明了，速度很快，容易及时了解到正式渠道难以提供的"内幕新闻"；非正式沟通中的沟通者往往趣味相投，人们真实的情感动机往往是在非正式沟通中表露出来的，因此沟通信息更容易被沟通者采信。但非正式沟通也存在很大缺点，非正式沟通渠道内的信息是不完整的，由于难以控制，因此真实情况往往被歪曲，故不能作为决策的依据；非正式沟通涉及较多的有关情感和个人情绪的问题，有很强的感情色彩，容易被不同动机、目的的人利用，影响组织的凝聚力和人心稳定。因此，"小道消息满天飞"的情况也会使组织士气涣散，令管理者难以应付。

管理实务 7－6

索尼公司的内部跳槽制度是在处理员工抱怨的过程中产生的。有一天，索尼董事长盛田昭夫走进员工餐厅和职工一起就餐，这是他多年来一直保持的习惯。当时，他发现有一位员工郁郁寡欢，满腹心事。盛田昭夫主动和他攀谈，这位员工向他倾诉道："能进入索尼，让我感到欣喜若狂。可是，现在才发现，我不是在为索尼干活，是在为课长干活。我所有的小发明，课长不仅不支持、不理解，还会嘲笑我。这令我对索尼感到非常失望。"盛田昭夫听后十分震惊，他觉得类似的情况在公司内部员工中恐怕不少，于是他产生了改革人事管理制度的想法。之后，索尼公司开始每周出版一次内部小报，刊登公司各部门的"求人广告"，员工可以自由而秘密地前去应聘。这一制度创新使索尼公司能够留住优秀人才，并且可以使人力资源管理部门发现一些经常"流出"人才的上司存在的问题。

请问：盛田昭夫在用餐时和员工的沟通属于哪种类型的沟通？

（四）按信息沟通的网络划分

在正式沟通中，信息的流动总是要经过某些人和机构进行传递，这就形成了一个由各种通道构成的网络（如图 7—2）：

1. 链式沟通

链式沟通属于控制型结构，它严格按照直线职权关系和指挥链系统逐级传递信息，信息容易失真，参与成员的联系面窄，平均满意度低。

2. 轮式沟通

在轮式沟通中，主管人员分别对下级进行沟通联系，而下级之间无沟通。轮式沟通集中化程度高，解决问题速度较快，是加强组织控制、争时间、抢速度的一个有效方法。

3. Y 式沟通

这是一种只有纵向沟通的模式，是一个有多个层次的组织结构。它比较适用于主管人员的工作任务十分繁重，需要有人选择信息，提供决策依据，同时又要对组织进行有效控制的组织。

4. 环式沟通

组织成员只能与相邻的成员进行沟通，即沟通只能发生在同一部门成员之间或直接上下级之间。环式沟通集中化程度低，组织成员具有比较一致的满意度。如果组织需要创造出一种高昂的士气来实现组织目标，它是一种行之有效的措施。

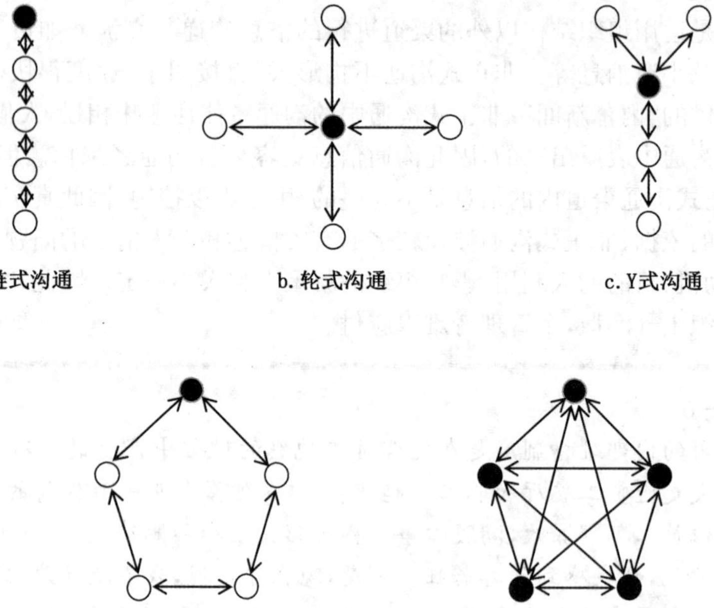

a. 链式沟通　b. 轮式沟通　c. Y式沟通

d. 环式沟通　e. 全通道式沟通

图 7—2　正式沟通的信息传递方式

5. 全通道式沟通

每个成员都可以自由地与其他成员沟通，因此沟通速度较快，成员合作气氛浓厚，士气高昂，但是达成一致意见的效率较低。

五种沟通方式的效能比较如表 7—1 所示。

表 7—1　五种沟通方式的效能比较

沟通方式 评价标准	链　式	轮　式	Y　式	环　式	全通道式
集中性	中等	高	较高	低	很低
速度	中等	快(简单任务) 慢(复杂任务)	快	慢	快

续表

评价标准＼沟通方式	链　式	轮　式	Y　式	环　式	全通道式
正确性	高	高(简单任务) 低(复杂任务)	较高	低	中等
领导能力	中等	很高	高	低	很低
团队成员满意	中等	低	较低	高	很高

五、沟通的方法

沟通方法可以分为书面沟通、口头沟通、非语言文字沟通以及电子媒介沟通。

(一)书面沟通

书面沟通是指借助文字进行的信息传递与交流，主要包括文件、报告、信件、书面合同等。其优点是以书面方式进行沟通，比较规范、严肃，有可查性，有利于长期保存，同时信息传递准确性较高，传递的范围比较广泛。缺点是沟通效果受文化修养的影响较大，对情况变化的适应性较差。

管理实务7－7

艾森曾经领导过一家规模庞大的洲际性保险公司。他对员工有个十分特别的称赞方式：当任何一位下属达成或是超越基本业绩的要求时，便寄给他们一封赞美信！

在第一封信中，艾森还会附上一个印着红色“成功档案”醒目字样的档案夹，然后才是信的内容：“将这封信，以及日后不论是我、公司其他领导或是任何人写给你的赞美信函全部存放在这个档案夹中。在未来的日子里，你也许会遭遇失败、挫折，也许会对自己丧失信心，但是不论遭遇到如何不如意的事，请你拿出这个档案夹，重新读这些写满赞美的信函。这些历史性的信函证明了你曾经是成功者，是个令人赞叹的实力人物——你绝不是个泛泛之辈。你曾经登上成功的高峰，现在，你一样可以做得更棒！”

这一特殊的称赞方式，得到了很多员工的理解和支持。他们喜欢这样的表扬方式，也默默努力着，希望收到更多这样的信函。一些员工反映，每当他们反复地阅读这些信函时，似乎真的可以克服业绩不佳及事事不顺心时的沮丧心态。

这些“成功档案”中的信函，调整了员工因挫折而产生的消极心态，并且为他们注入了一股新的力量和勇气，使他们充满自信地面对问题、接受挑战。美国大企业家李·艾科卡在其自传中曾提到自己处理人际关系的准则：“如果要责备人，我只是口头说说；但是如果要赞美人，我一定将它用文字表达出来，通过信函的方式送给这位值得赞美的人。”将赞美的话语用文字表达出来，似乎更有永恒的鼓舞价值。

请问：结合案例谈谈书面沟通有哪些好处。

(二)口头沟通

传递消息最主要的方式是进行口头沟通。它是以口语为媒介的信息传递，如演讲、面对面交谈、报告、讲座、研讨会等。口头沟通缩短了沟通的距离，其优点是信息传递速度快、简单灵活，信息接收者能够直接得到反馈。口头沟通最大的缺点是当消息传递需要经过一大群人的时候，信息往往容易失真。消息经过的人越多，歪曲原意的可能性就越大。

管理实务7－8

某日上午，公司经理给新来的助理曹小姐布置了一个任务，要求她向各个部门下发岗位职责空白表格，并要求各个部门在当天下午2点之前上交经理办公室。经理问曹小姐是否明白其任务？她说完全明白，于是就去执行。

结果到了下午规定的时间，技术部没有上交表格，经理问曹小姐："你向技术部怎么传达的？"曹小姐说："完全按正确的意思传达的。"经理又问："为什么技术部没上交？"曹小姐说："技术部就是没上交，不知道为什么。"

于是经理把曹小姐和技术部负责人都召集到经理办公会议室，问这个事情，技术部负责人回答说当时他没有听到曹小姐传达关于上交时间的要求，而曹小姐说，自己确实传达了，为什么公司12个部门就技术部没听清楚？到底是曹小姐没传达，还是技术部没听到？没有书面的东西，谁都说不清楚。

请问：结合案例谈谈口头沟通有哪些弊端。

（三）非语言文字沟通

非语言沟通是指借助于非正式语言符号的形式所进行的信息传递，如交通路口的红绿灯信号、警察的手势等。非语言沟通中，最常用的是体态语言和语调。体态语言包括手势、面部表情和其他身体动作。语调是指说话的声调，如轻柔平缓和刺耳尖利的语调所传达的意义是完全不同的。

管理实务7－9

李鸿章带了三个人拜见曾国藩，请曾国藩给他们分派职务。恰巧曾国藩散步去了，李鸿章示意让那三个人在厅外等候，自己去到里面。不久，曾国藩散步回来，李鸿章禀明来意，请曾国藩考察那三个人。曾国藩摇手笑言："不必了，面向厅门，站在左边的那位是个忠厚人，办事小心谨慎，可派他做后勤供应一类的工作；中间那位是个阳奉阴违，两面三刀的人，不值得信任，只宜分派一些无足轻重的工作；右边那位是个将才，将大有作为，应予重用。"

李鸿章很是惊奇，曾国藩笑着说："刚才散步回来，在厅外见到了这几个人。走过他们身边时，左边那个态度温顺，目光低垂，小心翼翼，可见是一小心谨慎之人，因此适合做后勤供应一类只需踏实肯干，无需多少开创精神和机敏的事情。中间那位，表面上恭恭敬敬，可等我走过之后，就左顾右盼，神色不端，可见是个阳奉阴违，机巧狡诈之辈，断断不可重用。右边那位，始终挺拔而立，气宇轩昂，目光凛然，不卑不亢，是一位大将之才，将来成就不在你我之下。"

曾国藩所指的那位"大将之才"，便是日后立下赫赫战功并官至台湾巡抚的淮军勇将刘铭传。

请问：曾国藩是根据什么识别这三个人不同才能的？

（四）电子媒介沟通

信息时代，我们依赖于各种各样的电子传输媒介来传递发送信息。电子沟通就是以电子符号的形式通过电子媒介而进行的沟通，如电报传真、闭路电视、可视电话、计算机网络、电子邮件等有效地传递、保存、处理信息。

管理实务 7－10

腾讯公司是国内最大的互联网沟通平台提供商之一，其用户超过 2 亿，同时在线人数有数千万，且绝大多数为“80 后”。腾讯公司在八年的时间里发展到了 3 000 名员工左右的规模，从 2002 年开始，员工人数以每年 100％的速度递增。在这些员工中，有近一半是“80 后”。这样一个庞大的群体，确实给腾讯公司带来了管理上的挑战。

他们知道，对这类年轻的“80 后”管理者不能过于政治化和教条化，于是建立了内部便捷的电子沟通平台：腾讯公司的企业版即时通信产品、公司内部的 BBS。在公司内部的 BBS 上，大家可以把各种问题在各个分论坛上抛出，总裁办公室成员或者公司某一领域的专家会进行答疑，从如何快速、有效地解决用户申诉到咖啡厅饮料味道不好等问题都有。公司还聘请专门的健康顾问，不仅能解决员工平日里的头疼脑热问题，还可与员工进行心理咨询、交流谈心。

腾讯公司深知自己的团队成员中有着一群个性鲜明的“80 后”，他们想尽一切办法与他们建立沟通，让员工在保持激情的同时，成为可以胜任工作的职业人。他们甚至还抓住“80 后”年轻活泼的特点，在前台、过道两侧，甚至大厦的电梯等公共空间进行宣传。例如，在电梯里张贴一组漫画，提醒员工注意不要逆向乘坐电梯，出电梯时要向前面的人说“对不起”等细节。漫画的主角是只可爱的小企鹅。不仅如此，公司还设有两周一次的“总办午餐交流日”，员工可自由报名，通过抽签选其中 1 人和总裁办公室成员代表一起吃饭。在腾讯公司办公室的每层楼里，都设有一个“总办信箱”，接受对越过公司规定的“高压线”的行为的检举和投诉。这些“润物细无声”的沟通比直接张贴规章制度要有效得多。

请问：腾讯公司采用了哪些沟通方式？这些沟通方式对员工做好工作有什么作用？

第二节　沟通的障碍与克服

一、沟通的障碍与来源

所谓沟通障碍，是指信息在传递和交换过程中，由于信息意图受到干扰或误解，而导致信息沟通失真的现象。在人们沟通信息的过程中，常常会受到各种因素的影响和干扰，使沟通受到阻碍。

沟通障碍主要来自三个方面：发送者的障碍、接受者的障碍和沟通通道的障碍。

1. 发送者的障碍

在沟通过程中，信息发送者的情绪、倾向、个人感受、表达能力、判断力等都会影响信息的完整传递。障碍主要表现在:表达能力不佳,信息传送不全,信息传递不及时或不适时,知识经验的局限,对信息的过滤等。

2. 接收者的障碍

从信息接收者的角度看,影响信息沟通的因素主要有:信息译码不准确,对信息的筛选不够等。

3. 沟通通道的障碍

沟通通道的问题也会影响到沟通的效果。沟通通道障碍主要有以下几个方面:(1)选择沟通媒介不当。比如对于重要事情而言,口头传达效果较差,因为接收者会认为"口说无凭""随便说说"而不加重视。(2)几种媒介相互冲突。当信息用几种形式传送时,如果相互之间不协调,会使接收者难以理解传递的信息内容。如领导表扬下属时面部表情很严肃甚至皱着眉头,就会让下属感到迷惑。(3)沟通渠道过长。组织机构庞大,内部层次多,从最高层传递信息到最低层,从低层汇总情况到最高层,中间环节太多,容易使信息损失较大。(4)外部干扰。信息沟通过程中经常会受到自然界各种物理噪声、机器故障的影响或被另外事物干扰,也会因双方距离太远而沟通不便,影响沟通效果。

管理实务 7-11

斯特松公司是美国最老的制帽厂之一,近期公司的情况非常糟糕:产量低、品质差、劳资关系极度紧张。此时,当地一位管理顾问薛尔曼应聘进厂调查。他的调查结果显示:员工对管理层、工会缺乏信任,员工彼此间也是如此。公司内的沟通渠道全部被堵塞,员工对基层领班更是极度不满,其中包含了偏激作风、言语辱骂、不关心员工的情绪等问题。通过倾听员工的心声,认清问题所在,薛尔曼开始实施一套全面的沟通措施,加上有所觉悟的管理层的支持,在4个月内不但员工憎恨责难的心态瓦解,同时他们也开始展现出团队精神,生产能力也有提高。感恩节前夕,薛尔曼和公司的最高主管亲手赠送火鸡给全体员工,隔天收到员工回赠的像一张报纸那么大的签名谢卡,上面写着:"谢谢把我们当人看。"

请问:斯特松公司劳资双方的沟通障碍产生的原因是什么?

二、沟通障碍产生的原因

完美的沟通应是经过传递之后,被接受者接收到的信息与发送者发出的信息完全一致,而在现实中达成这一点存在着相当大的难度。在实际工作中,由于受多方面因素的影响,信息往往会被丢失或曲解,以至于不能被有效地传递,从而造成沟通的障碍和无效。有效沟通的障碍主要来自组织的沟通障碍和个人的沟通障碍两方面。

(一)组织的沟通障碍

在管理中,合理的组织机构有利于信息沟通。但是,如果组织机构过于庞大,中间层次太多,那么,信息从最高决策传递到下属单位不仅容易产生信息的失真,而且还会浪费大量时间,影响信息的及时性。同时,自上而下的信息沟通,如果中间层次过多,同样也浪费时间,影响效率。

有的学者统计,如果一个信息在高层管理者那里的正确性是100%,到了信息的接受者手里可能只剩下20%的正确性。这是因为,在进行这种信息沟通时,各级主管部门都会花时间把接收到的信息自己甄别,一层一层地过滤,然后有可能将断章取义的信息传达下去。此外,在甄选过程中，还掺杂了大量的主观因素，尤其是当发送的信息涉及传递者本身时，往往会出于心理方面的原因，造成信息失真。这种情况也会使信息的提供者望而却步，不愿提供关键的信息。因此，如果组织机构臃肿，机构设置不合理，各部门之间职责不清，分工不明，形成多头领导，或因人设事，人浮于事，就会给沟通双方造成一定的心理压力，影响沟通的进行。

管理实务 7－12

斯塔福德航空公司是美国北部一个发展迅速的航空公司。然而，最近在其总部发生了一系的传闻：公司总经理波利想卖出自己的股票，同时想保住自己总经理的职务，这是公开的秘密了。他为公司制定了两个战略方案：一个是把航空公司的附属单位卖掉；另一个是利用现有的基础重新振兴发展。他自己曾对这两个方案的利弊进行了认真的分析，并委托副总经理查明提出一个参考意见，查明曾为此起草了一份备忘录，随后叫秘书比利打印完后立即送到职工咖啡厅去，在喝咖啡时比利遇到了另一位副总经理肯尼特，并把这一秘密告诉了他。

比利对肯尼特悄悄地说："我得到了一个极为轰动的最新消息，他们正在准备成立另外一个航空公司，他们虽说不会裁减职工，但是，我们应该联合起来，有所准备啊。"这话又被办公室的通讯员听到了，他立即把这消息告诉他的上司巴巴拉，巴巴拉又为此事写了一个备忘录给负责人事的副总经理马丁，马丁也加入了他们的联合阵线，并认为公司应保证兑现其不裁减职工的诺言。

第二天，比利正在打印两份备忘录，备忘录又被路过办公室探听消息的摩罗看见了。摩罗随即跑到办公室说："我真不敢相信公司会做出这样的事来，我们要被卖给联合航空公司了，而且要大量削减职员呢！"

这消息传来传去，三天后又传回到总经理波利的耳朵里。波利也接到了许多极不友好，甚至敌意的电话和信件，人们纷纷指责他企图违背诺言而大批解雇工人，有的人也表示为与别的公司联合而感到高兴，而波利被弄得迷惑不解。

请问：斯塔福德公司裁员的谣言是怎样产生的？

（二）个人的沟通障碍

1. 个性因素所引起的障碍

信息沟通在很大程度上受个人心理因素的制约。个体的性格、气质、态度、情绪、见解等方面的差别都会成为信息沟通的障碍。

2. 知识、经验水平的差距所导致的障碍

在信息沟通中，如果双方经验水平和知识水平差距过大，就会产生沟通障碍。此外，个体经验差异对信息沟通也有影响。在现实生活中，人们往往会凭经验办事。一个经验丰富的人往往会对信息沟通做通盘考虑，谨慎细心；而一个初出茅庐者往往会不知所措。信息沟通的双方往往依据经验上的大体理解去处理信息，使彼此理解的差距拉大，形成沟通的障碍。

3. 个体记忆不佳所造成的障碍

在管理中，信息沟通往往是依据组织系统分层次逐层传递的，然而，在按层次传递同一条信息时，往往会受到个体素质的影响，个体遗忘会降低信息沟通的效率。

4. 对信息的态度不同所造成的障碍

这又得从不同的层次来考虑。一是认识差异。在管理活动中，不少员工和管理者忽视信息作用的现象还很普遍，这就为正常的信息沟通造成了很大的障碍。二是利益观念。在团体中，不同的成员对信息有不同的看法，所选择的侧重点也不相同，很多员工只关心与他们的物质利益有关的信息，而不关心组织目标、管理决策等方面的信息，这也成了信息沟通的障碍。

5. 相互不信任所产生的障碍

有效的信息沟通要以相互信任为前提，这样，才能使向上反映的情况得到重视，向下传达的决策迅速实施。管理者在进行信息沟通时，应该不带成见地听取意见，鼓励下级充分阐明自己的见解，这样才能做到思想和感情上的真正沟通，才能接收到全面可靠的情报，才能做出明智的判断与决策。

6. 沟通者的畏惧感以及个人心理品质造成的障碍

在管理实践中，信息沟通的成败主要取决于上级与下级、领导与员工之间的全面有效的合作。但在很多情况下，这些合作往往会因下属的恐惧心理以及沟通双方的个人心理品质而形成障碍。一方面，如果主管过分威严，给人造成难以接近的印象，或者管理人员缺乏必要的同情心，不体恤下级，都容易造成下级人员的恐惧心理，影响信息沟通的正常进行。另一方面，不良的心理品质也是造成沟通障碍的因素。

7. 知觉选择偏差所造成的障碍

接收和发送信息都是一种知觉形式。但是，由于种种原因，人们总是习惯接受部分信息，而摒弃另一部分信息，这就是知觉的选择性。知觉选择性所造成的障碍既有客观方面的因素，又有主观方面的因素。客观因素如组成信息的各个部分的强度不同，对接收人的价值大小不同，会致使一部分信息容易引人注意而为人接受，而另一分被忽视；主观因素与知觉选择时的个人心理品质有关，在接收或转述一个信息时，符合自己需要的、与自己有切身利害关系的，很容易听进去，而对自己不利的、有可能损害自身利益的则不容易听进去。

凡此种种，都会导致信息歪曲，影响信息沟通的顺利进行。要实现有效沟通，必须消除上述沟通障碍。

管理实务 7-13

有一个秀才去买柴，他对卖柴的人说："荷薪者过来！"

卖柴的人听不懂"荷薪者"(担柴的人)三个字，但是听得懂"过来"两个字，于是把柴担到秀才面前。

秀才问他："其价如何？"

卖柴的人听不太懂这句话，但是听得懂"价"这个字，于是就告诉秀才价格。

秀才接着说："外实而内濡，烟多而焰少，请损之。"(你的木材外表是干的，里面却是湿的，燃烧起来，会浓烟多而火焰小，请减些价格吧。)

卖柴的人因为听不懂秀才的话，担着柴就走了。

请问：秀才和卖柴人之间的交易为什么没有达成？

三、消除沟通障碍的方法

(一)克服情感障碍，增强沟通能力

(1)要培养"听"的艺术，也就是要积极倾听。信息沟通通常是沟通双方互动的过程。在这一过程中，沟通双方或数方能够认真倾听对方所述问题和意见，就能减少许多由于不够认真聆听导致的误解，从而减少沟通过程中的障碍。

(2)要培养表达能力。信息沟通中的声音语调、措辞以及讲话内容与讲话方式之间的相谐一致等都会影响信息接收者所做出的反应。

(3)应该开诚布公，表现出善意和真情。领导者要有民主作风，要能兼收并蓄，豁达大度，听取员工的意见，特别是不同意见。有效地沟通是要付出时间、同情、共鸣和全神贯注等代价的，因为沟通者要求对方能够倾听他们的话，要求对方认真地听，还要求能够被对方所理解。在这样的沟通中，对方就不能随便打断他们的话，还要避免使他们处于防范心理状态。应给予反馈，也要求得到反馈，表明自己是否理解信息，也让沟通者知道是否理解了他的意思，只有这样才有可能使沟通有效。

(二)改善人际环境，创造和谐氛围

首先，创造一个相互信任、有利于沟通的小环境。组织领导者不仅要获得下属的信任，而且要得到上级和同事们的信任。他们必须明白，信任不是人为的或从天上掉下来的，而是诚心诚意争取来的。

其次，要注意感情沟通。信息沟通的作用不只是传递信息而已，它还涉及感情问题。感情在组织内上下级和同事之间的人际关系方面有非常重要的作用。信息沟通在营造氛围激励人们为组织目标而工作的同时，也为实现人与人之间的感情沟通做出贡献。

(三)优化沟通渠道，减少信息失真

要缩短信息传递链，拓宽沟通渠道，保证信息的畅通无阻和完整性，如减少组织机构重叠、层次过多的问题，在利用正式沟通的同时，开辟高层管理人员至基层管理人员的非正式的沟通渠道，以便于信息的传递。建立特别委员会和非管理工作组，定期加强上下级的沟通，同时要加强平行沟通，促进横向交流。

(四)完善沟通技术手段，合理配置沟通工具

在沟通中要精心选择与信息信号相匹配的媒介，改进信息渠道质量，设法解决信息传递渠道质量差、传递负荷过重而导致的速度过缓或信息失真问题。

(五)增进相互了解，消除文化障碍

在进行沟通时，应充分了解对方的文化背景，掌握文化对其价值观的影响，从而更好地理解对方对事物的看法和态度，以消除或降低沟通中的文化障碍。

管理实务 7－14

王宏是公司销售部的一名员工，人比较随和，不喜争执，和同事的关系处得都比较好，但是，前一段时间，不知道为什么，同一部门的张力老是处处和他过不去，有时候故意在别人面前指桑骂槐，应由张力做的工作也都有意让王宏做，甚至还抢了王宏的好几个老客户。

起初，王宏觉得都是同事，没什么大不了的，忍一忍就算了。但是，看到张力如此嚣张，于是，一赌气，告到了经理那儿。经理把张力批评了一通，结果是，从此，王宏和张力成了绝对的冤家了。

请思考：王宏和同事产生了沟通障碍，经理的处理是否得当？此事应怎样处理？

第三节 沟通艺术

沟通是人们进行社会交流必不可少的手段。长期以来，人们在社会生产和社会生活活动中进行长期大量的沟通，在沟通实践中积累了丰富的经验，其中一些沟通充满了人们的智慧，堪称沟通艺术。

一、语言沟通艺术

对于信息发送者来说，无论是口头交谈的方式，还是书面交流的方式，都要注意力求准确地表达自己的意思，选择准确的词汇、语气、标点符号，注意逻辑性和条理性，有些地方要加上强调性的说明，要从大量的信息中进行选择，只传递与工作有密切联系的信息以突出重点。

准确地发送信息是沟通有效的首要的条件，因此要了解信息接收者的文化水平、经验和接受能力，考虑到对方的具体情况，得体地表达自己的意见。沟通时必须根据接受者的具体情况选择语言，语言应尽量通俗易懂，尽量少用专业术语，以使接受者能确切地理解所收到的信息。

由于信息接收者容易从自己的角度来理解信息而发生偏差，因此要提倡双向沟通。可以请信息接收者重述所获得的信息，或请他们表达对信息的理解，从而体会信息传递中的准确程度和偏差所在。有时还可以通过图表等形象性地表达自己的准确信息，便于对方理解和接受。

管理实务 7－15

曹操爱惜人才，在俘获吕布之后，询问刘备应如何处置。刘备的回答是："吕布乃当世名将，曹公得吕布相助，大业可成！吕布不但不可杀，而且应该马上认吕布为义子！您看丁原、董卓、王允不都认过吕布做义子吗?"刘备是非常想杀吕布的，一来吕布出尔反尔，恩将仇报，抢了自己的徐州；二来，吕布如果去了曹操阵营，必将会使曹操的势力更加强大。但刘备不能直接说"吕布这个人忘恩负义，曹公快把他给杀了吧，以免养虎遗患"，因为那样曹操很可能不听刘备的，而会赦免并重用吕布。但他把曾经做过吕布义父的三个人都罗列出来，其真实用意就是在暗示曹操，那三个人在认吕布做义子之后都没得好死。这样，曹操自己在那一刻认为，吕布确实不能留，是个"灾星"，应当杀掉。这样，刘备通过巧妙沟通，通过曹操之手杀掉了吕布。

请问：刘备欲杀吕布，反为其求情，欲盖弥彰的效果如何?

二、非语言沟通艺术

在沟通时，除了语言要准确以外，还要重视非语言沟通手段的运用。可以借助手势、动作、眼神、表情等来帮助思想和感情上的沟通，表达主题、兴趣、观点，目标和用意，初次见面时，马虎而随便的握手和热情而有力的握手会给人完全不同的感受，通过坚决而有力的动作，来明确信息发送者态度的坚定和对前景的充满信心，用炯炯有神的目光表示信任，鼓励信息接收者接受信息、理解信息，并执行信息所提出的要求，可以产生此处无声胜有声的效果。

管理实务 7-16

有一次，曹操要率兵出征，临行前，他的儿子曹植写了一篇华美的送行赋，大家都赞不绝口；而同样为父亲送行的曹丕，则没有写文章，甚至一句话都没有说，而只是一直在那里哭泣。他用哭泣的举动来表达了对父亲出征的担心和不舍，让曹操非常感动。

刘备临终前向诸葛亮托孤，说："阿斗可以扶持就请先生尽力扶持，如果阿斗是个庸主，您可以自取。"诸葛亮这时一句话都没有说，只是一直在刘备的病床前用力磕头，满眼是泪。诸葛亮和曹丕此时虽然没有言语，但是他们分别用眼泪和磕头进行了良好的沟通。

请问：请分析诸葛亮和曹丕此时用流泪和磕头的行为与相应语言相比效果如何？

三、沟通方式艺术

沟通的时机、方式和环境对沟通的效果会产生重要影响。领导者在宣布重要决定时，应考虑何时宣布才能增加积极作用，减少消极作用；有的消息适合于以公开的方式通过正式渠道传递，有的则适合于以秘密的方式通过非正式沟通渠道传播；有的消息适合于在办公室沟通，有些则适宜于在家庭内沟通。此外，在沟通时应尽量排除外界环境干扰，如重要的谈话应选择安静的场所，以避免被电话、请示工作等打断。

管理者在沟通信息时，一定要对沟通的时间、地点、条件等都充分加以考虑，使之适应于信息的性质特点，以增加沟通的效果。

管理实务 7-17

受金融危机的影响，某公司决定减少年终奖的数量，但如果把这一消息直接告诉全体员工，必然会引起动荡。为避免动荡的发生，该公司采取了非正式沟通：公司安排一位副总利用在员工餐厅午餐的时间悄悄地对身边的人说："刚开了个会，可能今年发不了年终奖。"说完后，副总有意无意地强调了一句"刚才说的事不要到处说！"这么关系大家利益的事能不到处说吗？一天之间，整个公司就充满着怨言"年年都有年终奖，今年看来是白忙乎了"。一些人甚至找公司高层理论，但得到的答复含糊其词。一个月过去了，就在大家带着不满、抱着拿不到年终奖的时候，又一条消息在员工餐厅从公司高层嘴里"不经意"地流出："考虑到大家辛苦了一年，公司决定多少还是给大家发一点年终奖，只不过比去年少。"整个公司再次沸腾，大家的心情从没有年终奖转变为似乎马上就能领到年终奖一样高兴，"公司真好，这么困难还能坚持给我们发年终奖！""少一点不要紧，总比没有强。"

就这样，一件本来让员工难以接受的坏事反而成了振奋人心的好事。

请问：请设想采用正式沟通方式与这种非正式沟通方式相比效果如何？

四、劝说和聆听艺术

（一）积极地劝说

信息发送者为了使对方接受信息，常有必要进行积极的劝说，并从对方的立场上加以开导，以求对方理解和接受信息。有时还需要通过反复的交谈来协商，甚至采取一些必要的让步或迂回的做法。有时由于时间的紧迫或其他的原因，信息必须无条件地接受并坚决地付诸行动，则要明确规定期限，限期结束并达到一定的目标。无论是劝说还是协商都必须是积极的，除非必要的合理的可以做到的要求，不应随便让步或给予某种承诺。交谈时间应尽可能地充分，不要过于匆忙，以致无法完整地表达意思，任何时候都不应发火或采取高压的办法，因为这样会使对方以沉默来对付，其结果仍是得不到有效的接受、理解和贯彻。尽可能开诚布公进行交谈，耐心地说明事实和背景，求得理解。同时，不应拒绝任何有益的建议、意见和提问。

（二）仔细地聆听

在相互沟通所需要的听、说、读、写中，听几乎是最重要的。领导者在仔细聆听组织成员的意见时，其一，要使谈话对象的精神状态放松，距离适当靠近，努力创造真诚和信任的气氛，使组织成员感到领导者是真心实意想听听他的意见。其二，领导者要注意改善谈话环境，排除干扰，除去一切可能转移注意力的因素，全神贯注地聆听，使组织成员感到领导者对他意见的重视，能够畅所欲言。其三，领导者要设身处地地考虑组织成员的看法，心平气和地从事实上、逻辑上客观地加以归纳，引导对方重复重要的细节、解释不清楚的环节。其四，领导者要注意控制自己的情绪，耐心、从容地聆听，可提问题，但不可插嘴，以便让对方能充分而完整地阐述其观点，尽可能准确地把握谈话对象所要表达的信息，达到沟通的目的。

管理实务 7－18

美国知名主持人林克莱特一天访问一名小男孩，问他说："你长大后想要做什么？"

小男孩天真地回答："我要当飞机的驾驶员！"

林克莱特接着问："如果有一天，你的飞机飞到太平洋上空时所有引擎都熄火了你会怎么办？"

小男孩想了想："我会先告诉坐在飞机上的人绑好安全带，然后我挂上我的降落伞跳出去。"

当在现场的观众笑得东倒西歪时，林克莱特继续注视着这孩子，想看他是不是个自作聪明的家伙。没想到，接着孩子的两行热泪夺眶而出，这才使林克莱特发觉这孩子的悲悯之情远非笔墨所能形容。于是林克莱特问他说："为什么要这么做？"小男孩的答案透露出一个孩子真挚的想法："我要去拿燃料，我还要回来！"

林克莱特如果在没有问完之前就按自己设想的那样来判断，那么，他可能就认为这个孩子是个自以为是、没有责任感的家伙。但孩子的眼泪使他继续问了下去，也才使人们看到了这是一个勇敢的、有责任心的、有悲悯之情的小男孩。

在一个简单的电视节目中就这么容易发生误解，可见在一个复杂的组织体系中，要避免误解的发生是一件多么不容易的事情。

五、形成共识艺术

共识区域是指信息发送者和信息接收者各方在知识经验、兴趣爱好、文化传统等方面的相近之处。一般来说，发送者与接收者的类似经验越多，沟通的语言就越多，信息分享的程度也越高。因此，共同的经验范围往往是建立良好沟通的基础。

求同存异是形成共识艺术的表现，在谈判中找出共同点，保留不同点，能够使原来出发点差异大的谈判双方，在不违反双方原则的前提下坐下来，达成一致，形成共识。求同能够让彼此间更加地亲近、友善，存异能够使彼此间更加地宽容、尊重。

管理实务 7－19

1955 年 4 月 18 日，在印度尼西亚万隆举行的亚非会议，对新中国外交有着特殊的意义。当时，为了争取有利于建设的国际和平环境，中国成为万隆会议的积极参与者。周恩来总理兼外长率领中国代表团参加会议。

在大会上，虽然绝大多数国家的代表在发言中表达了对和平友好的诉求，但有的国家代表攻击共产主义，有的则表示了对中国的疑虑。会场的气氛越发紧张。周恩来决定放弃使用事先准备好的发言稿，而将原稿油印散发，另做了一个补充发言。4 月 19 日下午，周恩来登台讲话，开门见山地指出："中国代表团是来求团结而不是来吵架的。我们共产党人从不讳言我们相信共产主义和认为社会主义制度是好的。但是，在这个会议上用不着来宣传个人的思想意识和各国的政治制度。"

在发言中，周恩来强调"求同"而不是"立异"，主张不同思想意识和社会制度的存在并不妨碍亚非国家求同和团结，并表示中国准备在坚守五项原则的基础上与亚非各国建立正常关系。

周恩来充满智慧地进行阐释和解惑，用平等的态度来平息争论，赢得了各方的尊敬和赞同，一举扭转了外界对新中国的偏见，会议气氛也产生了积极的变化。此后，求同存异成了不同制度不同文化国家间和平相处的基本准则。

请问：求同存异对处理万隆会议国家间合作起到什么作用？

本章小结

沟通是指一方将信息传递给另一方，并期待其作出反应的过程。沟通的作用体现为：沟通能够尽快收集信息，使决策更加合理和有效；沟通能够改善人际关系、稳定员工的思想情绪，统一组织行动；沟通可以使组织成员与组织的目标尽快达成一致；沟通对组织成员的行为具有控制作用；沟通是组织与外部环境联系的桥梁。沟通过程要经过形成思想、编码、传递、接受、反馈五步。

沟通过程经常出现障碍，沟通障碍主要来自发送者、接受者和沟通通道三个方面。消除沟通障碍的方法包括：克服情感障碍，增强沟通能力；改善人际环境，创造和谐氛围；优化沟通渠道，减少信息失真；增进相互了解，消除文化障碍；完善沟通技术手段，合理配置沟通工具。

沟通艺术是经过长期沟通实践积累形成的，沟通艺术充满了人们的智慧，是以有效沟通为基础的。沟通艺术表现为语言沟通艺术、非语言沟通艺术、沟通方式艺术、劝说和聆听艺术以及形成共识艺术。

开篇案例分析要点

1. 麦当劳公司事业迅速壮大，员工也越来越多的情况下，缺乏重视沟通致使上下级关系对立，内部的劳资关系越来越紧张，以致爆发了员工游行示威，给企业造成巨大损失。

2. 麦当劳公司使用了座谈会和传纸条的方法进行了有效沟通。座谈会属于口头沟通方法，传纸条属于书面沟通方法。

知识测试

一、单项选择题

1. 沟通过程的第一个步骤是（　　）。

A. 反馈　　B. 编码（　　）

C. 传递　　D. 接受

2. 管理需要信息沟通，而信息沟通必须具备的三个关键要素是（　　）。

A. 传递者、接收者、信息渠道　　B. 发送者、传递者、信息内容

C. 发送者、接收者、信息内容　　D. 发送者、传递者、接收者

3. 下述对于信息沟通的认识中，（　　）是错误的。

A. 信息传递过程中所经过的层次越多，信息的失真度就越大

B. 信息量越多，就越有利于进行有效的沟通

C. 善于倾听，能够有效改善沟通的效果

D. 信息的发送者和接收者在地位上的差异也是一种沟通障碍

4. 从沟通媒介丰富性角度看，面对面交谈得分最高，它在沟通过程中传递的信息量最大，可以即时反馈。依次排列下来是（　　）。

A. 电子邮件、电话、备忘录和信件、广告和公告及一般文件

B. 电话、电子邮件、备忘录和信件、广告和公告及一般文件

C. 电子邮件、备忘录和信件、电话、广告和公告及一般文件

D. 电话、备忘录和信件、电子邮件、广告和公告及一般文件

5. 通过组织明文规定的渠道进行信息交流和传递的沟通方式是（　　）。

A. 正式沟通　　B. 非正式沟通

C. 上行沟通　　D. 下行沟通

6. 在组织内，最基本的信息沟通是通过（　　）来实现的。

A. 职位　　B. 职权

C. 职责　　D. 职能

7. 管理界有这么一种主张："如果你想表扬某人，最好形成文字而如果你想批评某人，那么只需要打个电话说一下就可以完事了。"按照这种主张，不同的强化方式应采取的沟通方式是（　　）。

A. 正强化宜采取书面沟通方式，负强化宜采取口头沟通方式

B. 正强化宜采取书面沟通方式，一般性的批评宜采取口头沟通方式

C. 正强化宜采取口头沟通方式，负强化宜采取书面沟通方式

D. 正强化宜采取口头沟通方式，惩罚宜采取书面沟通方式

8. 一个组织中小道消息很多，而正式渠道的消息较少。据此，你认为该组织（　　）。

A. 非正式沟通渠道中信息传递很通畅，运作良好

B. 正式沟通渠道中信息传递不畅，需要调整

C. 其中有部分人特别喜欢在背后乱发议论,传递小道消息

D. 充分运用了非正式沟通渠道的作用,促进了信息的传递

9. 某公司中,营销副经理与财务副经理进行有关业务的交流属于(　　)。

A. 对角沟通　　B. 横向沟通

C. 非正式沟通　　D. 下行沟通

10. 现在很多大公司鼓励各级员工通过多种途径直接向公司高层领导反映意见、提出建议,公司总裁也会设立专门的信箱,以接收这些意见或者抱怨。这里的沟通渠道可以看成是一种(　　)。

A. 下行沟通　　B. 横向沟通

C. 对角沟通　　D. 上行沟通

11. 吴总经理出差一个星期回到公司,许多中层干部及办公室人员马上就围拢过来。大家站在那里,七嘴八舌开成了一个热烈的自发办公会,有人向吴总汇报近日工作进展情况,有人向吴总请求下一步工作的指示,还有人向吴总反映公司内外环境中出现的新动态。根据这种情况,你认为下述说法中最适当地反映了该公司的组织与领导特征的是(　　)。

A. 链式沟通、民主式管理　　B. 轮式沟通、集权式管理

C. 环式沟通、民主式管理　　D. 全通道式沟通、集权式管理

12. 某企业经理工作任务繁重,他需要有人帮助他选择信息,提供决策依据,对组织进行有效的控制。在这种情况下,最适宜的信息沟通网络是(　　)。

A. 轮式　　B. 环式

C. 链式　　D. Y 式

13. 张先生是一家企业的经理,创业初期,公司里只有 12 个员工,每个人都由张先生直接管理。随着规模的扩大,张先生聘请了一位副经理,由他处理公司的具体管理事务,自己专心于企业的战略经营,有什么事情都由副经理向其汇报,则公司的沟通网络(　　)。

A. 由轮式变成了 Y 式　　B. 由 Y 式变成了轮式

C. 由全通道式变成了链式　　D. 由链式变成了全通道式

14. 研究发现,很多高明的领导都善于倾听,倾听下属的抱怨,倾听下属的建议。下面虚拟了四种沟通时的情境,选出你认为没有很好地做到倾听的一项是(　　)。

A. 在听取下属陈述时,适时地提出问题

B. 与下属谈话时,能以设身处地的态度对待谈话者

C. 在听取下属陈述时,看着别处

D. 自己不再说话,让谈话者无拘无束

15. 如果你是某公司总经理,一位下属找你汇报工作,这位下属比较啰嗦,在汇报工作之时,讲许多与工作无关的理论、教条,而此时正有其他下属在等待向你汇报工作。在这种情况下,你应该(　　)。

A. 任其讲下去,让其他下属耐心等待

B. 不客气地打断其讲话,让其他下属开始汇报工作

C. 情绪急躁地让其别啰嗦,挑主要的讲

D. 有策略地打断其讲话,指出时间宝贵,别人还等着呢

16. 持久、有形、可以核实是(　　)的优点。

A. 口头沟通　　B. 书面沟通

C. 非语言沟通　　D. 电子媒介沟通

17. 书面沟通存在的最主要的缺点是(　　)。

A. 传递中经过层次愈多,信息失真愈严重,核实愈困难

B. 效率低,缺乏反馈

C. 传递距离有限,只能意会,不能言传

D. 以上都不对

18. 某大学由于课程安排问题,教师与行政人员经常出现矛盾。通常在学期末由教学秘书向每位教师口头通知课程安排结果,由于教学秘书是年轻人且是留校生,教师往往会感到自己在受学生辈的指挥和领导感到不舒服。后来因为偶然的原因,课程安排改为书面形式,直接邮送到每一位教师家中。此后,不知不觉中大部分的矛盾就消失了。这一问题的解决可以认为是由于(　　)。

A. 职权系统的改变　　B. 双方态度的改变

C. 人际关系的改变　　D. 沟通渠道的改变

19. 据资料表明,语言表达作为管理沟通的有效手段,可分为三种类型:体态语言、口头语言、书面语言。它们所占的比例分别为:50%、43%、7%。根据这一资料,你认为以下观点正确的是(　　)。

A. 这份资料存在谬误,因为文件存档时,最常用的是书面语言

B. 体态语言太原始,大可不必重视它

C. 人与人之间的沟通还是口头语言好,体态语言太费解

D. 在管理沟通中,体态语言起着十分重要的作用

二、多项选择题

1. 所谓沟通,是指为了一个设定的目标,把(　　)在个人或群体间传递并且达成共同协议的过程。

A. 信息　　B. 语言

C. 情感　　D. 思想

2. 沟通在管理中的重要意义是(　　)。

A. 沟通就是一个传递信息的过程

B. 在很大程度上,组织的整个管理工作都和沟通有关

C. 沟通是协调各个体、各要素,使企业成为一个整体的凝聚剂

D. 沟通是领导者激励下属,实现领导职能的基本途径

3. 信息沟通中的障碍有(　　)。

A. 语言障碍,产生理解差异

B. 环节过多,引起信息损耗

C. 信息沟通中的偏见、猜疑、威胁和恐惧,妨碍沟通

D. 地位差异,妨碍交流

4. 完整的沟通联络过程包括(　　)。

A. 主体与编码　　B. 媒体

C. 客体与译码　　D. 沟通效果

5. 下列情形适于采取单向沟通的有(　　)。

A. 沟通的内容简单,并要求迅速传递信息

B. 下属易于接受和理解解决问题的方案

C. 情况紧急又必须坚决执行的工作和任务

D. 沟通时间充裕,沟通的内容复杂

6. 下列情形适于采取双向沟通的有(　　)。

A. 沟通时间充裕,沟通的内容复杂

B. 下属对解决问题的方案的接受程度非常重要

C. 上级希望下属能对管理中的问题提供有价值的信息和建议

D. 上级缺乏处理下属负面反馈意见的能力,容易感情用事

7. 按沟通的方法分,沟通可分为(　　)。

A. 口头沟通　　B. 书面沟通

C. 非语言沟通　　D. 下行沟通

8. 非正式沟通可以满足职工的(　　)。

A. 生理需要　　B. 安全需要

C. 尊重需要　　D. 社交需要

9. 非正式沟通渠道在组织中起的正面作用是(　　)。

A. 可以满足员工情感方面的需要

B. 可以弥补正式渠道传递信息的不足

C. 管理者可以利用它来了解员工的心理倾向与需要

D. 可以防止某些管理者滥用正式沟通渠道

10. 电子沟通的优点有(　　)。

A. 降低了信息传递成本和共享成本

B. 提高了沟通的灵活性

C. 强化了人际交往、神态传递和感情交流

D. 加快了沟通速度

11. 影响有效沟通的结构因素包括(　　)。

A. 信息来源的可靠度　　B. 地位差别

C. 空间约束　　D. 信息传递链

12. 克服沟通中的障碍的准则有(　　)。

A. 创造一个相互信任、有利于沟通的小环境

B. 加强平行沟通,促进横向交流

C. 明了沟通的重要性,正确对待沟通

D. 培养"听"的艺术

13. 关于单向沟通和双向沟通优缺点,比较正确的是(　　)。

A. 双向沟通比单向沟通需要更多时间

B. 在双向沟通中,接收者理解信息和发送者意图的准确程度大大提高

C. 在双向沟通中,接收者和发送者都比较满意自己对信息的理解

D. 接收者比较满意单向沟通,发送者比较满意双向沟通

14. 上行沟通的主要障碍有(　　)。

A. 下级心存疑虑而不敢反映真实情况　　B. 中间层次层层过滤而使信息失真

C. 上级不重视下级意见使沟通失效　　D. 意见太多而使上级无法集中

三、判断题

1. 接收者比较满意双向沟通，发送者比较满意单向沟通。（　）
2. 发送者与接收者之间的相似程度会影响沟通效果。（　）
3. 噪声仅仅发生在信息沟通的传递过程中。（　）
4. 信息量过大是沟通中的一个重要问题，应该强化有效信息的甄选。（　）
5. 非正式沟通就是传播小道消息，应予以杜绝。（　）
6. 非正式沟通是指通过正式组织途径以外的信息流通，这类沟通经常会给组织带来负面影响，因此应杜绝非正式沟通。（　）
7. 非正式沟通是正式沟通的重要补充形式。（　）
8. 组织中的信息不仅通过正式渠道传播，有些也通过非正式渠道传播。（　）
9. 全通道式沟通是一种有利于实现高士气的沟通模式。（　）
10. 全通道式沟通的组织中的集中化程度很低。（　）
11. 群体的任务比较复杂，同时又要追求高效率时，应当采用轮式的沟通网络。（　）
12. 沟通过程中信息没有失真的沟通就是有效沟通。（　）
13. 影响有效沟通的个人因素与心理特点、态度、文化背景差异等有关。（　）
14. 影响有效沟通的结构因素有地位差别、信息的传递性、团体的规模等。（　）
15. 保持及时沟通，个人在组织中的地位不会形成沟通的障碍。（　）
16. 有效的沟通就是达成一致意见。（　）
17. 低效的沟通是发送者造成的。（　）
18. 自下而上沟通方式与自上而下沟通方式相比，前者更容易受个人因素的阻碍而造成信息的扭曲。（　）
19. 横向沟通在雇员之间进行得较多，而在管理者之间则进行得相对较少。（　）
20. 非言语沟通是指不经由言语，而是通过体态语言和语调来表达的沟通。（　）
21. 下行沟通是指信息从下属人员流向管理者的沟通。（　）
22. 上行沟通是信息从管理者流向下属人员的过程。（　）
23. 双向沟通指信息发送者和信息接收者之间的地位不发生变化的沟通。（　）
24. 口头沟通的首要优点在于即刻反馈。（　）
25. 在重要细节需要传送的情况下，书面沟通相对地更加适用。（　）

四、简答题

1. 简述沟通的概念及其特点。
2. 沟通有哪些类型？
3. 产生沟通障碍的原因有哪些？如何消除沟通障碍？
4. 有效沟通有哪些特点？

五、论述题

怎样运用好沟通艺术？

案例分析

案例1 裁员进行的沟通

1998年底，广州某跨国石油公司在中国的业务进展不顺利。为降低成本，该公司力争1999年收支平衡，进行大规模的公司改革，并进行机构调整，其中之一就是裁员。为了保证裁员工作的顺利进行，使得离开的人员对公司继续保持信任和归属感，也使离开的人员能够正确理解此次裁员工作的必要性，不至于在社会上对公司造成不良影响，公司采取了积极的沟通方式——在公司的内部网络上进行专题沟通。

油品事业部是公司在中国雇用员工人数最多的部门，约占总员工人数的70%，油品事业部任何的变动都会对整个公司产生很大影响。从开始透露机构调整信息到真正实施裁员的3个月中，该公司采取渗透的方法，循序渐进地将公司人事改革的信息传递给员工。起初，这种消息大部分由公司行政主管以通报工作进展情况的方式将改革的信息传递给全体员工，之后，公司经理和各部门经理分别发布机构调整和裁员的信息。当裁员的信息日趋明朗后，公司开通专题网页，其中有一个“公开论坛”，在这个论坛上，任何员工都可以匿名的方式不经审查地在该论坛上发表自己的意见。在论坛开通半个月后，即正式实施裁员的半个月前，由公共事务部针对员工提出过的和可能提出的疑问采用一问一答的文字形式在论坛上发表。

15天后，由各部门经理单独与每位员工见面，通知个人具体的去留安排。同时，公司成立转职中心，为员工提供心理辅导和再就业技能的培训服务，并备有电话、电脑和复印设备，供员工准备应聘资料，公司派一个专人与其他外资公司和猎头公司联系，协助员工寻找新的工作。

根据案例资料，请回答下列问题：

1. 本案例中这家公司的沟通有什么特点？
2. 公司的成功沟通对我们有什么启示？

案例2 一次战略方案制定引起的风波

天讯公司是一家生产电子类产品的民营高科技企业，近几年，公司发展迅猛，然而，最近在公司出现了一些传闻。公司总经理邓强为了提高企业的竞争力，在以人为本、创新变革的战略思想指导下，制定了两个战略方案：一是引进人才换血计划，年底从企业外部引进一批高素质的专业人才和管理人才，给公司输入新鲜血液；二是内部人员洗牌计划，年底通过绩效考核调整现有人员配置，内部选拔人才。邓强向秘书小杨谈了自己的想法，让他行文并打印。中午在公司附近的餐厅吃饭时，小杨碰到了副总经理张建波，小杨对他低声说道：“最新消息，公司内部人员将有一次大的变动，老员工可能要下岗，我们要有所准备啊。”

这些话恰好又被财务处的会计小刘听到了。他又立即把这个消息告诉他的主管老王。老王听后，愤愤说道：“我真不敢相信公司会做这样的事情，换新人辞旧人。”这个消息传来传去，两天后又传回邓强的耳朵里。公司上上下下员工都处于十分紧张的状态，唯恐自己被裁，根本无心工作，有的甚至还写了匿名信和恐吓信，对这样的裁员表示极大的不满。

邓强经过全面了解，终于弄清了事情的真相。为了澄清传闻，他通过各部门的负责人把两个方案的内容发布给全部职工。他把所有员工召集在一起来讨论这两个方案，员工们各抒己见，但一半以上的员工赞同第二个方案。最后邓强说：“由于我的工作失误引起了大家的担心和恐慌，很抱歉，希望大家能原谅我。我制定这两个方案的目的就是想让大家来参与决策，来一起为公司的人才战略出谋划策，其实前几天大家所说的裁员之类的消息完全是无稽之谈。关于此次方案的具体内容，欢迎大家向我提问。”

通过民主决议，该公司最终采取了第二个方案。由此，公司的人员配置率得到了大幅度的提高，公司的运作效率和经营效益也因此大幅度地增长。

根据案例资料，请回答下列问题：

1. 案例中的沟通渠道或网络有哪些？请分别指出，并说出各自的特点。
2. 案例中邓强的一次战略方案的制定为什么会引起如此大的风波？
3. 如果你是邓强，从中应吸取什么样的经验和教训？

考研真题

一、概念题

1. 沟通（云南大学2017年研；华中科技大学2017年研；安徽师范大学2017年研；华中师范大学2016年研；华南理工大学2015年研；首都师范大学2014年研；中山大学2011年研）
2. 横向沟通（浙江大学2010年研）
3. 非正式沟通（浙江理工大学2017年研；四川大学2016年研；广东工业大学2015年研；中山大学2009年研）
4. 沟通过程（中国人民大学2005年研）
5. 语言沟通与非语言沟通（中山大学2009年研）
6. 双向沟通（长安大学2017年研；中南财经大学2009年研）
7. 情感式沟通（中央财经大学2014年研）
8. 下行沟通（华南师范大学2014年研）

二、简答题

1. 何谓沟通？如何实现管理的有效沟通？（中山大学2009年研）

● 试述沟通在管理中的重要性。（上海交通大学2015年研）

2. 图示沟通过程，并简述管理者作为信息接收者时的沟通技巧。（北京科技大学2013年研）

● 管理有效沟通的技巧有哪些？（杭州师范大学2017年研）

● 简述沟通的过程。（杭州师范大学2016年研；广东工业大学2016年研；华中农业大学2013年研）

3. 试述沟通的作用。（浙江大学2016年研）

4. 非正式沟通有何特点？管理人员如何对待非正式沟通？（湘潭大学2015年研）

5. 链式沟通网络、轮式沟通网络、全通道式沟通网络分别适合在何种情况下使用？为什么？（中南财经大学2010年研）

6. 管理人员经常不能有效沟通主要是沟通障碍问题，常见的信息沟通障碍有哪些？（华东理工大学2019年研；中国传媒大学2019年研）

● 试述有效沟通的障碍。（东北大学2015年研）

● 影响有效沟通的障碍包括哪些？（天津财经大学2016年研；哈尔滨工业大学2014年研；武汉大学2012年研）

7. 结合自身经验说明沟通中常见的障碍,论述实现有效沟通应当遵循的原则。(中央财经大学 2011 年研)

8. 什么是正式沟通及其分类?(中南大学 2013 年研)

9. 正式沟通和非正式沟通如何促进有效沟通?(西安交通大学 2012 年研)

10. 互联网对组织沟通带来了哪些影响?(浙江大学 2010 年研)

三、论述题

1. 论述正式沟通与非正式沟通在管理上的意义。(财政部财政科研所 2004 年研)

2. 试述在管理工作中如何认识冲突、化解冲突。(武汉理工大学 2006 年研;中国人民公安大学 2005 年研)

3. 有人认为应该严禁小道消息在组织内的传播。你对此有何评价?请解释。(上海理工大学 2005 年研)

4. 结合实际论述如何在组织管理中建立良好的人际关系。(北京理工大学 2005 年研)

5. 试述沟通的过程、主要障碍及克服措施。(华中科技大学 2019 年研;北京交通大学 2019 年研;广东工业大学 2015 年研)

● 管理人员经常不能有效沟通主要是沟通障碍问题,请问:常见的妨碍有效沟通的障碍有哪些?管理者应如何克服这些障碍?(湘潭大学 2017 年研)

● 简述正式的组织沟通中的常见障碍有哪些?如何消除这些障碍?(南京航空航天大学 2017 年研)

第八章　控制职能

学习目标

1. 掌握控制的概念、控制的功能及控制与计划的关系。
2. 掌握控制的过程，掌握控制的分类及有效控制。
3. 了解控制的艺术。

开篇案例

沃尔玛成功的秘诀

沃尔玛公司是1945年由美国人萨姆·沃尔顿创立的，经过70多年发展，目前是全球最大的商业零售公司，并多次名列世界500强企业榜首。

沃尔玛之所以能取得巨大的成功，其主要秘诀——善于利用成本控制。沃尔顿对成本控制的要求是十分严格的，为了能以最低的价格吸引顾客，他竭尽全力将成本压缩至最低点。

沃尔玛公司的成本控制是从进货开始的。20世纪80年代沃尔玛扩张期，沃尔顿力求从交易中排除制造商的销售代理，直接向制造商订货，同时将采购价降低2%～6%，如果制造商不同意，沃尔玛就中止与其做生意。这样做的目的是为了减少进价，不必付给中间商佣金。由于沃尔玛令人羡慕的销售能力，各制造商都纷纷派销售主管赴沃尔玛总部本顿威尔商谈具体条件。

严把进货关之后，接下来的工作便是严把分销关。沃尔玛公司拥有设施先进的配送中心及庞大的运输车队，大大加强了公司经营的灵活性和自主性，加强了与供应商谈判的地位，且最终采用新技术和有效的管理大大降低了配送成本。通过沃尔玛公司商店所销售的3/4以上的商品均是由公司所辖的16个配送中心发送的，每个配送中心每天要为150～200家商店发送商品。配送中心的每座仓库都装备了最先进的光学扫描设备、条形码编码机、自动货物处理装置、计算机库存管理系统。每家商店都安装了卫星通信设备，商品信息可以在商店、配送中心及公司总部之间及时传递。总公司可以根据企业存货及销售状况准确地估算出需要再进多少货，配送中心可根据网络提供的信息判断该为哪个商店送去哪些货物。这样，只需36小时，由商店发出订单到接到货物并把货物摆上货架销售，一整套工作就完成了。通过这个高效率的分销系统，沃尔玛公司的分销费用仅占总销售额的3%，差不多只是其他连锁店的一半。

沃尔顿一直都很注意保持沃尔玛机构的精简，严格控制管理费。早在1960年，沃尔顿在只有5家分店时就规定，公司办公费用只能占营业额的2%，包括总公司和地区经理们的薪水、办公室的开支，以及配送中心和电脑系统的巨额投入，所有投入加起来只占营业额的5%，这样节省下来的钱，就是利润。沃尔顿指出："尽管精简不可避免地会牵涉裁员，但是公司最高管理层绝对有职责随时考虑这个问题，以确保公司有一个稳定的未来。"

（资料来源：黄国庆，巢莹莹．管理学概论[M]．北京：清华大学出版社，2010）

根据案例资料，请思考以下问题：

1. 沃尔玛公司成功经营中，控制起到什么作用？

2. 沃尔玛公司在哪些方面进行了控制？

第一节　控制职能概述

一、控制的概念

所谓控制是指组织在动态的环境中，为了保证既定目标的实现，对组织内部的管理活动及其效果进行衡量、评价和采取相应纠正措施的过程。

控制作为管理工作最重要的职能之一，是管理过程不可分割的一部分。管理中的计划、组织和领导等其他职能，必须伴随有效的控制职能，才能真正发挥作用，组织的整个管理过程只有依靠控制职能才能得以有效运转，循环往复。

控制工作的开展必须建立在一定的前提之上。控制的基础与前提主要有以下几方面。

（一）控制要有周密的计划

计划是控制的依据，没有计划，就没有控制的标准，也就无法进行控制。计划越全面、完整，控制工作的目标就越明确，效果也就会越好。其次，控制工作自身要有计划地进行。控制工作的目标、重点、要求、进度的明确程度，以及各种控制形式的正确使用，包括各种控制手段运用上的一致等，都会影响到控制工作能否取得良好的效果。

（二）控制要有明确的组织机构

首先，要有专门的控制职能的组织机构。在控制过程中一旦发现有偏离计划的情况出现，就必须明确由哪些部门、哪个职位、哪个人来负责控制工作。否则，控制工作的计划设想再好，没有相应的组织机构，控制职能仍然是无法完成的。其次，要处理好控制中的组织和协调的关系。由谁负何责、互相如何配合、时间的选择、场合的区别等都应有所考虑。这样才能确保整个控制工作的开展处于有效控制之下。

（三）控制要依据有效的信息

控制工作实质上是一个施控者向受控者传递指挥和决策信息，受控者向施控者反馈执行信息的过程。没有信息的传递，控制就不能进行。控制必须依据有效的信息，如果没有准确、全面和及时的信息，就难以保证控制的有效性。为了保证获得有效的信息，必须在组织中建立完善的信息传递网络和机制，从而保证信息的畅通。

管理实务 8－1

美国联邦快递公司（Federal Express）从 20 世纪 80 年代开始起记录客户的投诉，建立了客户意见信息系统，并根据此系统提供的信息来改进客户服务的质量。

其实在最初的公司管理中，该信息只是简单地记录有关客户的投诉、抱怨等情况，方便服务部门采取相应的补救性措施，以解决客户当前的不满意为工作目标。

随着该类信息的增多，公司从 1988 年开始扩充信息系统，采用统计分析的方法，编制 12 个项目组成的服务质量指数，并指定 12 位高级管理人员分别负责这 12 个服务属性的质量管理工作，还根据服务质量指数，确定每个部门、岗位的奖金。公司每周会将服务质量指数报告通过各种手段传达给每位员工，要求员工分析服务质量差错产生的原因，提出改进的措施。

该服务质量控制手段最终的效果体现在它可以有效地预防服务差错，是实现公司 100％客户满意目标的重要管理控制措施。最终该公司获得美国“波多里奇国家质量奖”。

请问：联邦快递公司是如何利用质量控制手段改进客户服务质量的？

二、控制的必要性

斯蒂芬·P. 罗宾斯曾指出：“有效的管理应该始终督促他人，以保证应该采取的行动事实上已经在进行，保证他人应该达到的目标事实上已经达到。”在现代管理中，由于管理对象、管理环境和管理活动本身具有不完善的特征和多变的因素，使得管理控制的必要性更加突出。

（一）组织管理环境的不确定性

在现代社会经济中，由于总体环境的复杂多变和发展，必然会影响到组织的管理活动。为了适应这种变化从而保证目标和计划的实现，管理活动也应该随之不断变化和深化。因此，加强管理的控制职能，加深对环境变化的监测，及时采取自我调节和加强对外界的协调能力，成了管理工作必不可少的重要环节。

（二）组织管理活动的复杂性

随着社会生产力的发展，现代组织的规模和内部结构日趋庞大和复杂。由于目标和计划的实现涉及各个部门和成员，需要进行大量的组织协调工作，给管理活动提出了更高层次的要求。对组织内部的有效控制，需要建立完备的控制系统，才能有效地监控和调节错综复杂的活动，使各部门的活动紧紧围绕组织目标，保证每项工作顺利进行。

（三）组织管理权力的分散性

随着组织结构的调整、扩大和复杂多变，管理权力的分层授予更为普遍。组织分权程度越高，控制就越有必要。每个层次的管理者都必须定期或不定期地检查下属的工作，以保证授予他们的权力得到正确的运用，从而确保组织目标的实现。如果没有控制系统和相应的控制，管理者就得不到有关下级工作情况的信息，也就无法采取及时的纠偏行动。

管理实务 8－2

麦当劳快餐店创始人雷·克罗克是美国社会最有影响的十大企业家之一。他不喜欢整天坐在办公室里，大部分工作时间都用在“走动管理上”，即到各公司、部门走走、看看、听听、问问。麦当劳公司曾有一段时间面临严重亏损的危机，克罗克发现其中一个重要原因是公司各职能部门的经理有严重的官僚主义，习惯躺在舒适的椅背上指手画脚，把许多宝贵时间耗费在抽烟和闲聊上。于是克罗克想出一个“奇招”，将所有经理的椅子靠背锯掉，并立即照办。开始很多人骂克罗克是个疯子，但后来不久大家就体会到了他的一番“苦心”。他们纷纷走出办公室，深入基层，开展“走动管理”，及时了解情况，现场解决问题，终于使公司扭亏转盈。

请问：为什么“走动管理”能使麦当劳走出经营困境，扭亏为盈？

三、控制与计划的关系

控制与计划的关系相当密切。如果说计划工作是谋求连续性的、一致性的以及彼此衔接的计划方案，那么控制工作则是做到务必使一切管理活动都按照计划进行。因此，计划与控制实质上是一个问题的两个方面。

控制与计划的关系具体表现在以下几个方面：

（一）计划为控制提供衡量的标准

没有计划，控制就成了无本之木；而控制是计划得以实现的必要保证，离开了适当、必要的控制，计划将流于形式。

（二）计划和控制的效果分别依赖于对方

计划越明确、详细和全面，控制工作就越容易进行，效果也就越好；而控制越准确、合理和有效，就越能保证计划的实现，并能提供更多的反馈信息，从而提高计划的质量。

（三）许多有效的控制方法首先就是计划方法

如预算、目标管理、网络分析技术等，其原本就是计划方法。

（四）计划工作本身必须要有一定的控制

有效的控制才能保证计划工作的质量，控制工作本身也需要有一定的计划，离开了计划，控制工作将寸步难行，更谈不上达到控制的真正效果。

管理实务 8－3

王雷担任某厂厂长已一年多了，他刚看了工厂今年实现目标情况的统计资料。厂里各方面工作的进展出乎他的意料。记得他任厂长后的第一件事就是亲自制定了工厂一系列工作的目标。例如：为了减少浪费、降低成本，他规定在一年内要把原材料成本降低10%～15%，把运输费用降低3%。他把这些具体目标都告诉了下属的有关方面的负责人。现在年终统计资料表明，原材料的浪费比去年更严重，浪费率竟占总额的16%，运输费用则根本没有降低。

他找来了有关方面的负责人询问原因。负责生产的副厂长说：“我曾对下面的人强调过要注意减少浪费，我原以为下面的人会按我的要求去做的。”而运输方面的负责人则说：“运输费用降不下来很正常，我已经想了很多办法，但汽油费等还在涨，我想，明年的运输费可能要上升3%～4%。”

王雷了解了原因，并进行了进一步的分析以后，又把这两个负责人召集起来布置第二年的目标：生产部门一定要把原材料成本降低10%，运输部门即使是运输费用要提高，也绝不能超过今年的标准。

请问：王雷订的控制目标为什么没有实现？怎样才能实现他所提出的目标？

四、控制的作用

控制作为一个管理的重要职能，其主要作用可概括为以下几个方面：

(一)有效的控制可以保证组织计划与外部环境相适应

组织计划不可能是一成不变的，几乎所有的计划都不可能百分百地得到顺利的实施。因为任何目标和计划都是在特定的时间、特定的环境下制订的，一旦环境发生了变化，管理者就必须通过控制活动来调整计划。特别是在复杂多变的市场环境中，很难准确地预测未来发展的变化情况，就更加需要随时对计划进行调整，以便使实际活动适应变化了的环境，执行新的计划要求，更好地达到目标。

(二)有效的控制可以保证计划与组织各部门的利益相协调

组织总体目标由各部门的目标组成，管理者在进行总目标的分解和落实的过程中，还必须对各部门及其活动进行大量的协调工作，以避免本位主义，从而保证各部门都能服从全局的需要。如果没有一个有效的管理控制体系，就可能出现各自为政的局面，各部门的发展就可能偏离总体目标和计划，严重的将会造成系统的混乱，使有限的人力、物力、财力资源不能合理分配和有效使用。

(三)有效的控制可以保证组织计划与各级人员的素质、能力和责任相匹配

即使有正确的计划，仍然不能确定各项工作计划都能圆满地完成。工作要靠人去做，人有不同的才能、工作动机和态度，而各项计划任务的完成对相关责任人的能力、素质的要求也会有所不同，只有通过检查、监督，才能及时发现计划任务与责任人员之间匹配的失误，分析其原因，纠正失误。有效控制系统的建立，最终的目的还是为了使人们确切知晓自己的职责，知道他们的绩效评价标准，以便时刻对照自省，管理者因此也有了考察其下属工作成绩的参照，否则就可能失控。

管理实务8－4

许继集团是一家历史悠久的富有特色的现代国有企业，其前身是河南许昌继电器厂，在计划经济体制下，同其他国有企业一样存在着惰性的积累、沉淀，面临重重困难、矛盾。现在许继集团是国家电力装备行业大型骨干和主导企业、国家级企业技术中心和企业博士后工作站，涵盖电力装备、民用机电、电子商务、环保工程、金融资产管理等五大领域的大型高科技集团。许继集团成功的背后，有许多值得研究的做法、经验。其中集团董事长王纪年以顶天立地的责任心，用“死去活来”的控制法，来盘活这个企业的做法尤为值得探讨。

“死去活来”法的基本内容为“三个死亡线、三个生存线”，即：一是员工淘汰率低于2%是死亡线，6%为生存线；二是收入中活的部分低于15%是死亡线，40%是生存线；三是中高级技术和管理人才低于10%是死亡线，20%是生存线。根据这些标准，许继集团进行

自加压力、自我否定、自我衡量、自我纠正、自我优化,逐步实现了管理上的突破。

许继集团建立了一套德、能、勤、绩四个方面11个要素的考评标准,从领导到员工,人人都处在科学、严格、公正、公开的考核与评价体系之中。从集团高层到基层,各层都有量化的流动与淘汰比例,中层以上干部每年淘汰5%,管理人员每年淘汰8%,研发人员每年转岗8%,工人每年转制淘汰6%;把每个人月薪中的40%的收入作为固定部分发放,而将60%的收入作为活的部分与考核挂钩后实行浮动发放,加大浮动部分的激励作用,让低效益的劳动者挣低工资,让创造高效益的人才挣高工资,形成人的劳动价值市场化,"用一流的工资招徕一流的人才,用一流的管理才能出一流的效益,用一流的效益支撑一流的工资"的良性循环。

调整人员结构与生产关系,具体规定专业技术人员、管理人员、销售人员等人员的比例,引进专业对口的人才,限招内部员工的子女,实行股权奖励、年终分红,推进分配改革等措施来进一步改善生产关系,极大地调动了广大员工的积极性、主动性和创造性,促进了企业控制机制的转变和整体管理素质的提高,使企业整合出资源的合力、文化的合力。

请问:许继集团是怎样结合企业发展进行控制的?效果怎样?

第二节 控制工作过程

一、制定标准

标准是人们检查和衡量工作及其结果(包括阶段结果和最终结果)的规范。制定标准是进行控制的基础,没有一套完整的控制标准,衡量绩效和纠正偏差就会失去客观的依据,因此,制定控制标准是控制工作的起点,同时确定合理的控制标准是进行控制的基础,没有科学合理的控制标准,就无法对管理活动进行控制。在实际工作中,组织中有效的控制标准一般需要具有简明性、一致性、可行性、相对稳定性和前瞻性等特点。控制标准的制定是从确定控制对象、选择关键控制点到制定控制标准的科学决策过程。

(一)确定控制对象

标准的具体内容涉及需要控制的对象。那么,组织经营与管理中哪些事或物需要加以控制呢?这是在建立标准之前首先要分析的。

在现实中,由于人力、物力、财力和知识与信息的限制,管理者不可能对全部影响组织实现目标成果的因素都进行控制。因此,管理者必须对影响组织目标成果实现的各种要素进行科学的分析研究,从中选择出重点的要素作为控制对象,这些要素有时也被称为关键绩效区域,它们通常涉及组织的主要活动。影响组织目标成果实现的主要因素有以下几方面的内容:

1. 环境的特点

在特定时期企业的经营活动是根据决策者对经营环境的认识和预测来计划和安排的。如果预期的市场环境没有出现,或者企业外部发生了某种无法预料和抗拒的变化,那么原来计划的活动就可能无法继续进行,从而难以为组织带来预期的结果。因此,制定计划时所依据的对经营环境的认识应作为控制对象。

2. 资源投入

组织目标成果是通过对一定资源的加工转换得到的，没有这些资源，组织目标就会成为无源之水、无本之木。投入的资源不仅会在数量和质量上影响经营活动按期、按量、按要求进行，更影响最终的物质产品，同时其产生的费用也会影响生产成本，乃至影响经营的盈利程度。因此，必须对资源投入进行控制，使之在数量、质量及价格等方面符合预期经营成果的要求。

3. 组织活动过程

输入到生产经营中的各种资源不可能自然形成产品，组织目标成果是通过全体员工在不同时间和空间上利用一定技术和设备对不同资源进行不同内容的加工劳动才最终得到的。企业员工的工作质量和数量是决定经营成果的重要因素。因此，必须使员工的活动符合计划和预期结果的要求。为此，必须建立员工的工作规范，从而对他们的活动进行控制。

对于哪些因素应成为控制的重点，需要根据具体的情况来加以选择，在工作成果较难衡量而工作过程也难以标准化、程序化的高层管理和创新性活动中，工作者的素质和技能是主要的控制对象。而在工作方法或程序与预期工作成果之间有比较明确或固定关系的常规活动中，工作过程本身就是主要的控制对象。

管理实务 8－5

通用电气公司在分析影响和反映企业经管绩效的众多因素的基础上，选择了以下八个方面作为关键绩效领域，并制定了相应的控制标准。

(1)获利能力。通过提供商品或服务获取利润的多少是企业经营成败的标志，通常用利润与销售额或资金占用量的相对比值来衡量。

(2)市场地位。市场地位是指对企业产品在市场上占有份额的要求，它反映了企业的竞争能力。如果市场占有份额下降，则意味着产品的价格、质量、服务等方面出现偏差。

(3)生产率。用来衡量企业中各种资源的利用效果，通常用单位生产资源能够提供的产品数量或产值来表示。

(4)产品的领导地位。通常指产品的技术领先水平与功能完善程度。为了维持企业产品的领导地位，必须定期评估企业产品在质量、成本方面的状况及在市场上的受欢迎程度。

(5)人员发展。企业的长期发展依赖于员工素质的提升，因此必须定期测定企业当前及未来的经营活动对人员素质的要求，并与他们的实际能力进行比较，以采取必要的教育与培训措施。

(6)工作态度。员工的工作态度对企业目前与未来的经营有重要影响。如果发现企业员工态度不符合预期，并且任其恶化，那是非常危险的。测定员工工作态度的方法有分析离职率、缺勤率、建议数、忠诚度等。

(7)社会责任。企业履行社会责任直接影响到企业的社会形象，关系到公众是否认同企业。企业应该通过对公众态度的调查，了解社会形象与预期的差异，改善对外政策。

(8)短期利益与长期利益的平衡。企业的生存与发展相互依存，企业应该经常分析各时期的经营成果，讨论当前的高利润是否影响到未来的收益，确保当前的利益不是以牺牲未来的收益与经营的稳定性换取的。

（二）选择关键控制点

企业无力也没有必要对所有成员的所有活动进行控制，只能在影响经营成果的众多因素中选择若干关键环节作为重点控制对象。关键控制点有时也被称为战略控制点，是指在管理活动中受限制的因素，或是最能体现计划是否得以有效实施的因素。事实上，企业控制住了关键点也就控制了全局。找出关键控制点，必须以计划、组织目标为依据。正如俗话所说"牵牛要牵牛鼻子"。比如在酿酒企业中，酒的质量是控制的一个重点对象。尽管影响酒质量的因素很多，但只要抓住了水的质量、酿造温度和酿造时间，就能保证酒的质量。

选择关键控制点的一般指导性原则有以下几个方面：

1. 关键控制点的选择应注意平衡

关键控制点应该是影响整个工作运行过程的重要操作与事项。一个控制点的选择有时会对另一个标准产生负面影响，实际工作中必须根据部门工作的性质，选择恰当的关键控制点，并综合平衡各标准，使组织的总体绩效达到最优。

2. 关键控制点应能及时反映并发现问题

偏差总是越早发现越好，关键控制点必须是能在重大损失出现之前显示出差异的事项。管理者应该选择那些易检测出偏差的环节进行控制，这样才有可能对问题做出及时、灵敏的反应，以停止工作或改变原有的工作程序。

3. 关键控制点应能全面反映并说明绩效的水平

必须是若干能反映组织主要绩效水平的时间与空间分布均衡的控制点，因为关键控制点数量的选择足以使管理者对组织总体状况形成一个比较全面的把握。

在选择关键控制点的过程中，管理人员可以对自己提出下列问题，什么是最好的反映本组织的指标？在计划目标未实现时，什么信息能让我最快、最准确地了解工作进展的情况？什么信息能让我最好地确定关键的偏差？什么信息能告诉我谁对成功或失败负全部的责任？什么样的标准在控制工作中成本最低？什么样的标准在控制信息的收集中更为合算？

管理实务 8－6

有一个富翁得了重病，已经无药可救，而唯一的独生子此刻又远在异乡。他知道自己死期将近，但又害怕贪婪的仆人侵占财产，便立下了一份令人不解的遗嘱："我的儿子仅可从财产中先选择一项，其余的皆送给我的仆人。"富翁死了，仆人便欢欢喜喜地拿着遗嘱去寻找主人的儿子。

富翁的儿子看完了遗嘱，想了一想，就对仆人说："我决定选择一样，就是你。"这聪明儿子立刻得到了父亲所有的财产。

请问：富翁儿子的选择的聪明之处在哪里？

（三）制定控制标准

组织在选择了关键控制点后，就可以依据关键控制点制定出明确的控制标准。控制标准可分为定量标准和定性标准两大类。定量标准主要分为实物标准（如产品质量、废品数量）、价值标准（如单位产品成本、销售收入、利润等）、时间标准（如工时定额、交货期）。定性标准也是组织中经常使用的一种标准，如有关产品和服务质量、组织形象等方面的衡量一般都是定性的。

1. 常见控制标准的类别

（1）时间标准。即完成一定工作量所需的时间长度。如生产周期、生产提前期、生产间隔期、生产线的节奏等。

(2)实物量标准。即一定时间内应完成的实物任务量。如产品产量定额、生产批量等。

(3)货币标准。即一定时间内应完成的价值任务量。如销售收入、利润、应交税金等。

(4)消耗标准。即完成一定工作任务所需的有关消耗。如物料消耗定额等。

(5)质量标准。即工作应达到的要求或产品应达到的品质标准。如合格率、优等品率是工作质量标准;理化指标是产品技术标准等。

(6)行为标准。即对员工规定的行为准则要求。

管理实务 8-7

许多产品的生产与检测都会执行一定的质量标准。在我国,许多标准都有一些约定俗成的表示符号,如国际标准 ISO,国家标准 GB,行业标准 HB,企业标准 QB 等。

葡萄酒 GB/T15037—1994 表示 1994 年国家颁布的标准号为 15037 的推荐标准(意即企业生产检测葡萄酒可以执行这一标准,也可以不执行);2006 年 1 月 1 日起 GB15037—2006 代替了 GB/T15037—1994,葡萄酒生产检测标准由推荐标准变成了强制标准(只要是该种产品就必执行这一标准)。

2. 制定标准的方法

在实际工作中,主要有如下三种方法:

(1)经验估计法。即由经验丰富的管理人员结合实际情况,直接估计来制定标准的方法。这种方法的优点是简便易行,工作量小,并方便标准的及时修改。缺点是对于影响标准的各项因素不能仔细分析和计算,技术依据不足,受管理人员主观因素的影响,容易出现偏高偏低的现象,因而水平不易平衡。为了提高工作质量,在应用这种方法时,必须依靠群众,进行调查研究。尽量避免只依靠个别人的经验作为制定标准的唯一的依据。要仔细地、客观地分析研究各种资料,尤其是要同过去的同类资料进行对比。

(2)统计分析法。是根据过去同类业务的统计资料,在分析当前及今后组织技术条件变化的基础上来确定标准的方法。这种方法以占有较多的统计资料为依据,比经验估计法更能反映实际情况,也比较简单,工作量也较小。但是,统计资料只能反映过去平均达到的水平,而且统计数据中可能包括不合理或虚假因素,会影响标准的准确性。为了提高统计分析法制定标准的质量,必须加强原始记录和统计资料的管理,消除不合理和虚假因素的影响。这种方法一般适合于条件比较正常,原始记录和统计工作比较健全的单位。

(3)技术分析法。亦称技术测定法,是指在分析研究生产技术、组织条件,挖掘潜力和操作合理化的基础上,通过分析计算或技术测定来制定标准的方法。这种方法主要用于生产定额标准的制定上,又可以分为分析研究法和分析计算法两种。

①分析研究法是用测时和工作日写实的方法来确定工时定额各组成部分的时间,一般来说,作业时间用测时和工时评定的方法获得;而布置工作的时间、休息和生理需要时间、准备与结束时间则采用工作日写实的资料来确定。

②分析计算法是根据事先测定的时间定额标准来计算定额的方法。定额标准是在一定的组织技术条件下,计算各个操作延续时间的原始数据,这种数据是根据实地观测(测时和工作日写实)和技术计算而确定的。把这些计算数据加以系统化,列成一种表格,就成为制定定额的标准。利用定额标准,就可以制定在相同的技术条件下的时间定额。

技术分析法的主要优点是，有一定的技术依据，准确性较高，标准可以达到先进合理的水平。它的缺点是，工作量大，方法复杂，费时费力。所以只有在条件比较稳定的情况下采用。

管理实务 8-8

目前在我国，职业健康安全管理体系、质量管理体系和环境管理体系一道并列为三大管理体系，它们都是为了加强企业的相应管理工作，提高企业现代化管理水平而采取的较为有效的标准化技术手段。

ISO9000 是指由国际标准化组织(ISO)所属的质量管理和质量保证技术委员会 TC176 制定并颁布的关于质量管理与质量保证系列标准。

ISO14000 是国际标准化组织所属的环境管理标准化技术委员会 TC207 制定的环境管理系列标准。

随着社会各界对职业健康、安全问题的日益关注以及前两个标准在世界各国得到广泛认可和成功的实施，考虑到质量管理、环境管理和职业安全、健康管理的相关性，国际上有关权威机构又制定了评价职业安全卫生体系的 OHSAS18001 标准并向国际标准化组织提出将 OHSAS 纳入 ISO 的发展标准中(建议编号为 ISO18000 但未获同意)。推行它的目的是：使在企业内活动成员的职业健康安全风险降低到最小限度；使企业经营者的灾害风险降低到最小限度；强化企业的风险管理，避免可能发生的职业健康、安全风险。

二、衡量绩效

(一)如何衡量绩效

有了合理的标准，下一步就要对实际工作进行评价。为此，要搜集实际工作的数据，了解和掌握实际情况，对照标准进行衡量。

1. 衡量绩效的方法

如何衡量绩效是一个方法问题，在实际工作中有各种各样的方法，常用的有如下几种：

(1)个人观察。最普通的衡量是通过个人观察，直接观察受控对象的工作完成情况，特别是在对基层工作人员工作业绩进行控制时，以及衡量因素比较简单时，这是一种非常有效的、无可替代的衡量方法。因为通过直接观察得到的是第一手资料，避免了间接信息在传递过程中可能出现的遗漏、忽略和信息的失真。但是个人观察的方法也有其局限性，首先，这种方法工作量大，需要花费管理者大量的劳动，同时也不可能全程跟踪。其次，仅凭简单的观察往往不能考察更深层次的工作内容。再次，由于直接观察时间占整个工作时间的比例有限，往往不能全面了解到各个方面的工作情况。最后，工作表现在被观察时和未被观察时往往不一样，管理者所看到的有可能只是假象。

(2)统计报告。统计报告就是根据衡量标准，采集相关的数据并按一定的统计方法进行加工处理而成的报告。采用统计报告时特别要注意两个问题：一是所采集的原始数据要真实、准确；二是所使用的统计方法要恰当。否则，统计报告就没有实际意义。此外，统计报告要求全面，要求包括涉及工作衡量的各个重要方面，特别是其关键点不能遗漏。随着计算机运用越来越广，统计报告的地位会越来越高，作用会越来越重要。

(3)口头报告。口头报告的优点是快捷方便，而且能够得到立即反馈。其缺点是，报告内容容易受报告人一时的主观意识所左右，也不便于存档查找和以后重复使用。口头报告与书面报告相比，后者的质量更容易取得别人的信任。

(4)抽样检查。在全面检查工作量比较大而且个人工作质量比较平均的情况下，通过抽样检查来衡量工作业绩，不失为一个好方法。抽样检查就是随机抽取一部分工作作为样本，进行深入细致的检查、测量，再通过样本数据的统计分析，从而推测全部工作的情况。这是一种科学的有效方法，例如在大批量生产的企业，产品的质量检查通常就采用这种方法。

2. 绩效信息的质量要求

无论采取哪一种方法来衡量工作业绩，都要注意所获取信息的质量问题，信息质量主要体现在以下四个方面：

(1)真实性。即所获取的信息应能客观地反映现实，这是最基本的要求。

(2)完整性。即不要遗漏重要的信息，以不影响衡量工作的全面性和可靠性为目的。

(3)及时性。就是信息的采集、加工、检索、传递要及时，以反映即时动态。过时的信息就会失去其作用，使控制工作无效，甚至导致错误的结果。

(4)适用性。即应根据不同部门的不同要求，采集不同种类、范围、内容、详细程度、精确度的信息。

管理实务 8－9

经过长达 15 年的精心准备，耗资 15 亿美元的哈勃太空望远镜最后终于在 1990 年 4 月发射升空。但是，美国国家航天局(NASA)仍然发现该望远镜的主镜片存在缺陷，由于直径达 94.5 英寸的主镜片的中心过于平坦，导致成像模糊，因此望远镜对遥远的星体无法像预期那样清晰地聚焦，结果造成一半以上的实验和许多观察项目无法进行。

更让人觉得可悲的是，如果有一点更细心的控制，这些是完全可以避免的。镜片的生产商铂金斯一埃默公司，使用了一个有缺陷的光学模板来生产如此精密的镜片。具体原因是在镜片生产过程中，进行检验的一种无反射校正装置没设置好，校正装置上的 1.3 毫米的误差导致将镜片研磨、抛光成了误差形状，但是没有人发现这个错误。具有讽刺意味的是，与其他许多 NASA 项目所不同的是，这一次并没有时间上的压力，而是有足够充分的时间来发现望远镜上的错误。实际上，镜片的粗磨在 1978 年就开始了，直到 1981 年才抛光完毕。此后，由于“挑战者号”航天飞机的失事，完工后望远镜又在地上待了两年。美国国家航天局中负责哈勃项目的官员对望远镜制造中的细节根本不关心，事后航天管理局中一个 6 人组成的调查委员会的负责人说：“至少有三次明显的证据说明问题的存在，但这三次机会都失去了。”

请问：哈勃望远镜为什么一再失去修正其错误的机会？

(二)分析衡量结果

获得了实际工作的真实、可靠的信息，就是获得了衡量结果。那么，分析衡量结果，就是要将实际结果与控制标准进行对照，找出差距，为进一步采取管理行动做好准备。

1. 确认存在的偏差

事实上，实际结果与标准完全相同是不可能的，如果实际结果与标准只是稍有出入，并无大碍。因此，人们往往规定了一个可以浮动的范围，只要实际结果在这个范围之内就可以认为不存在偏差，而一旦实际结果在允许范围之外，就可以认为存在偏差。存在偏差时又可以分为两种情况，一种是结果比标准完成得还好，将它称为正偏差；与此相反，即实际结果没有达到标准的要求，则称为负偏差。出现负偏差当然是不理想的事情，但是，出现正偏差时也不一定就没有问题，也必须作一些必要的分析。因为，一些偶然因素的作用或是目标定得太低等原因而出现的正偏差，在控制要求比较高的情况下，也不能放过，否则对今后的工作会带来不利的影响。

2. 出现偏差的原因分析

如上所述，一种实际结果是受到多方面因素的影响的，也就是说，出现偏差的原因也可能是多种多样的。问题的关键在哪里？主要原因是什么？这些都必须通过进一步分析来确定。一般来讲，有如下三种主要原因，

(1)计划或标准本身就存在偏差。

(2)组织内部因素的变化。例如组织松懈、控制不力、工作人员不努力等。

(3)组织外部环境的影响。例如宏观经济的调整、市场环境的变化等。

虽然出现偏差的原因都可以归结为以上三点，但对一种偏差要做出具体的分析，不但要求管理者具备丰富的工作经验和科学的分析能力，而且要求建立一个完善的控制体系，才能抓住问题关键之所在。

有了衡量结果，确定了偏差，做出了具体的、理智的分析，就可以决定下一步所应采取的管理行动。如果认为偏差是在所允许的范围内或是只存在健康的正偏差，那么本阶段的控制工作就可告结束。但也不要忘记为下一阶段的管理循环提出合理的建议，以进一步提高控制水平。

管理实务 8－10

桂林机务段是隶属于铁道部柳州铁路局的一个基层单位，拥有职工 1 300 人，担负着柳州—永州区段的列车牵引任务。该段有两大主要车间：运用车间和检修车间。运用车间负责 76 台内燃机车的牵引任务，共有正副司机 700 多人。检修车间负责全段机车的检修任务，共有职工 200 多人。

段长张广明毕业于上海交通大学，在该段工作近 30 年。2004 年 11 月 3 日，全段实现了安全运输生产 8 周年，其成绩在全局名列前茅，因此段长召开了全段庆功大会，并请来了局里的主要领导。可是会开到一半，机务处打电话给局长：桂林机务段司机由于违反运输规章，造成冒进信号的危险性事故。庆功会被迫停开，局长也阴沉着脸离开会场。

其实段长早感觉到存在许多安全隐患，只是由于该段安全天数较高，因此存在着麻痹思想。他连夜打电话通知各部门主任，查找本部门的安全隐患，第二天召开全段中层干部会议，要求各主任会上发言。

第二天，会议在严肃的气氛中召开。

段长首先发言：“这次发生危险性事故主要责任在我，本人要求扣除当月的工资和奖金，其他段级领导每人扣 400 元，中层干部每人扣 200 元。另外，我宣布原主管安全的副段长改任分管后勤，他的职务暂时由我担任。”

随后，各中层干部进行发言。

运用车间主任说：“这次事故虽然主要是由于司机严重违反规章操作所致。其实

车间一直努力制止这种有章不循的现象，但效果一直不明显。主要问题是：(1)司机一旦出车，将会离开本单位，这样车间对司机的监控能力就会下降。司机能否完全按章操作，基本上依靠其自觉程度，而司机的素质目前还没有达到这种要求。(2)车间共有管理干部和技术干部20多名，我们也经常要求干部到现场，但由于司机人数较多，并且机车的利用率很高，因此对司机的监控具有很大的随意性和盲目性。(3)干部中好人现象严重。干部上车跟乘时，即使发现司机有违章操作行为，也会替其隐瞒，使司机免于处罚。"

检修车间主任说："这次事故虽然不是由于机车质量造成的，但是检修车间还是存在很多安全隐患。首先，职工队伍不稳定，业务骨干时有跳槽。因为铁路局是按照机修车间定员160人发工资，而检修车间现员230人左右，超员近70人，这样摊到我们头上的工资就很少了，这是职工不稳定的主要原因。"

检修主任继续说："火车提速后，对机车的质量要求更高，而我段的机车检修水平目前还达不到这种要求。第一，机车的检修作业标准较为过时，缺乏合理性，实用性，可控性。工人按此标准，劳动效率不高，而且漏检漏修现象时有发生。第二，车间的技术人员多是刚毕业的大学生，虽然有理论知识基础，但解决实际技术问题的能力不强。第三，对发生率较高的机车故障难题一直没有解决好。"

教育主任说："这次事故反映了我段职工素质不高。目前，我段的职工培训工作开展不是很顺利，各车间都以生产任务繁重为由不肯放人脱产学习。因此，每年的职工脱产学习计划很难得以实现。另外，每年一次的职工业务考试没有起到真正督促职工学习的作用。考试结束后只是将成绩简单公布，缺乏必要的分析。"

人事主任说："这次事故从某种意义上说是由于司机疲劳所致，因为现在的司机经常请假，造成司机人手不够。因此司机连续工作，休息时间不能得到保证。司机经常请假的原因是由于吃大锅饭造成的，干多干少一个样。"

段长说："几位主任讲得都很好，将我段管理上存在的一些弊病都找出来了，会后各有关部门要针对这些弊病迅速制定整改措施。我相信，只要我们共同努力，工作的被动局面会很快扭转的。"

请问：机务段对危险事故分析方法是否得当？

三、纠正偏差

控制过程的最后一个环节就是采取管理措施，纠正偏差。

(一)修订标准

在某些情况下，例如负偏差过于严重，或是有疑问的正偏差，就要考虑原来的标准或计划是否存在不切实际的地方。如果标准定得过高或过低，即使组织内外部各因素都处在正常状态，也必定会出现预料之外的偏差。有两种情况需要对计划或标准进行修订：

(1)原先的计划或标准有不科学、不合理的地方，在执行中发现了问题。

(2)原来是正确的计划或标准，由于客观条件发生了较大的变化而需要做出调整。

在做出修订标准的决定时，管理者一定要保持慎重的态度，防止被用来作为工作业绩不佳的借口。应从控制的目的出发作出详细的分析，确认标准的确存在不合理的地方才做出修订的决定。

管理实务 8－11

一滴焊料实在不起眼，然而“石油大王”洛克菲勒却曾为之做足了文章。一次，洛克菲勒视察美孚石油公司一个包装出口石油的工厂，发现包装每只油罐用 40 滴焊料。他注视良久，对工人说：“你有没有试过用 38 滴焊料生产？”

经过当场试验，用 38 滴不行，偶尔有滴油的现象，但用 39 滴焊料滴封的却没有一只漏油。于是，洛克菲勒当即决定，39 滴焊料是美孚石油公司各工厂的统一规格。

可别小瞧这一滴焊料，聚滴成河，聚沙成塔，日积月累，便是一大笔财富。而更为重要的，从中可以看出“石油大王”从严管理、节俭治业的精神。洛克菲勒一生信奉“勤俭生财”的准则。平素，他除了筹划企业的经营方略，就是到处巡视，寻找管理上的问题和漏洞。对公司的账簿，他特别留心，必须亲自过问。于是他能抓住某些细节提出质问或出些省钱的主意。

请问：洛克菲勒是如何修订控制标准的？

（二）采取纠偏措施

在多数情况下，需要采取措施以纠正偏差。确定纠偏措施以及实施过程中要注意如下问题：

（1）使纠偏方案双重优化。针对某一对象的纠偏措施可以是多种多样的，一个可行的纠偏方案，其经济性必须优于不采取任何措施，使偏差任其发展可能带来的损失，如果实施纠偏方案的费用超过存在偏差带来的损失，其经济性就不好，这是第一重优化；第二重优化是在此基础上，在几个可行的纠偏方案中，将经济可行的方案进行对比，选择追加投资量少、纠正偏差效果满意的方案来组织实施。

（2）充分考虑原计划实施带来的影响。当发现偏差时，已部分或全部实施了原计划。由于客观环境发生了重大变化，或是主观认识能力的提高，而引起纠偏的需要，可能会导致对部分原计划甚至全部计划的否定，从而要对企业的活动方向和内容进行重大的调整。这种调整可以称为“追踪决策”。在制定和选择追踪决策的方案时，要充分考虑原计划的实施所带来的影响。

（3）注意消除人们对纠偏措施的疑虑，协调好组织成员之间的关系。任何纠偏措施都会在不同程度上引起组织的结构、关系和活动的调整，从而会涉及某些组织成员的利益。因此，管理人员要充分考虑到组织成员对纠偏措施的不同态度，协调好组织成员之间的关系，争取更多人的理解和支持，以保证纠偏措施能更顺利地进行。

控制过程的三个基本步骤，也是控制工作的三个基本内容，它们是相互联系的，不可或缺的。没有第一步确立标准，就没有衡量绩效的依据；不进行绩效衡量和把它与标准进行比较，就不会知道是否存在偏差以及产生偏差的原因是什么；最后，不采取纠偏措施和落实纠偏措施，控制过程就会成为毫无意义的活动。

管理实务 8－12

PDCA 循环是美国质量管理专家戴明提出的全面质量管理的计划（plan）、实施（do）、检查（check）、处理（action）等四个阶段的简称，又叫“戴明环”。其中，计划阶段相当于控制的第一步（计划并制定控制标准），实施和检查阶段相当于控制的第二步

（按照计划和标准的要求去做并对实际工作成效进行检查），处理阶段相当于控制的第三步（巩固成效或是找出偏差的原因并纠正偏差，为下一个控制过程的开始提供依据）。通过这四个阶段的反复循环，产品质量和工作质量就不断地提高。

PDCA 循环的过程就是人们在认识问题和解决问题中不断螺旋式上升的过程，管理者要善于将 PDCA 循环应用到其他的管理工作中去。

第三节　控制的类型与有效控制

一、控制的基本类型

由于控制工作的普遍性，可以按多种标准给控制分类。

（一）按控制的时点分类

根据控制时点的不同，可把控制分为前馈控制、同期控制和反馈控制三类。

1. 前馈控制

前馈控制又称事前控制，是指在偏差发生之前就能对它进行预测或估计，控制人员通过采取相应的措施事先消除可能产生偏差的隐患。前馈控制是最渴望采取的控制类型，因为它能避免预期出现的问题，防患于未然。

前馈控制这种面向未来的控制方法应用非常广泛。例如，组织总要制定一系列规章制度让员工遵守，以这种事前对基本行为的规范来保证工作的顺利进行。再如，当公司的销售预测表明销售额将下降到期望值以下时，管理人员就会制定新的广告宣传计划、推销计划、新产品引进计划等以改善销售的预期结果。

前馈控制有两个主要内容，一是为了保证经营过程的顺利进行，管理人员必须在经营开始以前就检查企业是否已经或能够筹措到在质和量上符合计划要求的各类经营资源。如果预先检查的结果是资源的数量或质量无法得到保证，就必须修改企业的活动计划和目标，改变企业产品的加工方式或内容。二是检查已经或将要筹措到的经营资源经过加工转换后是否符合需要。如果预测的结果符合企业需要，那么企业活动就可以按照原定的程序进行，如果不符合，就需要改变企业经营的运行过程及其投入。例如，企业对员工进行岗前培训等，就属于前馈控制。

前馈控制有着诸多优点。首先，前馈控制是在工作开始之前进行的控制工作，因此可以做到防患于未然，避免了事后控制对于已铸成的差错无能为力的弊端。其次，前馈控制是在工作开始之前针对某项计划行动所依赖的条件进行控制，不针对具体人员，因而不易造成面对面的冲突，易于被员工接受并付诸实施。但是前馈控制需要及时准确的信息，要求管理人员能充分了解前馈控制因素与计划工作影响的关系。具体地说，前馈控制试图对输入系统的资源，包括人力、物力、财力和信息等在成为该系统的一部分之前，对其数量、质量和价格进行监督和控制。

前馈控制是期望用来防止问题的发生而不是当出现问题时再来补救。这种控制需要及时和准确的信息，但在管理实践中，这些要求有时很难达到。因此，管理者常常需要借助于同期控制和反馈控制。

管理实务 8－13

天安公司是一家以生产微波炉为主的家电企业。2005 年该公司总资产 5 亿元，而五年前，该公司只不过是一个人员不足 200 人，资产仅 300 万元且濒临倒闭的小厂，五年间企业之所以有了如此大的发展，主要得益于公司内部的管理创新。主要是：

第一，生产管理创新。公司对产品的设计设立高起点，严格要求；依靠公司设置的关键质量控制点对产品的生产过程全程监控，同时，利用 PDCA 和 PAMS 方法，持续不断地提高产品的质量；加强了员工的生产质量教育和岗位培训。

第二，供应管理创新。天安公司把所需采购的原辅材料和外购零部件，根据性能、技术含量以及对成品质量的影响程度，划分为 A、B、C 三类，并设置了不同类别的原辅材料和零部件的具体质量控制标准，进而协助供应厂家达到质量控制要求。

第三，服务管理创新。公司通过大量的市场调研和市场分析活动制定了售前决策，进行了市场策划，树立了公司形象；与经销商携手寻找最佳点共同为消费者提供优质服务；公司建立了一支高素质的服务队伍，购置先进的维修设备，建立消费者投诉制度和用户档案制度，开展多形式的售后服务工作，提高了消费者满意度。

请问：案例中的哪些控制属于前馈控制？

2. 同期控制

同期控制又称现场控制或事中控制，是指控制作用发生在行动之中，即与工作过程同时进行。其特点是在行动过程中能及时发现偏差、纠正偏差，收到立竿见影的效果，将损失降低到最低的程度。其目的就是要保证本次活动尽可能地少发生偏差，改进本次而不是下一次活动的质量。

同期控制主要有工作监督和技术指导两项职能。监督是按照预定的标准检查正在进行的工作，以保证目标的实现；指导是管理者针对工作中出现的问题，根据自己的经验指导下属改进工作，或者是与下属共同商讨矫正偏差的措施以便使工作人员能够正确地完成所规定的任务。

同期控制的作用有两个，一是可以指导下属以正确的方法进行工作。同期控制可以使上级有机会当面解释工作的要领和技巧，纠正下属错误的作业方法与过程，从而可以提高他们的工作能力。二是可以保证计划的执行和计划目标的实现。通过现场检查，管理者可以随时发现下属在活动中与计划要求相偏离的现象，从而可以将经营问题消除在萌芽状态，或者减少、避免已产生的经营问题对企业的不利影响。

同期控制优点在于，在工作过程中，一旦发生偏差，就马上予以纠正，保证本次活动尽可能地少发生偏差。同期控制也有其弊端，一是容易受到管理者的时间、精力和业务水平的制约；二是应用范围较窄，对一些无法计量的工作难以控制；三是容易造成控制者与被控制者之间的对立。因此，主管人员要避免单凭主观意志行事，应加强自身学习和提高，亲临一线仔细观察、监督，以计划、标准为依据，服从组织原则，遵从正式指挥系统的统一指挥，逐级实施控制。

管理实务 8－14

一段时间以来，某高校考风考纪较松弛，好多学生都想通过作弊通过考试，这严重影响了学风。

为此，学校采取了各种措施。由学校教务部门安排各专业教师进行监考，要求每位教师必须认真负责，维持好考场秩序，严肃考场纪律，认真核对学生相关证件，对考试违纪和作弊的学生要及时纠正。

为了监控考场情况，还安排各分院相关领导进行巡视，对违纪及作弊现象可以直接纠正，对不负责任的监考教师要加以督促。同时还利用教室网络监控设备对各考场进行监控。

该学校通过上述控制措施，严肃了考试纪律，考风有了很大的好转。

请问：学校进行多种手段对考试进行监督，属于哪种类型控制？

3. 反馈控制

反馈控制也称事后控制，就是从一个时期的生产经营活动结果中获得反馈信息，并依据这些反馈信息来监控和矫正今后的活动。由此可见，不论反馈控制的分析如何中肯，结论如何正确，对于已经形成的经营结果来说都是无济于事的，它们无法改变既成的事实。反馈控制的主要作用，甚至可以说是唯一的作用，是通过总结过去的经验和教训，为未来计划的制订和活动的安排提供借鉴。尽管反馈控制是一种在计划执行一段时间或结束后进行的事后控制，主要为下一步计划的实施总结经验，但它却常常是管理控制工作的主要形式。

在实际工作中，反馈控制得到了相当广泛的应用，如在财务分析、成本分析、质量分析和职工绩效评定等工作中，周期性重复活动需要反馈控制总结过去的经验和教训，为未来计划的制定和活动的安排提供借鉴，以避免下一次活动发生类似的问题。

反馈控制可在如下三方面发挥作用：一是在周期性重复活动中，可以避免下一次活动发生类似的问题；二是可以消除偏差对后续活动过程的影响；三是反馈控制可以提供员工奖惩的依据。反馈控制的主要弊端是，在矫正措施实施之前，偏差、损失已经产生，不论管理者对问题的分析如何中肯，结论如何正确，对于已经形成的结果来说是无济于事的，对已经发生的失误只能“亡羊补牢”。

总的来说，三种控制方式都各有优缺点。有效的管理控制不能只依靠某一种控制方式，必须根据特定情况将各种控制方式各有侧重地结合起来使用，以取得综合控制效果。

管理实务 8－15

一次，美国一对夫妇乘坐劳斯莱斯到欧洲旅游，当车子开到法国的一个荒村时，后轴突然被折断，而劳斯莱斯的代理店远在数百公里之外，这对夫妇只好拨通了位于伦敦的劳斯莱斯公司。不料，几个小时后来自伦敦劳斯莱斯公司的技师就带着车轴赶到了，原来他们是乘坐飞机赶到法国来的。事后这对夫妇途经伦敦时，专程到劳斯莱斯公司支付维修费用，劳斯莱斯却坚决不收他们的钱，说道：劳斯莱斯汽车后轴折断是他们创业以来的第一次，他们理应送去一根永不会折断的后轴，并修复如初。这对美国夫妇深为感动，并由衷感叹难怪劳斯莱斯强调他们不只是要把车卖出去，更要把“威信”和“名誉”卖出去。

请问：劳斯莱斯公司的售后服务属于哪种控制类型？劳斯莱斯如何通过自己的服务使顾客由对车辆故障的不满转为对公司的满意？

(二)按控制的手段分类

根据控制的手段不同，控制可分为直接控制和间接控制。

1. 直接控制

直接控制是指由施控人员对被控制对象直接接触进行的控制的形式。它是通过提高主管人员素质，使他们改善管理工作，从而防止出现因管理不善而造成不良后果的一种控制方式。

计划的实施结果取决于执行计划的人。销售额、利润额、产品质量等计划目标的完成情况，主要取决于直接对这些计划目标负责的管理部门的主管人员。因此，通过筛选、进一步的培训、完善管理工作成效的考核方法等，以改变有关主管人员的未来行为，是对管理工作质量进行控制的关键所在。直接控制的优点大致有以下几点：

(1)在对个人委派任务时能有较大的准确性。同时，为使主管人员合格，对他们经常不断地进行评价，实际上也必定会揭露出工作中存在的缺点，并为消除这些缺点而进行的专门培训提供依据。

(2)直接控制可以促使主管人员主动地采取纠正措施并使其更加有效。它鼓励用自我控制的办法进行控制。由于在评价过程中会揭露出工作中存在的缺点，因而也就会促使主管人员努力去确定他们应负的职责并自觉地纠正错误。

(3)直接控制还可以获得良好的心理效果。主管人员的工作质量提高后，他们的威信也会得到提高，下属对他们的信任和支持也会增加，这样就有利于整个计划目标的顺利实现。

(4)由于提高了主管人员的工作质量，减少了偏差的发生，也就有可能减轻间接控制造成的负担，节约经费开支。

直接控制的缺点在于，直接控制必须具有如下的指导思想，即认为合格的主管人员出的差错最少，他能觉察到正在形成的问题，并能及时采取纠正措施。所谓“合格”，就是指他们能熟练地应用管理的概念、原理和技术，能以系统的观点来进行管理工作。直接控制方法的合理性有赖于四个较为可靠的假设作为依据：(1)合格的主管人员所犯的错误最少；(2)管理工作的成效是可以计量的；(3)在计量管理工作成效时，管理的理念、原理和方法是一些有用的判断标准；(4)管理基本原理的应用情况是可以评价的。

2. 间接控制

间接控制是指不对运行过程直接干预，而是通过间接的手段，用来引导和影响运行过程，从而达到目的的控制。

间接控制是以这样一些事实为依据的，即人们常常会犯错误，或常常没有察觉到那些将要出现的问题，因而未能及时采取适当的纠正或预防措施。他们往往是根据计划和标准，对比和考核实际的结果，追查造成偏差的原因和责任，然后才去纠正。实际上。在工作中出现问题，产生偏差的原因是复杂的，所依据的标准不正确固然会造成偏差，即使标准是正确的，但不肯定因素、主管人员缺乏知识、经验和判断力等也会使计划遭到失败。对于不肯定因素造成的管理上的失误是不可避免的，当出现这种情况时，间接控制技术不能起什么作用，但对于由于主管人员缺乏知识、经验和判断力所造成的管理上的失误和工作上的偏差，运用间接控制则可帮助其纠正。同时，间接控制还可帮助主管人员总结并吸取经验教训，增加他们的经验、知识和判断力，提高他们的管理水平。

然而,间接控制是建立在一些假设基础之上的,尚且存在许多不完善的地方:(1)工作成效是可以计量的,因而也是可以相互比较的。事实上,很多管理部门或职位的绩效是很难计量和相互比较的,即使确定了定量评价的标准,这些定量标准也可能对其绩效起误导作用。(2)人们对工作任务负有个人责任,个人责任是清晰的、可以分割的和可以相互比较的。而且个人的尽责程度也是可以比较的。事实上,很多活动的责任是多个部门共同承担的,而且工作绩效也可能与个人责任感无关。(3)分析偏差和追究责任所需的时间、费用等是有充分保证的。事实上,有时上级主管人员可能不愿意花时间和费用去分析引起偏差的事实真相。(4)出现的偏差可以预料并能及时发现。事实上往往不是如此。(5)有关责任单位和责任人将会采取纠正措施。事实上,推卸责任是很普遍的观象。

管理实务 8-16

春秋时期,楚国令尹孙叔敖在苟陂县一带修建了一条南北水渠,这条水渠又宽又长,足以灌溉沿渠的万顷农田。可是一到天旱时,沿堤的农民就在渠水退去的堤岸边种植庄稼,有的甚至还把农作物种到了堤中央。等到雨水一多,渠水上涨,这些农民为了保住庄稼和渠田,便偷偷地在堤坝上挖开口子放水。这样的情况越来越严重,一条辛苦挖成的水渠,被弄得遍体鳞伤,面目全非,因决口而经常发生水灾,变水利为水害了。

面对这种情形,历代苟陂县的行政官员都无可奈何。每当渠水暴涨成灾时,便调动军队去修筑堤坝,堵塞漏洞。后来宋代李若谷出任知县时,也碰到了决堤修堤这个头疼的问题,他便贴出告示说:"今后凡是水渠决口,不再调动军队修堤,只抽调沿渠的百姓,让他们自己把决口的堤坝修好。"布告贴出以后,再也没有人偷偷地去决堤放水了。

请思考:由军队修筑堤坝变为百姓自己修筑堤坝控制手段发生怎样变化?效果怎样?

(三)按控制的来源分类

根据控制的来源不同,可把控制分为正式组织控制、群体控制和自我控制三种类型。

1. 正式组织控制

正式组织控制是由管理人员设计和建立起来的一些机构或规定来进行控制。像规划、预算和审计部门是正式组织控制的典型例子。组织可以通过规划指导组织成员的活动,通过预算来控制消费,通过审计来检查各部门或各个人是否按照规定进行活动,并提出更正措施。

2. 群体控制

群体控制基于群体成员的价值观和行为准则,它是通过群体行为规范把行为划分为哪些是可接受的、哪些是不可接受的,群体规范对个人行为发挥着强有力的影响。一些企业对群体控制十分重视,他们努力通过创建企业文化的方式来培养集体共有的行为规范。有的企业,像海尔在企业规范中规定员工在处理企业事务时有着规范流程,如下班时要做好"6S"工作,甚至规定企业员工如何着装(男禁止穿短裤、背心,女不能着超短裙、背心或露脐装)等等。群体控制在某种程度上左右着职工的行为,处理得好有利于达成组织目标。

3. 自我控制

自我控制是通过设立自我调节系统,当出现偏差能自我校正的过程。可以说,自我控制的哲学基础是人性的“Y 理论”。自我控制能力取决于个人本身的素质,自豪和主动精神是自我控制的主要源泉。具有良好修养的人一般自我控制能力较强,顾全大局的人比仅看重自己局部利益的人有较强的自我控制能力,具有较高层次需求的人比具有较低层次需求的人有较强的自我控制能力。为了使管理有效,企业必须将控制更多地从管理部门和管理者手中转移到员工自我控制上去。

管理实务 8-17

戴尔公司创建于 1984 年,是美国一家以直销方式经销个人计算机的电子计算机制造商,其经营规模已迅速发展到 120 多亿美元销售额的水平。戴尔公司是以网络型组织形式来运作的企业,它联结有许多为其供应计算机硬件和软件的厂商。其中有一家供应厂商计算机显示屏做得非常好。戴尔公司先是花很大的力气和投资使这家供应商做到每百万件产品中只能有 1 000 件瑕疵品,并通过绩效评估确信这家供应商达到要求的水准后,戴尔公司就完全放心地让他们的产品直接打上“Dell”商标,并取消了对这种供应品的验收、库存。类似的做法也发生在戴尔其他外购零部件的供应中。

通常情况下,供应商将供应的零部件运送到买方那里,经过开箱、触摸、重新包装,经验收合格后,产品组装商便将其存放在仓库中备用,为确保供货不出现脱节,公司往往要贮备未来一段时间内可能需要的各种零部件,这是一般的商业惯例。因此,当戴尔公司对这家计算机显示屏供应商说“这种显示屏我们今后会购买 400 万～500 万台,贵公司为什么不干脆让我们的人随时需要、随时提货”的时候,商界人士无不感到惊讶,甚至以为戴尔公司疯了。戴尔公司的经理们则这样认为,开箱验货和库存零部件只是传统的做法,并不是现代企业运营所必要的步骤,遂将这些“多余的”环节给取消了。

戴尔公司的做法就是,当物流部门从电子数据库得知公司某日将从自己的组装厂提出某型号计算机××部时,便在早上向这家供应商发出配额多少数量显示屏的指令信息,这样等到当天傍晚时分,一组组计算机便可打包完毕分送到顾客手中。如此,不但可以节约检验和库存成本,也加快了发货速度,提高了服务质量。

请思考:戴尔公司对计算机显示屏供应厂商是否完全放弃和取消了控制?如果不是,这种控制属于哪个类型控制?

(四)按照控制对象的范围分类

根据控制对象范围进行分类,可以将控制分为集中控制和分散控制。

1. 集中控制

集中控制就是在管理系统中建立一个控制中心,由它来对所有的信息进行统一的加工、处理,并由这一控制中心,根据整个系统的状态和控制目标,直接发出指令,控制和操纵所有的管理活动。

集中控制的结构比较简单,信息集中,指标控制统一,便于整体协调。当组织规模和信息量不大,信息的获取、存储、加工和处理的效率和可靠性较高时,采用集中控制方式能够有效、及时地实现整体控制。集中控制的缺点是组织规模不断扩大时,信息量的增加会导致传输费用加大,信息传递的延迟可能导致决策失误。同时,这种控制方式缺乏对环境变化的灵活性、适应性和微调性，组织的变革和创新较为困难。

2. 分散控制

分散控制是将集中控制中心的职能分散成相对独立的控制机构，分别控制一定范围的对象及过程，共同完成总目标的控制方式。

分散控制适应组织结构复杂、功能分工细致的管理系统。其特点是，各种决策和控制指令是由分控中心分散发出的，它们都是根据自己的实际情况，按照局部最优原则来进行控制。分散控制的优点是分散决策、分散风险，个别控制环节的失误，不会引起全局的瘫痪。由于每个分控中心接受信息量较少，对环境变化具有较高的适应性，便于及时处理和更快作出决策，控制效率提高，增强了管理应变能力。分散控制的主要缺点是横向联系较差，局部目标与总目标一致性低，整体协调困难。

管理实务 8－18

周一上午，一辆面包车缓缓在武汉三镇行驶。车内坐的是分管城建的副市长、各城区区长及市各有关部门的“一把手”。副市长说，今天请各位局长现场管管长期不知由谁来管的市容“小问题”。他掏出几张上面密密麻麻记满了各种问题的纸条，环视了一下大家后说，我侦察了很长一段时间，今天就点兵点将了。

在江汉一桥，副市长径直来到琴台公交站，他指着站旁一个破旧不堪的土围子说，这个墩子竖在这儿已经5年了，我们的工作到位了吗？一旁的市容办主任当即表态：3天内我搞掉它。

看着港湾车站凹凸不平的道路，副市长眉头紧蹙，他问市政局长，全市像港湾车站这样的道路有多少？市政局长回答，有很多。副市长又问，“十一”前能否全部解决？市政局长立军令状，保证完成。

公交车站的站牌上长了“牛皮癣”，副市长点将市公用局局长，公用局局长说，马上从公汽公司抽1 000人对全市所有站名牌全面清洗。

面包车缓缓驶过长江大桥汉阳桥头，突然，副市长高喊：“停——停”，指着被车撞缺的桥栏杆问，这谁来管。市政局长接榜：我来，我来。

随后，他拉着汉阳区区长的手来到桥边一堆渣滓前说，这堆渣滓在这里已待了好几年，现在成了假山……话音未落，汉阳区副区长接过话来：交给我，马上铲除。

徐东路上，一排门面的招牌参差不齐。一家店铺，歪歪斜斜“补胎”二字，大煞风景，招牌上堆满了废弃的轮胎。副市长说，一个月内，所有脏乱差的遮阳棚、残破的广告牌统统去掉。

请问：副市长带领一班下属现场办公，对市容问题进行集中整治，属于哪种类型控制？

二、有效控制的基本特征

有效控制应具备以下基本特征：

(一)控制的准确性

准确是指控制系统产出的有关信息必须准确无误。一个提供不准确信息的控制系统将会导致管理层在该采取措施时而并没有采取措施，或根本没有出现问题而采取措施。因此，一个准确的控制系统应当是可靠的，能提供准确信息的。

（二）控制的及时性

有效的控制必须及时发现偏差、及时分析原因、及时采取措施加以更正。如果信息已经过时，则任何再好的信息也是毫无价值的。因而，任何有效的控制系统都必须提供及时的信息。做到及时性的较好办法是采用前馈控制，采取预防性控制措施，使实施的最初阶段就能严格按照标准方向前进。一旦发现偏差，就要对以后的实施情况进行预测，使控制措施针对将来，这样即使出现时滞现象，也能有效地加以更正。

（三）控制的经济性

控制工作是需要费用的，衡量工作绩效，分析偏差产生的原因，以及为了纠正偏差而采取的措施，都需要支付一定的费用。同时，任何控制，由于纠正了组织活动中存在的偏差，都会带来一定的收益。一项控制，只有当它带来的收益超出其所需成本时，才是值得的。要实现控制的经济性，首先应根据组织规模的大小，所要控制的问题的重要程度，以及控制费用和所能带来的收益等几方面来设计详略程度不同的控制系统。其次，所选用的控制技术和控制方法，应该是能够以最少的费用就可以检查和阐明工作偏差及其发生原因。

（四）控制的适度性

适度控制是指控制的范围、程度和频度要恰到好处。

做到适度控制首先要防止控制过度和不足。有效的控制应该既能满足对组织活动监督和检查的需要，又要防止与组织成员发生强烈的冲突。适度的控制应能同时体现这两个方面的要求：一方面，要认识到，过多的控制会对组织中的人造成伤害，对组织成员行为的过多控制，会扼杀他们的积极性、主动性和创造性，会抑制他们的首创精神，从而影响个人能力的发展和工作热情的提高，最终会影响企业的效率；另一方面，也要认识到，过少的控制，将不能使组织活动有序地进行，不能保证各部门活动进度和比例的协调，将会造成资源的浪费。此外，过少的控制还可能使组织中的个人无视组织的要求，我行我素，甚至利用在组织中的便利地位谋求个人利益，最终导致组织的涣散和崩溃。

做到适度控制其次要处理好全面控制与重点控制的关系。任何组织都不可能做到对每一个部门、每一个环节的每一个人在每一个时刻的工作情况进行全面控制。全面控制的代价极高，这是与控制的经济性要求相抵触的。适度控制要求组织在建立控制系统时，从影响组织经营成果的众多因素中选择若干关键环节作为重点控制对象，并据此在相关环节上建立预警系统或控制点，进行重点控制。

（五）控制的客观性

客观性就是坚持实事求是的原则。在控制工作中，坚持一切从实际出发来认识问题，而不能只凭个人的主观经验或直觉判断来采取行动。客观的控制源于对组织的实际状况及其变化的客观了解和评价，因此控制过程中所采用的技术方法和手段必须能正确地反映组织运行在时空上的变化程度与分布状况，准确地判断和评价各部门、各环节工作与计划要求相符或背离的程度。失去客观性，控制工作不但达不到目的，甚至会走向反面，导致不良后果。

管理实务 8－19

1995 年 2 月 27 日，英国中央银行宣布，英国第四大银行巴林银行因经营失误而倒闭。消息传出，立即在亚洲、欧洲和美洲地区的金融界引起一连串强烈的波动。而给巴林银行带来厄运的居然是一个基层主管——尼克·里森。

尼克·里森于1992年在新加坡任期货交易员时，巴林银行原本有一个账号为“99905”的“错误账户”，专门处理交易过程中因疏忽而造成的错误。这原是一个金融体系运作过程中正常的错误账户。1992年夏天，伦敦总部全面负责清算工作的哥顿·鲍塞给里森打了一个电话，要求里森另设立一个“错误账户”，记录较小的错误，并自行在新加坡处理，以免麻烦伦敦的工作。这样，账号为“88888”的“错误账户”便诞生了。

1992年7月17日，里森的一名手下犯了一个错误：当客户要求买进20口日经指数期货合约时，此交易员误操作为卖出20口，这个错误在里森当天晚上进行清算工作时被发现。要想纠正此项错误，需要买回40口合约，按当日的收盘价计算，其损失为2万英镑，并应报告伦敦总公司。但在种种考虑下，里森决定利用错误账户“88888”承接了40口日经指数期货的空头合约，以掩盖这个失误。数天之后，由于日经指数上升200点，此空头部位的损失便由2万英镑增为6万英镑(注：里森当时年薪还不到5万英镑)。

此后，至少有三个问题困扰着他：一是如何弥补这些错误；二是将错误记入“88888”账户后，如何躲过伦敦总部月底的内部审计；三是新加坡国际金融交易所每天都要他们追加保证金。为了遮掩错误，此后他不停地在规避监管的情况下，继续进行巨额交易。

1994年，里森对损失的金额已经麻木了，“88888”账户的损失，由2 000万英镑、3 000万英镑，到7月份已达5 000万英镑。

令人难以置信的是，巴林银行在1994年年底发现资产负债表上显示5000万英镑的差额后，仍然没有警惕到其内部控制和管理的松散及疏忽。在发现问题至倒闭的2个月时间里，有很多巴林的高级资深人员曾对此问题加以关注，更有巴林总部的审计部门正式加以调查。但是这些调查都被里森以极容易的方式蒙骗过去。里森对这段时期的描述为，“对于没有人来制止我的这件事，我觉得不可思议。伦敦的人应该知道我的数字都是假造的，这些人都应该知道我每天向伦敦总部要求的现金是不对的，但他们仍旧支付这些钱”。

请问：结合案例，指出巴林银行存在哪些控制问题？这些问题都违反了哪些控制原则？

第四节　控制艺术

控制的目的是保证组织活动符合计划的要求，以有效地实现预定目标。但是并不是所有的控制活动都能达到预期的目的。要实施有效的控制需要具备三个基本前提，即明确的计划、负责的控制工作机构以及畅通的信息反馈渠道。只有从控制的基本原则出发，适时地、适度地、客观地和有弹性地处理控制问题，才有可能达到有效控制。为此，控制的时点选择、控制的程度及控制的灵活性都对控制结果产生影响，因此控制也是艺术。

一、及时控制艺术

组织活动中产生的偏差只有及时采取措施加以纠正，才能避免偏差的扩大，或防止偏差对企业不利影响的扩散。及时纠偏，要求管理人员及时掌握能够反映偏差产生及其严重程度的信息。纠正偏差最理想的方法应该是在偏差未产生之前，就注意到偏差产生的可能性，从而预先采取必要的防范措施，防止偏差的产生。

预测偏差的产生，虽然在实践中有许多困难，但在理论上是可行的，即可以通过建立企业经营状况的预警系统来实现。我们可以为需要控制的对象建立一条警戒线，反映经营状况的数据一旦超过这个警戒线，预警系统就会发出警报，提醒人们采取必要的措施防止偏差的产生和扩大。

管理实务 8－20

在海尔的每个车间，都设有体现企业精神与管理的四个专栏：检查栏、计划栏、日清栏、表彰栏。在每个车间的地上，都有一个 60 厘米见方的图案：红框白底，白底上印着一对绿色的大脚印，人称"6S 大脚印"，站在"大脚印"里抬眼上望，就能看到对面有一块写着"整理、整顿、清扫、清洁、素养、安全"的牌子——"6S 自检站"……这就是海尔 OEC 管理模式创造的感官效果。

OEC 是 Overall Every Control and Clear 的英文缩写，其含义是全方位地对每人、每天、所做的每件事进行控制和清理，做到"日清日毕，日清日高"。OEC 管理法由三大基本系统构成：目标系统、日清控制系统和激励系统，其中核心是日清控制系统。日清控制系统分为员工自我日清和企业职能日清两部分。"日清"的对象是员工及其承担的工作、分管的物品、分工的区域以及企业组织体系应达到的目标。"员工自我日清"要求每个员工每天对自己所从事的每件事进行清理、检查。它包括两个方面：一是"日清日毕"，即对当天发生的各种问题进行检查，在当天弄清原因，分析责任，及时处理，保证目标得以实现。二是"日清日高"，即对工作中的薄弱环节不断改善、不断提高。"企业职能日清"是管理层员工根据企业组织目标体系的要求，对自己负责的目标进行日清，分析目标是否完成，完成到什么阶段，与计划是否有偏差，如果有偏差，分析产生的原因，确定采取的措施。"日清"是 OEC 的核心，海尔在工作现场设立了"日清栏"，要求管理人员每两小时巡检一次，将发现的问题及处理措施填在"日清栏"上。通过层层、时时复审，又带动了全体员工的自我日清。这样，日清控制，就构成生产作业现场自我日清和职能管理部门的日清复审两条主线，形成了一个纵横交错的"日日清"控制网络体系。

请问：海尔通过日清进行及时控制，对企业经营产生什么作用？

二、重点控制艺术

任何组织都不可能对每一个部门、每一个环节的每一个人在每一时刻的工作情况进行全面的控制，由于存在对控制者再控制的问题，这种全面控制甚至会造成组织中控制人员远远多于现场作业人员的现象。值得庆幸的是，并不是所有成员的每一项工作都具有相同的发生偏差的概率，并不是所有可能发生的偏差都会对组织带来相同程度的影响。企业工资成本超出计划的5%对经营成果的影响要远远高于行政系统的邮资费用超过预算的20%。这表明,全面系统的控制不仅代价极高,而且也是不必要的。所以要求企业在建立控制系统时找出影响企业经营成果的关键环节和关键因素,并据此在相关环节上设立预警系统或关键控制点,进行重点控制。选择关键控制点是一条比较重要的控制原则,有了这类标准,管理人员不必完全了解计划执行中的全部具体细节,就能达到对工作有效控制的目的。管理者不能也不必事无巨细地对组织活动的方方面面都进行控制,而是要针对重要的、关键的因素实施重点控制。作为一位负责的管理人员,可能会希望自己对所管理的领域有全面的了解和把握,但组织中的工作活动往往错综复杂、涉及面广,谁也无法对每一方面、每一件事均予以控制,因此,根据"关键的少数,次要的多数"的统计规律,找出和确定最能反映或体现经营成果的关键因素,并加以控制,这就可以成为一种有效的控制方法,达到节约成本和改善信息沟通的效果,同时,也使管理人员以有限的时间和精力做出更加有成效的业绩。

管理实务8-21

ABC分类法即activity based classification,是由意大利经济学家巴雷托首先提出的,故又称巴雷托分析法。1879年,巴雷托在研究个人收入的分布状态时,发现少数人的收入占全部人收入的大部分,而多数人的收入却只占一小部分。后来巴雷托法被不断应用于管理的各个方面。1951年,管理学家戴克将其应用于库存管理,命名为ABC法。1951～1956年,约瑟夫·朱兰将ABC法引入质量管理,用于质量问题的分析,被称为排列图。1963年,彼得·德鲁克将这一方法推广到全部社会现象,使ABC法成为企业提高效益的普遍应用的管理方法。

该分析方法的核心思想是在决定一个事物的众多因素中分清主次,识别出少数的但对事物起决定作用的关键因素和多数的但对事物影响较小的次要因素,从而有区别地确定管理方式的一种分析方法。由于它把被分析的对象分成A、B、C三类,所以称为ABC分析法。

ABC分类法在库存管理中的应用要点是:把企业的物资按其金额大小划分为A、B、C三类,然后根据重要性分别对待,A类物资是指品种少,实物量少而价值高的物资,其成本金额约占70%,而实物量不超过10%;C类物资是指品种多、实物量多而价值低的物资,其成本金额约占10%,而实物量不低于70%;B类物资介于A类、C类物资之间,其成本金额约占20%,而实物量不超过20%。通常情况下仅对A类物资进行最优批量控制或重点控制。

ABC分类法的另一种表述方式就是"80∶20原则",即"企业80%的利润来自20%的顾客。"

请列举:利用ABC分类法进行其他领域应用的实例。

三、灵活控制艺术

企业在生产经营过程中经常可能遇到某种突发的、无力抗拒的变化,有效的控制系统应在这样的情况下仍能发挥作用,维持企业的运营,也就是说,应该具有灵活性或弹性。

灵活的控制是指控制系统能适应主客观条件的变化,持续地发挥作用,控制工作本身是变化的,其依据的标准、衡量工作所用的方法、手段等都可能会随着情况的变化而变化。

管理实务 8－22

上海肯德基有限公司收到了3份总公司寄来的鉴定书，对他们属下的外滩快餐厅的工作质量分3次鉴定评分，分别为83、85、88分。公司中外方经理都为之瞠目结舌，这三个分数是怎么评定的？

原来，肯德基国际公司雇用、培训一批人，让他们佯装顾客潜入店内进行检查评分。每个顾客都可能是公司的"探子"，这使得快餐厅经理、雇员时时感到某种压力，丝毫不敢疏忽。肯德基国际公司就是这样管理控制它的遍布全球60多个国家，多达9900余个子公司的。

请问：肯德基采用暗访式控制与常规检查控制相比有哪些好处？控制的效果如何？

四、例外控制艺术

控制也应强调例外。管理者将控制工作重点放在计划实施中的常规情况上，但管理过程中一些例外情况也不可忽视。不过，例外并不能仅仅依据偏差数值的大小来确定，而要考虑客观的实际情况。在同一个组织中，对于不同类别的工作，一定额度的偏差所反映的事态严重程度并不一样。有时，管理费用高于预算的5%可能无关紧要，而产品合格率下降1%却可能出现产品严重滞销问题。所以，在实际工作中，例外原则必须与控制关键问题的原则结合起来，注意关键问题上的例外情况。

管理实务 8－23

在第二次世界大战时期美国一家生产降落伞的军工企业，每生产十个伞包出来时，就会由十位伞兵背着从试验塔上跳下，以检验伞包质量是否合格。然而由于伞包质量问题，每检验十个伞包即会摔死一个伞兵，为此，企业领导立即组织质量检验专家小组对每一道生产工序进行仔细的检查，但却没有发现任何问题，可是伞兵由于伞包质量问题摔死的事件还在发生。

为了杜绝伞包质量问题，并使企业生存下去，企业决定重金聘请新厂长来解决该问题。不久，一名军人应聘了此职位。新厂长到任后立刻颁布一条规定：所有生产伞包的工人都必须背着自己所生产的伞包跳伞来检验伞包的质量。没想到，在规定实施后，伞包的质量问题立刻消失了，质量合格率达到了100%，企业也由此而不断发展壮大。

请思考：伞包的质量是生产出来的还是检验出来的？

本章小结

控制是管理的基本职能，也是管理的基本手段，是现代管理学的重要范畴。它是人们为实现一定的管理目标，而采取一系列机制设计监察、督促、检查组织活动进展情况，并纠正偏差的活动总和。因为组织管理活动具有环境的不确定性、活动的复杂性和权力的分散性，所以控制才有其必要性。控制与计划的关系相当密切,一方面计划为控制提供衡量的标准,另一方面没有有效的控制,管理工作就有可能偏离计划,计划与控制实质上是一个问题的两个方面。控制具有重要的作用,有效的控制可以保证计划与组织的环境和组织内的基本状况相适应,可以保证组织目标的顺利实现。

控制过程一般都包括确定控制标准、衡量绩效、纠正偏差三大步骤。控制标准的制定是从确定控制对象、选择关键控制点到制定控制标准的科学决策过程。衡量绩效首先要提出衡量的核心问题,其次要对衡量对象进行衡量并对衡量结果进行科学分析,找出偏差所在。纠正偏差可以通过修订标准和采取纠偏措施来完成。

控制的类型包括:前馈控制、同期控制、反馈控制;正式组织控制、群体控制和自我控制;直接控制和间接控制;集中控制和分散控制。一个有效的控制系统应具备以下特征:准确性、及时性、经济性、适度性和客观性。

控制是具有艺术性的。控制的艺术性体现在及时控制艺术、重点控制艺术、灵活控制艺术和例外控制艺术四个方面。

开篇案例分析要点

1. 沃尔玛公司的成功经营,控制起到了保证作用。首先,公司直接向制造商订货,取消了中间商的销售代理,将产品价格降低2%~6%。其次,公司自建分销系统,提高了配送效率,采用先进的库存信息管理系统,降低了分销成本,保证分销成本最低,分销费用仅占总销售额的3%。再次,精简机构,保证管理成本最低,办公费用只占营业额的2%。通过以上成本控制,保证了产品的低价销售,从而保证公司在零售业领域的竞争力。

2. 案例中,沃尔玛公司主要通过降低采购成本、分销成本、管理成本等方面,实现了公司对经营成本的控制。

知识测试

一、单项选择题

1. 生产主管在生产现场发现一个工人没有按照作业规范操作,他立即上前去制止。这种控制方式属于(　　)。

A. 同期控制　　B. 反馈控制
C. 前馈控制　　D. 间接控制

2. 前馈控制的优点主要是(　　)。

A. 避免了事后控制对已铸成的差错无能为力的弊端
B. 需要及时和准确的信息
C. 应用广泛
D. 有指导职能,可提高工作能力及自我控制能力

3. 为了消除腐败,廉洁从政,某部门除了大力提倡工作人员要求严格自律之外,还一直实行着一种岗位轮换制度,规定处级以上干部在同一岗位工作不得超过五年。这种做法可以看作是一种(　　)。

A. 反馈控制　　B. 同期控制

C. 前馈控制　　D. 间接控制

4. 强化是通过奖惩手段修正员工的行为，它属于(　　)。

A. 预防性控制　　B. 反馈控制

C. 前馈控制　　D. 同期控制

5. 为了进行有效的控制，必须特别注意那些对于根据计划衡量业绩有关键意义的因素，此观点反映的是(　　)。

A. 控制关键点原理　　B. 例外原理

C. 组织适应性原理　　D. 直接控制原理

6. 由于环境因素的变化，组织目标不能实现时，组织应该采取的措施是(　　)。

A. 修正计划　　B. 激励员工克服困难

C. 撤换领导　　D. 调整组织结构

7. 小李是一家合资企业的总经理助理，为了提高企业的经济效益，总经理要求他研究提出一套加强企业的管理控制，建立企业有效管理控制系统的可行方案，总经理在提出工作要求时提醒他一定要做到"牵牛要牵牛鼻子"。小李分析了半天也不知道应该如何去牵"牛鼻子"和什么是"牛鼻子"。你认为总经理说的"牛鼻子"是(　　)。

A. 确定控制对象　　B. 选择关键控制点

C. 制定标准　　D. 采取纠偏措施

8. 一个工人每天或每周必须生产一定数目的零件，他必须保持废品率不超标，并在指定的 6 个月时间内完成预定的工作，在生产特定数目的零件时不能超过所规定的物料消耗。对于控制来讲，这是在(　　)。

A. 衡量实际绩效　　B. 进行差异分析

C. 采取纠偏措施　　D. 明确控制标准

9. 种庄稼需要水，但这一地区近年总不下雨，怎么办？一种办法是灌溉，以弥补天不下雨的不足。另一种办法是改种耐旱作物，使所种作物与环境相适应。这两种措施分别是(　　)。

A. 纠正偏差和调整计划　　B. 调整计划和纠正偏差

C. 反馈控制和前馈控制　　D. 前馈控制和反馈控制

10. 有效控制的要求有(　　)。

A. 客观性、经济性、弹性和针对性　　B. 客观性、灵活性、经济性及科学性

C. 客观性、经济性、灵活性与及时性　　D. 客观性、经济性、适度性与科学性

11. 老王今年夏天购买了一台海尔空调，在售后服务人员走后不久，一位小姐打电话来问"您购买的海尔产品是否满意？安装是否满意？如果有什么问题请随时告诉我们……"经分析这个电话最不可能包含的功能是(　　)。

A. 及时发现问题，及时解决　　B. 给顾客带来温暖

C. 体现海尔产品质量第一原则　　D. 对售后服务人员实行监督

12. 控制过程中合理的顺序是(　　)。

A. 制定标准、纠正偏差、衡量业绩　　B. 衡量业绩、制定标准、纠正偏差

C. 衡量业绩、纠正偏差、制定标准　　D. 制定标准、衡量业绩、纠正偏差

13. 衡量推销人员的工作绩效，应采用的比较客观和有效的标准是(　　)。

A. 销售人员给顾客打电话的次数

B. 销售人员花费在推销上的时间

C. 销售人员在每件产品上的单位销售费用

D. 销售人员的销售额是否比平均水平高出一定数量

14. 财务分析、成本分析、质量分析等都属于(　　)。

A. 反馈控制　　B. 结果控制

C. 同期控制　　D. 前馈控制

15. 同期控制是指某项活动(　　)。

A. 在开始前实施的控制　　B. 在进行中实施的控制

C. 发生变化后实施的控制　　D. 产生成果后实施的控制

16. 控制工作中,评估和分析偏差信息时,首先要(　　)。

A. 判别偏差产生的主要原因　　B. 判别偏差的严重程度

C. 找出偏差产生的确切位置　　D. 找出偏差产生的责任人

17. 某企业到了2月底,发现甲产品第一季度的生产计划才完成了40%,便采取日夜轮班的方式以完成计划;发现乙产品供大于求,价格下降,立即决定停止生产。这些措施(　　)。

A. 均为反馈控制　　B. 均为前馈控制

C. 前者为反馈控制,后者为前馈控制　　D. 前者为前馈控制,后者为反馈控制

18. 控制就是事情按计划进行。为此就需要在企业中建立信息反馈机制,随时监控是否存在偏差。在发现偏差后,有人提倡"消灭偏差",你认为(　　)。

A. 这种提法是正确的,只有消灭了偏差才能确保计划的顺利实现

B. 这种提法是错误的,如果要完全消灭偏差成本太高了

C. 这种提法是错误的,关键问题是找到偏差出现的原因,消除原因才是根本的解决途径

D. 以上提法都不正确

19. 持续不断地"救火",解决现场中出现的紧急问题,这意味着管理者应该开始着手考虑(　　)。

A. 修正控制标准　　B. 组织更多的人员采取纠正行动

C. 衡量实际绩效　　D. 认真分析问题产生的原因

20. 与控制关系最密切的管理职能是(　　)。

A. 协调　　B. 组织

C. 领导　　D. 计划

21. 控制的根据是(　　)。

A. 计划和各种标准　　B. 组织

C. 人员配备　　D. 指导和领导

22. 控制的最根本目的在于(　　)。

A. 寻找错误　　B. 衡量下属绩效

C. 确保行为按计划发展　　D. 约束下属

二、多项选择题

1. 制定控制标准的过程通常包含(　　)。

A. 确定控制对象　　B. 选择关键控制点

C. 制定控制标准　　D. 衡量绩效

2. 下面几种情况是同一类型控制的有(　　)。

A. 根据组织结构所规定的职位要求以及由此而决定的对处于这些职位上的人员的技术和素质要求，对管理者和非管理者进行选聘、考证和培训

B. 企业运用统计抽样的方法对进厂原材料的质量进行检验

C. 农药供应企业根据当年的虫害预报调集农药，做好储备

D. 治病不如防病，防病不如讲卫生

3. 关于控制和计划的关系，下列说法正确的是（ ）。

A. 控制和计划是一个问题的两个方面　　B. 计划是控制的前提

C. 控制是计划实现的保证　　D. 先有控制后有计划

4. 管理控制的必要性主要是由（ ）决定的。

A. 提高企业部门和员工的绩效

B. 组织结构的必然要求

C. 企业面临的外部环境不断发生的变化

D. 任何企业的管理权限都制度化或非制度化地分散在各个管理部门和层次

5. 预定计划或标准的调整是由于（ ）。

A. 原先的计划或标准制定得不科学，在执行中发现了问题

B. 制定的标准不容易测量

C. 受到员工抵制，不接受

D. 高层管理者的要求

6. 按照控制来源可以把控制分为（ ）。

A. 正式组织控制　　B. 群体控制

C. 自我控制　　D. 直接控制

7. 前馈控制是一种在计划实施之前，为了保证将来的实际成果能达到计划的要求，尽量减少偏差的控制。前馈控制的效果取决于（ ）。

A. 对情况的观察　　B. 对规律的掌握

C. 对信息的获得　　D. 对趋势的分析

8. 同期控制是由于管理者具有有限的理性，以及变幻莫测的环境对前馈控制的一种补充形式，下述（ ）与之相符。

A. 生产报表和生产过程进度控制　　B. 学生的家庭作业

C. 期中考试　　D. 年终工作总结

9. 纠正偏差（ ）。

A. 是控制的关键

B. 是整个管理系统中的部分工作内容

C. 是控制过程的一个重要步骤

D. 是其他各项管理职能发挥作用的关键环节

10. 控制的过程包括下列基本环节的工作，即（ ）。

A. 发现问题　　B. 确立标准

C. 衡量绩效　　D. 纠正偏差

11. 适度而经济的控制要注意（ ）问题。

A. 考虑控制的经济效益　　B. 防止控制过多与不足

C. 防止扼杀组织成员的积极性　　D. 处理好全面控制与重点控制的关系

12. 为了保证纠偏措施的针对性和有效性，在制定和实施纠偏措施的过程中应该注意的问题是(　　)。

A. 找出偏差产生的主要原因　　B. 随时不断调整计划或标准

C. 调动所有员工参与控制过程　　D. 选择恰当的纠偏措施

13. 根据控制的手段不同，控制可分为(　　)。

A. 集中控制　　B. 直接控制

C. 间接控制　　D. 分散控制

14. 根据控制的对象范围的不同，控制可分为(　　)。

A. 集中控制　　B. 直接控制

C. 间接控制　　D. 分散控制

三、判断题

1. 衡量绩效是控制活动的最终目的。(　　)

2. 成语所说的“亡羊补牢”就属于同期控制。(　　)

3. 把工作重点和注意力集中在历史结果上，并将它作为未来行为基础的控制叫前馈控制。(　　)

4. 控制过程中的纠正偏差有可能是针对具体活动，也有可能针对计划或衡量这些活动的标准。(　　)

5. 一般来说控制标准必须从计划中产生，计划必须先于控制。(　　)

6. 对计划执行中发生的任何偏差都应及时采取矫正措施。(　　)

7. 控制标准定得越严越好。(　　)

8. 控制过程就是管理人员对下属行为进行监督的过程。(　　)

9. 有效的管理控制不仅能够保证组织成员的行为在出现偏差时能够及时得以纠正，也能够修正、调整和更改计划。(　　)

10. 控制的目的是提高效益，所以会得到所有员工的支持。(　　)

11. 强调直接控制的人一般认为，主管人员及其下属的素质越高，就越不需要间接控制。(　　)

12. 对被控制对象的衡量频度取决于被控制活动的性质。(　　)

13. 一个主管可能会对办公费用比预算高出2%给予关注，但对即使比预算高出10%的邮资费用觉得无所谓，这是因为这位主管根据控制原理中的注意抓关键问题上的例外情况。(　　)

14. 对库存的控制主要是为了减少库存，降低各种占用，提高效益。(　　)

15. 反馈控制最大的缺点是，在管理者实施纠偏措施之前，偏差已经产生，损失已经造成，对工作没有任何意义，所以我们没有必要进行反馈控制。(　　)

16. 严格的控制会使实际工作过程缺乏灵活性，极大地限制人的工作积极性。(　　)

17. 成语“未雨绸缪”体现了管理中的反馈控制。(　　)

18. 控制工作只能纠正计划执行中出现的偏差，而不能修改计划中已确定的目标。(　　)

四、简答题

1. 什么是控制？控制的必要性体现在哪些方面？
2. 按控制的时间可以把控制分为哪些类型？它们各自有什么特点？
3. 简述控制与计划职能的关系。
4. 简述控制工作的过程。
5. 简述反馈控制的优缺点。
6. 简述控制的功能。
7. 简述控制的基础与前提。

五、论述题

结合实际论述管理控制的基本过程。

案例分析

案例1 摆梯子

在某集团生产车间的一个角落，因工作需要，工人需要爬上爬下，因此，甲放置了一个梯子，以便上下。可由于多数工作时间并不需要上下，屡有工人被梯子所羁绊，幸亏无人受伤。于是管理者乙叫人改成一个活动梯子，用时，就将梯子支上，不用时，就把梯子合上并移到拐角处。由于梯子合上竖立太高，屡有工人碰倒梯子，还有人受伤。为了防止梯子倒下砸着人，管理者丙在梯子旁写了一个小条幅：请留神梯子，注意安全。

一晃几年过去了，再也没有发生梯子倒下砸着人的事。一天，外商来谈合作事宜。他们注意到这个梯子和梯子旁的小条幅，驻足良久。外方一位专家熟悉汉语，他提议将小条幅修改成这样：不用时，请将梯子横放。很快，梯子边的小条幅就改过来了。

根据案例资料，请回答下列问题：

1. 通过本案例，最能说明的是（　　）。
   A. 越是高层管理者，控制职能越重要
   B. 越是基层管理者，控制职能越重要
   C. 无论管理层次高低，控制职能都很重要
   D. 很多外国企业能成功，主要是善于行使控制职能。
2. 属于前馈控制的是（　　）。
   A. 甲　　B. 乙　　C. 丙　　D. 外方一位专家
3. 属于反馈控制的是（　　）。
   A. 甲　　B. 乙　　C. 丙　　D. 外方一位专家
4. 控制效率最高的是（　　）。
   A. 甲　　B. 乙　　C. 丙　　D. 外方一位专家
5. 本案例给我们的最重要的一个启示是（　　）。
   A. 控制过程也是一个不断学习过程
   B. 前馈控制的效果一般好于反馈控制
   C. 控制并非是投入越大，取得收益越多

D. 前馈控制的成本一般高于反馈控制

案例 2 客户服务质量控制

美国某信用卡公司的卡片分部认识到高质量客户服务是多么重要。客户服务不仅影响公司信誉,也和公司利润息息相关。比如,一张信用卡每早到客户手中一天,公司可获得 33 美分的额外销售收入,一年下来,公司将有 140 万美元的净利润,及时地将新办理的和更换的信用卡送到客户手中是客户服务质量的一个重要方面,但这远远不够。

决定对客户服务质量进行控制来反映其重要性的想法,最初是由卡片分部的一个地区副总裁凯西·帕克提出来的。她说,"一段时间以来,我们对传统的评价客户服务的方法不大满意。向管理部门提交的报告有偏差,因为它们很少包括有问题但没有抱怨的客户,或那些只是勉强满意公司服务的客户。"她相信,真正衡量客户服务的标准必须基于和反映持卡人的见解。这就意味着要对公司控制程序进行彻底检查。第一项工作就是确定用户对公司的期望。对抱怨信件的分析指出了客户服务的三个重要特点:及时性、准确性和反应灵敏性。持卡者希望准时收到账单、快速处理地址变动、采取行动解决抱怨。

了解了客户期望,公司质量保证人员开始建立控制客户服务质量的标准。所建立的 180 多个标准反映了诸如申请处理、信用卡发行、账单查询反应及账户服务费代理等服务项目的可接受的服务质量。这些标准都基于用户所期望的服务的及时性、准确性和反应灵敏性上。同时也考虑了其他一些因素。

除了客户见解,服务质量标准还反映了公司竞争性、能力和一些经济因素。比如:一些标准因竞争引入,一些标准受组织现行处理能力影响,另一些标准反映了经济上的能力。考虑了每一个因素后,适当的标准就成型了,所以开始实施控制服务质量的计划。

计划实施效果很好,比如处理信用卡申请的时间由 35 天降到 15 天,更换信用卡从 15 天降到 2 天,回答用户查询时间从 16 天降到 10 天。这些改进给公司带来的潜在利润是巨大的。例如,办理新卡和更换旧卡节省的时间会给公司带来 1750 万美元的额外收入。另外,如果用户能及时收到信用卡,他们就不会使用竞争者的卡片了。

该质量控制计划潜在的收入和利润对公司还有其他的益处,该计划使整个公司都注重客户期望。各部门都以自己的客户服务记录为骄傲。而且每个雇员都对改进客户服务做出了贡献,使员工士气大增。每个雇员在为客户服务时,都认为自己是公司的一部分,是公司的代表。

卡片分部客户服务质量控制计划的成功,使公司其他部门纷纷效仿。无疑,它对该公司的贡献将是非常巨大的。

根据案例资料,请回答下列问题:

1. 该公司控制客户服务质量的计划是前馈控制、反馈控制还是同期控制?
2. 找出该公司对计划进行有效控制的三个因素。
3. 为什么该公司将标准设立在经济可行的水平上,而不是最高可能的水平上?

考研真题

一、概念题

1. 控制(云南大学 2017 年研;四川大学 2017 年研;广东工业大学 2016 年研;湘潭大学 2015 年研;华中科技大学 2013 年研;武汉大学 2011 年研;中山大学 2010 年研)

2. 前馈控制(大连理工大学 2018 年研;广东工业大学 2017 年研;河北大学 2016 年研;浙江大学 2015 研;华南理工大学 2013 年研;北京科技大学 2011 年研;中山大学 2009 年研;东北财经大学 2009 年研)

3. 同期控制(首都师范大学 2010 年研;中山大学 2008 年研)

4. 反馈控制(河北大学 2018 年研;东北财经大学 2017 年研;长安大学 2017 年研;中国传媒大学 2012 年研;四川大学 2011 年研;华南理工大学 2011 年研)

二、简答题

1. 什么是控制? 控制的基本要素是什么?(武汉理工 2019 年研;华侨大学 2011 年研;东华大学 2010 年研)

● 简述控制的目的。(华北电力大学 2018 年研)

2. 简述计划与控制的关系。(北京工商大学 2015 年研)

3. 简述控制的基本过程。(大连理工大学 2018 年研)

● 举例说明控制的过程分为哪几个步骤。(东华大学 2019 年研;上海大学 2018 年研)

● 试述控制过程的三个步骤。(西安交通大学 2016 年研)

● 什么是控制? 简述控制过程。(浙江理工大学 2016 年研)

● 简述控制的程序。(广东工业大学 2015 年研;中南财经大学 2010 年研)

4. 简述有效控制的特征。(华南理工大学 2014 年研;江南大学 2013 年研;武汉大学 2012 年研)

● 有效控制的前提条件。(中央财经大学 2019 年研;吉林大学 2019 年研)

5. 比较前馈控制、同期控制和反馈控制。(东南大学 2018 年研)

● 简述前馈控制、同期控制、反馈控制的区别。(中国地质大学 2019 年研)

● 请解释前馈控制和反馈控制的关系。(华侨大学 2015 年研)

● 简述前馈、同期和反馈控制各自的优缺点。(北京科技大学 2014 年研)

6. 保证前馈控制系统可行的必要条件有哪些?(厦门大学 2010 年研)

7. 组织规模与组织文化是如何影响有效控制系统的?(中南财经大学 2009 年研)

8. 解释一种你熟悉的控制理论,举例分析。(东南大学 2018 年研)

9. 控制标准应遵循的原则。(哈尔滨工业大学 2018 年研)

10. 确定控制标准需要考虑哪些内容?(上海交通大学 2015 年研)

11. 简述控制的类型和作用。(深圳大学 2011 年研)

三、论述题

1. 结合实际分析控制与管理的其他职能之间的关系及其重要作用。(中央财经大学 2009 年研)

2. 管理大师德鲁克指出:"绝不应该对微不足道的事去衡量。人们只检查少数对工作成绩和成果无关紧要的事件,就不能达到控制的目的。"请你根据控制的有关原理来理解这段话的含义并结合实际谈谈如何实现控制的目的。(华中科技大学 2004 年研)

● 试述有效控制的要求。(电子科技大学 2016 年研;上海交通大学 2005 年研)

3. 论述控制工作的重要性,并结合实际说明。(暨南大学 2017 年研)

4. 试举一管理实例,论述控制标准的制定和执行与计划职能之间的关系。(华南理工大

学 2011 年研）

5. 许多企业虽然制定了严格的控制系统，但是，当环境发生了重大的变化，诸如 2008 年发生的金融危机，这些企业还是表现出了极大的不适应性，甚至出现控制失调现象。请归纳哪些因素会影响到控制系统的有效性，如何才能有效地避免控制失调问题？（中山大学 2010 年研）

综合案例分析

案例1　凯特公司的重组

近几年来，凯特木材公司获得了迅速发展。它在20世纪初创业时不过是美国西北部的一个小型锯木厂，后来它得到了森林地，开始建造越来越大的厂房。到了70年代，它已成为世界上最大的木材制品公司。但是，在整个70年代和80年代初，由于住房和商业建筑的建设大幅度降温，公司又不得不勒紧它的裤带。这意味着公司总部，还有它的销售部门、胶合板厂、装配件厂，都要在组织结构上大大地调整一下。

公司设在威斯康星州的胶合板厂，生产过程已经大大自动化了，但厂里职工的工作岗位却基本上还是50年代那个样子。人事部经理对剥皮车间工作岗位的设置有个新的打算。在过去，那里有不少分工非常细的手工活：一个工人浸泡原木，一个工人翻滚原木，然后第三个工人剥离树皮，再由一个工人把原木转移到位，等等。而现在，全部过程都在一个大盆里进行，由一个操作工在控制塔里操纵，运来的原木会沿着输送带逐一完成各道工序。只要给那个操作工配备两个非技术工人就够了，在他的指挥下，他们把可能阻塞加工流程的不到位或卡在一起的原木拨正或松开即成。对那个操作工来说，他比以前需要更多的知识、技术，也负有更大的责任。不过，对另外两个工人来说，除了像以前那样又脏又要担点风险外，只保留最起码的一点技术就行了。

凯特木材公司在它的顶峰时，颇为自己公司总部的工作效率而自豪。堆积如山的文件里详细记载着成千上万个客户与所需产品之间的关系。工厂将产品生产出来后便运往各地区仓库，由它们在指定的区域内向各自的客户提供服务。公司总部的所有记录已输入电脑数据库，可以随时调取。在凯特木材公司的重组计划中，针对全国六大地区设立了地区经销办事处（营业所），每个办事处都有电脑直接与中央数据库联网。

罗恩是凯特木材公司的总经理，他希望维持公司管理系统运作上的连续性。他坚持，他的指示要逐级下达，使每一个管理层次都清楚地了解公司新的政策与工作程序。

总经理把产品销售的责任委派给一位负责市场经营的副总经理，由他负责所有的地区经销办事处。不过,由于销售收入对财务资金如此至关重要,总经理指示地区经销办事处的经理们把每天的销售情况直接向公司总会计师汇报。那位负责市场经营的副总经理经常在傍晚时亲临观察,而总会计师米尔斯认为不必如此,因此她不得不关照那些地区办事处的经理们应该把精力放在明天打算干什么上。有时候,她的指示与那位副总经理的吩咐相左。

凯特木材公司在组织结构重组后获得的实质性的好处是减少了管理的层次,许多中间管理层再也不见了,留下的经理们精神抖擞。结果呢,每个人比以前照看着更多的业务。

在威斯康星州的那家厂里,设立了一个质量控制部门,监控几道关键工序,以防最终产品出毛病。质量控制部门的经理几次想把运行中的流水线停下来,而生产部门经理总是不肯这样干,结果是出了次品,不能出厂,利润受到严重损失。

为了解决类似问题,凯特公司的总经理派了一个工作组,由米尔斯牵头,从公司的工程部、质量控制部、生产部、采购部和销售部抽出一批专门人才,暂时脱离日常业务,去参加工作组的调查。

根据案例所提供的情况,请回答下列问题:

1. 胶合板厂的剥皮车间调整了工作岗位设置,让两个非技术工人配合一个操作工工作。对那个操作工来说,这意味着(　　)。

A. 部门划分形式的变化　　B. 组织集权化了

C. 工作专业化了　　D. 工作扩大化了

2. 在剥皮车间的新安排中,那个操作工的岗位更重要了。这是通过(　　)来实现的。

A. 拓宽了工作的范围　　B. 增强了工作的责任

C. 扩大了工作的权限　　D. 以上三者均有

3. 在公司总部,为积累客户与产品之间关系的记录和材料而设立某个专门的部门,这个部门是以(　　)为部门化依据来设置的。

A. 职能部门化　　B. 产品部门化

C. 地区部门化　　D. 顾客部门化

4. 凯特木材公司通过重组减少了管理层次,这意味着管理或控制幅度和组织结构形态各自发生了(　　)。

A. 幅度扩大,结构扁平化　　B. 幅度扩大,结构高耸化

C. 幅度缩小,结构扁平化　　D. 幅度缩小,结构高耸化和集权化

5. 不管生产部门经理的感觉如何,质量出了毛病就要将运行中的生产线停下来。为此,质量控制部门的经理需要有(　　)。

A. 建议权

B. 共同决定权

C. 职能职权

D. 以上三者都不足以确保质量控制部门经理在需要时停止生产线作业

6. 总经理把产品销售的责任委派给一位负责市场经营的副总经理,由他负责所有的地区经销办事处。同时指示地区经销办事处的经理们把每天的销售情况直接向公司总会计师汇报。这种安排(　　)。

A. 体现了销售工作的重要性　　B. 违背了统一指挥的原则

C. 能够调动总会计师的积极性　　D. 为副总经理分忧

7. 质量监控部门的监控采用了(　　)。

A. 与生产部门联合行动　　B. 防止次品产生

C. 成立工作组　　D. 关键控制点原则

8. 公司重组计划中，设立了六大经销办事处，这种部门化的方式是(　　)。

A. 职能部门化　　B. 产品部门化

C. 地区部门化　　D. 顾客部门化

9. 该公司50年代的职务设计属于(　　)。

A. 职务专业化　　B. 职务扩大化

C. 职务丰富化　　D. 职务分工化

10. 该公司一直以来最有可能采用的组织结构类型是(　　)。

A. 直线制　　B. 事业部制

C. 职能制　　D. 直线职能制

案例2　贾厂长的无奈

江南某机械厂是一家拥有职工2 000多人，年产值约5 000万元的中型企业。厂长贾明虽然年过50，但办事仍风风火火。可不，贾厂长每天都要处理厂里大大小小的事情几十件，从厂里的高层决策、人事安排到职工的生活起居，可以说无事不包，人们每天都可见到贾厂长骑着他那辆破旧的自行车穿梭于厂里厂外。正因为这样，贾厂长在厂里的威信很高，大家有事都找他，他也是有求必应。不过，贾厂长的生活也的确很累，有人劝他少管些职工的鸡毛蒜皮的事，可他怎么说？他说："我作为一厂之长，职工的事就是我自己的事，我怎能坐视不管呢！"贾厂长这么说也这么做。为了把这个厂办好，提高厂里的生产经营效益，改善职工的生活，贾厂长一心扑在事业上。每天从两眼一睁忙到熄灯，根本没有节假日，妻子患病没时间照顾，孩子的家长会他也没时间出席，他把全部的时间和心血都花在了厂里。正因为贾厂长这种勤勤恳恳、兢兢业业的奉献精神，他多次被市委市政府评为市先进工作者，市晚报还专门对他的事迹进行过报道呢！

在厂里，贾厂长事必躬亲，大事小事都要过问，能亲自办的事决不交给他人办；可办可不办的事也一定是自己去办；交给下属的一些工作，总担心下面办不好，常要插手过问，有时弄得下面的领导不知如何是好，心里憋气。但大家都了解贾厂长的性格，并为他的好意所动，不便直说。有一次，厂里小王夫妇闹别扭，闹到了贾厂长那里，当时贾厂长正忙着开会，让工会领导去处理一下，工会主席在了解情况后，做双方的思想工作，事情很快就解决了。可贾厂长开完会后又跑来重新了解情况，结果本来平息了的风波又闹起来了。像这样的例子在厂里时有发生。

虽然贾厂长的事业心令人钦佩，可贾厂长的苦劳并没有得到上天的赏赐。随着市场环境的变化，厂里的生产经营状况每况愈下，成本费用急剧上升，效益不断下滑，急得贾厂长常常难以入眠。不久，贾厂长决定在全厂推行成本管理，厉行节约，他自己以身作则，率先垂范。但职工并不认真执行，浪费的照样浪费，考核成了一种毫无实际意义的表面形式。贾厂长常感叹职工没有长远眼光，却总也拿不出有力的监管措施，就这样，厂里的日子一天天难过起来。最后，在有关部门的撮合下，厂里决定与一家外国公司合作，由外方提供一流的先进设备，厂里负责生产。当时这种设备在国际上处于先进水平，国内一流，如果合作成功，厂里不仅能摆脱困境，而且可能使厂里的生产、技术和管理都跃上一个新台阶，因此大家都对此充满信心。经多方努力，合作的各项准备工作已基本就绪，就等双方领导举行签字仪式。

仪式举行的前一天，厂里一个单身职工生病住院，贾厂长很可怜他，亲自到医院陪他。第二天，几乎一夜未合眼的贾厂长又到工厂查看生产进度，秘书几次提醒他晚上有重要会议，劝他休息一下，但他执意不肯，下午，贾厂长在车间听取职工反映情况时病倒了。晚上，贾厂长带病出席签字仪式，厂里的其他许多领导也参加了，但贾厂长最终没能支撑下去，中途不得不被送进医院。外方领导在了解事情的经过后，一方面为贾厂长的敬业精神所感动，同时也对贾厂长的能力表示怀疑，决定推迟合作事宜。贾厂长出院后，职工们都对他另眼相看，他在厂里的威信也从此大为下降。对此，贾厂长有苦难言，满脸的无奈。

根据案例所提供的情况，请回答下列问题：

1. 贾厂长在该厂属于(　　)管理人员。

A. 基层　　B. 中层

C. 高层　　D. 专业

2. 贾厂长之所以感到无奈，其主要原因是(　　)。

A. 将本属于其部下完成的工作都“事必躬亲”地亲自做了

B. 本应属于他去思考、解决的企业生产经营的重大问题却几乎都丢在了一边

C. 几乎大事小事都包揽无余

D. 以上三个都正确

3. 如果你是贾厂长，你认为下列做法最不可取的是(　　)。

A. 决不让自己超量工作

B. 把下属能干的事授权下属去干后，仍不忘奔命于繁琐的管理事务中

C. 抓部下解决不了或无力解决的重大问题，部门间的协调等

D. 授权他人然后适时监管

4. 根据罗伯特·卡茨的三大技能，你认为贾厂长目前最需要加强的是(　　)。

A. 技术技能　　B. 人际技能

C. 概念技能　　D. 领导技能

5. 案例中贾厂长事必躬亲，大事小事都要过问，并亲自办理。这种“老黄牛式耕耘”给组织所带来的回报并未如人所愿，这是因为他违背了(　　)。

A. 例外管理原则　　B. 统一指挥原则

C. 集权与分权相结合原则　　D. 权责对等原则

6. 根据明茨伯格的管理者角色理论，贾厂长出席与外国公司的合作签字仪式时所扮演的管理者角色是(　　)。

A. 发言人　　B. 谈判者

C. 领导者　　D. 资源分配者

7. 贾厂长威信下降的主要原因是(　　)。

A. 与外商谈判时病倒了　　B. 外商对贾厂长的能力表示怀疑

C. 与外商的合作推迟了　　D. 工作不分轻重以致影响了企业的发展

8. 根据明茨伯格的管理者角色理论，贾厂长到医院看望单身职工所扮演的管理者角色是(　　)。

A. 代表人　　B. 联络者　　C. 领导者　　D. 企业家

9. 贾厂长在全厂推行成本管理，厉行节约，但职工并不认真执行，浪费的照样浪费，考核

成了一种毫无实际意义的表面形式，其主要原因是(　　)。

A. 考核标准不够具体　　B. 缺乏有效的控制措施

C. 奖惩不够分明　　D. 以上三项都有可能

10. 贾厂长出院后，职工们都对他另眼相看，是由(　　)下降导致的。

A. 职位权力　　B. 个人权力　　C. 法定权力　　D. 奖赏权力

案例3　设计师辞职后的争议

佳丽公司是一家以25～35岁职业女性为目标的1 000多人的服装企业，近年来，销售额增长很快。业内人士认为这一切在很大程度上得益于两位精明能干的青年服装设计师的突出表现。但是不久前两位设计师辞职并到薪资更高的同城竞争企业任职。在此之前他们曾多次提出加薪要求。对此，设计部门主管认为两位设计师创造性强，对公司的贡献大，因而同意加薪并要求人事部门予以认真考虑。人事部门主管认为，两位设计师大学毕业后，公司为他们的国内外培训支付了大笔费用，而且他们目前的薪资已远远超出同行业的平均水平，其加薪要求与公司现行的建立在职位、年龄和资历基础上的薪酬制度不符合并有敲竹杠之嫌疑，因此，予以拒绝。

两位设计师辞职后，公司议论纷纷。一些人认为，虽然设计师所得报酬的绝对数额高于行业平均水平，但他们表现出色，特殊人才应该有特殊政策。一些人质疑，公司人事部门主管有权拒绝提薪要求，但是否由了解员工表现的具体用人单位主管对本部门员工薪酬行使决定权？公司制定了明确的薪资制度，但是否与公司经营的需要相适应呢？公司是否应该让那些不遵守现行制度的人离开……这些争议引起了公司总经理的注意，他责成人事部门牵头与设计、生产、销售、财务等部门组成一个专题小组，就公司酬劳计付方式广泛征求意见，提出几套方案，供下次公司常务会讨论和决策。

根据案例资料，请回答以下问题：

1. 这家公司的组织结构可能是(　　)。

A. 直线制　　B. 直线职能制　　C. 事业部制　　D. 矩阵制

2. 两位设计师的薪资已远远超出同行业的平均水平仍不满意，可用(　　)解释。

A. 公平理论　　B. 期望理论　　C. 强化理论　　D. 需要层次理论

3. 人事部门拒绝给设计师加薪，行使了(　　)权力。

A. 直线　　B. 参谋　　C. 职能　　D. 个人

4. 人事部门认为，公司按职位、年龄和资历建立和颁布的薪酬制度应该遵照执行，即使优秀人才流失也要坚持。以下对这种行为的评论正确的是(　　)。

A. 目标与手段扭曲

B. 每个人都必须遵守薪酬制度，优秀人才不能例外

C. 人事部门应该坚持“有法必依”的原则和制度的严肃性

D. 人事部门不能因人而异，违反制度

5. 公司总经理准备进行的薪酬制度决策问题属于(　　)决策。

A. 程序化　　B. 非程序化　　C. 战略　　D. 业务

6. 就公司酬劳计付方式设立的由人事、设计、生产、销售、财务等部门组成的专题小组所

起的作用是(　　)。

A. 参谋作用　　B. 协调作用　　C. 收集信息作用　　D. 方案选择作用

7. 该公司就薪酬方案进行的决策是一种(　　)。

A. 全体员工做出的决策　　B. 专家小组做出的决策

C. 董事会做出的决策　　D. 经理层集体决策

8. 设计部门主管在该公司属于(　　)管理人员。

A. 基层　　B. 中层　　C. 高层　　D. 专业

9. 人事部门认为,公司按职位、年龄和资历建立和颁布的薪酬制度应该遵照执行,即使优秀人才流失也要坚持。违反了的(　　)。

A. 例外管理原则　　B. 统一指挥原则

C. 集权与分权相结合原则　　D. 权责对等原则

10. 设计部门主管认为两位设计师创造性强,对公司的贡献大,因而同意加薪并要求人事部门予以认真考虑,在遭到人事部门主管拒绝后,如果你是设计部门主管,你会(　　)。

A. 及时与公司总经理沟通汇报

B. 向两位设计师做思想工作

C. 向两位设计师介绍其薪酬情况已经较高,让他们感到满足

D. 继续和人事部门主管沟通

案例4　王业震现象

1982年11月,46岁的高级工程师王业震出任新港船厂厂长。厂的新领导班子由正副书记、正副厂长7人组成,平均年龄43岁,文化程度在中等专科以上(其中5人为大学本科)。新港船厂是中国船舶工业总公司下属一家较为大型的企业,当时有职工6 500人,固定资产1.2亿元。该厂有造船平台、修船坞各2座,可建造3万吨以下各种货船、客船、油轮,兼营修船业务。在技术上和管理上,借鉴日本三井造船、大阪造船等企业的经验,锐意改革。该厂实行党政职能分开,由厂长全面主持企业生产经营活动。企业内部管理体制设两大系统:直线指挥系统和职能系统。在直线指挥系统内,职权按厂部、车间、工段、班组层次分授,逐级下达指令,实行分级管理。在职能系统内,职能管理人员充当直线指挥人员的参谋,各职能部门或单位对下级机构进行业务指导,然而无权直接指挥。相应的权责关系则以制度形式予以确认。该厂汇编成册的《部门及岗位责任制》计有两千多条、近百万字,管理工作趋于程序化、规范化、制度化。日常工作中,下级通常只接受其直接上级的指令。上级不可越级指挥,但可越级调查;下级也不可越级请示,但可越级投诉。明确每个人只有一个直接上级,而每个上级直接管辖的下属为3～9人。归厂长王业震本人直接领导的只有9人,包括4位副厂长、2位顾问以及计划经营科科长、质量管理科科长、厂办公室主任各1人。此外,专设3个"厂长信箱",随时了解职工的意见和建议。一次,某车间工人来信反映某代理工段长不称职,王业震于第二天收阅后批转有关部门查处,经调查属实随即作人事调整,前后仅5天时间。经王业震提议,新港船厂规定:科长、车间主任以上干部每天要深入现场,但在现场时间不超过2小时。王本人每天大约以1.5小时的时间到现场察看,除了紧急的安全和质量问题外,不发表任何意见。他不赞成管理人员"顶班上岗",认为"工人身上有多少油,自己身上也有多少油"的未必是称职的管理者。

有两位车间主任，每天提前进厂生炉子，然后成天在现场干活。下班后工人们都走了，他们还逐一熄灯、关门。活没少干，任职的管理工作却未搞好。王业震提议将这两人免职。有人说："这样的好同志，为什么还要免职？"王答道："这样的同志可以当组长、工长，甚至可以评劳动模范，却不是称职的车间主任。""一个厂长不时时想到为工人服务，就没有资格当厂长。"王业震的话掷地有声。一次，香港地区和美国的两艘货轮在渤海湾相撞，由该厂承担抢修任务。在夜以继日的抢修中，王厂长让后勤部门把馒头、香肠、鸡蛋送到现场。任务提前完成后，盈利 80 万元。王业震和厂领导班子决定破例发给参加抢修的职工加班费和误餐补助费 8 600 元。他在给总公司的报告中写道："宁可挨批评或丢乌纱帽，但对国家对人民有利，就得坚持下去。"

忙于应付开会，是企业管理人员深感头疼的事。新领导班子就此也做了改革。全厂必须召开的 15 个例会，时间、地点、出席人员都通过制度固定下来。全厂性工作会议统一由厂办公室安排。一般会议不超过 2 小时，每人发言不超过 15 分钟。王本人每周仅召集 2 次会：一次厂长办公会，一次总调度会；还有就是参加两周一次的党委常委例会。

王业震尽管领导 6 000 多名职工的企业，工作千头万绪，但他基本上是按时上下班，很少加班加点。每逢出差外出，他就委托一位副厂长代行职权，他本人不作"遥控"。他认为，企业不能过于强调个人的作用，不应当只是靠个人威信、关系和经验来管理，而是要重视发挥领导班子的整体功能，要更新管理观念和方法，促成管理现代化。用他的话来说："事必躬亲是小生产的领导方式，在现代化大生产中要力求避免。""我百分之三十的精力用来处理眼前的事，百分之七十的精力用来处理长远的事。"厂里曾经派一位中层管理人员去日本监造主机，行前又明确授权让他一并购买主机控制台用的配件。那人到日本后，却接连就价格、手续、归期等事项挂国际长途电话向厂里请示。王业震的答复是："'将在外，君命有所不受。'你是厂里的全权代表，可以作主，不要遇事请示，那里的事你相机定夺嘛。今后再挂电话来，电话费由你自己付！"

仅仅一年光景，新班子和王业震初试锋芒即见成效。1983 年，新港船厂造船 4 艘、修船 137 艘，工业总产值、利润、全员劳动生产率分别比上年增长 25.6%、116%和 20%。同年，成为全国船舶行业首家企业整顿验收合格单位并被评为该年度全国 10 家企业管理先进单位之一。

在成绩和荣誉面前，王业震想到的是上级主管部门的支持，前任书记、厂长们打下的工作基础，新班子的团结奋斗，尤其是全厂职工的信任、支持和辛勤努力。他在思索，管理现代化离不开人的现代化。他不无感慨地说："现在全厂中层干部 116 人，大专文化程度的占 38%，中专文化程度的占 19%；一般干部中，大专程度 42%，中专程度 21%；这些人大都能干、能说、能写。要不是这样，统计、分析那么多的数据资料，制订那么多的计划、规章，光靠几个厂级领导，就是有三头六臂也是难以完成的。要是全厂干部都能达到中专以上文化水平，企业的科学管理将会达到更高的水平，我这个厂长就可以更轻松了。"

根据案例资料，请回答以下问题：

1. 王业震出任厂长后，该厂的组织结构为哪种类型？

2. 你认为两位车间主任被王厂长免职的主要原因是什么？

3. 王厂长破例发给参与抢修工作员工加班费和误餐补助费，说明王厂长坚持了什么管理原则？体现了双因素理论的哪一类因素？

4. 王厂长工作上不搞"遥控"，反对事必躬亲，这种做法是否可取？

案例5 杨瑞的苦恼

杨瑞是一个典型的北方姑娘，在她身上可以明显地感受到北方人的热情和直率，她坦诚，有什么说什么，总是愿意把自己的想法说出来和大家一起讨论，正是因为这个特点，她在上学期间很受老师和同学的欢迎。今年，杨瑞从某大学的人力资源管理专业毕业。她认为，经过四年的学习自己不但掌握了扎实的人力资源专业知识，而且具备了较强的人际沟通能力，因此，她对自己的未来期望很高。为了实现自己的梦想，她毅然只身前往广州求职。

经过近一个月的反复投递简历和面试，在权衡多种因素的情况下，杨瑞最终选定了东莞市的一家研究生产食品添加剂的公司。她之所以选择这家公司是因为该公司规模适中、发展速度很快，最重要的是该公司的人力资源管理工作还处于起步阶段。如果杨瑞加入，将是人力资源管理的第一个人，因此她认为自己在该公司施展能力的空间很大。

但是在公司实习一段时间后，杨瑞就陷入了困境中。

原来该公司是一个典型的家族式企业，企业中的关键职位基本上都是由老板的亲属担任，充满了各种裙带关系。尤其是老板给杨瑞安排了他的大儿子王经理做临时上级，而这个人主要负责公司的研发工作，根本没有管理理念，更不用说人力资源管理理念。在他的眼里，只有技术最重要，公司只要能赚到钱其他的一切都无所谓。杨瑞认为公司越是这样就越有自己发挥能力的空间，因此在到公司的第四周，杨瑞拿着自己的建议书走进了王经理的办公室。

“王经理，我到公司已经快一个月了，有一些想法想和您谈谈，您有时间吗?”杨瑞走到王经理办公桌前说。

“来来来，小杨，我本来早就应该和你谈谈了，因为最近一直扎在实验室里，就把这事忘了。”

“王经理，对于一个企业尤其是处于上升阶段的企业来说，要持续发展必须在管理上狠下功夫。我来公司已经快一个月了，据目前我对公司的了解，我认为公司主要的问题在于职责界定不清；员工的主动权太小，致使员工觉得公司对他们缺乏信任；员工薪酬结构和水平的制定随意性较强，缺乏科学合理的基础，因此薪酬的公平性和激励性都较低。”杨瑞按照自己事先所列的提纲开始逐条向王经理汇报。

王经理微微皱了一下眉头，说：“你说的这些问题我们公司确实存在，但是你必须承认一个事实，我们公司在盈利，这就说明我们公司目前实行的体制有其合理性。”

“可是，眼前的发展并不等于将来也可以发展，许多家族式企业都是败在管理上。”

“好了，那你有具体方案吗?”

“目前还没有，这些还只是我的一点想法而已，如果得到了您的支持，我想方案只是时间问题。”

“那你先回去做方案，把你的材料放这儿，我先看看然后给你答复。”说完，王经理的注意力又回到了研究报告上。

杨瑞此时真切地感受到不被认可的失落，她似乎已经预感到自己第一次提建议的结局。

果然，杨瑞的建议书如石沉大海，王经理好像完全不记得建议书的事。杨瑞陷入了困惑之中，她不知道自己是应该继续和上级沟通还是干脆放弃这份工作，另找一个发展空间。

根据案例资料,请回答下列问题:

1. 杨瑞所遇到的问题是她还是王经理造成的?
2. 在这个案例中最关键的问题是什么?
3. 如果你是杨瑞,在不离开企业的情况下你将如何做?
4. 如果你是王经理,你应该怎么做?

参考文献

[1]刘元春，刘世刚. 管理学[M]. 北京：高等教育出版社，2015.

[2]裴子英，刘元春. 企业经济与管理基础[M]. 北京：化学工业出版社，2005.

[3]焦叔斌，杨文士. 管理学[M]. 4版. 北京：中国人民大学出版社，2014.

[4]李金，孙兴民等. 管理学原理[M]. 北京：北京工业大学出版社，2004.

[5]乔忠. 管理学[M]. 3版. 北京：机械工业出版社，2012.

[6]陈阳，禹海慧. 管理学原理[M]. 2版. 北京：北京大学出版社，2013.

[7]方振邦，鲍春蕾. 管理学原理[M]. 北京：中国人民大学出版社，2014.

[8]易善安，刘春玲. 管理学——理论、实务、案例、实训[M]. 北京：中国商业出版社，2018.

[9]刘松柏，陈燕，张平淡. 管理学——基于能力的原理和方法[M]. 2版. 北京：中国言实出版社，2018.

[10]闫飞龙. 管理学[M]. 北京：中国人民大学出版社，2015.

[11]孙成志，孙皓等. 管理学[M]. 北京：中国金融出版社，2004.

[12]黄国庆，潘晓云. 管理学教程[M]. 上海：立信会计出版社，2004.

[13]孙永正. 管理学[M]. 3版. 北京：清华大学出版社，2011.

[14]苗雨君. 管理学——原理·方法·实践·案例[M]. 北京：清华大学出版社，2009.

[15]臧有良，暴丽艳. 管理学原理[M]. 北京：清华大学出版社，2007.

[16]曾国华，庞玉兰，嵇国平，余来文. 管理学——理论、应用和中国案例[M]. 北京：经济管理出版社，2015.

[17]刘秋华. 管理学[M]. 2版. 北京：高等教育出版社，2010.

[18]郭美斌. 管理学[M]. 长春：吉林大学出版社，2013.

[19]杨跃之. 管理学原理[M]. 北京：人民邮电出版社，2012.

[20]王凤彬，李东. 管理学[M]. 北京：中国人民大学出版社，2000

[21]何尔锦，沈斐敏，钟杭州. 管理学——知识与技能[M]. 北京：高等教育出版社，2014.

[22]李海峰，张莹. 管理学——原理与实务[M]. 北京：人民邮电出版社，2010.

[23]聂正安. 管理学[M]. 北京：高等教育出版社，2010.

[24]李品媛. 管理学习题与案例[M]. 沈阳：东北财经大学出版社，2011.

[25]潘连柏. 管理学原理习题集[M]. 北京：人民邮电出版社，2013.

[26]顾峰. 管理学[M]. 上海：上海人民出版社，2003.

[27]黄国庆，巢莹莹. 管理学概论[M]. 北京：清华大学出版社，2010

[28]圣才考研网. 管理学考研真题与典型案例题详解[M]. 北京：中国石化出版社，2019.

[29]丁伟. 管理学案例集[M]. 南京:南京大学出版社,2014.
[30]佘敬,刁凤琴. 管理学案例精析[M]. 武汉:中国地质大学出版社,2006.
[31]黄颖,秦树东,郝燕. 管理学案例精析[M]. 北京:电子工业出版社,2015.
[32]张德,曲庆. 管理[M]. 北京:清华大学出版社,2001.
[33]叶萍. 管理学基础[M]. 2 版. 北京:电子工业出版社,2013.
[34]徐国华,张德等. 管理学[M]. 北京:清华大学出版社,2001.
[35]周三多,陈传明等. 管理学[M]. 上海:复旦大学出版社,2013.
[36]李文库. 基础管理方略一百[M]. 北京:中国纺织出版社,2001.
[37]芮明杰. 管理学[M]. 2 版. 北京:高等教育出版社,2004.